DER PARITÄTISCHE
BAYERN
Bezirksverband Oberbayern

BTHG-Umsetzung
Eingliederungshilfe
im SGB IX

Ein Praxishandbuch

WALHALLA

Bibliografische Information der Deutschen Nationalbibliothek
Die Deutsche Nationalbibliothek verzeichnet diese Publikation in der Deutschen Nationalbibliografie; detaillierte bibliografische Daten sind im Internet über http://dnb.dnb.de abrufbar.

Zitiervorschlag:
BTHG-Umsetzung – Eingliederungshilfe im SGB IX
Paritätischer Wohlfahrtsverband Bayern e.V., Bezirksverband Oberbayern
Walhalla Fachverlag, Regensburg 2019

Hinweis: Unsere Werke sind stets bemüht, Sie nach bestem Wissen zu informieren. Alle Angaben in diesem Buch sind sorgfältig zusammengetragen und geprüft. Durch Neuerungen in der Gesetzgebung, Rechtsprechung sowie durch den Zeitablauf ergeben sich zwangsläufig Änderungen. Bitte haben Sie deshalb Verständnis dafür, dass wir für die Vollständigkeit und Richtigkeit des Inhalts keine Haftung übernehmen.
Bearbeitungsstand: Juli 2019

© Walhalla u. Praetoria Verlag GmbH & Co. KG, Regensburg
Alle Rechte, insbesondere das Recht der Vervielfältigung und Verbreitung sowie der Übersetzung, vorbehalten. Kein Teil des Werkes darf in irgendeiner Form (durch Fotokopie, Datentransfer oder ein anderes Verfahren) ohne schriftliche Genehmigung des Verlages reproduziert oder unter Verwendung elektronischer Systeme gespeichert, verarbeitet, vervielfältigt oder verbreitet werden.
Produktion: Walhalla Fachverlag, 93042 Regensburg
Printed in Germany
ISBN 978-3-8029-7573-8

[Wissen für die Praxis]

Weiterführend empfehlen wir:

Bundesteilhabegesetz Reformstufe 2: Das neue SGB IX
ISBN 978-3-8029-7565-3

Bundesteilhabegesetz Reformstufe 3: Eingliederungshilfe
ISBN 978-3-8029-7571-4

Das gesamte Behinderten- und Rehabilitationsrecht
ISBN 978-3-8029-5259-3

PSG III – BTHG: Die neue Hilfe zur Pflege im SGB XII
ISBN 978-3-8029-7560-8

Wir freuen uns über Ihr Interesse an diesem Buch. Gerne stellen wir Ihnen zusätzliche Informationen zu diesem Programmsegment zur Verfügung.

Bitte sprechen Sie uns an:

E-Mail: WALHALLA@WALHALLA.de
http://www.WALHALLA.de

Walhalla Fachverlag · Haus an der Eisernen Brücke · 93042 Regensburg
Telefon 0941 5684-0 · Telefax 0941 5684-111

Schnellübersicht

Vorwort	7
Einleitung	13
Das Bundesteilhabegesetz	15
Leistungsberechtigter Personenkreis und Partizipationsmöglichkeiten	27
Beratung	47
Leistungen der Eingliederungshilfe	61
Unterhaltssichernde und andere Leistungen	97
Koordinierung der Leistungen	101
Ermittlung des Bedarfs und Planungen der Leistungen	109
Einkommen und Vermögen	141
Schnittstellen zu anderen Sozialleistungsbereichen	147
Leistungsvertragsrecht	171

12	**Abschließende Gedanken – noch kein Ende**	**185**
13	**Literaturverzeichnis**	**189**
14	**Stichwortverzeichnis**	**193**

Abkürzungen

Abs.	Absatz
AG BTHG	Landesausführungsgesetz zum Bundesteilhabegesetz in Rheinland-Pfalz
AG-SGB IX	Gesetz zur Ausführung des Neunten Buches Sozialgesetzbuch in Brandenburg
AG-SGB XII	Gesetz zur Ausführung des Zwölften Buches Sozialgesetzbuch in Sachsen-Anhalt
ALG	Arbeitslosengeld
ASMK	Arbeits- und Sozialministerkonferenz der Bundesländer
BAG UB	Bundesarbeitsgemeinschaft Unterstützte Beschäftigung
BAGüS	Bundesarbeitsgemeinschaft der überörtlichen Träger der Sozialhilfe
BAR	Bundesarbeitsgemeinschaft für Rehabilitation
BGBl	Bundesgesetzblatt
BTHG	Gesetz zur Stärkung der Teilhabe und Selbstbestimmung von Menschen mit Behinderungen (Bundesteilhabegesetz)
BT-Drucks.	Drucksache des Bundestages
BMAS	Bundesministerium für Arbeit und Soziales
ebd.	ebenda (Zitat auf der gleichen Seite wie das vorherige Zitat)
EGH	Eingliederungshilfe
EinglVO	Eingliederungshilfe-Verordnung
EUTB	Ergänzende unabhängige Teilhabeberatung
ff.	fortfolgende (Paragraphen / Artikel)
gem.	gemäß
GKV-Spitzenverband	Spitzenverband Bund der Krankenkassen
gsub	Gesellschaft für soziale Unternehmensberatung mbH
HAG/SGB IX	Hessisches Ausführungsgesetz zum Neunten Buch Sozialgesetzbuch
HzP	Hilfe zur Pflege
ICF	Internationale Klassifikation der Funktionsfähigkeit, Behinderung und Gesundheit
i. V. m.	in Verbindung mit
KSV	Kommunaler Sozialverband Sachsen
LVR	Landschaftsverband Rheinland
LWL	Landschaftsverband Westfalen-Lippe
NBA	Neues Begutachtungsassessment
n. F.	neue Fassung

s.	siehe
S.	Seite
SGB I	Sozialgesetzbuch Erstes Buch – Allgemeiner Teil
SGB II	Sozialgesetzbuch Zweites Buch – Grundsicherung für Arbeitsuchende
SGB III	Sozialgesetzbuch Drittes Buch – Arbeitsförderung
SGB IV	Sozialgesetzbuch Viertes Buch – Gemeinsame Vorschriften für die Sozialversicherung
SGB V	Sozialgesetzbuch Fünftes Buch – Gesetzliche Krankenversicherung
SGB VI	Sozialgesetzbuch Sechstes Buch – Gesetzliche Rentenversicherung
SGB VIII	Sozialgesetzbuch Achtes Buch – Kinder- und Jugendhilfe
SGB IX	Sozialgesetzbuch Neuntes Buch – Rehabilitation und Teilhabe von Menschen mit Behinderungen
SGB IX-alt	Sozialgesetzbuch Neuntes Buch – Rehabilitation und Teilhabe von Menschen mit Behinderungen, alte Fassung
SGB XI	Sozialgesetzbuch Elftes Buch – Soziale Pflegeversicherung
SGB XII	Sozialgesetzbuch Zwölftes Buch – Sozialhilfe
SGB XII-alt	Sozialgesetzbuch Neuntes Buch – Rehabilitation und Teilhabe von Menschen mit Behinderungen, alte Fassung
UN-BRK	Übereinkommen der Vereinten Nationen über die Rechte von Menschen mit Behinderungen (UN-Behindertenrechtskonvention)
u. a.	unter anderem
UB	Unterstützte Beschäftigung
vgl.	vergleiche
WfbM	Werkstatt für behinderte Menschen
WHO	World Health Organisation
WVO	Werkstätten-Verordnung
z. B.	zum Beispiel

Vorwort

Eigentlich hätte allein schon mit der Ratifizierung der UN-Behindertenrechtskonvention im Jahre 2009 ein Ruck durch Deutschland gehen müssen, eine Aufbruchsstimmung in Richtung Paradigmenwechsel im Umgang mit Menschen mit Behinderung, beseelt vom Interesse der Gleichstellung von Menschen mit und ohne Behinderung, und zwar gesellschaftlich, fachlich/institutionell, (sozialhilfe-)rechtlich. So zumindest hätten wir uns das vorgestellt.

Doch statt die Gelegenheit beim Schopfe zu packen und mit Tatkraft in einen Modus des proaktiven Gestaltens zu wechseln, begegnet uns nicht selten eine Haltung des Abwartens, ein „Das geht schon wieder vorbei!". Das zumindest glauben wir wahrgenommen zu haben in den Anfängen des Inklusionsdiskurses. Und mal ganz ehrlich: So wirklich weit sind wir nach unserem Dafürhalten noch nicht gekommen.

Wohl nicht ohne Grund wandte sich der UN-Menschenrechtsausschuss 2015 an die Bundesrepublik Deutschland und „empfahl" u. a.

- die gesetzliche Definition von Behinderung mit der UN-Behindertenrechtskonvention in Einklang zu bringen,
- das selbstbestimmte Leben von Menschen mit Behinderung zu fördern und Voraussetzungen zu schaffen für einen inklusiven Arbeitsmarkt,
- Menschen mit Behinderung soziale Dienstleistungen zur Verfügung zu stellen, die ihnen Inklusion, Selbstbestimmung und die persönliche Entscheidung ermöglichen, in der Gemeinschaft leben zu wollen und insofern für Deinstitutionalisierung zu sorgen.

Der Gesetzgeber hat aus alldem schließlich das „Gesetz zur Stärkung der Teilhabe und Selbstbestimmung von Menschen mit Behinderung" – kurz: Bundesteilhabegesetz (BTHG) – gemacht, das Ende 2016 verabschiedet wurde.

Wie bei jedem Gesetz, so wird sich der Gesetzgeber auch in diesem Fall fragen lassen müssen, ob durch das Gesetz die intendierte Wirkung erreicht werden wird. Handelt es sich im Falle des Bundesteilhabegesetzes um den ganz großen Wurf? Schafft das Bundesteilhabegesetz die Rahmenbedingung für einen gesellschaftlichen Paradigmenwechsel? Oder war das schon von Beginn an nicht wirk-

Vorwort

lich gewollt? Es ist Skepsis erlaubt, denn wer ein Mehr an Teilhabe möchte, wer aber gleichzeitig erreichen will, dass dieses Mehr nicht mehr bzw. weniger kosten soll, der erstickt die Innovation in einer Art hausgemachtem Dilemma und füllt letztlich alten Wein in geflickte Schläuche.

Die tägliche Praxis wird zeigen, ob das Bundesteilhabegesetz den hohen Ansprüchen der UN-Behindertenrechtskonvention gerecht werden wird. Ist das Gesetz tatsächlich geeignet, damit sich die bisherige Eingliederungshilfe zu einem modernen Teilhaberecht weiterentwickelt? Wird es gelingen, dass die individuellen und persönlichen Wünsche zur Lebensplanung und -gestaltung der Menschen tatsächlich gewürdigt werden, und werden die notwendigen Verfahren so ausgestaltet sein, dass sich Leistungen ermitteln lassen, die schließlich nicht mehr institutionszentriert, sondern personenbezogen bereitgestellt werden? Wird die ergänzende unabhängige Teilhabeberatung so ausgestaltet, dass diese tatsächlich zur Stärkung der Menschen mit Behinderungen führt, den Rehabilitationsträgern und Leistungserbringern gegenüber? Bisher zeigen sich keine wirksamen Anreize, die dazu führen, dass verstärkt Tätigkeiten auf dem allgemeinen Arbeitsmarkt angestrebt und angeboten werden.

Mit diesem Praxishandbuch leistet der PARITÄTISCHE einen aktiven Beitrag dazu, dass trotz oder gerade wegen der Vorzeichen, unter denen das Bundesteilhabegesetz entstanden ist und steht, der Umgang mit diesem Gesetz bestmöglich gelingt. Ein ganz herzlicher Dank gilt dabei den Autor*innen, denen aus der Perspektive ihrer fundierten Expertise heraus ein Handbuch für die Praxis gelungen ist. Es gibt alltagspraktische Hilfestellungen und zwar sowohl für die Menschen mit Eingliederungsbedarf selbst, als auch für ihre Angehörigen und Nahestehenden und für die Profis, die diese in den Einrichtungen und Beratungsstellen begleiten.

Nicht von ungefähr geben wir als PARITÄTISCHER dieses Handbuch zum Bundesteilhabegesetz heraus. Als Wohlfahrtsverband leben wir gemeinsam mit unseren Mitgliedsorganisationen die für eine gelingende Inklusion notwendige Vielfalt, Offenheit und Toleranz. Wir vereinen unter unserem Dach die Leistungserbringer der Eingliederungshilfe ebenso wie die Träger der Selbsthilfe und die Organisationen der Selbstvertretung von Menschen mit Behinderungen,

Vorwort

von Psychiatrieerfahrenen und von Angehörigen psychisch kranker Menschen.

Als PARITÄTISCHER Wohlfahrtsverband werden wir uns auch in Zukunft aktiv dafür stark machen, dass die Gleichstellung von Menschen mit und ohne Behinderung zur gesellschaftlichen Wirklichkeit wird. Nicht zuletzt deshalb werden wir aber auch sehr genau über die Umsetzung des Gesetzes wachen und darüber, was dieses Gesetz im Alltag bedeutet für die Menschen und für die Leistungserbringer in der Eingliederungshilfe.

Norbert Blesch
Verbandratsvorsitzender PARITÄTISCHER Wohlfahrtsverband, Landesverband Bayern

Karin Majewski
Geschäftsführerin Bezirksverband Oberbayern PARITÄTISCHER Wohlfahrtsverband, Landesverband Bayern

© blende 11 Fotografen, München

1. Einleitung

Auch das noch!?

Seit seinem Inkrafttreten Ende 2016 wird sehr viel zum Bundesteilhabegesetz (BTHG) geschrieben. Meist sind es Fachartikel zu speziellen Themen, und alle Veröffentlichungen zusammen bilden die breite und bunte Diskussion zur Umsetzung der gesetzlichen Vorschriften in die Praxis ab. Braucht es dann noch ein eigenes Buch, zumal wir uns inmitten noch lange nicht abgeschlossener Umsetzungsprozesse befinden?

Das vorliegende Handbuch ist kein Rechtskommentar und – soweit es sich vermeiden ließ – auch kein politischer Kommentar zu dieser umfangreichen Gesetzesreform. Ziel war vielmehr, den verschiedenen Interessent*innen am BTHG das Gesetz einführend und erläuternd näherzubringen – den Leistungsberechtigten selbst, Angehörigen und gesetzlichen Vertreter*innen sowie den in den verschiedenen Teilhabefeldern tätigen Fach- und Verwaltungskräften:

- Wie sind einzelne Paragraphen zu verstehen?
- Was sind die dahinterliegenden Intentionen des Gesetzgebers?
- Welche fachlichen, sozial- und gesellschaftspolitischen Konzepte sind mit ihnen verknüpft?
- Wie gestaltet sich die Umsetzung – sofern es dazu schon Erkenntnisse gibt?

Die Bezeichnung „Handbuch" ist dabei auf zweierlei Arten zu verstehen:

- mit dem Buch können die wesentlichen Themen der Praxis gebündelt und gebunden in die Hand genommen werden und
- das Buch kann auch nachschlagend zur Hand genommen werden, wenn sich in der Praxis eine Frage aus einem der wesentlichen Themen des BTHG stellt.

Das heißt, das Buch kann von vorn bis hinten, oder auch individuell thematisch springend gelesen werden.

Begleitend zur Lektüre steht Ihnen das Zusatzheft mit dem Wortlaut von Teil 1 und Teil 2 des SGB IX in der ab 1. Januar 2020 geltenden Fassung zur Verfügung. Wir haben uns für eine gesonderte Bindung des Gesetzestextes entschieden, da wir glauben, dass der Lerneffekt

1. Einleitung

des parallelen Lesens – unsere Ausführungen und der dazugehörige Paragraphenwortlaut – am größten ist.[1)]

Bei der Frage, welche die wesentlichen Themen eines BTHG-Handbuches sein sollen, hat die Autor*innengruppe auf Basis der in der Gruppe versammelten Arbeitskontexte und derer sozialpolitischen oder praktischen Hintergründe Entscheidungen treffen müssen. Unsere zentrale inhaltliche Entscheidung ist die Konzentration auf die Eingliederungshilfe. Im Ganzen betrachtet stellt sie eigentlich nur einen Teil des Gesetzespaketes dar. Hier vollziehen sich aber die größten Veränderungen mit den größten Auswirkungen auf die anspruchsberechtigten Menschen – immerhin 911.000 Personen in Deutschland, wie das statistische Bundesamt für das Jahr 2017 ermittelt hat, Tendenz steigend.

Die über die Eingliederungshilfe hinausgehenden allgemeinen Vorschriften für alle Teilhabebereiche werden trotzdem erläutert, zumeist aber ins Verhältnis zu ihr gesetzt.

Keine Berücksichtigung finden in diesem Buch die mit dem BTHG vorgenommenen Änderungen im Schwerbehindertenrecht (= seit 1. Januar 2018 Teil 3 des SGB IX).

Für Abwechslung sorgt die Verteilung der Kapitel auf einzelne Autor*innen. Ganz bewusst sind damit unterschiedliche Akzente, bezogen auf Schreibstil und Inhalt, gesetzt worden – ein selbstverständlicher Ausdruck von Vielfalt, für die der PARITÄTISCHE Wohlfahrtsverband immer schon steht und die mit der Komplexität der Gesetzesreform korrespondiert.

Und ja, wir meinen, dass es zu den vielen Publikationen zu Teilen des BTHG ein Handbuch für die vielfältige Praxis der Teilhabeleistungen für Menschen mit Behinderungen braucht. Zumindest das auch noch!

Das Autor*innen-Team

[1)] Das Zusatzheft ist hinten im Buch eingelegt. Sollten Sie ein Exemplar erworben haben, in dem dieses Heft fehlt, wenden Sie sich an den Walhalla Fachverlag, mit der Bitte, dieses zuzusenden: kundenservice@walhalla.de.

Das Bundesteilhabegesetz

2.	Das Bundesteilhabegesetz..	16
2.1	Die Struktur des Bundesteilhabegesetzes.......................	17
2.2	Die Ziele des Bundesteilhabegesetzes............................	23

2. Das Bundesteilhabegesetz

Holtkamp, Claudia / Stubican, Davor

Das Gesetz zur Stärkung der Teilhabe und Selbstbestimmung von Menschen mit Behinderung, kurz Bundesteilhabegesetz (BTHG), ist ein umfassendes Gesetzespaket, das am 16. Dezember 2016 im Bundestag mit Zustimmung des Bundesrats verabschiedet wurde.

Der Weg zu diesem Gesetz war langwierig, der jahrzehntelangen unkoordinierten Entwicklung der deutschen Sozialgesetzgebung geschuldet. Es gab immer wieder Bemühungen, gesetzliche Verbesserungen für Menschen mit Behinderung zu erreichen. Das Ergebnis war eine unübersichtliche Anzahl von Regelungen in unterschiedlichen Gesetzen. Mit Einführung des Neunten Sozialgesetzbuches – Rehabilitation und Teilhabe von Menschen mit Behinderung (SGB IX) am 1. Juli 2001 wurde versucht, die unterschiedlichen Regelungen in einem Gesetzbuch zusammenzuführen.

Ziel des ursprünglichen SGB IX war es, den Anspruch auf individuelle und ressourcenbezogene Rehabilitation und Teilhabe gegenüber allen Rehabilitationsträgern im Gesetz zu verankern. Erstmals wurde geregelt, wie die unterschiedlichen Rehabilitationsträger zusammenarbeiten sollen, um den Teilhabebedarf von leistungsberechtigten Personen aus allen Systemen zu decken.

Ein wichtiger Meilenstein auf dem Weg dorthin wurde jedoch bereits sieben Jahre vor Inkrafttreten des SGB IX, also 1994 gesetzt. Im Grundgesetz wurde in Art. 3 Abs. 3 Satz 2 aufgenommen, dass niemand wegen seiner Behinderung benachteiligt werden darf. Diese neue normative Regelung kann als Ausgangspunkt für die Entwicklung EINES Gesetzes für die Rehabilitation und Teilhabe von Menschen mit Behinderung gesehen werden. Eine weitere bedeutsame Entwicklung ist die Ratifizierung der UN-Behindertenrechtskonvention (UN-BRK) durch Deutschland. Am 26. März 2009 ist die UN-BRK in Deutschland in Kraft getreten. Die Konvention konkretisiert die universellen Menschenrechte für Menschen mit Behinderungen und verdeutlicht, dass diese ein uneingeschränktes und selbstverständliches Recht auf Teilhabe besitzen. Sie bildet die Grundlage für eine gleichberechtigte, volle und wirksame Teilhabe von Menschen mit Behinderungen am politischen, gesellschaftlichen, wirtschaftlichen und kulturellen Leben.

2.1 Die Struktur des Bundesteilhabegesetzes

Gut drei Jahre nach Verabschiedung des Bundesteilhabegesetzes (BTHG) gibt es eine Reihe von Publikationen, die sich mit Auswirkungen des Gesetzes beschäftigen. Wir finden jedoch im Buchhandel kein Gesetzbuch mit der Aufschrift „Bundesteilhabegesetz". Wenn aber doch alle von diesem Gesetz sprechen, warum können wir es dann nicht käuflich erwerben?

Das BTHG ist ein sogenanntes Artikelgesetz, d. h. es vereint gleichzeitig mehrere Gesetze in sich. Mit dem BTHG werden nicht nur das Leistungsgesetz der Eingliederungshilfe und das SGB IX reformiert, auch in weiteren Gesetzen, wie beispielsweise dem SGB XII (Sozialhilfe) und SGB VIII (Kinder- und Jugendhilfe) sind Änderungen vorgenommen worden, sofern sie in einem Zusammenhang mit den Änderungen des Eingliederungshilferechts und des SGB IX stehen.

Der Artikel 1 des Artikelgesetzes umfasst die Neufassung des SGB IX in drei Teilen.

Struktur des SGB IX		
Teil 1: Allgemeiner Teil übergreifend §§ 1-89	**Teil 2:** Eingliederungshilferecht §§ 90-150	**Teil 3:** Schwerbehindertenrecht §§ 151-241

Abbildung 1: Struktur des BTHG

Änderungen durch das BTHG	
Artikel 1	Sozialgesetzbuch Neuntes Buch – Rehabilitation und Teilhabe von Menschen mit Behinderungen – (Neuntes Buch Sozialgesetzbuch – SGB IX)
Artikel 2	Änderung des Neunten Buches Sozialgesetzbuch (Übergangsrecht zum Jahr 2017)
Artikel 3	Änderung des Ersten Buches Sozialgesetzbuch
Artikel 4	Änderung des Zweiten Buches Sozialgesetzbuch
Artikel 5	Änderung des Dritten Buches Sozialgesetzbuch
Artikel 6	Änderung des Fünften Buches Sozialgesetzbuch
Artikel 7	Änderung des Sechsten Buches Sozialgesetzbuch

2. Das Bundesteilhabegesetz

Änderungen durch das BTHG	
Artikel 8	Änderung des Siebten Buches Sozialgesetzbuch
Artikel 9	Änderung des Achten Buches Sozialgesetzbuch
Artikel 10	Änderung des Elften Buches Sozialgesetzbuch
Artikel 11	Änderung des Zwölften Buches Sozialgesetzbuch zum Jahr 2017
Artikel 12	Änderung des Zwölften Buches Sozialgesetzbuch zum Jahr 2018
Artikel 13	Änderung des Zwölften Buches Sozialgesetzbuch zum Jahr 2020
Artikel 14	Änderung des Bundesversorgungsgesetzes
Artikel 15	Weitere Änderung des Bundesversorgungsgesetzes zum Jahr 2020
Artikel 16	Änderung des Umsatzsteuergesetzes zum Jahr 2017
Artikel 17	Änderung des Umsatzsteuergesetzes zum Jahr 2018
Artikel 18	Änderungen weiterer Vorschriften in Zusammenhang mit Artikel 2
Artikel 19	Weitere Änderungen zum Jahr 2018
Artikel 20	Weitere Änderungen zum Jahr 2020
Artikel 21	Änderung der Eingliederungshilfe-Verordnung
Artikel 22	Änderung der Werkstätten-Mitwirkungsverordnung
Artikel 23	Änderung der Frühförderungsverordnung
Artikel 24	Änderung der Aufwendungserstattungs-Verordnung
Artikel 25	Bekanntmachungserlaubnis und Umsetzungsunterstützung
Artikel 25a	Änderung des Neunten Buches Sozialgesetzbuch zum Jahr 2023
Artikel 26	Inkrafttreten, Außerkrafttreten

Das „Gesetz zur Stärkung der Teilhabe und Selbstbestimmung von Menschen mit Behinderungen (Bundesteilhabegesetz – BTHG)" – so die offizielle Bezeichnung – wurde am 29. Dezember 2016 im Bundesgesetzblatt (BGBl) veröffentlicht. Diese Veröffentlichung ist frei zugänglich und kann online unter www.bgbl.de heruntergeladen werden. In diesem Dokument sind alle 26 Artikel des BTHG nachzulesen.

Mit der Gesetzesreform wurde das ursprüngliche SGB IX grundlegend verändert. Wie oben in Abbildung 1 dargestellt, ist das SGB IX in drei Teile gegliedert:

2.1 Die Struktur des Bundesteilhabegesetzes

- **Teil 1** (§§ 1 bis 89 SGB IX – 14 Kapitel)
  Regelungen für Menschen mit Behinderungen und von Behinderung bedrohte Menschen (Allgemeiner Teil)
- **Teil 2** (§§ 90 bis 150 SGB IX – 11 Kapitel)
  Besondere Leistungen zur selbstbestimmten Lebensführung für Menschen mit Behinderungen (Eingliederungshilferecht)
- **Teil 3** (§§ 151 bis 241 SGB IX – 14 Kapitel)
  Besondere Regelungen zur Teilhabe schwerbehinderter Menschen (Schwerbehindertenrecht)

In **Teil 1** sind wesentliche Grundsätze und Begriffsdefinitionen formuliert, auf die auch im Teil 2 und Teil 3 Bezug genommen wird. Die BTHG-Änderungen in Teil 1 sollen die Zusammenarbeit der Rehabilitationsträger stärken.

Zudem sind hier die Bedarfserkennung und -ermittlung für alle Leistungsgesetze, die Zuständigkeitsklärung und die Koordinierung der Leistungen verankert.

Erläutert werden auch die unterschiedlichen Leistungsgruppen, die auch bei der Eingliederungshilfe eine Rolle spielen (medizinische Rehabilitation, Teilhabe am Arbeitsleben, Teilhabe an Bildung und soziale Teilhabe) und deren Anspruchsvoraussetzungen (s. Kapitel 5). Ebenfalls aufgeführt sind unterhaltssichernde und andere ergänzende Leistungen (s. Kapitel 6).

Die nachfolgende Tabelle zeigt auf, welche Rehabilitationsträger für welche Leistungen zuständig sein können.

2. Das Bundesteilhabegesetz

Reha-Träger	Leistungsgruppen im SGB IX				
	Medizinische Rehabilitation (§§ 42-48)	Teilhabe am Arbeitsleben (§§ 49-63)	Teilhabe an Bildung (§ 75)	Soziale Teilhabe (§§ 76-84)	Unterhaltssichernde, ergänzende Leistungen (§§ 64-74)
Gesetzliche Krankenversicherung	Ja	Nein	Nein	Nein	Ja
Bundesagentur für Arbeit	Nein	Ja	Nein	Nein	Ja
Gesetzliche Unfallversicherung	Ja	Ja	Ja	Ja	Ja
Gesetzliche Rentenversicherung	Ja	Ja	Nein	Nein	Ja
Alterssicherung der Landwirte	Ja	Nein	Nein	Nein	Ja
Kriegsopferversorgung, -fürsorge	Ja	Ja	Ja	Ja	Ja
Öffentliche Jugendhilfe	Ja	Ja	Ja	Ja	Nein
Eingliederungshilfe	Ja	Ja	Ja	Ja	Nein
Integrationsämter (kein Reha-Träger, aber Sozialleistungsträger)	Nein	Ja	Nein	Nein	Nein

Tabelle 1: Leistungsgruppen und die zuständigen Rehabilitationsträger

2.1 Die Struktur des Bundesteilhabegesetzes

Zum 1. Januar 2020 wird die Eingliederungshilfe aus der Sozialhilfe (SGB XII) herausgelöst und in den **Teil 2** des SGB IX überführt. Die Eingliederungshilfe erfährt unter dem neuen Leitprinzip der Personenzentrierung große Veränderungen

- beim Zugang zu den Leistungen,
- bei den Leistungen selbst,
- der Ermittlung des Bedarfs,
- der Planung der Hilfen,
- beim Leistungsvertragsrecht und
- bei den Partizipationsmöglichkeiten der leistungsberechtigten Menschen.

Die Vorschriften von **Teil 3** enthalten das Schwerbehindertenrecht; sie wurden zum 1. Januar 2018 vom bisherigen zweiten Teil des SGB IX in den dritten Teil verschoben. Dabei sind die Inhalte weitgehend gleichgeblieben, seit 2018 jedoch aufgrund der Verschiebung mit neuen Paragraphen versehen. Die wesentlichen Änderungen werden nachfolgend kurz aufgeführt:

- In Werkstätten für Menschen mit Behinderung sind Frauenbeauftragte zu installieren, um eine gleichberechtigte Teilhabe von Männern und Frauen mit Behinderung zu ermöglichen (§ 222 Abs. 5 SGB IX).
- Die Schwerbehindertenvertretung wird gestärkt. Ab 100 schwerbehinderten Personen im Betrieb (früher 200 Personen) kann die Schwerbehindertenvertretung freigestellt werden. Die Stellvertretung wird ebenso wie die Vertrauensperson für Schulungs- und Bildungsveranstaltungen vom Arbeitgeber freigestellt (§ 179 Abs. 8 SGB IX).
- Die Beauftragte des Arbeitgebers wird zur Inklusionsbeauftragten (§ 181 SGB IX). Diese Person vertritt den Arbeitgeber verantwortlich in Angelegenheiten schwerbehinderter Beschäftigter.
- Für den Schwerbehindertenausweis wird das neue Merkzeichen „TBl" für taubblinde Menschen eingeführt. Dieses Merkzeichen wird eingetragen, wenn ein Grad der Behinderung von mindestens 70 durch eine Störung der Hörfunktion und zusätzlich ein Grad der Behinderung von 100 aufgrund einer Störung des Sehvermögens vorliegt (Änderung der Schwerbehindertenausweisverordnung – SchwbAwV § 3 Abs. 1 Satz 8).

2. Das Bundesteilhabegesetz

- Integrationsprojekte werden nun Inklusionsbetriebe genannt. In Inklusionsbetrieben müssen mindestens 30 Prozent (früher 25 Prozent) der Beschäftigten schwerbehindert sein. Maximal dürfen 50 Prozent der Beschäftigten eine Schwerbehinderung vorweisen (§ 215 SGB IX).
- Menschen mit Behinderung haben ein Rückkehrrecht in die Werkstatt für Menschen mit Behinderung, wenn sie aus einer Werkstatt auf den ersten Arbeitsmarkt gewechselt haben, sie das Budget für Arbeit oder Leistungen eines anderen Leistungsanbieters in Anspruch genommen haben.

Die Reformstufen des Bundesteilhabegesetzes

Die umfassenden gesetzlichen Änderungen zur Reform des Teilhaberechts, insbesondere der Eingliederungshilfe, machen einen längeren Umstellungsprozess notwendig, um den Rehabilitationsträgern und Leistungsvertragspartnern ausreichend Zeit zur Umsetzung der neuen Regelungen zu geben.

Das BTHG tritt deshalb zeitlich versetzt in vier Stufen in Kraft, die aufeinander aufbauen, wie nachstehende Abbildung 2 zeigt.

Die Reformstufen des BTHG

Weiteres Vorgehen – Inkrafttreten

Reformstufe 1 – Nach Verkündung 01.01.2017 bzw. 01.04.2017
- Ab 01.01.2017: Vorgezogene Änderungen im Schwerbehindertenrecht
- Erster Schritt bei Verbesserungen in der Einkommens- und Vermögensberücksichtigung im SGB XII
- Ab 01.04.2017: Erhöhung des Schonvermögens für Bezieher von SGB-XII-Leistungen von derzeit 2.600 Euro auf 5.000 Euro

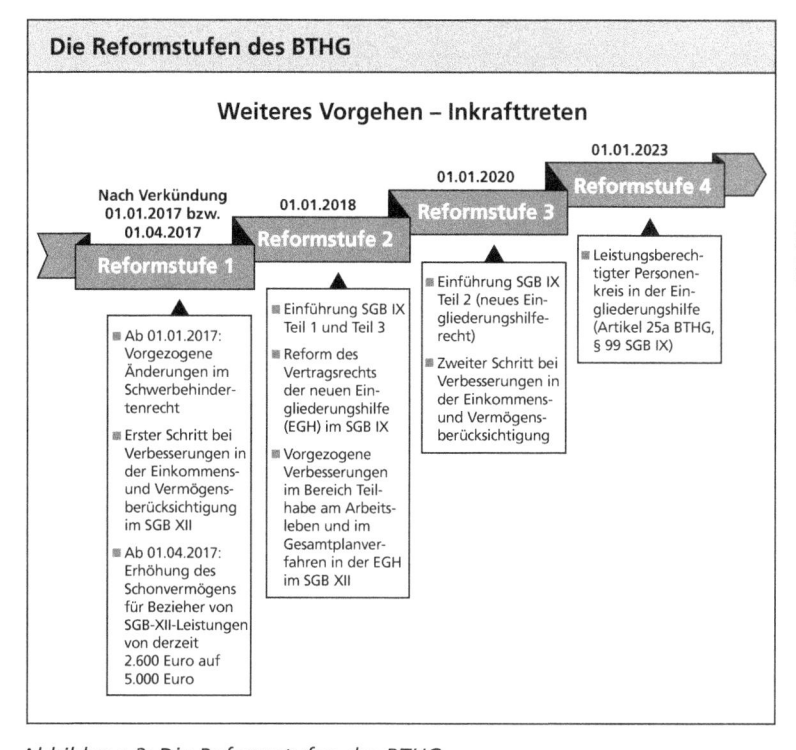

Reformstufe 2 – 01.01.2018
- Einführung SGB IX Teil 1 und Teil 3
- Reform des Vertragsrechts der neuen Eingliederungshilfe (EGH) im SGB IX
- Vorgezogene Verbesserungen im Bereich Teilhabe am Arbeitsleben und im Gesamtplanverfahren in der EGH im SGB XII

Reformstufe 3 – 01.01.2020
- Einführung SGB IX Teil 2 (neues Eingliederungshilferecht)
- Zweiter Schritt bei Verbesserungen in der Einkommens- und Vermögensberücksichtigung

Reformstufe 4 – 01.01.2023
- Leistungsberechtigter Personenkreis in der Eingliederungshilfe (Artikel 25a BTHG, § 99 SGB IX)

Abbildung 2: Die Reformstufen des BTHG

2.2 Die Ziele des Bundesteilhabegesetzes

In der Titel-Langfassung „Gesetz zur **Stärkung der Teilhabe und Selbstbestimmung** von Menschen mit Behinderungen (Bundesteilhabegesetz – BTHG)" wird das vermeintlich wichtigste und zentrale Ziel der Gesetzesreform zum Ausdruck gebracht. Die gesamte Gesetzeskonstruktion muss sich – genauso wie eine Vielzahl neuer oder geänderter Vorschriften – an dieser obersten Zielformulierung messen lassen. Bestimmte Regelungen wie ein höherer Selbstbehalt beim Einkommen, wenn Eingliederungshilfe in Anspruch genommen wird, die Ergänzende unabhängige Teilhabeberatung oder die verbindlichere Einbeziehung der Menschen mit Behinderung in die Planungsverfahren lassen sich relativ leicht unter dieses Ziel fassen. Andere Regelungsinhalte, z. B. im Leistungsvertragsrecht,

2. Das Bundesteilhabegesetz

an der Schnittstelle von Eingliederungshilfe und Pflege oder bei der Ausgestaltung von Leistungen der Sozialen Teilhabe, sind nicht so ohne Weiteres mit der obersten Maßgabe in Einklang zu bringen – zumindest ließe sich aus den Perspektiven der unterschiedlichen Akteure trefflich darüber diskutieren, woraus der Reforminhalt und worin die Verbesserung für Menschen mit Behinderungen besteht.

Eine so große Gesetzesreform lässt sich letztlich nicht auf ein Ziel reduzieren. Dazu sind die Interessenlagen von Bund, Ländern, Kommunen und Sozialversicherungsträgern auf einer Seite, den sehr heterogen aufgestellten Leistungserbringern, den Einrichtungen und Diensten auf der zweiten Seite und den leistungsberechtigten Menschen mit Behinderung auf der dritten Seite zu vielschichtig. Was möglich ist – und der Gesetzgeber hat dies im Vorspann zum Gesetzentwurf auch getan – ist, die verschiedenen vorausgegangenen Impulse, Bezüge und politischen Initiativen zur Reform darzustellen. Diese münden dann in der Auffächerung des obersten Ziels in zehn konkretere Zielsetzungen.

Der wichtigste Impuls und politisch klar formulierte Bezug der Reform ist die UN-Behindertenrechtskonvention (UN-BRK). Konkret empfahl der UN-Menschenrechtsausschuss schon 2015 in seinem Staatenbericht, dass Deutschland unter anderem

- die gesetzliche Definition von Behinderung mit der UN-BRK in Einklang zu bringen,
- Deinstitutionalisierung und selbstbestimmtes Leben von Menschen mit Behinderung zu fördern,
- Voraussetzungen für einen inklusiven Arbeitsmarkt zu schaffen und
- den Einsatz von Einkommen und Vermögen zur Deckung von Bedarfen und um selbstbestimmt zu leben, zu überprüfen.

Ein zweiter politischer Strang ging von der regelmäßig tagenden Arbeits- und Sozialministerkonferenz der Bundesländer (ASMK) aus. Schon seit 2007 forderte dieses Gremium vom Bundesgesetzgeber jedes Jahr die Reform des Eingliederungshilferechts, verknüpft mit zwei wesentlichen Aspekten: einerseits die UN-BRK aufzugreifen und andererseits die Kommunen bei der Wahrnehmung der Aufgaben der Eingliederungshilfe mit ihren stetig wachsenden Kosten finanziell zu entlasten – mit einem Betrag von fünf Milliarden Euro.

2.2 Die Ziele des Bundesteilhabegesetzes

In der vergangenen Legislaturperiode von 2013 bis 2017 war es schließlich so weit. Die Regierungskoalition verständigte sich auf Eckpunkte, die die vorgenannten Impulse und Initiativen größtenteils aufgriff, und initiierte den Gesetzgebungsprozess. Die Entlastung der Kommunen durch den Bund um ca. fünf Milliarden Euro wurde über andere Bereiche geregelt und ein Gesetz auf den Weg gebracht, mit dem folgende zehn Ziele erreicht werden sollen:

- Dem neuen gesellschaftlichen Verständnis einer inklusiven Gesellschaft wird durch einen neu gefassten Behinderungsbegriff Rechnung getragen.

- Leistungen werden wie aus einer Hand erbracht und zeitintensive Zuständigkeitskonflikte der Träger untereinander sowie Doppelbegutachtungen zulasten der Menschen mit Behinderungen vermieden.

- Die Position der Menschen mit Behinderungen im Verhältnis zu den Rehabilitationsträgern und den Leistungserbringern wird durch eine ergänzende unabhängige Teilhabeberatung gestärkt.

- Die Anreize zur Aufnahme einer Tätigkeit auf dem allgemeinen Arbeitsmarkt wird auf persönlicher und institutioneller Ebene verbessert.

- Die Möglichkeiten einer individuellen und den persönlichen Wünschen entsprechenden Lebensplanung und -gestaltung werden unter Berücksichtigung des Sozialraumes bei den Leistungen zur sozialen Teilhabe gestärkt.

- Die Leistungen zur Teilhabe an Bildung werden insbesondere im Hinblick auf studierende Menschen mit Behinderungen verbessert.

- Die Zusammenarbeit der Rehabilitationsträger unter dem Dach der Bundesarbeitsgemeinschaft für Rehabilitation und die Transparenz des Rehabilitationsgeschehens werden verbessert.

- Gleichzeitig wird die Steuerungsfähigkeit der Eingliederungshilfe verbessert, um keine neue Ausgabendynamik entstehen zu lassen und den insbesondere demographisch bedingten Ausgabenanstieg in der Eingliederungshilfe zu bremsen.

- Bei der Grundsicherung für Arbeitsuchende (SGB II) und bei der gesetzlichen Rentenversicherung (SGB VI) werden präventive

2. Das Bundesteilhabegesetz

Maßnahmen erprobt, um die Erwerbsfähigkeit von Menschen mit (drohenden) Behinderungen zu erhalten.

- Im Schwerbehindertenrecht werden das ehrenamtliche Engagement der Schwerbehindertenvertretungen gestärkt, Mitwirkungsmöglichkeiten in Werkstätten für behinderte Menschen verbessert und die besonders schweren Beeinträchtigungen von taubblinden Menschen berücksichtigt.

Das sind ambitionierte Ziele, die eine hohe Messlatte für den Gesetzgeber und alle an Umsetzungsprozessen Beteiligten darstellen.

Leistungsberechtigter Personenkreis und Partizipationsmöglichkeiten

3.	Leistungsberechtigter Personenkreis und Partizipationsmöglichkeiten...	28
3.1	Der leistungsberechtigte Personenkreis...........................	28
3.2	Wunsch- und Wahlrecht	37
3.3	Interessensvertretung	43

3. Leistungsberechtigter Personenkreis und Partizipationsmöglichkeiten

Schrader, Kerstin

Jeder Mensch ist einzigartig und trägt damit zur Vielfalt unserer Gesellschaft bei. Alle Menschen geraten in Lebenslagen, in denen sie unterschiedlich viel Hilfe und Unterstützung von anderen benötigen. Neben der zwischenmenschlichen Hilfe von Familie, Freunden oder Nachbarn usw. gibt es gesellschaftlich organisierte Hilfen wie etwa die Krankenhilfe oder Hilfen zum Lebensunterhalt.

Die Gesellschaft in Deutschland folgt gemäß dem Grundgesetz dem Prinzip eines Rechtsstaates. Das bedeutet, dass alle Behörden und Ämter auf der Grundlage von Gesetzen handeln müssen. Damit soll Willkür ausgeschlossen werden. In Gesetzestexten steht immer, für welche Personen oder Situationen das Gesetz gilt. Wenn jemand Hilfe des Staates in Anspruch nehmen möchte – im Fall des vorliegenden Buches Eingliederungshilfe –, muss geprüft werden, ob diese Person zum sogenannten leistungsberechtigten Personenkreis gehört.

Deshalb befassen wir uns im folgenden Kapitel zuerst mit der Beschreibung dieses Personenkreises im Gesetz und den möglicherweise damit verbundenen Folgen für Menschen mit Behinderungen. Danach beschreiben wir die Wunsch- und Wahlrechte des Personenkreises und skizzieren abschließend den Bereich der Interessensvertretungen.

3.1 Der leistungsberechtigte Personenkreis

Aus der UN-Behindertenrechtskonvention der Vereinten Nationen (UN-BRK) ergeben sich unmittelbar keine Leistungsansprüche für Menschen mit Behinderungen. Artikel 4 Nr. 1a der UN-BRK verpflichtet die Vertragsstaaten dazu, alle geeigneten Gesetzgebungs-, Verwaltungs- und sonstigen Maßnahmen zur Umsetzung zu treffen, um die in der UN-BRK festgelegten Grundwerte und Grundrechte zu erreichen und zu erhalten. Vor dem Hintergrund dieses Auftrages hat das Bundesteilhabegesetz (BTHG) zum Ziel, auf bundesrechtlicher Ebene das Leistungsrecht für Menschen mit Behinderungen zu bündeln und zum Teil auch neu zu regeln.

3.1 Der leistungsberechtigte Personenkreis

Im Titel des SGB IX steht, dass es sich mit der Stärkung der Teilhabe und Selbstbestimmung von „Menschen mit Behinderungen" befasst. Der im Gesetzestext verwendete Begriff der „Behinderung" ist im Vergleich zu früheren Gesetzestexten durch das BTHG angepasst worden. Damit folgten die Gesetzgeber einem der Grundsätze der Präambel der UN-BRK, nämlich der Erkenntnis, dass sich das Verständnis von Behinderung ständig weiterentwickelt (vgl. Präambel der UN-BRK, dort unter e).

Sprechen Gesetzgeber von einer „Behinderung", so gehen sie mittlerweile von einem bio-psycho-sozialen Modell aus. Damit ist ein Zusammenwirken von biologischen, psychologischen und sozialen Faktoren gemeint, die in unterschiedlichem Maße zum Zustand und Ausprägungsgrad von „Behinderung" beitragen. Neben personenbezogenen Faktoren sind immer auch Wechselwirkungen mit Umweltbedingungen, die den Charakter einer Barriere haben, mitgedacht. Dazu wird in die Betrachtung miteinbezogen, welche Einstellung die Person zu ihrer Situation hat. Diese Bezeichnungen kommen aus der ICF, der Internationalen Klassifikation der Funktionsfähigkeit, Behinderung und Gesundheit der Weltgesundheitsorganisation (WHO), vgl. Abbildung 3.

Die ICF klassifiziert menschliche Gesundheit unter Berücksichtigung verschiedener Elemente. Sie beschreibt biologische Faktoren wie Körperfunktionen und -strukturen, z. B. eingeschränkte Sehfähigkeit aufgrund einer Schädigung der Sehnerven. Daneben benennt sie soziale Faktoren wie Aktivitäten und Teilhabe, z. B. wie ein Mensch mit eingeschränkter Sehfähigkeit lernt oder sich selbst versorgt und wie eine Person in ihr Umfeld eingebunden ist, z. B. wie beteiligt ein Mensch mit eingeschränkter Sehfähigkeit im Sportverein ist. Auch psychologische Aspekte finden Berücksichtigung, also Gedanken, Emotionen und Verhaltensbeschreibungen, z. B. wie ein Mensch seine Beziehungen gestaltet, wie offen jemand auf andere zugeht. Zudem erfasst die ICF Umweltfaktoren, z. B. das Vorhandensein von Hilfsmitteln, unterstützende Beziehungen zu Freunden und auch, wie das Umfeld eines Menschen diesem gegenüber eingestellt ist.

3. Leistungsberechtigter Personenkreis, Partizipationsmöglichkeiten

Bio-psycho-soziales Modell der ICF

```
                    Gesundheitsproblem
            (Gesundheitsstörung oder Krankheit)
                            ↑
        ↓                   ↓                   ↓
  Körperfunktionen       Aktivitäten        Partizipation
  und -strukturen                            [Teilhabe]
        ↑                   ↑                   ↑
        ↓                                       ↓
     Umwelt-                              personbezogene
     faktoren                                Faktoren
```

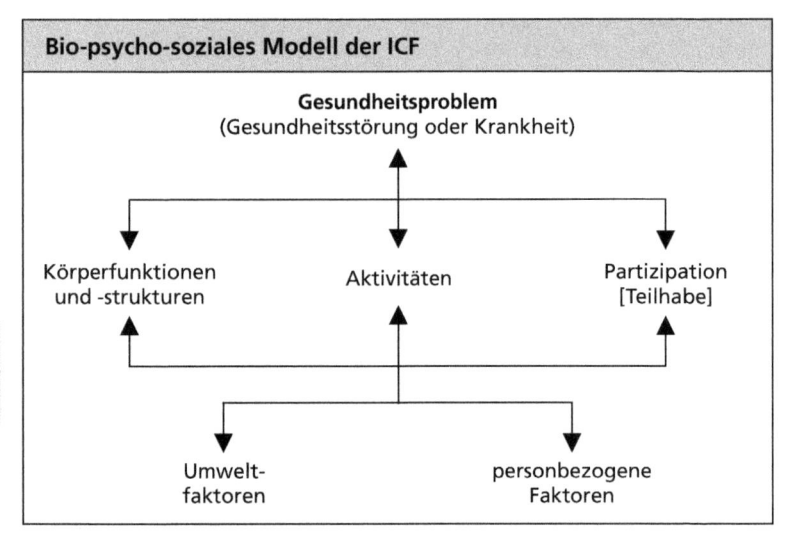

Abbildung 3: Bio-psycho-soziales Modell der ICF
(Quelle: https://www.dimdi.de)

Indem sich das BTHG in Teilen der Sprache des ICF bedient, stellt es eine Verbindung zur UIN-Behindertenrechtskonvention her, deren Behinderungsbegriff auch auf der ICF basiert.

Im BTHG ist der Begriff der Behinderung wie folgt definiert:

Begriff: Behinderung

Menschen mit Behinderungen haben gemäß § 2 SGB IX

- körperliche Beeinträchtigungen
- seelische Beeinträchtigungen
- geistige Beeinträchtigungen
- Sinnesbeeinträchtigungen

die in Wechselwirkung mit

- einstellungsbedingten Barrieren und
- umweltbedingten Barrieren

mit hoher Wahrscheinlichkeit länger als sechs Monate an der gleichberechtigten Teilhabe an der Gesellschaft hindern.

3.1 Der leistungsberechtigte Personenkreis

„Beeinträchtigung" meint im Fall des BTHG Abweichungen vom alterstypischen Körper- und Gesundheitszustand.

Die rechtliche Bezeichnung „von Behinderung bedroht" ist wie bisher angelehnt an die Definition der „Behinderung". Der Zustand der „Behinderung" (siehe oben) ist zu erwarten. Es muss also die konkrete Wahrscheinlichkeit bestehen, dass sich bei entsprechender Verschlimmerung der Krankheit eine Behinderung einstellt (Faustformel des Bundesverwaltungsgerichts aus dem Grundsatzurteil vom 26. November 1998, Az. 5 C 38/97: Wahrscheinlichkeit mehr als 50 Prozent).

> **Begriff: Von Behinderung bedroht**
>
> Von Behinderung bedrohte Menschen haben
> - körperliche Beeinträchtigungen
> - seelische Beeinträchtigungen
> - geistige Beeinträchtigungen
> - Sinnesbeeinträchtigungen
>
> die in Wechselwirkung mit
> - einstellungsbedingten Barrieren und
> - umweltbedingten Barrieren
>
> mit hoher Wahrscheinlichkeit länger als sechs Monate an der gleichberechtigten Teilhabe an der Gesellschaft hindern **zu erwarten.**

Dagegen sind die Kriterien für Schwerbehinderung und auch für die Gleichstellung im BTHG unverändert geblieben.

> **Begriff: Schwerbehinderung**
>
> Schwerbehindert sind Menschen,
> - die einen Grad der Behinderung von wenigstens 50 vorliegen haben und
> - ihren Wohnsitz oder
> - gewöhnlichen Aufenthalt oder

3. Leistungsberechtigter Personenkreis, Partizipationsmöglichkeiten

- ihre Beschäftigung auf einem Arbeitsplatz im Sinne des § 156 SGB IX

rechtmäßig im Geltungsbereich des BTHG (also in Deutschland) haben.

Schwerbehinderten Menschen **gleichgestellt** sind Menschen

- mit einem Grad der Behinderung von weniger als 50, aber wenigstens 30 und
- ihrem Wohnsitz oder
- gewöhnlichen Aufenthalt innerhalb des Geltungsbereiches des BTHG (also in Deutschland)
- wenn sie infolge ihrer Behinderung ohne die Gleichstellung einen geeigneten Arbeitsplatz im Sinne des § 156 SGB IX nicht erlangen oder nicht behalten können.

Für welche Personen ein Anspruch auf Leistungen besteht, regeln weitere Paragraphen des Bundesteilhabegesetzes.

§ 99 SGB IX verweist dabei auf „§ 53 Absatz 1 und 2 des Zwölften Buches und den §§ 1 bis 3 der Eingliederungshilfe-Verordnung in der am 31. Dezember 2019 geltenden Fassung". Damit gilt ab 1. Januar 2020 zwar das neue Eingliederungshilferecht, vom Leistungsberechtigten her aber ändert sich wenig, da bis auf Weiteres die bestehenden Regelungen weitergelten.

Ausschlaggebend für einen möglichen Leistungsanspruch in der Eingliederungshilfe ist nach wie vor, dass Personen Eingliederungshilfe erhalten, wenn sie „**wesentlich** eingeschränkt" bzw. von „einer solchen **wesentlichen** Behinderung bedroht" sind. Was ist mit „wesentlich" genau gemeint?

Es gibt eine Eingliederungshilfe-Verordnung (EinglVO), in der sich zur Frage der „Wesentlichkeit" Erläuterungen finden. In der Eingliederungshilfe-Verordnung wird derzeit unterschieden zwischen:

- körperlich wesentlich behinderten Menschen
- geistig wesentlich behinderten Menschen
- seelisch wesentlich behinderten Menschen

3.1 Der leistungsberechtigte Personenkreis

Begriff: Körperlich wesentlich behindert

Körperlich wesentlich behinderte Menschen (§ 1 EinglVO) sind:

- Personen, deren Bewegungsfähigkeit durch eine Beeinträchtigung des Stütz- oder Bewegungssystems in erheblichem Umfange eingeschränkt ist,
- Personen mit erheblichen Spaltbildungen des Gesichts oder des Rumpfes oder mit abstoßend wirkenden Entstellungen vor allem des Gesichts,
- Personen, deren körperliches Leistungsvermögen infolge Erkrankung, Schädigung oder Fehlfunktion eines inneren Organs oder der Haut in erheblichem Umfange eingeschränkt ist,
- Blinde oder solchen Sehbehinderte, bei denen mit Gläserkorrektion ohne besondere optische Hilfsmittel
    a) auf dem besseren Auge oder beidäugig im Nahbereich bei einem Abstand von mindestens 30 cm oder im Fernbereich eine Sehschärfe von nicht mehr als 0,3 besteht, oder
    b) durch Buchstabe a nicht erfasste Störungen der Sehfunktion von entsprechendem Schweregrad vorliegen,
- Personen, die gehörlos sind oder denen eine sprachliche Verständigung über das Gehör nur mit Hörhilfen möglich ist,
- Personen, die nicht sprechen können, Seelentauben und Hörstummen, Personen mit erheblichen Stimmstörungen sowie Personen, die stark stammeln, stark stottern oder deren Sprache stark unartikuliert ist.

Begriff: Geistig wesentlich behindert

Geistig wesentlich behinderte Menschen (§ 2 EinglVO) sind Personen, die infolge einer Schwäche ihrer geistigen Kräfte in erheblichem Umfange in ihrer Fähigkeit zur Teilhabe am Leben in der Gesellschaft eingeschränkt sind.

3. Leistungsberechtigter Personenkreis, Partizipationsmöglichkeiten

Begriff: Seelisch wesentlich behindert
Seelisch wesentlich behinderte Menschen (§ 3 EinglVO) sind Menschen, die
- körperlich nicht begründbare Psychosen,
- seelische Störungen als Folge von Krankheiten oder Verletzungen des Gehirns, von Anfallsleiden oder von anderen Krankheiten oder körperlichen Beeinträchtigungen,
- Suchtkrankheiten,
- Neurosen und Persönlichkeitsstörungen

haben.

Bei den Paragraphen zu den Personenkreisen steht in der Eingliederungshilfe-Verordnung bezogen auf das Ausmaß von Einschränkungen der Begriff „erheblicher Umfang". Dadurch sind Spielräume zur Beurteilung der Einzelfälle offen. Dazu gibt es eine Orientierungshilfe der Bundesarbeitsgemeinschaft der überörtlichen Träger der Sozialhilfe (BAGüS) für die Mitarbeitenden bei Leistungsträgern, die bei der Beurteilung helfen soll.

Im Gesetzgebungsverfahren zum BTHG war die Neudefinition des leistungsberechtigen Personenkreises eine große Herausforderung, führte zu heftigen Diskussionen und wurde letztendlich nicht abschließend geklärt. Erst ab dem Jahr 2023 soll bei § 99 SGB IX eine weitere Anpassung erfolgen; im Folgenden eine Kurzübersicht über den Streitstand:

Nach dem Gesetzentwurf des BTHG soll der Begriff der „Wesentlichkeit" durch die Formulierung „Erheblichkeit" ersetzt werden. Damit wird erzielt, dass Wechselwirkungen von personenbezogenen Faktoren und Umweltfaktoren in den Fokus der Beurteilung genommen werden. Im Gegensatz dazu impliziert das bislang verwendete Wort "Wesentlichkeit", dass eine Behinderung ein Merkmal des Wesens eines Menschen sei. Dies wird in Verbindung gebracht mit der einer defizitorientierten Sichtweise auf Menschen mit Behinderungen.

Zukünftig würde danach Personen Eingliederungshilfe zu leisten sein, wenn

3.1 Der leistungsberechtigte Personenkreis

- deren Beeinträchtigungen die Folge einer Schädigung der Körperfunktion und -struktur einschließlich der geistigen und seelischen Funktionen sind und
- die dadurch in Wechselwirkung mit den Barrieren in erheblichem Maße in ihrer Fähigkeit zur Teilhabe an der Gesellschaft eingeschränkt sind.

Eine Einschränkung der Fähigkeit zur Teilhabe an der Gesellschaft in erheblichem Maße liegt vor, wenn die Ausführung von Aktivitäten in einer größeren Anzahl der Lebensbereiche nicht ohne personelle oder technische Unterstützung möglich oder in einer geringeren Anzahl der Lebensbereiche auch mit personeller oder technischer Unterstützung nicht möglich ist. Mit steigender Anzahl der Lebensbereiche ist ein geringeres Ausmaß der jeweiligen Einschränkung für die Leistungsberechtigung ausreichend.

Lebensbereiche nach ICF
Die erwähnten Lebensbereiche sind ICF-gemäß:
1. Lernen und Wissensanwendung
2. allgemeine Aufgaben und Anforderungen
3. Kommunikation
4. Mobilität
5. Selbstversorgung
6. häusliches Leben
7. interpersonelle Interaktionen und Beziehungen
8. bedeutende Lebensbereiche sowie
9. Gemeinschafts-, soziales und staatsbürgerliches Leben

Bislang ist nicht genau geregelt, was mit einer Einschränkung einer „größeren Anzahl der Lebensbereiche" gemeint ist, die zum Erhalt von Teilhabeleistungen der Unterstützung bedürfen. Zeitweise wurde diskutiert, eine Mindestanzahl von Lebensbereichen festzulegen, die zum Erhalt von Teilhabeleistungen mindestens hätte vorliegen sollen.

Im Verlauf des Gesetzgebungsverfahrens kamen verschiedene Befürchtungen zusammen. Auf der einen Seite äußerten Menschen

3. Leistungsberechtigter Personenkreis, Partizipationsmöglichkeiten

mit Behinderungen die Sorge, durch eine Neudefinition der Wesentlichkeit bzw. Erheblichkeit könnten Einschränkungen bei der Gewährung von Hilfen geschehen. Auf der anderen Seite hatten Kostenträger Bedenken, der Personenkreis von Leistungsempfängern könne sich vergrößern. Deshalb kam es zu der Formulierung der „größeren Anzahl der Lebensbereiche" und zugleich zu der Entscheidung, nach Durchführung einer wissenschaftlichen Untersuchung ab dem Jahr 2023 bei § 99 SGB IX eine weitere Anpassung zu machen.

Die Untersuchung wurde von der Arbeitsgemeinschaft ISG und transfer in Kooperation mit Prof. Dr. Welti und Dr. med. Schmidt-Ohlemann durchgeführt. Im Ergebnis konnte festgestellt werden, dass ein Kriterium für den Zugang zu Leistungen, das an eine Anzahl an ICF-Bereiche gebunden ist, nicht gewährleisten kann, dass sich der zukünftige leistungsberechtigte Personenkreis im Vergleich zum bisherigen leistungsberechtigten Personenkreis nicht verändert.

Nach unserem Kenntnisstand sind nun verschiedene Szenarien ab 2023 vorstellbar:

- Dauerhafte Weiterführung bisherigen Rechts (also mit den Definitionen wie vorstehend ausgeführt)
- Aufgreifen des Vorschlags des Forschungsvorhabens (d. h. Erhalt von Grundsätzen der bisherigen Regelungen, teilweise Differenzierung und Erarbeitung einer Empfehlung auf Bundesebene)
- Leistungszugang verbunden mit Bedarfsermittlung, deren Instrumente weiterentwickelt werden müssten
- Neuerliche Anpassung von Begrifflichkeiten des § 99 SGB IX gemäß der UN-BRK und ICF

Das weitere Gesetzgebungsverfahren bleibt also mit Spannung abzuwarten.

3.2 Wunsch- und Wahlrecht

Aussagen über Wunsch- und Wahlrechte der Leistungsberechtigten werden in § 8 SBG IX getroffen. Die Wunschrechte werden dabei in Absatz 1, die Wahlrechte in Absatz 2 dargestellt. Zudem finden sich in Bezug auf die Eingliederungshilfe genauere Ausführungen in § 104 SGB IX.

Artikel 19 der UN-Behindertenrechtskonvention verpflichtet die Vertragsstaaten dazu, wirksame und geeignete Maßnahmen zu treffen, um zu gewährleisten, dass

- Menschen mit Behinderungen gleichberechtigt die Möglichkeit haben, ihren Aufenthaltsort zu wählen und zu entscheiden, wo und mit wem sie leben, und nicht verpflichtet sind, in besonderen Wohnformen zu leben;

- Menschen mit Behinderungen Zugang zu einer Reihe von gemeindenahen Unterstützungsdiensten zu Hause und in Einrichtungen sowie zu sonstigen gemeindenahen Unterstützungsdiensten haben, einschließlich der persönlichen Assistenz, die zur Unterstützung des Lebens in der Gemeinschaft und der Einbeziehung in die Gemeinschaft sowie zur Verhinderung von Isolation und Absonderung von der Gemeinschaft notwendig ist;

- gemeindenahe Dienstleistungen und Einrichtungen für die Allgemeinheit Menschen mit Behinderungen auf der Grundlage der Gleichberechtigung zur Verfügung stehen und ihren Bedürfnissen Rechnung tragen.

In dem Gesetzgebungsverfahren zum Bundesteilhabegesetz wurde das Ziel verfolgt, die Wunschrechte der Leistungsberechtigten im Vergleich zu der bisherigen Praxis zu stärken.

Hinsichtlich der Wunschrechte nimmt Absatz 1 des § 8 SGB IX Bezug auf § 33 SGB I, in dem es heißt, dass die persönlichen Verhältnisse des Berechtigten oder Verpflichteten, sein Bedarf und seine Leistungsfähigkeit sowie die örtlichen Verhältnisse zu berücksichtigen sind, soweit Rechtsvorschriften dem nicht entgegenstehen. Dabei soll den Wünschen des Berechtigten oder Verpflichteten entsprochen werden, soweit sie angemessen sind. Das bedeutet, dass die Berücksichtigung der Wünsche bislang in den Sozialgesetzbüchern eine sogenannte „Soll"-Vorschrift war.

3. Leistungsberechtigter Personenkreis, Partizipationsmöglichkeiten

Im Text des SGB IX heißt es nun, dass bei der Entscheidung über die Leistungen und bei der Ausführung der Leistungen zur Teilhabe berechtigten Wünschen der Leistungsberechtigten entsprochen wird. Dies entspricht einer normativen Formulierung, also einer Rechtsnorm im Sinn einer „Muss"-Vorschrift. Zu prüfen ist, ob die Wünsche berechtigt sind.

Gemäß § 8 SGB IX muss also sowohl bei der Leistungsgewährung als auch bei der Durchführung der Leistungsangebote Rücksicht genommen werden auf:
■ Persönliche Lebenssituation ■ Alter ■ Geschlecht ■ Familie ■ Religiöse und weltanschauliche Bedürfnisse ■ Besondere Bedürfnisse von Müttern und Vätern mit Behinderungen bei der Erfüllung ihres Erziehungsauftrages ■ Besondere Bedürfnisse von Kindern mit Behinderungen

Konkretisiert werden die Wunschrechte nur bei den Grundsätzen zur Leistungsgewährung der Eingliederungshilfe.

Die Leistungen der Eingliederungshilfe bestimmen sich gemäß § 104 SGB IX Abs. 1 nach
■ der Art des Bedarfes ■ den persönlichen Verhältnissen ■ dem Sozialraum ■ eigenen Kräften und Mitteln ■ der zu würdigenden Wohnform

Wünsche sind also auf ihre **Berechtigung** und **Angemessenheit** hin zu prüfen. Die Gesetzgeber*innen schreiben hierzu in ihrer Begründung:

„Von berechtigten Wünschen, die sich auch auf die Auswahl der Rehabilitationsdienste und -einrichtungen und damit auch auf den

3.2 Wunsch- und Wahlrecht

Leistungsort erstrecken können, kann nur ausgegangen werden, wenn sie sich im Rahmen des Leistungsrechts, der mit ihm – beispielsweise zur Teilhabe am Arbeitsleben – verfolgten Zielsetzungen und sonstiger Vorgaben wie etwa der Pflicht, Leistungen nur in Einrichtungen zu erbringen, mit denen ein Vertrag nach § 21 besteht, halten. Sie sind dann auch angemessen." (BT-Drucks. 14/5074, S. 100).

Nicht angemessen sind Wünsche gemäß § 104 Abs. 2 SGB IX, wenn und soweit die Höhe der Kosten der gewünschten Leistung die Höhe der Kosten für eine vergleichbare Leistung von Leistungserbringern unverhältnismäßig übersteigt, und wenn der Bedarf nach der Besonderheit des Einzelfalles durch die vergleichbare Leistung gedeckt werden kann. Es muss also ein **Kostenvergleich** angestellt werden.

Zusätzlich ist die **Zumutbarkeit** einer Abweichung von den Wünschen der Leistungsberechtigten zu prüfen. Dabei sind gemäß § 104 Abs. 3 SGB IX persönliche, familiäre und örtliche Umstände einschließlich der gewünschten Wohnform zu berücksichtigen. Kommt danach ein Wohnen außerhalb von besonderen Wohnformen (s. Kapitel 9.4.1) in Betracht, ist dieser Wohnform auf Wunsch der Leistungsberechtigten der Vorzug zu geben.

Die nachfolgende Abbildung 4 veranschaulicht, wie künftig die vom Leistungsberechtigten geäußerten Wünsche zu prüfen sind.

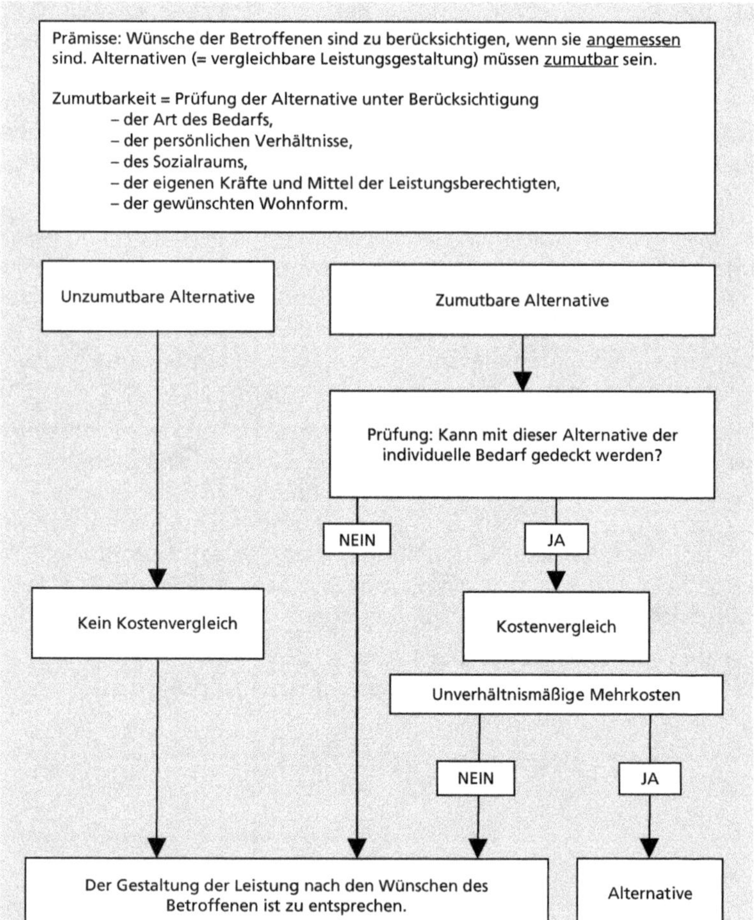

3. Leistungsberechtigter Personenkreis, Partizipationsmöglichkeiten

Prämisse: Wünsche der Betroffenen sind zu berücksichtigen, wenn sie <u>angemessen</u> sind. Alternativen (= vergleichbare Leistungsgestaltung) müssen <u>zumutbar</u> sein.

Zumutbarkeit = Prüfung der Alternative unter Berücksichtigung
- der Art des Bedarfs,
- der persönlichen Verhältnisse,
- des Sozialraums,
- der eigenen Kräfte und Mittel der Leistungsberechtigten,
- der gewünschten Wohnform.

```
        Unzumutbare Alternative              Zumutbare Alternative
                                                      │
                                                      ▼
                                    Prüfung: Kann mit dieser Alternative der
                                    individuelle Bedarf gedeckt werden?
                                           │              │
                                          NEIN            JA
                                           │              │
                                           ▼              ▼
        Kein Kostenvergleich                        Kostenvergleich
                                                          │
                                               Unverhältnismäßige Mehrkosten
                                                    │              │
                                                   NEIN            JA
                                                    │              │
                                                    ▼              ▼
        Der Gestaltung der Leistung nach den Wünschen des    Alternative
        Betroffenen ist zu entsprechen.
```

Abbildung 4: Prüfungsschema § 104 SGB IX (Quelle: Knoche 2019, S. 80)

Wolfgang Rombach, Leiter der Unterabteilung Vb „Sozialhilfe und Eingliederungshilfe" im Bundesministerium für Arbeit und Soziales, hat das Vorgehen der Berücksichtigung des Wunsch- und Wahlrechtes in Bezug auf die Wohnform in einer Grafik veranschaulicht:

3.2 Wunsch- und Wahlrecht

Bundesministerium für Arbeit und Soziales

3. SGB IX Teil 2
- Wunsch- und Wahlrecht bei der Wohnform (§ 104 SGB IX)

Angemessenheits- und Zumutbarkeitsprüfung bei der Wahl der Wohnform

- Besondere Wohnform zumutbar
  - Bedarf kann gedeckt werden → Kostenvergleich → Wohnen in besonderer Wohnform
  - Bedarf kann nicht gedeckt werden
- Bei Gleichbewertung der Angemessenheit in und außerhalb besonderer Wohnformen → Leistungsberechtigter entscheidet
- Besondere Wohnform nicht zumutbar

→ Wohnen außerhalb besonderer Wohnform

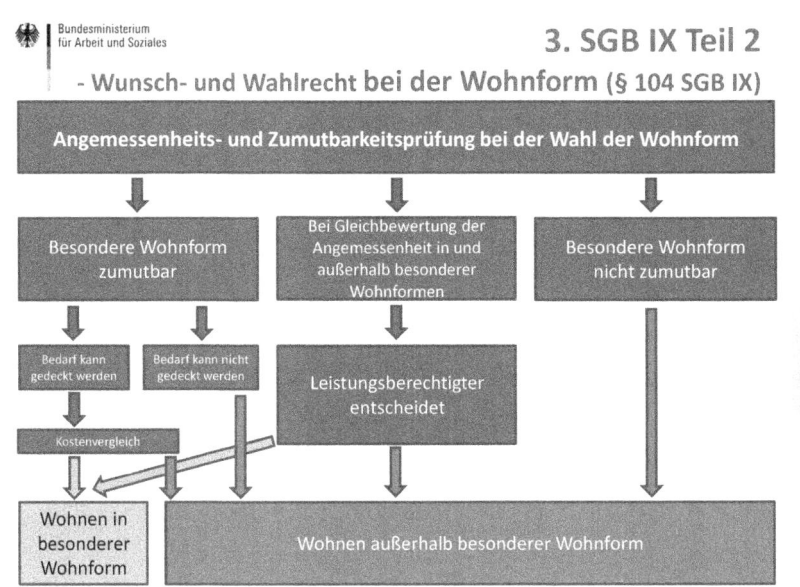

Abbildung 5: Wunsch und Wahlrecht bezüglich der Wohnform (Quelle: Bundesministerium für Arbeit und Soziales, Fakten – Das neuen Bundesteilhabegesetz, 2017, S. 18)

Zusätzlich legt § 104 SGB IX fest, dass Leistungen für den Bereich der Gestaltung sozialer Beziehungen und der persönlichen Lebensplanung außerhalb einer besonderen Wohnform nicht gemeinsam zu erbringen sind, wenn dies von Leistungsberechtigten nicht gewünscht ist. In diesem Fall entfällt der Kostenvergleich (vgl. dazu auch Kapitel 5.4 Soziale Teilhabe).

Die gemeinsame Erbringung von Leistungen an mehrere Leistungsberechtigte gleichzeitig wird auch „Poolen" genannt. Das Poolen von Leistungen auf freiwilliger Basis und das Poolen ohne Zustimmung der Leistungsberechtigten, das sogenannte „Zwangspoolen", sind Gegenstand vielfältiger Diskussionen und Stellungnahmen.

In § 104 Abs. 3 Nr. 1 SGB IX wird verwiesen auf § 116 Absatz 2 SGB IX, wo sich eine Auflistung der Möglichkeiten für eine gemeinsame Inanspruchnahme von Leistungen findet.

3. Leistungsberechtigter Personenkreis, Partizipationsmöglichkeiten

Möglichkeiten des Poolens
Sofern dies zumutbar ist, können folgende Leistungen gepoolt, d. h. gemeinsam erbracht werden:
- zur Assistenz
- zur Heilpädagogik
- zum Erwerb und Erhalt praktischer Fähigkeiten und Kenntnisse
- zur Förderung von Verständigung
- zur Beförderung im Rahmen von Leistungen zur Mobilität
- zur Erreichbarkeit einer Ansprechperson unabhängig von einer konkreten Inanspruchnahme (entspricht einer Bereitschaft)

Wahlrechte, die in § 8 Abs. 2 SGB IX beschrieben sind, beziehen sich auf die Wahl der Form der Erbringung von Leistungen. In § 105 SGB IX sind als Formen für Leistungen der Eingliederungshilfe Dienstleistungen, Sachleistungen und Geldleistungen benannt.

- Empfänger*innen einer Geldleistung erhalten eine Geldsumme in der Regel auf ein Konto überwiesen.
- Empfänger*innen einer Sachleistung bekommen Gegenstände oder Dienstleistungen zur Verfügung gestellt. Das gilt z. B. für gesetzliche Krankenversicherte bei Arzneimitteln oder Hilfsmitteln, wie etwa einem Rollstuhl und auch bei der ärztlichen Behandlung. Die Abrechnung erfolgt direkt von den zu Verfügung stellenden Diensten, wie Apotheken oder Sanitätshäusern oder Ärzten, mit den Leistungsträgern wie z. B. den Krankenkassen.
- Dienstleistungen umfassen Hilfestellungen wie Beratung, Unterstützung und stellvertretende Ausführung. Die Abrechnung erfolgt ebenfalls direkt von leistungserbringenden Stellen mit den Leistungsträgern, also den Sozialhilfeträgern.

Wahlrecht bei der Form der Leistungserbringung
Eine Leistungsempfänger*in kann gemäß § 8 Abs. 2 SGB IX wählen, ob sie sogenannte Sachleistungen oder Geldleistungen in Anspruch nehmen möchte, wenn

- eine Antragstellung erfolgt
- die Leistung außerhalb einer Rehabilitationseinrichtung ausgeführt wird und
- die Leistung voraussichtlich bei gleicher Wirksamkeit wirtschaftlich zumindest gleichwertig ausgeführt werden kann. Die Leistungsberechtigten sind dann in der Pflicht, geeignete Unterlagen zur Wirksamkeit zur Verfügung zu stellen.

Angesichts der Möglichkeit, Persönliches Budget (§ 29 SGB IX) in Anspruch zu nehmen, könnte damit zu rechnen sein, dass die Regelung in der Praxis wenig Bedeutung erfahren wird.

3.3 Interessensvertretung

Die Begrifflichkeit „Interessensvertretung" taucht im § 131 Abs. 2 SGB IX und in § 133 Abs. 5 SGB IX auf. Die Paragraphen gehören zum Kapitel Vertragsrecht (s. Kapitel 11). Darin ist beschrieben, wie die Träger der Eingliederungshilfe mit den Trägern der Leistungserbringer zusammenarbeiten.

Zunächst wird durch § 123 Abs. 1 SGB IX festgelegt, dass es schriftliche Vereinbarungen zwischen dem Träger bzw. dem Verband des Leistungserbringers und dem örtlich zuständigen Träger der Eingliederungshilfe geben soll, denn nur dann darf Eingliederungshilfe mit der Ausnahme von ehrenamtlich erbrachter Assistenzleistung und Geldleistungen bewilligt werden.

Es gibt zwei Vereinbarungen:

- **Leistungsvereinbarungen** regeln Inhalt, Umfang und Qualität einschließlich Wirksamkeit der Eingliederungshilfeleistungen.
- **Vergütungsvereinbarungen** regeln die Vergütung, also die preisliche Gestaltung, der Leistungen der Eingliederungshilfe.

Diese Vereinbarungen werden auf der Grundlage von Rahmenverträgen getroffen. Wer die Rahmenverträge schließt bzw. wie diese geschlossen werden, ist im § 131 SGB IX geregelt. Dort heißt es, dass die Träger der Eingliederungshilfe auf Landesebene mit den Vereinigungen der Leistungserbringer gemeinsam und einheitlich Rahmenverträge zu den schriftlichen Vereinbarungen schließen.

In den Rahmenverträgen wird Folgendes geregelt:

3. Leistungsberechtigter Personenkreis, Partizipationsmöglichkeiten

- nähere Abgrenzung von Kostenarten und -bestandteilen und die Zusammensetzung von Investitionsbeträgen, die Vergütungspauschalen zugrunde gelegt sind
- Inhalte und Kriterien für Ermittlung und Zusammensetzung von Leistungspauschalen sowie Merkmale für die Bildung von Bedarfsgruppen
- Festlegung von Personalrichtwerten oder andere Personalbemessungsmethoden
- Grundsätze und Maßstäbe für die Wirtschaftlichkeit, Qualität und Wirksamkeit der Leistungen sowie Inhalt und Verfahren für die Prüfungen der Qualität und Wirksamkeit
- Verfahren zum Abschluss von Vereinbarungen

An dieser Stelle des Gesetzestextes erhalten die Interessensvertretungen der Menschen mit Behinderungen eine Rolle in dem Vorgang der Vertragsvereinbarungen, denn laut § 131 Abs. 2 SGB IX wirken bei der Erarbeitung und Beschlussfassung der Rahmenverträge die durch Landesrecht bestimmten maßgeblichen Interessensvertretungen der Menschen mit Behinderungen mit.

Der Umsetzungsstand der Bestimmung der maßgeblichen Interessensvertretungen in den Bundesländern findet sich in der Auflistung auf den Seiten der Umsetzungsbegleitung zum BTHG, abrufbar unter: https://umsetzungsbegleitung-bthg.de.

In § 133 Abs. 5 Nr. 10 SGB IX heißt es, dass in Bezug auf die Schiedsstellen die Landesregierungen über die Beteiligung der Interessensvertretungen der Menschen mit Behinderungen in Form von Rechtsverordnungen bestimmen.

Noch nicht ganz klar ist zum Zeitpunkt der Erstellung dieses Buches, wie die Form der Mitwirkung der Interessensvertretungen genau gelebt werden wird, denn sie ist im Gesetzestext nicht ausführlich beschrieben. Hierzu sind verschiedene Möglichkeiten der Ausgestaltung von Mitwirkung denkbar. Sie reichen von der Teilnahme an Sitzungen und dem Angehörtwerden über das Recht zur Stellungnahme bis hin zum Stimmrecht.

Hierzu hat Prof. Dr. Hermann Plagemann, Fachanwalt für Sozialrecht, ein Kurzgutachten erstellt. Er bietet verschiedene Aspekte zur Auslegung an (Plagemann, 2018):

3.3 Interessensvertretung

- Auslegung des Wortlautes
- Auslegung nach Sinn und Zweck
- Bezugnahme zur Gesetzesbegründung
- Bezugnahme auf die Verfassung

Bei der Auslegung des Wortlautes verweist Prof. Dr. Plagemann auf die Unterscheidung zwischen Mitwirkung bei der Beschlussfassung (§ 131 Abs. 2 SGB IX) und Beteiligung (§ 133 Abs. 5 Nr. 10 SGB IX). Mitwirkung bei der Beschlussfassung beinhalte ein Stimmrecht, während Beteiligung im Sinne einer beratenden Funktion weniger Möglichkeit zur Einflussnahme bedeute.

Gemäß dem Auftrag aus der UN-BRK hat das Bundesteilhabegesetz zum Ziel, die Selbstbestimmung der Menschen mit Behinderungen zu stärken. Dementsprechend sei es Sinn und Zweck des BTHG, die Interessenvertretungen mit einem Stimm- oder Vetorecht auszustatten.

In der Begründung zum Bundesteilhabegesetz ist von einer beratenden Einbeziehung der Interessenvertretung die Rede (vgl. Deutscher Bundestag, Drucksache 18/9522, S. 300). Jedoch weist im Gesetzestext der Wortlaut auf eine aktive Rolle in Form eines Stimmrechtes hin, so Prof. Dr. Plagemann.

Aus Sicht des Fachanwaltes für Sozialrecht gibt es zwei Bedeutungszusammenhänge zum Verfassungsrecht bei der Diskussion um die Ausgestaltung der Möglichkeiten der Mitbestimmung von Interessensvertretungen von Menschen mit Behinderungen:

Hätten Interessensvertretungen ein Stimm- oder Vetorecht, so wäre aus Sicht des Autors eine Fremdverwaltung der Interessen durch Verbände nicht möglich. Dies mache Sinn, da Verbände aufgrund demokratischer Entscheidung als Vertreter von Interessen von Menschen mit Behinderungen nicht ausreichend legitimiert seien. Im Grundgesetz in Art. 3 Abs. 3 Satz 2 GG steht, dass niemand wegen seiner Behinderung benachteiligt werden darf. Das stellt nach Auffassung des Fachanwaltes auch einen Schutz vor Fremdbestimmung dar. Deshalb sei ein Stimm- und Vetorecht verfassungskonform.

Derzeit bleibt die Ausgestaltung der Rechtsverordnungen abzuwarten, um genauer beschreiben zu können, wie die Mitwirkung der Interessensvertretungen ausgelegt und im Alltag gelebt werden wird.

Beratung

4.	Beratung	48
4.1	Aufgabe der Beratung, Begleitung und Unterstützung von leistungsberechtigten Personen durch die Träger der Eingliederungshilfe	49
4.2	Beratungspflichten der Rehabilitationsträger	55
4.3	Ergänzende unabhängige Teilhabeberatung (EUTB)	57

4. Beratung

Holtkamp, Claudia

Es gibt eine Vielzahl von Rehabilitations- und Teilhabeangeboten für Menschen mit (drohenden) Behinderungen. Für die Betroffenen ist es nicht immer leicht, sich im Dschungel dieser Vielzahl von Angeboten zurechtzufinden.

Aus diesem Grund hat jeder Mensch Anspruch auf Beratung über seine Rechte und Pflichten nach dem Sozialgesetzbuch (§ 14 SGB I). Menschen mit (drohenden) Behinderungen sollen selbstbestimmt entscheiden können, wie und wo sie ihr Leben gestalten möchten.

Die Beratungen der Träger der Eingliederungshilfe, der Rehabilitationsträger und der ergänzenden unabhängigen Teilhabeberatung (EUTB) haben das Ziel, die Selbstbestimmung der betroffenen Personen zu stärken.

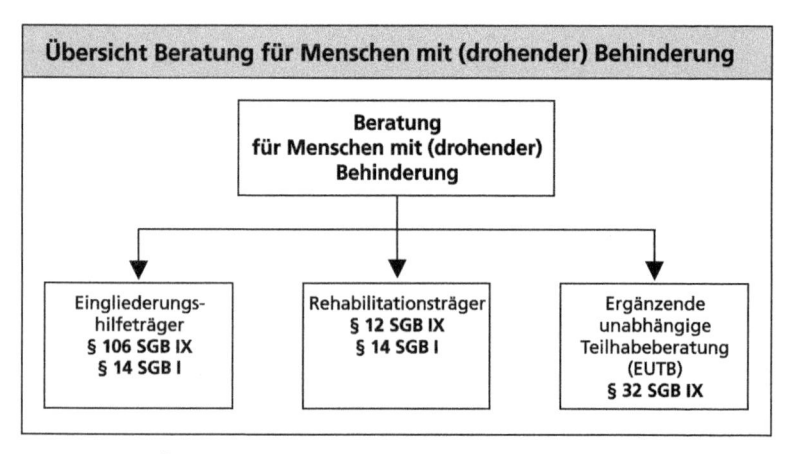

Übersicht Beratung für Menschen mit (drohender) Behinderung
Beratung für Menschen mit (drohender) Behinderung

Eingliederungshilfeträger § 106 SGB IX § 14 SGB I	Rehabilitationsträger § 12 SGB IX § 14 SGB I	Ergänzende unabhängige Teilhabeberatung (EUTB) § 32 SGB IX

Abbildung 6: Übersicht Beratung für Menschen mit (drohender) Behinderung

4.1 Aufgabe der Beratung, Begleitung und Unterstützung von leistungsberechtigten Personen durch die Träger der Eingliederungshilfe

Eine selbstbestimmte Teilhabe von Menschen mit Behinderungen kann nur gewährleistet werden, wenn diese durch umfassende Beratung, Begleitung und Unterstützung in die Lage versetzt werden, eigenständige Entscheidungen zu treffen.

Die Träger der Eingliederungshilfe sind verpflichtet, leistungsberechtigte Personen während des gesamten Verwaltungsverfahrens, wie beispielsweise bei der Antragstellung oder der Erfüllung von Mitwirkungspflichten zu beraten und zu unterstützen (§ 106 SGB IX). Bei der Auswahl von möglichen Leistungsanbietern sowie der Kontaktaufnahme zu diesen hat der Träger der Eingliederungshilfe unterstützend tätig zu werden.

Die Beratung des Trägers der Eingliederungshilfe bezieht sich nicht nur auf Eingliederungshilfeleistungen, sondern auch auf die Leistungen der anderen Leistungsträger einschließlich der dazugehörigen Beratung. Dies ist damit begründet, dass Menschen mit Behinderung oftmals auch (vorrangige) Ansprüche nach anderen Sozialleistungsgesetzen haben.

In § 106 Abs. 2 SGB IX wird in einem nicht abschließenden Aufgabenkatalog die Beratung durch den Träger der Eingliederungshilfe konkretisiert.

Die **Beratung** der Eingliederungshilfeträger umfasst insbesondere:

1. die persönliche Situation der leistungsberechtigten Person, den Bedarf, die eigenen Kräfte und Mittel sowie die mögliche Stärkung der Selbsthilfe zur Teilhabe am Leben in der Gemeinschaft einschließlich eines gesellschaftlichen Engagements,
2. die Leistungen der Eingliederungshilfe einschließlich des Zugangs zum Leistungssystem,
3. die Leistungen anderer Leistungsträger,
4. die Verwaltungsabläufe,
5. Hinweise auf Leistungsanbieter und andere Hilfemöglichkeiten im Sozialraum und auf Möglichkeiten zur Leistungserbringung,

4. Beratung

6. Hinweise auf andere Beratungsangebote im Sozialraum,
7. eine gebotene Budgetberatung.

Die **Unterstützung** der Eingliederungshilfeträger umfasst insbesondere:

1. Hilfe bei der Antragstellung,
2. Hilfe bei der Klärung weiterer zuständiger Leistungsträger,
3. das Hinwirken auf zeitnahe Entscheidungen und Leistungen der anderen Leistungsträger,
4. Hilfe bei der Erfüllung von Mitwirkungspflichten,
5. Hilfe bei der Inanspruchnahme von Leistungen,
6. die Vorbereitung von Möglichkeiten der Teilhabe am Leben in der Gemeinschaft einschließlich des gesellschaftlichen Engagements,
7. die Vorbereitung von Kontakten und Begleitung zu Leistungsanbietern und anderen Hilfemöglichkeiten,
8. Hilfe bei der Entscheidung über Leistungserbringer sowie bei der Aushandlung und dem Abschluss von Verträgen mit Leistungserbringern sowie
9. Hilfe bei der Erfüllung von Verpflichtungen aus der Zielvereinbarung und dem Bewilligungsbescheid.

Wünscht die leistungsberechtigte Person bei der Beratung das Beisein einer Person ihres Vertrauens, dann ist dies gemäß § 106 SGB IX möglich.

Im Artikel 21 der UN-Behindertenrechtskonvention (UN-BRK) ist geregelt, dass der Zugang zu Informationen in einer für die leistungsberechtigte Person wahrnehmbaren Form zu erfolgen hat. § 106 Abs. 1 Satz 2 SGB IX trägt der UN-BRK Rechnung, da hier diese Regelung aufgenommen wurde. Eine wahrnehmbare Form umfasst insbesondere auch die Leichte Sprache sowie die Verwendung von Gebärdensprache, Brailleschrift und alternativen ergänzenden Kommunikationsformen.

Die Träger der Eingliederungshilfe sind verpflichtet, die leistungsberechtigten Personen auf die Ergänzende unabhängige Teilhabeberatung (EUTB) und Beratung und Unterstützung von den Verbänden der Freien Wohlfahrtspflege sowie Angehörigen der

4.1 Beratung, Begleitung, Unterstützung durch EGH-Träger

rechtsberatenden Berufe und sonstigen Stellen hinzuweisen (§ 106 Abs. 4 SGB IX).

Wer ist Eingliederungshilfeträger?

Die Träger der Eingliederungshilfe werden durch die jeweiligen Bundesländer bestimmt (§ 94 SGB IX). Die nachfolgende Übersicht gibt einen Überblick über die Träger der Eingliederungshilfe in den Ländern. Betroffene und Angehörige können am besten online oder vor Ort die Kontaktdaten zu den jeweiligen Trägern der Eingliederungshilfe herausfinden.

Träger der Eingliederungshilfe gemäß § 94 Abs. 1 SGB IX in den Bundesländern
Baden-Württemberg
Als Träger der Eingliederungshilfe werden die Stadt- und Landkreise bestimmt. Zugleich wird die Möglichkeit geschaffen, Aufgaben der Eingliederungshilfe von den Landkreisen auf kreisangehörige Gemeinden zu delegieren.
Bayern
Die Bezirke bleiben Träger der Eingliederungshilfe. Darüber hinaus wird auch die bislang geteilte Zuständigkeit für ambulante und (teil-) stationäre Leistungen der Hilfe zur Pflege bei den Bezirken gebündelt. Sie sind zudem grundsätzlich auch für ergänzende existenzsichernde Leistungen zuständig.
Berlin
Örtlicher und überörtlicher Träger der Sozialhilfe ist das Land Berlin. Für die Durchführung der Aufgaben des Trägers der Eingliederungshilfe sind die Teilhabefachdienste der Ämter für Soziales der Bezirke zuständig, bei Kindern und Jugendlichen die bezirklichen Jugendämter in den jeweiligen Teilhabefachdiensten. Die Teilhabefachdienste der Sozial - und Jugendämter koordinieren ihre Arbeit in einem jeweiligen bezirklichen örtlichen Arbeitsbündnis im sogenannten „Haus der Teilhabe".
Brandenburg
Örtliche Träger der Eingliederungshilfe sind die Landkreise und kreisfreien Städte. Sie sind sachlich zuständig für die Leistungen nach Teil 2 SGB IX. Überörtlicher Träger der Eingliederungshilfe ist das Land. Die Aufgaben des überörtlichen Trägers der Ein-

4. Beratung

gliederungshilfe werden vom Landesamt für Soziales und Versorgung wahrgenommen.

Bremen

Träger der Eingliederungshilfe sind die Stadtgemeinden Bremen und Bremerhaven. Sie führen die Aufgaben der Eingliederungshilfe als pflichtige Selbstverwaltungsangelegenheit durch.

Hamburg

Träger der Eingliederungshilfe ist und bleibt die Freie und Hansestadt Hamburg. Welche Dienststelle in Hamburg die Aufgabe ausführen wird, ist durch Zuständigkeitsanordnung des Senats näher festzulegen.

Hessen

Träger der Eingliederungshilfe bleiben (wie bisher) die kreisfreien Städte und die Landkreise sowie als überörtlicher Träger der Landeswohlfahrtsverband Hessen. Die sachliche Zuständigkeit wird nach einem „Lebensabschnittsmodell" neu geordnet: Die kreisfreien Städte und Landkreise sind für alle Kinder und Jugendlichen mit Behinderungen bis zur Beendigung der Schulausbildung an einer allgemeinen Schule oder einer Förderschule zuständig, unabhängig von der Art der Behinderung.

Danach ist der Landeswohlfahrtsverband Hessen bis zum Erreichen der individuellen Regelaltersgrenze nach § 235 Abs. 2 SGB VI und auch darüber hinaus zuständig. Der kommunale Träger wird nur dann (erneut) zuständig, wenn Leistungen der Eingliederungshilfe erstmalig nach Erreichen der Regelaltersgrenze beantragt oder beendet und nicht innerhalb von drei Monaten erneut beantragt werden.

Mecklenburg-Vorpommern

Träger der Eingliederungshilfe bleiben die Landkreise und kreisfreien Städte.

Niedersachsen

Örtliche Träger der Eingliederungshilfe sind die Landkreise und die kreisfreien Städte sowie die Region Hannover in ihrem gesamten Gebiet. Überörtlicher Träger der Eingliederungshilfe ist das Land. Die örtlichen Träger sind sachlich zuständig für die Eingliederungshilfe für Kinder und Jugendliche bis zum 18. Lebensjahr bzw. bis zum Ende der Schulausbildung, falls diese erst nach Vollendung des 18. Lebensjahres beendet wird. Im Anschluss

4.1 Beratung, Begleitung, Unterstützung durch EGH-Träger

daran ist der überörtliche Träger der Eingliederungshilfe sachlich zuständig. Zur Durchführung der Aufgaben des überörtlichen Trägers der Eingliederungshilfe werden u. a. die örtlichen Träger der Eingliederungshilfe herangezogen.

Nordrhein-Westfalen

Als Träger der Eingliederungshilfe werden die Landschaftsverbände (Landschaftsverband Rheinland-LVR und der Landschaftsverband Westfalen-Lippe-LWL) bestimmt. Sie sind für die Fachleistungen für Menschen mit Behinderungen zuständig. Lediglich die Fachleistungen für Kinder und Jugendliche mit Behinderungen, die in der Herkunftsfamilie leben, verbleiben bis zum Abschluss einer ersten allgemeinen Schulausbildung bei den Kreisen und kreisfreien Städten (z. B. Leistungen der Interdisziplinären Frühförderung, für Schulbegleiter*innen/Integrationshelfer*innen, Behindertenfahrdienste und Hilfsmittel).

Zudem sollen die Landschaftsverbände und die Kreise und kreisfreien Städte entweder als Träger der Eingliederungshilfe oder ergänzend als Träger der Sozialhilfe immer auch dann Leistungen der Hilfe zur Pflege – unabhängig vom Alter und von der Wohnform – erbringen, wenn Menschen mit Behinderung zugleich Eingliederungshilfe erhalten. Träger der Eingliederungshilfe erhalten darüber hinaus die Möglichkeit, Kreise, kreisfreie Städte und kreisangehörige Gemeinden zur Durchführung von Aufgaben heranzuziehen.

Rheinland-Pfalz

Träger der Eingliederungshilfe für die erwachsenen Menschen mit Behinderungen ab dem 18. Lebensjahr sowie für Leistungen zur Teilhabe am Arbeitsleben auch bei minderjährigen Menschen mit Behinderungen soll das Land sein. Die Aufgaben des Landes als Träger der Eingliederungshilfe werden vom Landesamt für Soziales, Jugend und Versorgung wahrgenommen. Das Land zieht die Landkreise und kreisfreien Städte zur Durchführung der dem Land als Träger der Eingliederungshilfe obliegenden Aufgaben heran. Für die Kinder und Jugendlichen mit Behinderungen bis zum 18. Lebensjahr beziehungsweise bis zum Ende des Regelschulbesuches, falls dieser nach Vollendung des 18. Lebensjahres der Leistungsberechtigten liegt, sollen die Landkreise und kreisfreien Städte die Trägerschaft übernehmen. Dadurch wären die Landkreise und kreisfreien Städte für die Eingliederungshilfe

4. Beratung

für Kinder und Jugendliche mit körperlichen, geistigen und seelischen Behinderungen zuständig.

Saarland

Träger der Eingliederungshilfe bleibt das Land Saarland. Die Aufgaben des Trägers der Eingliederungshilfe werden vom Landesamt für Soziales durchgeführt.

Sachsen

Als Träger der Eingliederungshilfe werden die kreisfreien Städte, die Landkreise und der Kommunale Sozialverband Sachsen (KSV) bestimmt. Die Leistungen der Eingliederungshilfe werden von den Landkreisen und den kreisfreien Städten erbracht, soweit nicht der KSV zuständig ist. Der KSV ist als Träger der Eingliederungshilfe ab 01.01.2020 sachlich zuständig für: Leistungen nach § 113 Abs. 2 SGB IX in vollstationären Einrichtungen im Sinne von §§ 43a Satz 1 und 3, § 71 Abs. 4 Nummer 1 und 3 SGB XI, in weiteren besonderen Wohnformen gemäß § 104 Abs. 3 Satz 3 SGB IX und in Tageseinrichtungen für Personen, die das 18. Lebensjahr vollendet haben, Leistungen gemäß § 111 SGB IX, Hilfen zur hochschulischen Ausbildung oder Weiterbildung für einen Beruf, Leistungen zur Beschaffung eines Kraftfahrzeugs sowie besonderer Bedienungseinrichtungen und Zusatzgeräte für Kraftfahrzeuge, zur Erlangung der Fahrerlaubnis und zur Instandhaltung sowie die Übernahme von Betriebskosten eines Kraftfahrzeugs, alle Leistungen gemäß § 101 SGB IX.

Sachsen-Anhalt

Das Land Sachsen-Anhalt ist als überörtlicher Träger der Sozialhilfe zugleich Träger der Eingliederungshilfe. Wie bisher kann es die Landkreise und kreisfreien Städte zur Ausführung im Einzelfall heranziehen.

Schleswig-Holstein

Träger der Eingliederungshilfe werden die Kreise und kreisfreien Städte, die als örtliche Träger der Sozialhilfe bereits seit der Kommunalisierung zum 01.01.2007 für die Eingliederungshilfe zuständig sind. Sie sind sachlich zuständig für alle Aufgaben nach Teil 1 und 2 SGB IX. Darüber hinaus wird das Land ebenfalls Träger der Eingliederungshilfe, um übergeordnete, zentrale Steuerungs- und Koordinierungsaufgaben zu übernehmen.

> **Thüringen**
> Örtliche Träger der Eingliederungshilfe bleiben die Landkreise und kreisfreien Städte. Sie sind sachlich zuständig für die Leistungen nach Teil 2 SGB IX. Darüber hinaus behält das Land als überörtlicher Träger der Eingliederungshilfe die Zuständigkeit für bestimmte Aufgaben zur Beratung und Unterstützung der Träger der Eingliederungshilfe sowie zur Weiterentwicklung der Eingliederungshilfe.
> *(Quelle: vgl. www.umsetzungsbegleitung-bthg.de)*

4.2 Beratungspflichten der Rehabilitationsträger

In Deutschland werden Institutionen als Rehabilitationsträger bezeichnet, die Maßnahmen zur sozialen, beruflichen oder medizinischen Rehabilitation durchführen und hierfür die entsprechenden Kosten übernehmen.

Rehabilitationsträger können gemäß § 6 SGB IX sein:

1. die gesetzlichen Krankenkassen,
2. die Bundesagentur für Arbeit,
3. die Träger der gesetzlichen Unfallversicherung,
4. die Träger der gesetzlichen Rentenversicherung und der Träger der Alterssicherung der Landwirte,
5. die Träger der Kriegsopferversorgung und die Träger der Kriegsopferfürsorge im Rahmen des Rechts der sozialen Entschädigung bei Gesundheitsschäden,
6. die Träger der öffentlichen Jugendhilfe,
7. die Träger der Eingliederungshilfe.

Die Rehabilitationsträger sind wie die Träger der Eingliederungshilfe gemäß § 14 SGB I verpflichtet, über die Rechte und Pflichten eines jeden Menschen nach dem Sozialgesetzbuch zu beraten, unabhängig davon, ob es sich ihrer Einschätzung nach um notwendige Leistungen gemäß § 4 SGB IX handelt.

Der Rehabilitationsbedarf der leistungsberechtigten Personen soll möglichst frühzeitig erkannt werden. Die Rehabilitationsträger sind aus diesem Grund gemäß § 12 Abs. 1 SGB IX verpflichtet, durch geeignete Maßnahmen sicherzustellen, dass der Rehabilitations-

4. Beratung

bedarf frühzeitig erkannt und auf eine Antragstellung der leistungsberechtigten Person hingewirkt wird. Sie unterstützen die frühzeitige Erkennung des Rehabilitationsbedarfs insbesondere durch die Bereitstellung und Vermittlung von geeigneten barrierefreien Informationsangeboten über:

1. Inhalte und Ziele von Leistungen zur Teilhabe,
2. die Möglichkeit der Leistungsausführung als Persönliches Budget,
3. das Verfahren zur Inanspruchnahme von Leistungen zur Teilhabe und
4. Angebote der Beratung, einschließlich der ergänzenden unabhängigen Teilhabeberatung (EUTB).

Die bisherigen „Gemeinsamen Servicestellen" der Rehabilitationsträger, die bei der Deutschen Rentenversicherung angesiedelt waren, sind zum 31. Dezember 2018 aufgelöst worden. Mit der Einführung des BTHG hat der Gesetzgeber die Rehabilitationsträger verpflichtet, eine Ansprechstelle zu benennen, die Informationsangebote an leistungsberechtigte Personen, Arbeitgeber und andere Rehabilitationsträger vermittelt und einen wirksamen und effizienten Informationsaustausch sicherstellt. Diese Verpflichtung betrifft auch Jobcenter, Integrationsämter und Pflegekassen. Für die Pflegekassen wird der Aufgabenbereich erweitert, da sie keine Rehabilitationsträger sind und gleichwohl verpflichtet werden, Informationen zu Teilhabeleistungen und zu deren Inanspruchnahme zur Verfügung zu stellen. Weitergehende Verpflichtungen der Pflegekassen zur konkreten Prüfung eines Rehabilitationsbedarfs ergeben sich hieraus jedoch nicht, da diese Aufgaben durch die zuständigen Rehabilitationsträger erfüllt werden (vgl. Deutscher Bundestag, Drucksache 18/9522, 2016, S. 232).

Derzeit befinden sich die Ansprechstellen noch in der Gründungsphase. Es liegt im Ermessen der Rehabilitationsträger, wie und wo die Einrichtung von Auskunftsstellen und Beratungsteams umgesetzt werden, oder ob lediglich internetbasierte Informationsangebote zur Verfügung gestellt werden. Die Angebote müssen jedoch auf die Bedürfnisse der leistungsberechtigten Personen ausgerichtet werden.

Zum Redaktionsschluss dieser Publikation lag noch keine Übersicht vor, welche Rehabilitationsträger, Jobcenter, Integrationsämter und

Pflegekassen Ansprechstellen nach § 12 SGB IX benannt haben. Mittelfristig plant die Bundesarbeitsgemeinschaft für Rehabilitation (BAR) die Herausgabe eines bundesweiten Verzeichnisses der Ansprechstellen. Dieses kann dann nach Fertigstellung online unter www.bar-frankfurt.de abgerufen werden.

4.3 Ergänzende unabhängige Teilhabeberatung (EUTB)

Im Rahmen der UN-BRK haben sich die Vertragsstaaten gemäß Artikel 26 Abs. 1 darauf verständigt, durch peer support wirksame und geeignete Maßnahmen zu treffen, um Menschen mit Behinderungen in die Lage zu versetzen, ein Höchstmaß an Unabhängigkeit, umfassende körperliche, geistige, soziale und berufliche Fähigkeiten sowie die volle Einbeziehung in alle Aspekte des Lebens zu erreichen und zu bewahren. In Deutschland wird dieser Artikel mit der Einführung einer ergänzenden unabhängigen Teilhabeberatung (EUTB) umgesetzt. Besonders hervorzuheben ist das Peer-Counseling. Dies bedeutet, dass Betroffene andere Betroffene beraten. Die Personengruppe der Betroffenen bezieht sich nicht nur auf die Menschen mit Behinderungen selbst, sondern auch auf betroffene Angehörige, wie zum Beispiel Eltern von Kindern mit Behinderungen oder pflegende Angehörige. Nach Bill und Vicki Bruckner ist *„Peer counseling die Anwendung von Problemlösungs-Techniken und aktivem Zuhören, um Menschen, die gleichartig (peers) sind, Hilfestellung zu geben."*

Die EUTB wurde zum 1. Januar 2018 flächendeckend in der gesamten Bundesrepublik Deutschland eingeführt. Derzeit gibt es rund 655 Beratungsstellen im gesamten Bundesgebiet. Alle Beratungsstellen arbeiten unentgeltlich und sind nicht an eine Mitgliedschaft gebunden.

Ratsuchende Personen finden auf der Homepage www.teilhabeberatung.de Beratungsstellen in ihrer Nähe.

Menschen mit (drohenden) Behinderungen haben neben dem Anspruch auf Beratung durch die Rehabilitationsträger und den Träger der Eingliederungshilfe auch einen Anspruch auf eine EUTB. Die Rehabilitationsträger und die Träger der Eingliederungshilfe sind verpflichtet, im Rahmen ihrer vorhandenen Beratungsstrukturen und ihrer Beratungspflicht über die EUTB zu informieren.

4. Beratung

Die Beratungen, die innerhalb der EUTB-Angebote erfolgen, haben die Zielsetzung, den anspruchsberechtigten Menschen eine Orientierungs-, Planungs- und Entscheidungshilfe zu bieten. Mit dem EUTB-Angebot soll sichergestellt werden, dass die ratsuchenden Personen über alle Entscheidungsmöglichkeiten sowie die weiteren notwendigen Schritte informiert sind. In der Regel verfügen die leistungsberechtigten Personen nicht über (ausreichendes) Fachwissen über ihre sozialrechtlichen Ansprüche und die Zuständigkeitsregelungen im gegliederten System. Daher muss ihre Position gegenüber den Leistungsträgern und Leistungserbringern im sozialrechtlichen Dreieck gestärkt und der Empowermentansatz zur Befähigung der leistungsberechtigten Personen, selbstbestimmte Entscheidungen zu treffen, gefördert werden (vgl. Deutscher Bundestag, Drucksache 18/9522, 2016, S. 246). Im Zuge der Beratung soll die EUTB auf sonstige Beratungsstellen wie die Pflegeberatung nach § 7a SGB XI hinweisen (ebd.). Die EUTB hat somit eine Lotsenfunktion im System.

Die EUTB hat unabhängig von den Leistungsträgern (wie z. B. dem Eingliederungshilfeträger, der Rentenversicherung oder der Unfallversicherung) und den Leistungserbringern (wie z. B. Werkstätten, Wohnheimen und Tagesstätten) zu erfolgen.

Wichtig: Die EUTB berät und informiert zu allen Rehabilitations- und Teilhabeleistungen, soweit sich diese nach dem SGB IX richten. Bei Rechtsbehelfsverfahren ist **keine** Beratung und Information vorgesehen.

Im § 32 SGB IX sind keine Aussagen zu einem möglichen Herstellungsanspruch bei Falschberatungen durch die EUTB enthalten. Dies bedeutet, es ist nicht geklärt, wer bei Falschberatung haftbar gemacht werden kann.

Zur Schaffung bundeseinheitlicher Standards und Qualitätsanforderungen hat das Bundesministerium für Arbeit und Soziales (BMAS) eine Förderrichtlinie zur Durchführung der „Ergänzenden unabhängigen Teilhabeberatung" für Menschen mit Behinderungen erlassen. Die Förderung erfolgt aus Bundesmitteln und war durch das BTHG zunächst bis zum 31. Dezember 2022 befristet (§ 32 Abs. 5 Satz 1 SGB IX); mit dem sich zu Drucklegung dieses Buches im Gesetzgebungsverfahren befindlichen „Gesetz zur Entlastung unterhaltsverpflichteter Angehöriger in der Sozialhilfe und in der Eingliederungshilfe" soll die Bundesförderung entfristet werden. Zum 30. Juni 2021 hat die Bundesregierung den gesetzgebenden

4.3 Ergänzende unabhängige Teilhabeberatung (EUTB)

Körperschaften des Bundes über die Einführung und Inanspruchnahme zu berichten.

Die Förderrichtlinie zur Durchführung der EUTB sowie der Musterantrag, Leitfäden für die Antragstellung und Verwaltungsvorschriften können von dem vom BMAS betriebenen Internetauftritt www.gemeinsam-einfach-machen.de heruntergeladen werden.

Für die Bearbeitung der Förderanträge hat das BMAS als Dienstleister die Gesellschaft für soziale Unternehmensberatung mbH (gsub) beauftragt. Die gsub ist für die Prüfung der Anträge zuständig. Nach erfolgter Prüfung leitet diese die Anträge zur Stellungnahme an die jeweiligen Bundesländer weiter. Das BMAS trifft die letztendliche Entscheidung über die eingereichten Anträge.

Leistungen der Eingliederungshilfe

5.	Leistungen der Eingliederungshilfe	62
5.1	Medizinische Rehabilitation	62
5.2	Teilhabe am Arbeitsleben	66
5.3	Teilhabe an Bildung	79
5.4	Soziale Teilhabe	84

5. Leistungen der Eingliederungshilfe

Gerspach, Jan / Küster, Angela / Lerch, Klaus

Die Leistungen der Eingliederungshilfe für Menschen mit Behinderungen im SGB IX umfassen die folgenden vier Leistungsgruppen:

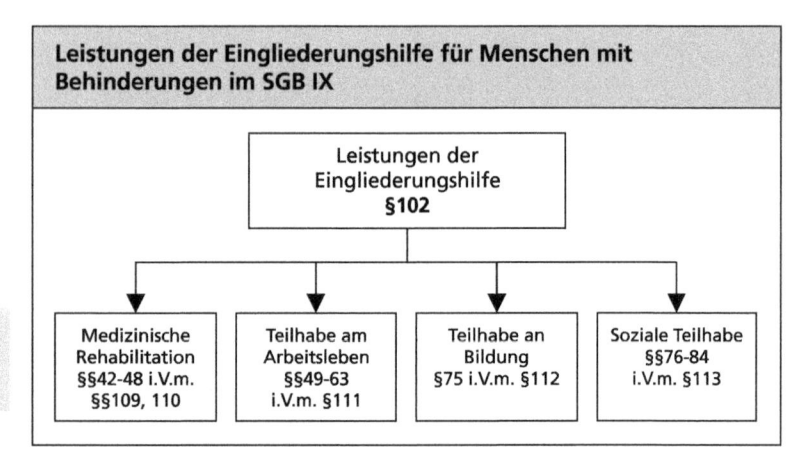

Leistungen der Eingliederungshilfe für Menschen mit Behinderungen im SGB IX

- Leistungen der Eingliederungshilfe §102
  - Medizinische Rehabilitation §§42-48 i.V.m. §§109, 110
  - Teilhabe am Arbeitsleben §§49-63 i.V.m. §111
  - Teilhabe an Bildung §75 i.V.m. §112
  - Soziale Teilhabe §§76-84 i.V.m. §113

Abbildung 7: Leistungen der Eingliederungshilfe für Menschen mit Behinderungen im SGB IX

5.1 Medizinische Rehabilitation

Definition Rehabilitation

Das Gesetz selbst liefert keine Definition des Begriffs Rehabilitation; im Allgemeinen versteht man darunter die Leistungsfähigkeit eines Menschen, der aus gesundheitlichen Gründen eingeschränkt ist, soweit wie möglich wiederherzustellen. Die Maßnahmen zur Herstellung der Teilhabefähigkeit umfassen sowohl soziale, schulische/berufliche als auch medizinische Tätigkeiten. Doch was bedeutet „Teilhabe" überhaupt? Die Teilhabe- oder Partizipationsmöglichkeit hängt von verschiedenen Faktoren ab. Ein Mensch mit Behinderung ist im Sinne des bio-psycho-sozialen Modells der WHO (Weltgesundheitsorganisation) in seiner Funktionsfähigkeit nicht nur durch seine (körperliche oder psychische) Beeinträchtigung in der Teilhabe eingeschränkt, die Einschränkung ergibt sich vielmehr erst aus der

5.1 Medizinische Rehabilitation

Wechselwirkung mit umwelt- und personenbezogenen Faktoren. Dazu zählen zum Beispiel das Wohnumfeld oder soziale Kompetenzen von Bezugspersonen. Wenn diese verschiedenen äußeren Einflüsse einen Menschen in Kombination mit seiner jeweiligen Behinderung mit hoher Wahrscheinlichkeit länger als sechs Monate daran hindern, gleichberechtigt an der Gesellschaft teilzuhaben, spricht man von einer Behinderung, die eine medizinische Rehabilitation notwendig machen können.

Die Leistungen zur medizinischen Rehabilitation werden gemäß § 42 Abs. 1 SGB IX erbracht, um

1. Behinderungen einschließlich chronischer Krankheit abzuwenden, zu beseitigen, zu mindern, auszugleichen, eine Verschlimmerung zu verhüten oder

2. Einschränkungen der Erwerbsfähigkeit und Pflegebedürftigkeit zu vermeiden, zu überwinden, eine Verschlimmerung zu verhindern sowie den vorzeitigen Bezug von laufenden Sozialleistungen zu verhüten oder laufende Sozialleistungen zu mindern.

Leistungskatalog

Die Leistungen umfassen verschiedene Maßnahmen, die gleichzeitig oder nacheinander angewendet werden, und von Ärzten, Zahnärzten und Angehörigen anderer Heilberufe durchgeführt werden. Neben den Kernleistungen fallen auch psychosoziale Begleitleistungen in den Leistungskatalog. Zu den Leistungen zählen u. a. die Früherkennung und Frühförderung für Kinder mit Behinderungen, Arzneimittel, Hilfsmittel, Krankengymnastik, Ergotherapie, psychosoziale, pflegerische oder ärztliche Tätigkeiten. Andere mögliche Leistungen sind dadurch jedoch nicht ausgeschlossen.

Dass im neuen Teil 2 des SGB IX die medizinischen Leistungen der Eingliederungshilfe direkt mit konkreten Aufgaben verbunden wurden (§ 90 Abs. 2 SGB IX), was bisher nicht der Fall war, wird teilweise kritisch gesehen (vgl. Reharecht 2016). Es könnten theoretisch Leistungen verwehrt werden, wenn die Erreichung der Aufgaben bzw. Ziele nicht realisierbar erscheint. Ob tatsächlich die befürchteten Einschränkungen des Leistungsumfangs eintreten, wird sich erst nach Inkrafttreten zeigen.

Bei der Beschreibung der Leistungsgruppe der medizinischen Rehabilitation der Eingliederungshilfe bezieht sich Teil 2 (§ 109 SGB IX)

5. Leistungen der Eingliederungshilfe

auf die oben genannten Leistungen aus Teil 1 (§§ 42 ff. SGB IX). Zudem wird klargestellt, dass die Leistungen der medizinischen Rehabilitation der Eingliederungshilfe genau den Leistungen der medizinischen Rehabilitation der gesetzlichen Krankenversicherung entsprechen. Die Eingliederungshilfe kann also keine Leistung anbieten, die die gesetzliche Krankenversicherung nicht auch anbietet.

Das bedeutet zum Beispiel auch, dass nur die vom Gemeinsamen Bundesausschuss der Ärzte und Krankenkassen in die neue Heilmittel-Richtlinie (vgl. Gemeinsamer Bundesausschuss 2017) aufgenommenen Leistungen im Rahmen der medizinischen Rehabilitation der Eingliederungshilfe gewährt werden dürfen (gemäß § 92 und § 138 SGB V). Darunter fallen u. a. die Ergotherapie, Stimm-, Sprech- und Sprachtherapie oder die Podologie.

Wichtig: Diese Einschränkung auf die Heilmittel-Richtlinie gilt nicht im Bereich der Frühförderung für behinderte oder von Behinderung bedrohte Kinder. Laut der Frühförderverordnung sind die dort genannten „medizinisch-therapeutischen" Leistungen explizit unabhängig von den Inhalten der Richtlinie zu gewähren.

Verhältnis zu anderen Leistungsträgern

Bevor Leistungen der medizinischen Rehabilitation im Sinne der Eingliederungshilfe gewährt werden, haben vor allem die Leistungen der Sozialversicherung Vorrang. Vorrangig zuständig sind die Träger der Unfallversicherung, wenn die Beeinträchtigung die Folge eines Arbeitsunfalls ist. Die Träger der Rentenversicherung wiederum sind zuständig bei entsprechenden versicherungsrechtlichen Bedingungen, nachrangig die Krankenkassen sowie gegebenenfalls die Träger der öffentlichen Jugendhilfe und die Träger der Sozialhilfe.

Wenn der zuständige Rehabilitatonsträger feststeht, prüft dieser „gleichzeitig mit der Einleitung einer Leistung zur medizinischen Rehabilitation, während ihrer Ausführung und nach ihrem Abschluss, ob durch geeignete Leistungen zur Teilhabe am Arbeitsleben die Erwerbsfähigkeit" des Menschen mit Behinderung erhalten, gebessert oder wiederhergestellt werden kann (§ 10 SGB IX). In diesem Fall ist die Bundesagentur für Arbeit zu beteiligen. Durch diese Regelung wird die besondere Bedeutung der Prävention und Sicherung der Erwerbsfähigkeit erkennbar und einem frühestmöglichen Einsatz von Leistungen zur Teilhabe am Arbeitsleben entsprechend Art. 27 UN-BRK. Sobald mehrere Rehabilitationsträger durch die Antrag-

5.1 Medizinische Rehabilitation

stellung eingebunden sind, sind sie zur Koordination gemäß Kapitel 4 des ersten Teils von SGB IX (§§ 14 ff.) verpflichtet.

Neuerungen zur bisherigen Eingliederungshilfe

Es gibt im Vergleich zum bisherigen Eingliederungshilferecht der Sozialhilfe einige Neuerungen: So sind Leistungen neu in den Leistungskatalog der medizinischen Rehabilitation aufgenommen worden, die bislang Teil der unterhaltssichernden und ergänzenden Leistungen waren (§ 64 Abs. 1 Nr. 3 bis 6 SGB IX). Hintergrund ist, dass die Eingliederungshilfe nicht mehr für die unterhaltssichernden Leistungen zuständig ist (der Vollständigkeithalber führen wir in Kapitel 6 übersichtsmäßig die möglichen Leistungen der unterhaltssichernden und ergänzenden Leistungen auf; im Beratungsalltag kann das Wissen darüber von Nutzen für den Betroffenen sein).

Zu diesen Leistungen zählt der ärztlich verordneter Rehabilitationssport „einschließlich Übungen für behinderte oder von Behinderung bedrohte Frauen und Mädchen, die der Stärkung des Selbstbewusstseins dienen". Rehabilitationssport meint sportliche Übungen in einer Gruppe, die regelmäßig stattfinden, Ausdauer und Kraft stärken sowie die Koordination und Flexibilität verbessern. Auch ärztlich verordnetes Funktionstraining, das in Gruppen unter fachkundiger Anleitung stattfindet, hat u. a. die Verbesserung von Funktionen sowie das Hinauszögern von Funktionsverlusten einzelner Organsysteme/Körperteile, die Schmerzlinderung, und die Unterstützung bei der Krankheitsbewältigung zum Ziel (vgl. VDEK 2011).

Zudem können die Leistungsberechtigten Betriebs- oder Haushaltshilfen und Kinderbetreuungskosten erhalten, wenn sie den Haushalt während der medizinischen Rehamaßnahmen nicht weiterführen können, wenn keine andere im Haushalt lebende Person diese Aufgaben übernehmen kann und wenn im Haushalt ein Kind lebt, das jünger als zwölf Jahre ist oder eine Behinderung hat und auf Hilfe angewiesen ist (§ 74 SGB IX). Diese Leistungen sind vermutlich vor allem für alleinerziehende Mütter oder Väter mit Behinderung eine Unterstützung.

Fallen Reisekosten bei der Nutzung der medizinischen Rehabilitationsleistungen an, etwa Kosten für Krankentransporte oder für eine Begleitperson, und entstehen diese wegen der Art und Schwere der Behinderung, dann werden sie übernommen (§ 73 SGB IX).

5. Leistungen der Eingliederungshilfe

Erbringung der Leistungen

Die Leistungsberechtigte darf sich (gemäß § 110 Abs. 1 SGB IX) aussuchen, bei welchem Arzt oder Zahnarzt beziehungsweise in welcher Einrichtung (Krankenhaus, Vorsorge- oder Rehabilitationseinrichtung) sie die Leistungen in Anspruch nehmen möchte. Ihr steht also die gleiche Wahlfreiheit zu wie den Versicherten der gesetzlichen Krankenversicherung. Dass viele Arztpraxen nicht barrierefrei zugänglich sind, verhindert diese gesetzlich verankerte freie Wahl des Arztes.

Bei der Erbringung der Leistungen zur medizinischen Rehabilitation wird auf die Regelungen für die gesetzlichen Krankenkassen nach dem Vierten Kapitel des SGB V verwiesen. Darin wird die Beziehung der Krankenkassen zu den Leistungserbringern geklärt.

5.2 Teilhabe am Arbeitsleben

Arbeit und Beschäftigung gehören zu den wichtigsten Bereichen des menschlichen Lebens. Arbeit stiftet Sinn, Arbeit sichert in der Regel den Lebensunterhalt, Arbeit ist ein Menschenrecht. Die UN-Behindertenrechtskonvention (UN-BRK) befasst sich in Art. 27 ausführlich mit der menschenrechtlichen Perspektive von Arbeit und beschreibt das Recht von Menschen mit Behinderungen oder von Behinderung bedrohten Menschen auf Arbeit auf der Grundlage der Gleichberechtigung mit anderen. Dieses Recht auf Arbeit schließt die Möglichkeit ein, den Lebensunterhalt durch Arbeit zu verdienen, die in einem offenen, einbeziehenden und zugänglichen Arbeitsmarkt und Arbeitsumfeld frei gewählt oder frei angenommen wird.

Die UN-Behindertenrechtskonvention verpflichtet die Vertragsstaaten im Einzelnen auf u. a. folgende Aktivitäten und Maßnahmen:

- Verbot der Diskriminierung aufgrund einer Behinderung in allen Angelegenheiten von Beschäftigung und Beruf (Art. 27 Abs. 1 Buchstabe a)

- Förderung des Rechts von Menschen mit Behinderungen auf gerechte und günstige Arbeitsbedingungen, einschließlich gleichen Entgelts für gleichwertige Arbeit sowie sichere und gesunde Arbeitsbedingungen (Art. 27 Abs. 1 Buchstabe b)

- Menschen mit Behinderungen sollen gleichberechtigt mit anderen ihre Arbeitnehmer- und Gewerkschaftsrechte ausüben können (Art. 27 Abs. 1 Buchstabe c)

5.2 Teilhabe am Arbeitsleben

- Ermöglichung des Zugangs zu allgemeinen fachlichen und beruflichen Beratungsprogrammen, Stellenvermittlung sowie Berufsbildung und Weiterbildung (Art. 27 Abs. 1 Buchstabe d)
- Förderung von Beschäftigungsmöglichkeiten, beruflichem Aufstieg, Unterstützung beim Erhalt eines Arbeitsplatzes und beim Wiedereinstieg (Art. 27 Abs. 1 Buchstabe e)
- Förderung von Möglichkeiten für eine selbstständige Beschäftigung (Art. 27 Abs. 1 Buchstabe f) und Beschäftigung von Menschen mit Behinderungen im öffentlichen Sektor (Art. 27 Abs. 1 Buchstabe g),
- Förderung geeigneter Strategien und Maßnahmen, einschließlich positiver Maßnahmen, zur Beschäftigung von Menschen mit Behinderung bei privaten Arbeitgebern.

Arbeit zu finden und den Arbeitsplatz sowie die Beschäftigungsfähigkeit zu erhalten, sind wichtige Voraussetzungen für eine gleichberechtigte Teilhabe von Menschen mit Behinderungen am Leben in der Gesellschaft. Die Teilhabe am Arbeitsleben gehört daher zu den Kernbereichen der Politik der Bundesregierung für Menschen mit Behinderungen.

Das BTHG verfolgt daher als ein wesentliches Ziel die Verbesserung von Anreizen zur Aufnahme einer Tätigkeit auf dem allgemeinen Arbeitsmarkt auf persönlicher und institutioneller Ebene (vgl. Deutscher Bundestag, Drucksache 18/9522, 2016, S. 3). Es entwickelt die Leistungen zur Teilhabe am Arbeitsleben personenzentriert weiter und schafft neue, alternative Möglichkeiten der Teilhabe am Arbeitsleben, immer mit dem Blick auf die Beschäftigung von Menschen mit Behinderungen auf dem ersten Arbeitsmarkt.

Allgemeine Leistungen zur Teilhabe am Arbeitsleben

Der gesetzliche Auftrag an die Rehabilitationsträger für die Erbringung von Leistungen der Teilhabe nach dem Neunten Buch Sozialgesetzbuch (SGB IX) wird in § 4 SGB IX mit der Zielsetzung verknüpft,

- Einschränkungen der Erwerbsfähigkeit (oder Pflegebedürftigkeit) zu vermeiden, zu überwinden, zu mindern oder eine Verschlimmerung zu verhüten (§ 4 Abs. 1 Nr. 1 SGB IX) sowie

5. Leistungen der Eingliederungshilfe

- den vorzeitigen Bezug anderer Sozialleistungen zu vermeiden oder laufende Sozialleistungen zu vermindern (§ 4 Abs. 1 Nr. 2 SGB IX) und
- die Teilhabe am Arbeitsleben entsprechend den Neigungen und Fähigkeiten dauerhaft zu sichern (§ 4 Abs. 1 Nr. 3 SGB IX).

Vor diesem Hintergrund sollen die Leistungen zur Teilhabe am Arbeitsleben die Erwerbsfähigkeit von Menschen mit Behinderungen oder von Behinderung bedrohter Menschen entsprechend ihrer Leistungsfähigkeit erhalten, verbessern, herstellen oder wiederherstellen und ihre Teilhabe am Arbeitsleben möglichst dauerhaft sichern (§§ 49-63 i.V.m. § 111 SGB IX).

Frauen mit Behinderungen sollen die gleichen Chancen im Erwerbsleben erhalten. Dabei werden wohnortnahe und in Teilzeit nutzbare Angebote besonders hervorgehoben.

Wer also aus gesundheitlichen Gründen seine bisherige berufliche Tätigkeit nicht mehr dauerhaft ausüben kann, wessen Erwerbsfähigkeit erheblich gefährdet oder ein Berufs(wieder)einstieg ohne Unterstützung nicht möglich ist, kann Leistungen zur Teilhabe am Arbeitsleben nach Teil 1, Kapitel 10 SGB IX beantragen. Sie können entweder allein oder in Ergänzung zu einer vorausgehenden medizinischen Rehabilitation in Anspruch genommen werden.

Das Spektrum an Einzelleistungen ist dabei sehr breit und reicht von qualifizierenden Leistungen bis hin zu Sachleistungen. Auch Leistungen an Arbeitgeber sind möglich.

In der folgenden Tabelle sind die Leistungen zur Teilhabe am Arbeitsleben im Überblick dargestellt:

5.2 Teilhabe am Arbeitsleben

Hilfen zur Erhaltung oder Erlangung eines Arbeitsplatzes	Berufliche Bildungsmaßnahmen	Leistungen an Arbeitgeber*innen
– Trainingsmaßnahmen – Beratung und Vermittlung – Umsetzung im Betrieb – Hilfen zur Berufsausübung – Arbeitsassistenz – Kraftfahrzeughilfe – Mobilitätshilfen – Gründungszuschuss	– Berufsvorbereitung inkl. Grundausbildung – Ausbildung – Weiterbildung, z. B. Umschulung, Fortbildung – berufliche Anpassung/Teilqualifizierung – Integrationsmaßnahmen	Zuschüsse für: – betriebliche Aus- oder Weiterbildung – dauerhafte Eingliederung – Arbeitshilfen – Probebeschäftigung

Tabelle 2: Übersicht möglicher Leistungen zur Teilhabe am Arbeitsleben

Die in § 49 Abs. 3 bis 8 SGB IX aufgezählten Leistungen zur Teilhabe am Arbeitsleben stellen eine nicht abgeschlossene Auflistung konkreter Einzelleistungen mit besonders wichtigen Beispielen und Präzisierungen von Einzelaspekten dar. Es können also im Einzelfall auch andere, bisher nicht beschriebene Leistungen denkbar sein. Die im Einzelfall erforderlichen Leistungen werden nach den in § 49 Abs. 4 SGB IX beschriebenen Kriterien ausgewählt. Danach sind die individuelle Eignung und Neigung des Leistungsberechtigten, seine bisherige Tätigkeit sowie Lage und Entwicklung auf dem Arbeitsmarkt zu berücksichtigen. Einzelne Leistungen oder eine Kombination mehrerer Leistungen sind also so auszuwählen, dass sie im Einzelfall konkret am besten geeignet sind, die Teilhabe am Arbeitsleben möglichst weitgehend zu erreichen und zu sichern (vgl. Deusch in LPK-SGB IX, S. 285 f.).

Unterstützte Beschäftigung (UB)

Bereits seit 2008 gibt es die Möglichkeit zur Förderung einer unterstützten Beschäftigung (§ 55 SGB IX). Mit ihrer Einführung wollte der Gesetzgeber bereits vor über zehn Jahren eine Alternative zur Arbeit in einer anerkannten Werkstatt für behinderte Menschen

5. Leistungen der Eingliederungshilfe

(WfbM) schaffen. Die UB eröffnet Menschen mit Behinderungen die Chance, auch ohne formale Abschlüsse im allgemeinen Arbeitsmarkt eine Beschäftigung entsprechend ihrer Fähigkeiten und Wünsche aufzunehmen.

Unterstützte Beschäftigung ist die individuelle betriebliche Qualifizierung, Einarbeitung und Begleitung von Menschen mit Behinderungen mit besonderem Unterstützungsbedarf in Betrieben des allgemeinen Arbeitsmarktes. Die individuelle betriebliche Qualifizierung dauert bis zu 24 Monate und kann in Einzelfällen um maximal zwölf Monate verlängert werden. Sie gliedert sich in eine Orientierungs-, eine Qualifizierungs- und eine Stabilisierungsphase. Ziel dieser Unterstützung ist ein sozialversicherungspflichtiges Beschäftigungsverhältnis. Wesentlich bei der Unterstützten Beschäftigung ist der Grundsatz „Erst platzieren, dann qualifizieren".

Seit der Einführung des entsprechenden Paragraphen (bis 2017 als § 38a SGB IX) ist zwischen der gesetzlich verankerten Maßnahme und dem Konzept der Unterstützten Beschäftigung zu unterscheiden, wie es die Bundesarbeitsgemeinschaft Unterstützte Beschäftigung e.V. (BAG UB) seit vielen Jahren propagiert.

Das Konzept Unterstützte Beschäftigung der BAG UB zielt auf bezahlte Arbeit in Betrieben des allgemeinen Arbeitsmarktes, auch dann, wenn ein sozialversicherungspflichtiges Arbeitsverhältnis nicht erreicht werden kann. Es ist inhaltlich deutlich weiter gefasst: Kerninhalte von Unterstützter Beschäftigung sind demnach die persönliche Berufs- bzw. Zukunftsplanung, die Erarbeitung eines individuellen Fähigkeitsprofils, die Arbeitsplatzakquise, die Arbeitsplatzanalyse und Anpassung des Arbeitsplatzes, die Qualifizierung im Betrieb (Job Coaching) sowie die Sicherung des Arbeitsverhältnisses durch die kontinuierliche Unterstützung des Arbeitgebers und der unterstützten Arbeitnehmer*in bei auftretenden Fragen oder Problemen im weiteren Verlauf der Beschäftigung (vgl. www.bag-ub.de). Das Konzept Unterstützte Beschäftigung sieht sich in besonderer Weise den Zielen der UN-Behindertenrechtskonvention zur Sicherung von Wahlmöglichkeiten und Selbstbestimmung von Menschen mit Behinderungen und damit einer inklusiven Teilhabe an der Gesellschaft verpflichtet.

5.2 Teilhabe am Arbeitsleben

Leistungen in anerkannten Werkstätten für behinderte Menschen (WfbM)

Menschen mit Behinderungen, die ihrer körperlichen, geistigen oder psychischen Beeinträchtigungen oder Besonderheiten wegen nicht, noch nicht oder noch nicht wieder auf dem allgemeinen Arbeitsmarkt erwerbstätig werden können, haben nach § 56 SGB IX die Möglichkeit zur Teilhabe am Arbeitsleben in einer anerkannten Werkstatt für behinderte Menschen (WfbM). Die Anerkennung einer Schwerbehinderung oder ein Schwerbehindertenausweis sind als Aufnahmekriterium in eine Werkstatt nicht ausreichend. Die Werkstätten werden als besondere Einrichtungsarten durch die Bundesagentur für Arbeit anerkannt (§ 225 SGB IX).

Die Aufgaben der WfbM sind in § 219 SGB IX beschrieben. Sie muss den betroffenen Menschen durch berufsbildende und arbeitspädagogische Angebote in einem angepassten Bildungs- und Arbeitsprozess

- eine angemessene berufliche Bildung und eine Beschäftigung zu einem ihrer Leistung angemessenen Arbeitsentgelt aus dem Arbeitsergebnis anbieten und

- die Erhaltung, Entwicklung, Erhöhung oder Wiedergewinnung ihrer Leistungs- und Erwerbsfähigkeit ermöglichen.

Die Werkstatt muss nach gesetzlicher Vorgabe auch die Entwicklung der Persönlichkeit der bei ihr beschäftigten Menschen mit Behinderungen fördern. Das Ziel der Leistungen ist grundsätzlich eine Förderung des Übergangs geeigneter Personen auf den allgemeinen Arbeitsmarkt. Dazu hält die Werkstatt auch ausgelagerte Plätze in Kooperationsbetrieben des allgemeinen Arbeitsmarktes vor.

Jeder Mensch mit Anspruch auf Werkstattförderung kann nach dem Eingangsverfahren eine zweijährige berufliche Förderung im Berufsbildungsbereich (§ 57 SGB IX) absolvieren. Sie kann auf zwölf Monate verkürzt werden, wenn das Ziel der beruflichen Bildung, die Leistungs- oder Erwerbsfähigkeit des Menschen mit Behinderungen soweit wie möglich zu entwickeln, zu verbessern oder wiederherzustellen, auch in dieser Zeit erreicht werden kann. Danach können leistungsberechtigte Personen bei Bedarf auf einem angemessenen Beschäftigungsplatz im Arbeitsbereich der Werkstatt (§ 58 SGB IX) arbeiten. Beide Leistungen können seit der gesetzlichen Neurege-

5. Leistungen der Eingliederungshilfe

lung im SGB IX auch bei einem anderen Leistungsanbieter nach § 60 SGB IX in Anspruch genommen werden.

§ 219 Abs. 2 SGB IX hält trotz anderslautender Forderungen im Gesetzgebungsprozess zum BTHG nach wie vor am Zugangskriterium zur Werkstatt fest, das ein Mindestmaß an wirtschaftlich verwertbarer Arbeitsleistung durch die leistungsberechtigten Personen vorschreibt. Diese Werkstattfähigkeit muss spätestens nach der Teilnahme an den Maßnahmen im Berufsbildungsbereich vorliegen. Dies bedeutet, dass der Berufsbildungsbereich grundsätzlich auch den leistungsberechtigten Personen offenstehen muss, die zu Beginn der Maßnahme das erwartete Mindestmaß an wirtschaftlich verwertbarer Arbeitsleistung **noch nicht** erfüllen können. Wer das Mindestmaß nicht erreichen kann, soll nach § 219 Abs. 3 SGB IX in Einrichtungen oder Gruppen betreut und gefördert werden, die der Werkstatt angegliedert werden. Dabei handelt es sich um sog. Förderstätten unter dem „verlängerten Dach" der Werkstatt. Sie stellen grundsätzlich keine Leistung zur Teilhabe am Arbeitsleben dar.

Ein Zugeständnis an die Forderung zur Öffnung der Werkstatt in Richtung Förderstätten ist die nun neu in das Gesetz aufgenommene Regelung, dass die Betreuung und Förderung der Förderstätten-Besucher auch gemeinsam mit den Werkstattbeschäftigen stattfinden kann. Das ist zwar ein gutes Signal für diese Menschen mit Behinderungen, letztlich bleibt ihnen aber die Rechtsstellung und das Arbeitsentgelt von Beschäftigten des Arbeitsbereiches einer anerkannten Werkstatt nach § 221 SGB IX verwehrt.

Leistungen im Arbeitsbereich nach § 58 SGB IX werden grundsätzlich nur im Anschluss an Leistungen im Berufsbildungsbereich erbracht. Von dieser Vorgabe kann nun aber auch abgewichen werden, wenn die leistungsberechtigte Person über die für die in Aussicht genommene Beschäftigung erforderliche Leistungsfähigkeit verfügt, die durch eine Beschäftigung auf dem allgemeinen Arbeitsmarkt erworben wurden. Die Regelung zielt vor allem auf einen Personenkreis von Menschen mit Behinderungen, dem auch die Notwendigkeit einer verkürzten beruflichen Bildung nach § 57 Abs. 3 SGB IX nicht zu vermitteln ist, weil sie bereits erfolgreich eine berufliche Tätigkeit auf dem allgemeinen Arbeitsmarkt ausgeführt haben, diese Beschäftigung mit dem Eintritt der vollen Erwerbsminderung aufgeben mussten und nun unmittelbar eine ihrem veränderten Leistungsvermögen angemessene Beschäftigung aufnehmen wollen (vgl. BT-Ausschussdrucksache 18(11)857, 2016, S. 18).

Andere Leistungsanbieter

Für Menschen mit Behinderungen, die dauerhaft voll erwerbsgemindert sind, wird mit § 60 SGB IX die Möglichkeit eröffnet, als Alternative zu der Beschäftigung in einer WfbM auch bei einem sog. „anderen Leistungsanbieter" zu arbeiten. Leistungen im Eingangsverfahren und Berufsbildungsbereich und Leistungen im Arbeitsbereich können damit auch von anderen Leistungsanbietern erbracht werden.

Leistungsberechtigte Personen erhalten damit eine deutlich größere Wahlfreiheit über den Ort und das Angebot für ihre Teilhabe am Arbeitsleben. Diese Wahlfreiheit wird durch die ergänzenden Regelungen in § 62 SGB IX zu Kooperationspflichten der verschiedenen Leistungserbringer noch einmal ausgeweitet. Auf Wunsch des Menschen mit Behinderungen müssen nämlich die Leistungen im Berufsbildungsbereich und im Arbeitsbereich

- von einer anerkannten WfbM allein,
- von einer anerkannten WfbM zusammen mit einem oder mehreren anderen Leistungsanbietern,
- von einem anderen Leistungsanbieter allein oder
- von mehreren anderen Leistungsanbietern zusammen

erbracht werden.

Die Rechtsstellung der Beschäftigten entsprechend § 221 SGB IX ändert sich bei anderen Leistungsanbietern im Vergleich zu Werkstätten hingegen nicht.

Die Zulassung anderer Leistungsanbieter erfolgt mit Maßgaben nach den strengen Zulassungskriterien für WfbM. Andere Leistungsanbieter

- bedürfen nicht der förmlichen Anerkennung durch die Bundesagentur für Arbeit,
- müssen nicht über eine Mindestplatzzahl und die für die Erbringung der Leistungen in Werkstätten erforderliche räumliche und sächliche Ausstattung verfügen,

5. Leistungen der Eingliederungshilfe

- können ihr Angebot auf Leistungen nach § 57 (Berufsbildungsbereich) oder § 58 (Arbeitsbereich) oder Teile solcher Leistungen beschränken,
- sind nicht verpflichtet, für Menschen mit Behinderungen Leistungen nach § 57 oder § 58 zu erbringen (keine Aufnahmeverpflichtung).

So sollen ein hoher Qualitätsstandard der anderen Leistungsanbieter gesichert und Verdrängungseffekte regulär Beschäftigter vermieden werden. Andere Leistungsanbieter unterliegen ansonsten denselben gesetzlichen Regelungen für anerkannte Werkstätten, wie sie in §§ 219 ff. SGB IX und der Werkstätten-Verordnung (WVO) festgelegt sind.

Für das Eingangsverfahren und den Berufsbildungsbereich ist in der Regel die Bundesagentur für Arbeit oder die Deutsche Rentenversicherung als Leistungsträger zuständig.

Die Bundesagentur für Arbeit hat für ihren Zuständigkeitsbereich ein „Fachkonzept für Eingangsverfahren/Berufsbildungsbereich bei anderen Leistungsanbietern" erlassen, welches unter folgendem Link zur Verfügung steht: https://www.arbeitsagentur.de/bildungstraeger/spezifische-leistungsanbieter.

Die Ausgestaltung konkreter Leistungsangebote für den Arbeitsbereich (§ 58 SGB IX) bei anderen Leistungsanbietern nach § 60 i.V.m. § 111 SGB IX unterliegt dem geltenden Leistungsvertragsrecht der Eingliederungshilfe. Ab 1. Januar 2020 ist hier das Vertragsrecht nach Kapitel 8 SGB IX einschlägig (s. Kapitel 11); bis zum Inkrafttreten der dritten Reformstufe des BTHG hat der Gesetzgeber die Teilhabe am Arbeitsleben bei anderen Leistungsanbietern mit einer Übergangsregelung in § 140 SGB XII bereits für den Zeitraum vom 1. Januar 2018 bis zum 31. Dezember 2019 im Rahmen der Eingliederungshilfe nach SGB XII ermöglicht. Die Leistungsträger der Eingliederungshilfe und interessierte Leistungserbringer schließen dazu eine individuelle Leistungs- und Vergütungsvereinbarung über das Leistungsangebot ab. Die Rahmenvertragspartner auf Landesebene können dazu auch Rahmenvereinbarungen abschließen.

Der Umsetzungsstand in den Ländern ist hier sehr unterschiedlich, wie nachfolgende Aufstellung zeigt:

5.2 Teilhabe am Arbeitsleben

Umsetzung „Andere Leistungsanbieter" nach § 60 SGB IX bzw. § 140 SGB XII in den Bundesländern

Baden-Württemberg: Keine Informationen vorhanden

Bayern: Es wurde eine Musterleistungsvereinbarung zwischen dem Bayerischen Bezirketag und den Leistungserbringerverbänden abgeschlossen.

Die Muster-Leistungsvereinbarung definiert bayernweit einen einheitlichen Standard. Sie umfasst das gesamte Leistungsspektrum der Teilhabe am Arbeitsleben analog dem Arbeitsbereich in einer WfbM.

Berlin: In der Vertragskommission Soziales (KO75) soll eine Leistungsbeschreibung für den Arbeitsbereich der anderen Leistungsanbieter erarbeitet und beschlossen werden.

Brandenburg: Keine Informationen vorhanden

Bremen: In Bremen sollen die fachlichen Anforderungen an andere Leistungsanbieter in einer standardisierten Leistungsbeschreibung hinterlegt werden. Die Standardleistungsbeschreibung und das Verfahren zur Prüfung der Erfüllung der Anforderungen werden mit der Landesarbeitsgemeinschaft der Freien Wohlfahrtspflege in der Vertragskommission nach § 28 des Bremischen Landesrahmenvertrages nach § 79 Abs. 1 SGB XII abgestimmt.

Hamburg: Grundlage der Zulassung anderer Leistungsanbieter ist die Erfüllung der fachlichen Standards, die auch für WfbM gelten. Zu diesen fachlichen Standards zählt u. a. die Kooperation anderer Leistungsanbieter mit weiteren, in Hamburg vertretenen Leistungserbringern einschließlich WfbM. Hierdurch soll das im BTHG verankerte Wahlrecht des Menschen mit Behinderungen (§ 62 SGB IX) sichergestellt werden.

Hessen: Keine Informationen vorhanden

Mecklenburg-Vorpommern: Keine Informationen vorhanden

Niedersachsen: Veröffentlichung eines Merkblatts mit Ausgestaltungskriterien für Leistungen im Arbeitsbereich sowie einer Übersicht der einzureichenden Unterlagen für eine Antragstellung. Kriterien sind u. a., dass keine Umwandlung bestehender WfbM zu einem anderen Leistungsanbieter stattfindet und dass maximal 60 Plätze im Arbeitsbereich angeboten werden. Ver-

5. Leistungen der Eingliederungshilfe

öffentlichung einer Mustervereinbarung für andere Leistungsanbieter.

Nordrhein-Westfalen: Grundlage der Zulassung anderer Leistungsanbieter ist die Erfüllung der fachlichen Standards, die auch für WfbM gelten. Zu diesen fachlichen Standards zählt für den LVR auch die Kooperation anderer Leistungsanbieter mit weiteren, in der Region vertretenen Leistungserbringern einschließlich WfbM. Hierdurch soll das im BTHG verankerte Wahlrecht des Menschen mit Behinderungen (§ 62 SGB IX) sichergestellt werden.

Rheinland-Pfalz: Keine Informationen vorhanden

Saarland: Keine Informationen vorhanden

Sachsen: Veröffentlichung eines Merkblatts durch den Kommunalen Sozialverband Sachsen (KSV) im Oktober 2017, das u. a. Vorgaben zur Personalausstattung, zur Wirtschaftsführung, zu Beschäftigungs- und Betreuungszeiten, Zahlung von Arbeitsentgelt sowie Vertrag und Sozialversicherung enthält.

Sachsen-Anhalt: Keine Informationen vorhanden

Schleswig-Holstein: Keine Informationen vorhanden

Thüringen: Veröffentlichung einer Orientierungshilfe im Mai 2018. Kriterien sind u. a. keine Umwandlung von WfbM-Plätzen in andere Leistungsanbieter. Es sollen bevorzugt Träger zugelassen werden, die bislang nicht im Bereich der WfbM tätig sind. Inklusionsfirmen können als andere Leistungsanbieter im Arbeitsbereich nicht tätig werden, da Beschäftigte in Inklusionsfirmen den Status der Erwerbsfähigkeit haben, Beschäftigte bei anderen Leistungsanbietern hingegen als erwerbsunfähig gelten.

(Quelle: vgl. www.umsetzungsbegleitung-bthg.de)

Budget für Arbeit

Mit dem Budget für Arbeit nach § 61 SGB IX wird für Menschen mit Behinderungen, die Anspruch auf Leistungen im Arbeitsbereich einer anerkannten Werkstatt für behinderte Menschen haben (§ 58 SGB IX), eine weitere Alternative zur Beschäftigung in dieser Werkstatt geschaffen. Im Vergleich zur Beschäftigung in einer WfbM oder bei einem anderen Leistungsanbieter handelt es sich beim Budget für Arbeit tatsächlich um eine „echte" Alternative, da ein

5.2 Teilhabe am Arbeitsleben

Lohnkostenzuschuss nebst Anleitung und Begleitung ermöglicht wird, der einen öffentlichen oder privaten Arbeitgeber dazu bewegen soll, mit dem Menschen mit Behinderungen trotz dessen voller Erwerbsminderung einen regulären Arbeitsvertrag zu schließen. Damit fordert der Gesetzgeber ein sozialversicherungspflichtiges Arbeitsverhältnis mit einer tarifvertraglichen oder ortsüblichen Entlohnung, mit dem der Mensch mit Behinderungen seinen Lebensunterhalt oder zumindest einen Großteil davon durch Einkommen bestreiten kann (vgl. Deutscher Bundestag, Drucksache 18/9522, 2016, S. 256).

Das Budget für Arbeit umfasst

- einen Lohnkostenzuschuss an den Arbeitgeber zum Ausgleich der Leistungsminderung des Beschäftigten und
- die Aufwendungen für die wegen der Behinderung erforderliche Anleitung und Begleitung am Arbeitsplatz.

Die Höhe des Lohnkostenzuschusses beträgt bis zu 75 Prozent des tatsächlich gezahlten Arbeitnehmer-Bruttolohnes, maximal jedoch 40 Prozent der monatlichen Bezugsgröße nach § 18 Abs. 1 SGB IV. Diese Bezugsgröße wird für jedes Kalenderjahr durch das Bundesministerium für Arbeit und Soziales erarbeitet und im Voraus durch Gesetz oder Rechtsverordnung mit Zustimmung des Bundesrates bestimmt (§ 17 Abs. 2 SGB IV). Im Jahr 2019 beträgt die monatliche Bezugsgröße 3.115 Euro, der Lohnkostenzuschuss kann demnach max. bis zu 1.246 Euro betragen. Durch Landesrecht kann von dem Prozentsatz der Bezugsgröße nach oben abgewichen werden (§ 61 Abs. 2 SGB IX). Das Integrationsamt kann im Rahmen seiner Zuständigkeit für die begleitende Hilfe im Arbeitsleben aus den ihm zur Verfügung stehenden Mitteln auch Geldleistungen erbringen, insbesondere […] zur Deckung eines Teils der Aufwendungen für ein Budget für Arbeit (§ 185 Abs. 3 Nr. 6 SGB IX). Daraus ergeben sich in den Ländern sehr unterschiedliche Konstellationen in der Umsetzung des Budgets für Arbeit einschließlich der Kostenteilung zwischen den Trägern der Eingliederungshilfe und den Integrationsämtern. Interessierte Leistungsberechtigte sollten sich im Bedarfsfall bei ihrem zuständigen Träger der Eingliederungshilfe erkundigen.

Das Budget für Arbeit verändert außerdem die Rechtsstellung der leistungsberechtigten Person im Vergleich zu einer Beschäftigung in der WfbM oder bei einem anderen Leistungsanbieter. Es besteht Sozialversicherungspflicht in der gesetzlichen Rentenversicherung,

5. Leistungen der Eingliederungshilfe

der gesetzlichen Krankenversicherung und in der Sozialen Pflegeversicherung. Versicherungsfreiheit dagegen besteht in der Arbeitslosenversicherung nach § 28 Abs. 1 Nr. 2 SGB III. In seiner Begründung zum BTHG weist der Gesetzgeber ausdrücklich darauf hin, dass das Budget für Arbeit einen Personenkreis umfasse, der dem Grunde nach dem allgemeinen Arbeitsmarkt wegen voller Erwerbsminderung nicht zur Verfügung steht. Damit liegen die Voraussetzungen für eine Befreiung in der Arbeitslosenversicherung vor. Eine weitere Begründung für die Versicherungsfreiheit in der Arbeitslosenversicherung sieht der Gesetzgeber in der gesetzlich normierten Rückkehrmöglichkeit in die Werkstatt (§ 220 Abs. 3 SGB IX), sollte das Arbeitsverhältnis im Rahmen des Budgets für Arbeit scheitern (vgl. Deutscher Bundestag, Drucksache 18/9522, 2016, S. 256).

Es gilt zu beachten, dass es Unterschiede in der Berechnung der Rentenansprüche bei Werkstattbeschäftigten und Beschäftigten im Budget für Arbeit gibt, die letztlich zu unterschiedlichen Rentenhöhen führen können. Der Unterschied in der Rentenberechnung ergibt sich aufgrund der unterschiedlichen Beitragsbemessungsgrundlage, also der beitragspflichtigen Einnahmen bei Versicherungspflichtigen (§ 161 Abs. 1 SGB VI).

Für Beschäftigte in einer WfbM werden als beitragspflichtige Einnahmen mindestens 80 Prozent der Bezugsgröße nach § 18 Abs. 1 SGB IV zugrunde gelegt (§ 162 S. 1 Nr. 2 SGB VI). Dies sind im Jahr 2019 monatlich 2.492 Euro. Der Durchschnittsverdienst in einer WfbM liegt regelmäßig deutlich darunter (im Jahr 2018 bei rund 180 Euro). Für Beschäftigte im Budget für Arbeit wird hingegen der Bruttolohn als beitragspflichtige Einnahme und damit als Beitragsbemessungsgrundlage genutzt.

Da die Beitragsbemessungsgrundlage wiederum die Basis zur Ermittlung der Entgeltpunkte darstellt (§ 70 Abs. 1 SGB VI), die ein wesentlicher Bestandteil zur letztlichen Berechnung der monatlichen Rentenhöhe sind (§ 64 SGB VI), kann die unterschiedliche Beitragsbemessungsgrundlage auch zu unterschiedlichen Rentenansprüchen führen. Ob diese Rentenansprüche im Budget für Arbeit höher oder geringer sein werden als bei Werkstattbeschäftigten, hängt somit letztlich von der Höhe des Bruttoentgelts der Budgetnehmer*in ab (vgl. www.umsetzungsbegleitung-bthg.de/bthg-kompass/bk-teilhabe-arbeitsleben, Zugriff: 13.06.2019).

5.3 Teilhabe an Bildung

Zum 1. Januar 2018 wurde die „Teilhabe an Bildung" als neue Leistungsgruppe ins SGB IX eingeführt. Vor der Einführung des BTHG waren Bildungsleistungen ein Teil der „Sozialen Teilhabe". Die Unterstützung von Weiterbildungsmaßnahmen (wie Master, Meister, Promotion) war demnach im Rahmen der Eingliederungshilfe ausgeschlossen. Das Recht auf Bildung wurde nun ausgeweitet und erstreckt sich nicht länger nur auf eine Mindestausbildung, die das Existenzminimum sichern soll.

Durch die Aufwertung als eigene Reha-Leistungsgruppe kommt der Gesetzgeber auch einer Forderung des Art. 24 der UN-BRK nach, der die Vertragsstaaten zur Umsetzung eines inklusiven Bildungssystems verpflichtet. Die UN-BRK bezieht sich sowohl auf die Bereiche Grundschule (Absatz 2 a) und weiterführende Schulen (ebd.) als auch auf die Felder Hochschulbildung, Berufsausbildung, Erwachsenenbildung und lebenslanges Lernen (Absatz 5).

Bevor Leistungen zur Teilhabe an Bildung genehmigt werden, muss zunächst geprüft werden, ob andere Leistungen vorrangig erbracht werden können (Bildungsleistungen sind nachrangig). Beispielsweise kann es sich bei einer Promotion um Leistungen zur Teilhabe am Arbeitsleben handeln, die dann von der Bundesagentur für Arbeit getragen werden müssten. Die Prüfung des Vorrangs kann zu Verzögerungen bei der Bewilligung der Leistung führen.

Ziel der neuen Leistungsgruppe ist es laut Gesetzesbegründung, dass jeder junge Mensch mit einer Behinderung einen allgemeinen Bildungsabschluss zur Erreichung seiner Teilhabeziele entsprechend der Gesamtplanung erwerben können soll. Dabei ist explizit erwähnt, dass der Besuch einer allgemeinbildenden Schule unabhängig davon unterstützt wird, ob (noch) Schulpflicht besteht oder nicht.

Leistungsgruppen und Lebensphasen

Das Gesetz definiert vier Formen der Leistungen zur Teilhabe an Bildung (§ 75 SGB IX): Hilfen zur Schulbildung, zur schulischen Berufsausbildung, zur schulischen Hochschulbildung und zur schulischen und hochschulischen beruflichen Weiterbildung. Diese vier Leistungsbereiche sind jedoch nicht abschließend zu verstehen, der

5. Leistungen der Eingliederungshilfe

Begriff „insbesondere" lässt eine Öffnung auf weitere Bildungsbereiche (z. B. Volkshochschulen) zu.

Die genannten Leistungsformen lassen sich grob in **vier Lebensphasen** untergliedern. In Ergänzung durch § 112 SGB IX, der ab 2020 gilt, sind diese Lebensphasen etwas anschaulicher darstellbar:

Lebensphase 1	Lebensphase 2	Lebensphase 3	Lebensphase 4
Frühkindliche Bildung, Vorschule und allgemeine Schulpflicht	Sekundarbereich II inkl. Berufsfachschule	Hochschulbildung (Universität, Hochschule und Akademie)	Berufliche Weiterbildung, Zweiter Bildungsweg, Zusatzqualifikationen

Tabelle 3: Vier Lebensphasen

1. Junge Menschen können Hilfen zur Teilhabe an Bildung im Rahmen der **frühkindlichen Bildung** sowohl vor dem Eintritt in die Schule, im **vorschulischen Bereich**, als auch während der Zeit der **allgemeinen Schulpflicht** in Anspruch nehmen.

   Auch können zukünftig Hilfen in Anspruch genommen werden, die zwar nicht direkt während des Unterrichts benötigt werden, aber im Rahmen von **Ganztagsangeboten** in der offenen Form und die „im Einklang mit dem Bildungs- und Erziehungsauftrag der Schule stehen". Dies bedeutet eine finanzielle Entlastung der Sorgeberechtigten.

   Auch heilpädagogische Maßnahmen sowie sonstige Maßnahmen zugunsten körperlich und geistig behinderter Kinder können dann genutzt werden, wenn sie dem Kind helfen, am Unterricht teilzunehmen. Dabei muss zuvor das Gesamtplanverfahren durchlaufen werden (s. Kapitel 8.3), damit Menschen mit Behinderungen sich wie Menschen ohne Behinderungen für weiterführende schulische und hochschulische Angebote entscheiden können.

2. Die zweite Phase der schulischen Berufsausbildung meint den **Sekundarbereich II** und die Ausbildung beispielsweise in einer Berufsfachschule. Dabei muss diese (Schul-)Ausbildung in der Regel sowohl zeitlich als auch fachlich in Verknüpfung zur Erstaus-

5.3 Teilhabe an Bildung

bildung stehen. Allerdings werden zeitliche „Lücken" zwischen den beiden Ausbildungsabschnitten dem jungen Menschen nicht negativ ausgelegt, wenn sie beispielsweise durch die Behinderung bedingt sind. Wenn die Jugendliche im Zusammenhang mit der Durchführung eines **Praktikums** Hilfen benötigt, werden diese in der Regel nur dann finanziert, wenn das Praktikum als Pflicht z. B. in der Studienordnung verankert ist oder benötigt wird, um einen bestimmten Beruf zu erlangen.

3. Die Phase der **Hochschulbildung** schließt Universitäten, Hochschulen und Akademien ein.

Die Gewährung von Hilfen während eines **Auslandsstudiums** wird im Gesetz nicht explizit erwähnt, allerdings in dessen Begründung: Ein Auslandsstudium kann dann unterstützt werden, wenn es verpflichtender Bestandteil des Studiums ist. Es lohnt sich allerdings, dies individuell im Rahmen des Gesamtplanverfahrens prüfen zu lassen. Zudem weist das Deutsche Studentenwerk darauf hin, dass Studierende mit Beeinträchtigungen von Sondermitteln profitieren können, wenn sie mit Erasmus+ oder dem DDA-Programm ins Ausland gehen (vgl. Studentenwerk 2019).

4. Auch nach der „klassischen" ersten Bildungsphase stehen Menschen mit Behinderungen Leistungen zur Teilhabe an Bildung zu. Die berufliche Weiterbildung umfasst Formen wie Qualifikationen auf dem **Zweiten Bildungsweg**, eine Meisterfortbildung, weiterbildende (Master- oder Fern-)Studiengänge und weitere **Zusatzqualifikationen**.

Im Laufe eines **Masterstudiengangs** werden auch dann Hilfen gewährt, wenn zwar eine andere Fachrichtung als im Bachelorstudiengang belegt wird, der Master aber darauf aufbaut und interdisziplinär ergänzt. Der zeitliche Zusammenhang zwischen Erst- und Weiterbildung wird in der Gesetzesbegründung mit Blick auf das Bundesausbildungsförderungsgesetz (§ 10 Abs. 3 Satz 1 BAföG) näher erläutert: Danach kommt die Förderung einer weiteren Ausbildung im Anschluss an eine Erstausbildung grundsätzlich in Betracht, wenn die Leistungsberechtigte zu Beginn noch keine 30 Jahre alt ist. Bei der Aufnahme eines Masterstudiums nach einem abgeschlossenen Bachelorstudium darf die Berechtigte noch keine 35 Jahre alt sein. Da diese Altersgrenzen jedoch im Gesetz nicht explizit erwähnt werden, handelt es sich

5. Leistungen der Eingliederungshilfe

hierbei eher um Bemessungsspielraum im Einzelfall, die im Individualfall geprüft werden können.

Hilfen für eine hochschulische Weiterbildung können auch Hilfen für eine **Promotion** umfassen, „falls sie in begründeten Einzelfällen zum Erreichen des angestrebten Berufsziels erforderlich" sind.

Konkretisierung der Hilfsmittel

Während aller Lebensphasen können auch Hilfen für Teilnahmen am **Fernunterricht** gewährt werden oder für Maßnahmen, die auf eine schulische, hochschulische oder berufliche Aus- oder Weiterbildung vorbereiten.

Hilfen für eine (hoch)schulische Ausbildung können sogar erneut erbracht werden, wenn dies aufgrund der Behinderung notwendig ist, zum Beispiel, wenn sich die Behinderung während der Ausbildung verschlimmert oder erst während des Berufslebens eintritt.

Mit dem Begriff „Hilfen" sind auch Leistungen durch physische Hilfsmittel und Gegenstände eingeschlossen, die notwendig sind, um die Teilhabe an Bildung zu ermöglichen. Darunter fallen Mobilitätshilfen, barrierefreie Lernmittel, Software, aber auch Gebärdensprach- oder Schriftdolmetschung. Sollten die Hilfsmittel nicht mehr nutzbar sein, zum Beispiel, weil das Kind gewachsen ist, dürfen neue Hilfsmittel angeschafft werden. Vor allem mit Blick auf die Einsatzmöglichkeiten digitaler Unterstützungsmedien ist zukünftig auf aktuelle Entwicklungen und Entscheidungen der Praxis zu achten.

Es können auch heilpädagogische und sonstige Maßnahmen gewährt werden, wenn diese den Schulbesuch erleichtern oder ermöglichen. Allerdings ist hier die Einschränkung eingefügt, dass die berechtigte Person auch die Fähigkeit besitzen muss, das Teilhabeziel zu erreichen, wie es in der Gesamtplanung festgestellt wurde. Ob diese Fähigkeit vorliegt, orientiert sich laut Gesetzesbegründung „an den zuvor gezeigten Leistungen". Aus diesem Grund kommt der zuvor besuchten Einrichtung (z. B. Grundschule beim Übertritt aufs Gymnasium) und ihrer Einschätzung der Fähigkeit eine entscheidungserhebliche Bedeutung zu.

Voraussetzung aller Hilfsmittel ist, dass die Leistungsberechtigte in der Lage ist, diese zu bedienen. Sobald Hilfsmittel verordnet

5.3 Teilhabe an Bildung

werden, ist auch die Einweisung in deren Gebrauch und Instandhaltung inbegriffen.

Poolen von Leistungen

Das BTHG schafft die Möglichkeit, eine Leistung so anzubieten, dass sie gleichzeitig von mehreren Personen genutzt werden kann. Auch im Bereich der Bildung ist das sogenannte „Poolen" möglich und sogar vorgesehen, wenn die Leistungsberechtigten dies wünschen.

Die gemeinsame Inanspruchnahme von Anleitungen oder der Begleitung muss für die Berechtigten jedoch immer „zumutbar" sein und auf Vereinbarungen beruhen. Sie darf den angemessenen Wünschen des Leistungsberechtigten nicht entgegenstehen (s. Kapitel 3.2).

Bei der Frage, ob oder in welchem Umfang gemeinsame Leistungen bezogen werden, kann auch die Schule in das Teilhabeplanverfahren einbezogen werden. Konkret könnte in Schulen eine Assistenzkraft für mehrere Schülerinnen und Schüler zuständig sein. Aktuell hat häufig jede leistungsberechtigte Person eine eigene Assistenzkraft.

Kosten

An anderer Stelle im Gesetz ist festgelegt, dass die Leistungen zur Teilhabe an Bildung beitragsfrei sind, wenn es sich um Hilfen zur Schulbildung und deren Vorbereitung handelt, vor allem während der allgemeinen Schulpflicht und beim Besuch weiterführender Schulen (§ 138 Abs. 1 Nr. 4 u. 5 SGB IX).

Leistungen gemäß § 112 Abs. 1 Nr. 2 SGB IX zur schulischen oder hochschulischen **beruflichen** Weiterbildung sind nur dann beitragsfrei, wenn diese in besonderen Ausbildungsstätten über Tag und Nacht erbracht werden (z. B. Internate).

5. Leistungen der Eingliederungshilfe

5.4 Soziale Teilhabe

Die Leistungen zur Sozialen Teilhaben werden im ersten Teil des SGB IX grundlegend geregelt. Die Leistungen zur Sozialen Teilhabe in der Eingliederungshilfe ergeben sich aus

- den Regelungen der §§ 76-84 aus dem ersten Teil des SGB IX,
- in Verbindung mit den §§ 113-116 aus dem zweiten Teil des SGB IX.

Eine Ausnahme bilden die Besuchsbeihilfen; diese sind nur in Teil 2 des SGB IX als spezielle Leistungen der Eingliederungshilfe vorgesehen.

Die Leistungen zur Sozialen Teilhabe werden nach § 76 SGB IX nachrangig gewährt, d. h. die Leistungen zur medizinischen Rehabilitation, die Leistungen zur Teilhabe am Arbeitsleben und die Leistungen zur Teilhabe an Bildung gehen den Leistungen zur Sozialen Teilhabe vor.

Sie werden erbracht, um Menschen mit Behinderungen eine gleichberechtigte Teilhabe am Leben in der Gemeinschaft zu ermöglichen oder zu erleichtern. Der Gesetzgeber verfolgt damit das Ziel, Menschen mit Behinderungen ein möglichst selbstbestimmtes und eigenverantwortliches Leben im eigenen Wohn- und Sozialraum zu ermöglichen.

Durch die Reform der Eingliederungshilfe werden die Leistungen zur Sozialen Teilhabe neu strukturiert. Die bisherigen Leistungen werden inhaltlich übernommen und eindeutiger beschrieben. Der Leistungskatalog ist nicht abschließend formuliert, es werden beispielhaft Fälle für Leistungen zur Sozialen Teilhabe in den §§ 76-84 SGB IX aufgeführt. Eine Ausweitung der Leistungen ist mit der Neustrukturierung des Leistungskatalogs zur Sozialen Teilhabe aber nicht verbunden, da aus Sicht des Gesetzgebers der bislang geltende Leistungskatalog hinreichende Regelungen zur Deckung der bestehenden Bedarfe bietet. Bisher nicht aufgeführte Leistungen, wie beispielsweise Assistenzleistungen oder Leistungen zur Mobilität werden in den Leistungskatalog aufgenommen, dies soll dazu beitragen, die bundesweit heterogene Auslegungspraxis zu vereinheitlichen und die Rechtssicherheit zu erhöhen.

5.4 Soziale Teilhabe

Leistungen zur Sozialen Teilhabe in der Eingliederungshilfe

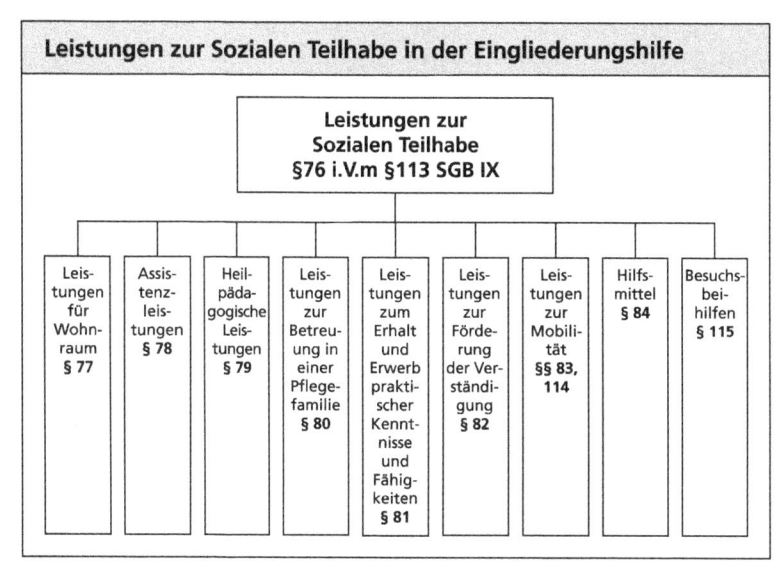

Leistungen zur Sozialen Teilhabe §76 i.V.m §113 SGB IX								
Leistungen für Wohnraum § 77	Assistenzleistungen § 78	Heilpädagogische Leistungen § 79	Leistungen zur Betreuung in einer Pflegefamilie § 80	Leistungen zum Erhalt und Erwerb praktischer Kenntnisse und Fähigkeiten § 81	Leistungen zur Förderung der Verständigung § 82	Leistungen zur Mobilität §§ 83, 114	Hilfsmittel § 84	Besuchsbeihilfen § 115

Abbildung 8: Leistungen zur Sozialen Teilhabe in der Eingliederungshilfe

Leistungen für Wohnraum
(§ 77 i.V.m. § 133 Abs. 2 Nr. 1 SGB IX)

Die Leistungen für Wohnraum sollen es Menschen mit Behinderungen ermöglichen, Wohnraum zu beschaffen, ihn entsprechend umzubauen und auszustatten sowie den Wohnraum zu erhalten. Diese Leistungen sind bereits inhaltsgleich in § 55 Abs. 2 Nr. 5 SGB IX-alt beschrieben.

Menschen mit Behinderungen haben oftmals einen zusätzlichen Bedarf an Wohnraum, der sich durch die Inanspruchnahme von Assistenzleistungen begründet, z. B. 24-Stunden-Assistenz. Dieser zusätzliche Bedarf an Wohnraum wird durch die Fachleistung gedeckt, wenn er die Angemessenheitsgrenze für die Anerkennung der Lebensunterhaltsleistungen nach § 42a SGB XII überschreitet.

Assistenzleistungen
(§ 78 i.V.m. § 113 Abs. 2 Nr. 2 SGB IX)

Die Assistenzleistungen werden als neuer Leistungstatbestand ins SGB IX aufgenommen. Dies soll laut Gesetzgeber zu mehr Rechtssicherheit und Rechtsklarheit führen. Assistenzleistungen werden

5. Leistungen der Eingliederungshilfe

mit dem Ziel erbracht, Menschen mit Behinderungen bei ihrer selbstbestimmten und eigenständigen Bewältigung ihres Alltags einschließlich der Tagesstrukturierung zu unterstützen. Der offene Leistungskatalog umfasst nach § 78 Abs. 1 SGB IX insbesondere

- Leistungen für die allgemeinen Erledigungen des Alltags, z. B. Haushaltsführung,
- Leistungen für die Gestaltung sozialer Beziehungen,
- Leistungen für die persönliche Lebensplanung,
- Leistungen für die Teilhabe am gemeinschaftlichen und kulturellen Leben,
- Leistungen für die Freizeitgestaltung einschließlich sportlicher Aktivitäten,
- die Sicherstellung der Wirksamkeit der ärztlichen und ärztlich verordneten Leistungen, z. B. Medikamentengabe,
- die Verständigung mit der Umwelt in den genannten Bereichen.

Eine Leistungsausweitung ist mit dem Leistungstatbestand der Assistenzleistungen nicht verbunden. Die Leistungen im Bereich der eigenständigen Lebensführung im eigenen Wohnraum wurden bisher über § 55 Abs. 2 Nr. 6 SGB IX-alt erbracht. Die Leistungen im Bereich der Freizeitgestaltung, wie sportliche Aktivitäten, kulturelles und gesellschaftliches Leben wurden über die Regelungen des § 55 Abs. 2 Nr. 7 SGB IX-alt gewährt. In den Leistungstatbestand der Assistenzleistungen gehen auch die Vorschriften der nachgehenden Hilfen zur Sicherung der Wirksamkeit der ärztlichen und ärztlich verordneten Leistungen und die Leistungen zur Sicherung der Teilhabe am Arbeitsleben nach § 54 Abs. 1 Satz 1 Nr. 5 SGB XII-alt über.

Nach § 78 Abs. 2 SGB IX entscheidet die leistungsberechtigte Person auf der Grundlage des Teilhabe- oder Gesamtplans (s. Kapitel 8) über die konkrete Gestaltung der Leistungen hinsichtlich Ablauf, Ort und Zeitpunkt der Inanspruchnahme. Mit der Entscheidung über die Ausgestaltung der Assistenzleistungen ist nicht das Wunsch- und Wahlrecht nach § 104 Abs. 2 SGB IX gemeint. An dieser Stelle wird nicht die für das Wunsch- und Wahlrecht entscheidende Frage gestellt, welche Leistung in welchem Umfang gewährt wird. Es geht um die konkrete Ausgestaltung einer bereits bewilligten Leistung.

Menschen mit Behinderungen können im Rahmen der Ausgestaltung der Leistung zwei Formen von Assistenzleistungen wählen:

5.4 Soziale Teilhabe

- die vollständige und teilweise Übernahme von Handlungen zur Alltagsbewältigung sowie die Begleitung und
- die Befähigung zu einer eigenständigen Alltagsbewältigung.

Eine Unterscheidung der Leistungen erfolgt nach den Zielen des Menschen mit Behinderungen und der damit verbundenen Anforderungen an die Qualifikation der Assistent*innen. Nehmen Assistenzkräfte ausschließlich eine ausgleichende Rolle ein und übernehmen Handlungen, die der Mensch mit Behinderungen nicht selbst ausführen kann und wurde für diesen Sachverhalt auch kein Teilhabeziel formuliert, muss die Assistenz die Leistung sachgerecht durchführen, benötigt aber nicht unbedingt eine spezielle Qualifikation. Wird der Mensch mit Behinderungen von der Assistenzkraft hinsichtlich der Erlangung bzw. des Erhalts einer Fähigkeit beraten und angeleitet und damit in seiner sozialen und alltagspraktischen Kompetenz sowie in der Entwicklung seiner Persönlichkeit unterstützt, erbringt die Assistenzkraft eine pädagogische und psychosoziale Fachleistung im Rahmen einer qualifizierten Assistenz (BAGüS 2019, S. 3 f.). Deshalb schreibt der Gesetzgeber für die Erbringung der Leistungen zur Befähigung der leistungsberechtigten Person zu einer eigenständigen Alltagsbewältigung den Einsatz einer Fachkraft als qualifizierte Assistenz vor. Für die Leistungen zur vollständigen oder teilweisen Übernahme von Handlungen und Begleitung schließt der Gesetzgeber jedoch qualifizierte Assistenz im Gesetzestext und der Gesetzesbegründung nicht explizit aus.

Die Assistenzleistungen nach § 78 Abs. 1 umfassen gemäß Abs. 3 auch Leistungen an Mütter und Väter mit Behinderungen bei der Versorgung und Betreuung ihrer Kinder. Diese Leistungen werden auch als Elternassistenz oder begleitete Elternschaft bezeichnet. Unter dem Begriff der Elternassistenz sind einfache Assistenzleistungen zu verstehen. Sie umfassen Unterstützungsleistungen für Eltern mit körperlichen Behinderungen oder Sinnesbehinderungen. Die Eltern planen die Leistungen selbstbestimmt, benötigen aber zur Durchführung der Leistungen besondere Dienstleistungen, Hilfsmittel oder Mobilitätshilfen. Der Begriff der begleiteten Elternschaft wird eher im Zusammenhang mit Eltern mit einer seelischen oder geistigen Behinderung verwendet, sofern sie pädagogische Anleitung, Beratung oder Begleitung im Rahmen einer qualifizierten Assistenz benötigen, um ihre Rolle als Eltern wahrnehmen zu können.

5. Leistungen der Eingliederungshilfe

Das Leistungsspektrum für Eltern mit Behinderungen umfasst allerdings mehr als die Regelung zu den Assistenzleitungen und ist in verschiedenen Leistungsgesetzen geregelt. Die vorrangigen Leistungsgesetze sind die gesetzliche Krankenversicherung, die Pflegeversicherung, die Kinder- und Jugendhilfe und die Eingliederungshilfe. Dieses Leistungsspektrum ist für Eltern oft problematisch, da die Hilfen zur Unterstützung vielfältig sind und von unterschiedlichen Leistungsträgern erbracht werden. An dieser Stelle ist für die Gewährung von Leistungen auch entscheidend, ob der Unterstützungsbedarf bei den Eltern oder bei dem Kind liegt und ob der Bedarf erziehungs- oder behinderungsbedingt ist; dies führt in der Praxis zu Abgrenzungsproblemen (Bundesministerium für Arbeit und Soziales 2018, S. 44).

Nach § 78 Abs. 4 SGB IX können Personen, die Assistenzleistungen erbringen, Fahrtkosten oder weitere Aufwendungen geltend machen. Sofern sie im Einzelfall notwendig sind, werden diese als ergänzende Leistungen gewährt.

Die Assistenzleistungen umfassen gemäß § 78 Abs. 5 IX Leistungen für Menschen mit Behinderungen, die einer ehrenamtlichen Tätigkeit nachgehen. Leistungsberechtigten Personen werden angemessene Aufwendungen für eine notwendige Unterstützung zur Ausübung des Ehrenamts erstattet, soweit die Unterstützung nicht zumutbar unentgeltlich erbracht werden kann. Die notwendige Unterstützung soll vorrangig aus dem sozialen Umfeld des Menschen mit Behinderungen akquiriert werden. Der Gesetzgeber sieht Familie, Freunde, Nachbarn oder ähnliche Beziehungspersonen in der Pflicht, diese Unterstützung zu leisten. Die Vorschrift entspricht der bisherigen Regelung nach § 22 Eingliederungshilfe-Verordnung. Ist es für den Menschen mit Behinderungen nicht möglich, Unterstützung aus dem sozialen Umfeld zu erhalten, besteht die Möglichkeit, die Unterstützung im Rahmen der Assistenzleistungen für die Gestaltung der Freizeit zu erhalten (Deutscher Bundestag 2016, S. 45).

Der Leistungskatalog der Assistenzleistungen enthält nach § 78 Abs. 6 SGB IX Leistungen zur Erreichbarkeit einer Ansprechperson unabhängig von einer konkreten Inanspruchnahme. Die Leistungen werden erbracht, sofern dies im Einzelfall erforderlich ist. Die Regelung nimmt insbesondere Menschen mit einer seelischen Behinderung in den Blick, die die Sicherheit brauchen, ständig jemanden

5.4 Soziale Teilhabe

erreichen zu können, ohne dabei einen konkreten Anlass zu haben. Diese Hintergrundleistung umfasst vor allem die Rufbereitschaft, in deren Rahmen leistungsberechtigte Personen in Krisen die Möglichkeit haben, sich telefonisch oder persönlich Unterstützung zu holen.

Mit der Einführung des Begriffs der Assistenz verfolgt der Gesetzgeber die Absicht, das Verhältnis zwischen leistungsberechtigter Person und den Erbringern von Leistungen neu zu definieren. Der Gesetzgeber beabsichtigt dem Über-/Unterordnungsverhältnis im Rahmen der förderzentrierten Ansätze gegenzusteuern und folglich das Verständnis von professioneller Hilfe zu verändern. Menschen mit Behinderungen sollen durch Assistenzleitungen dabei unterstützt werden, ihren Alltag selbstbestimmt zu leben und zu gestalten. Angesichts dessen soll es auch zu einer Neubestimmung der Beziehung zwischen leistungsberechtigter Person und Leistungserbringer kommen.

**Heilpädagogische Leistungen
(§ 79 i.V.m. § 113 Abs. 2 Nr. 3 SGB IX)**

Heilpädagogische Leistungen erhalten Kinder, die noch nicht eingeschult sind, um eine drohende Behinderung abzuwenden oder den Verlauf einer Behinderung zu verlangsamen. Heilpädagogische Leistungen werden ebenso gewährt, um die Folgen einer Behinderung zu beseitigen oder abzumildern. Inhaltlich entspricht die Regelung nach § 79 Abs. 1 SGB IX weitestgehend § 55 Abs. 2 Nr. 2 SGB IX-alt.

In § 79 Abs. 2 SGB IX werden die Heilpädagogischen Leistungen im Gegensatz zur bisherigen gesetzlichen Regelung inhaltlich aufgeführt. Mit der Aufzählung der Leistungen soll eine klare Abgrenzung zu den Leistungen der medizinischen Rehabilitation geschaffen werden. Die Heilpädagogischen Leistungen umfassen

- alle Maßnahmen, die der Entwicklung des Kindes und der Entfaltung der Persönlichkeit dienen,
- einschließlich der jeweils erforderlichen nichtärztlichen therapeutischen, psychologischen, sonderpädagogischen und psychosozialen Leistungen sowie
- die Beratung der Erziehungsberechtigten.

Werden diese Leistungen in sozialpädiatrischen Zentren oder interdisziplinären Frühförderstellen gemeinsam mit medizinischen Leis-

5. Leistungen der Eingliederungshilfe

tungen erbracht, sind sie den Leistungen der medizinischen Rehabilitation zuzurechnen. Die Ausführung der Leistungen kann an dieser Stelle auch von Heilpädagog*innen erbracht werden. Fraglich ist, ob die Konkretisierung des Leistungskatalogs heilpädagogischer Leistungen in der Praxis wirklich den gewünschten Effekt der Abgrenzung zu den Leistungen der Früherkennung und Frühförderung bringen wird.

Heilpädagogische Leistungen können als Einzelleistungen oder Komplexleistung erbracht werden. Als übergreifende Komplexleistung sind sie Bestandteil der Leistungen zur Frühförderung und Früherkennung gem. § 46 SGB IX. Die Vorschriften der Verordnung zur Früherkennung und Frühförderung finden entsprechend Anwendung. Die Regelung, dass in schulvorbereitenden Maßnahmen von Schulträgern die Leistungen als Komplexleistungen erbracht werden, wird inhaltsgleich aus § 56 Abs. 2 SGB IX-alt übernommen.

Leistungen zur Betreuung in einer Pflegefamilie
(§ 80 i.V.m. § 113 Abs. 2 Nr. 4 SGB IX)

Leistungen zur Betreuung in einer Pflegefamilie werden gewährt, um Menschen mit Behinderungen die Betreuung in einer anderen Familie als der Herkunftsfamilie durch geeignete Pflegepersonen zu ermöglichen. Die Vorschrift zu den Leistungen zur Betreuung in einer Pflegefamilie entspricht weitestgehend den bisherigen Leistungen des § 54 Abs. 3 SGB XII-alt. Die Regelung in § 80 SGB IX schließt nun auch erwachsene Menschen mit Behinderungen ein, um der bisherigen Gewährungspraxis Rechnung zu tragen. Damit die Qualität der Pflegepersonen auch für Erwachsene gewährleistet werden kann, sollen die Vorgaben zur Erlaubnis zur Vollzeitpflege nach § 44 SGB VIII nicht nur in Bezug auf Kinder und Jugendliche zur Anwendung kommen, sondern auch bei Erwachsenen mit Behinderung.

Leistungen zum Erwerb und Erhalt praktischer Kenntnisse und Fähigkeiten
(§ 81 i.V.m. § 113 Abs. 2 Nr. 5 SGB IX)

Leistungen zu Erwerb und Erhalt praktischer Kenntnisse und Fähigkeiten werden gewährt, um Menschen mit Behinderungen die für sie erreichbare Teilhabe am Leben in der Gemeinschaft zu ermöglichen. Die Leistungen sind insbesondere darauf gerichtet, Menschen

5.4 Soziale Teilhabe

mit Behinderungen in Fördergruppen, Schulungen oder ähnlichen Maßnahmen

- zur Vornahme lebenspraktischer Handlungen einschließlich hauswirtschaftlicher Tätigkeiten zu befähigen,
- auf die Teilhabe am Arbeitsleben vorzubereiten,
- die Sprache und Kommunikation zu verbessern,
- zu befähigen, sich ohne fremde Hilfe sicher im Verkehr zu bewegen.

Die blindentechnische Grundausbildung ist auch von den Leistungen zum Erwerb und Erhalt praktischer Kenntnisse und Fähigkeiten erfasst. Die Leistungen zum Erwerb und Erhalt praktischer Fähigkeiten wurden inhaltsgleich aus § 55 Abs. 2 Nr. 3 SGB IX-alt übernommen und um die Regelungen des § 16 der Eingliederungshilfe-Verordnung ergänzt. Berücksichtigt wird zudem ein Urteil des Landessozialgerichts Berlin-Brandenburg, wonach auch Leistungen in Tagesförderstätten zum Leistungskatalog zählen, um auch nicht werkstattfähigen leistungsberechtigten Personen eine erreichbare Teilhabe am Arbeitsleben zu ermöglichen (LSG Berlin-Brandenburg 2010, AZ L 23 SO 277/08). Diese Regelung steht in einem gewissen Spannungsverhältnis zu § 219 SGB IX Begriff und Aufgaben der Werkstatt für behinderte Menschen, da hier in Abs. 3 darauf verwiesen wird, dass Menschen mit Behinderungen, die die Voraussetzungen für die Beschäftigung in einer Werkstatt nicht erfüllen, in angeschlossenen oder in Einrichtungen und Gruppen der Werkstatt betreut und gefördert werden sollen. Beide gesetzliche Regelungen sollen es Menschen mit Behinderungen, die kein Mindestmaß an verwertbarer wirtschaftlicher Arbeitsleistung erbringen können, ermöglichen, Kenntnisse und Fähigkeiten im Bereich der Beschäftigung zu erlangen. Beide Regelungen werden mangels Anspruchsvoraussetzung nicht den Leistungen zur Teilhabe am Arbeitsleben zugeschrieben, sondern den Leistungen zur Sozialen Teilhabe. Beide Leistungen dienen eher dem Erhalt praktischer Fähigkeiten bzw. der Orientierung und Heranführung an die Leistungen zur Teilhabe am Arbeitsleben. Dabei ist zu unterscheiden, dass § 81 SGB IX auch auf Angebote außerhalb einer Werkstatt abzielt. Damit wird den heterogenen Angebotsformen in den Bundesländern Rechnung getragen. Deutlich wird allerdings bei beiden Regelungen, dass Menschen mit Behinderungen, die die Voraussetzungen für eine Leistung zur Teilhabe am Arbeitsleben nicht erfüllen, Angebote zur

5. Leistungen der Eingliederungshilfe

Orientierung auf Beschäftigung erhalten sollen, die der Vorbereitung zur Teilhabe am Arbeitsleben dienen (BAGüS 2019, S. 23 f.).

**Leistungen zur Förderung der Verständigung
(§ 82 i.V.m. § 113 Abs. 2 Nr. 6 SGB IX)**

Leistungen zur Förderung der Verständigung richten sich an Menschen mit einer Hör- oder Sprachbehinderung, mit dem Ziel, ihnen die Verständigung mit der Umwelt zu ermöglichen oder zu erleichtern. Leistungsgegenstand sind insbesondere Hilfen durch Gebärdendolmetscher und anderweitige geeignete Kommunikationshilfen. Die Kommunikationshilfen-Verordnung legt fest, was unter anderweitig geeigneten Kommunikationshilfen zu verstehen ist, und welche Leistungen erbracht werden können. Die Vorschrift zu den Leistungen zur Förderung der Verständigung wird inhaltsgleich aus § 57 SGB IX-alt übernommen und hinsichtlich ihres Wortlauts konkretisiert.

**Leistungen zur Mobilität
(§ 83 i.V.m. § 113 Abs. 2 Nr. 7 SGB IX)**

Leistungen zur Mobilität werden als neue Leistungsarten der Sozialen Teilhabe ins SGB IX aufgenommen, hiermit entspricht der Gesetzgeber der geltenden Rechtsprechung und Praxis. Die Leistungen zur Mobilität sind nach § 78 Abs. 1 SGB IX unterteilt in

- Leistungen zur Beförderung, insbesondere durch einen Beförderungsdienst und

- Leistungen für ein Kraftfahrzeug.

Leistungen zur Mobilität erhalten Menschen mit Behinderungen, die nach § 2 SGB IX leistungsberechtigt sind und die aufgrund ihrer Art und Schwere der Behinderung öffentliche Verkehrsmittel nicht nutzen können. Leistungen für ein Kraftfahrzeug werden nur erbracht, wenn Menschen mit Behinderung das Kraftfahrzeug führen können bzw. gewährleistet ist, dass eine dritte Person das Kraftfahrzeug stellvertretend führt. Darüber hinaus ist es möglich, Leistungen für ein Kraftfahrzeug zu erhalten, wenn Leistungen zur Beförderung nicht zumutbar oder wirtschaftlich sind.

Die Leistungen für ein Kraftfahrzeug umfassen Leistungen zur Erlangung der Fahrerlaubnis, zur Beschaffung eines Kraftfahrzeugs, für die erforderliche Zusatzausstattung, die Instandhaltung und

5.4 Soziale Teilhabe

den Unterhalt. In welchen Umfang ein Mensch mit Behinderungen Leistungen erhält, wird mithilfe der Verordnung über die Kraftfahrzeughilfe bemessen. Hinsichtlich des Leistungstatbestands der erforderlichen Zusatzausstattung wird für die Eingliederungshilfe in § 114 SGB IX eine abweichende Regelung getroffen. Die §§ 6 und 8 der Kraftfahrzeughilfe-Verordnung zur Berechnung von Leistungen kommen aufgrund der Regelung zu Einkommen und Vermögen nicht zur Anwendung.

Für Kinder und Jugendliche enthält § 83 SGB IX eine spezielle Regelung im Hinblick auf die Leistungen für ein Kraftfahrzeug. Es wird ein Mehraufwand geleistet für einen höheren Anschaffungspreis und eine notwendige Zusatzausstattung. Ein Mehraufwand beim Anschaffungspreis ist notwendig, wenn Eltern aufgrund der Behinderung ihres Kindes ein größeres und damit teureres Kraftfahrzeug benötigen.

Für die Eingliederungshilfe werden die für alle Rehabilitationsträger geltenden Regelungen des § 83 SGB IX durch den § 114 SGB IX eingeschränkt, damit soll eine Ausweitung der Leistungen verhindert werden. Um Leistungen für ein Kraftfahrzeug zu erhalten, muss ein Mensch mit Behinderungen zur Teilhabe am Leben in der Gemeinschaft dauerhaft auf die Nutzung eines Kraftfahrzeugs angewiesen sein. Die dauerhafte Nutzung eines Kraftfahrzeugs wird vom Gesetzgeber, mit Verweis auf die Eingliederungshilfe Verordnung, vorrangig den Leistungen zur Teilhabe am Arbeitsleben zugeschrieben.

**Hilfsmittel
(§ 84 i.V.m. § 113 Abs. 2 Nr. 8)**

Die Leistungen umfassen Hilfsmittel, die Einschränkungen ausgleichen und Menschen mit Behinderungen eine gleichberechtigte Teilhabe am Leben in der Gemeinschaft ermöglichen sollen. Hierzu zählen vor allem barrierefreie Computer. Weitere Leistungen umfassen die Unterweisung im Gebrauch und die Instandhaltung bzw. Änderung der Hilfsmittel. Es besteht die Möglichkeit einer Doppelausstattung mit Hilfsmitteln, die im Einzelfall zu prüfen ist.

Die Vorschrift zu den Hilfsmitteln wird inhaltlich aus § 55 Abs. 2 Nr. 1 SGB IX-alt übernommen, aber hinsichtlich ihres Wortlauts konkretisiert. Es wird im Gesetzestext ausdrücklich darauf verwiesen, dass an dieser Stelle nur Hilfsmittel gemeint sind, die dazu beitragen sollen, die Teilhabe am Leben in der Gemeinschaft zu ermöglichen.

5. Leistungen der Eingliederungshilfe

Hilfsmittel zur medizinischen Rehabilitation und zur Teilhabe am Arbeitsleben schließt die Regelung nicht ein.

**Besuchsbeihilfen
(§ 113 Abs. 2 Nr. 9 SGB IX)**

Die Besuchsbeihilfen wurden bislang in § 54 Abs. SGB XII-alt geregelt. Die Vorschrift sieht vor, dass Menschen mit Behinderungen, die in einer stationären Einrichtung der Eingliederungshilfe leben oder deren Angehörige, Besuchsbeihilfen erhalten können. Aufgrund der Aufhebung der Kategorisierung von Leistungen in ambulante und (teil-)stationäre Maßnahmen ist eine Neuregelung der Leistung erforderlich. Die Besuchsbeihilfen werden nun an das Leben außerhalb der Herkunftsfamilie gebunden (Deutscher Bundestag 2016, S. 286).

**Pauschale Geldleistungen, gemeinsame Inanspruchnahme
(§ 116 SGB IX)**

Leistungen der Eingliederungshilfe können ab 2020 mit Zustimmung der leistungsberechtigten Person nach § 105 Abs. 3 SGB IX als pauschale Geldleistungen erbracht werden. Diese Regelung betrifft folgende Leistungen zur Sozialen Teilhabe:

- Leistungen zur Assistenz zur Übernahme von Handlungen zur Alltagsbewältigung und Begleitung leistungsberechtigter Personen (§ 113 Abs. 2 Nr. 2 i.V.m. § 78 Abs. 2 Nr. 2 SGB IX),
- Leistungen zur Förderung der Verständigung (§ 113 Abs. 2 Nr. 6 SGB IX) und
- Leistungen zur Beförderung im Rahmen der Leistungen zur Mobilität (§ 113 Abs. 2 Nr. 7 i.V.m. § 83 Abs. 1 Nr. 1 SGB IX).

Die genannten Leistungen erfordern nach Meinung des Gesetzgebers keine besondere Qualifikation. Sie können beispielsweise von Freunden oder Nachbarn erbracht werden und für die geleistete Unterstützung eines Menschen mit Behinderungen einen entsprechenden Geldbetrag erhalten. Die Aufzählung von Leistungen zur Sozialen Teilhabe in § 116 Abs. 1 SGB IX ist als abschließend zu betrachten, weitere Leistungen können nicht in Form einer Geldpauschale erbracht werden. Die zuständigen Träger der Eingliederungshilfe entscheiden über die Höhe und Ausgestaltung der Leistungen und legen die Rahmenbedingungen für die Leistungserbringung fest. Bestimmte formale Vorgaben für die Träger der Eingliederungshilfe benennt die Vorschrift nicht, wie beispielsweise eine Regelung auf Landesebene. Somit können die Träger der Eingliederungshilfe über Höhe und Ausgestaltung der Leistungen verwaltungsintern entscheiden. Die Bewilligungszeiträume sollten dabei so angesetzt werden, dass eine angemessene und überprüfbare Deckung des Bedarfs möglich ist. Die bisherige Regelung zum Bedarfsdeckungsprinzip nach § 9 Abs. 1 SGB XII-alt wird ab 2020 in § 104 Abs. 1 SGB IX übernommen, d. h. die Geldpauschalen dürfen nicht als starre Beträge ausgestaltet sein, da sie den Bedarf des Menschen mit Behinderungen an Leistungen der Eingliederungshilfe vollständig decken müssen. Im Einzelfall muss eine Anpassung an den individuellen Bedarf einer leistungsberechtigten Person erfolgen (BAGüS 2019, S. 23).

Leistungen der Eingliederungshilfe können ab 2020 auch gemeinsam in Anspruch genommen (gepoolt) werden. Die Möglichkeit der gemeinsamen Inanspruchnahme besteht für folgende Leistungen zur Sozialen Teilhabe:

- Leistungen zur Assistenz (§ 113 Abs. 2 Nr. 2 SGB IX),
- Leistungen zur Heilpädagogik (§ 113 Abs. 2 Nr. 3 SGB IX),
- Leistungen zum Erwerb und Erhalt praktischer Fähigkeiten und Kenntnisse (§ 113 Abs. 2 Nr. 5 SGB IX),
- Leistungen zur Förderung der Verständigung (§ 133 Abs. 2 Nr. 6 SGB IX),
- Leistungen zur Beförderung im Rahmen der Leistungen zur Mobilität (§ 133 Abs. 2 Nr. 7 i.V.m. § 83 Abs. 1 Nr. 1 SGB IX),
- Leistungen zur Erreichbarkeit einer Ansprechperson unabhängig von einer konkreten Inanspruchnahme (§ 113 Abs. 2 Nr. 2 i.V.m. § 78 Abs. 6 SGB IX).

Der Gesetzgeber verweist darauf, dass in der Eingliederungshilfe Fachleistungen erbracht werden, die mehrere leistungsberechtigte Personen zum gleichen Zeitpunkt am gleichen Ort benötigen. Wie beispielsweise die Begleitung zur Erledigung des Einkaufs, Assistenz im Zusammenhang mit dem Erlernen von Tätigkeiten zur Haushaltsführung oder der Beförderung durch einen Fahrdienst. Die gemeinsame Inanspruchnahme von Leistungen ist kein neuer Leistungstatbestand. Auch derzeit werden Leistungen schon gepoolt, z. B. wenn mehrere leistungsberechtigte Personen einer Wohngemeinschaft

5. Leistungen der Eingliederungshilfe

von einer Mitarbeiter*in zum Einkaufen begleitet oder in der Nacht von einer Mitarbeiter*in betreut werden.

Ab 2020 ist das Poolen von Leistungen nur möglich, soweit dies für die Menschen mit Behinderungen nach § 104 SGB IX zumutbar ist (s. Kapitel 3.2) und mit Leistungserbringern entsprechende Vereinbarungen geschlossen wurden. Entscheidend für die Möglichkeit der gemeinsamen Inanspruchnahme von Leistungen ist jedoch, dass die formulierten Teilhabeziele erreicht werden können.

Unterhaltssichernde und andere Leistungen

6. Unterhaltssichernde und andere Leistungen 98
6.1 Mögliche Rehabilitationsträger, Leistungsumfang 98
6.2 Besonderheiten im Leistungssetting des
 Eingliederungshilfeträgers 100

6. Unterhaltssichernde und andere Leistungen
Lerch, Klaus

Unterhaltssichernde und andere ergänzende Leistungen gehören zu den in § 5 SGB IX definierten Leistungen zur Teilhabe am Leben in der Gesellschaft.

6.1 Mögliche Rehabilitationsträger, Leistungsumfang

Zuständig für diese Leistungen können die in § 6 Abs. 1 Nr. 1 bis 5 SGB IX benannten Rehabilitationsträger sein:

- Gesetzliche Krankenkassen
- Bundesagentur für Arbeit
- Träger der gesetzlichen Unfallversicherung
- Träger der gesetzlichen Rentenversicherung
- Träger der Kriegsopferversorgung im Rahmen des Rechts der sozialen Entschädigung bei Gesundheitsschäden.

Kapitel 11 des ersten Teils SGB IX beschreibt den Leistungsumfang im Detail. Das BTHG hat hier mit Ausnahme des § 68 Abs. 2 SGB IX nur redaktionelle Veränderungen vorgenommen, im Übrigen sind die Regelungen zur früheren Rechtslage unverändert geblieben. Zu den Leistungen nach Kapitel 11 gehören

- ergänzende Leistungen zu den Leistungen der medizinischen Rehabilitation und zur Teilhabe am Arbeitsleben (§ 64 SGB IX) sowie
- Leistungen zum Lebensunterhalt, die im Zusammenhang mit Leistungen der medizinischen Rehabilitation oder der Teilhabe am Arbeitsleben (§ 65 SGB IX) gewährt werden.

Die ergänzenden Leistungen nach § 64 SGB IX können nur in Anspruch genommen werden, wenn zuvor auch ein Anspruch auf Leistungen der medizinischen Rehabilitation und der Teilhabe am Arbeitsleben als sog. Hauptleistung besteht (vgl. Liebig/Amalsky in LPK-SGB IX, S. 362). Die ergänzenden Leistungen im Einzelnen sind:

- Krankengeld, Versorgungskrankengeld, Verletztengeld, Übergangsgeld, Ausbildungsgeld oder Unterhaltsbeihilfe,

6.1 Mögliche Rehabilitationsträger, Leistungsumfang

- Beiträge und Beitragszuschüsse zu den gesetzlichen Sozialversicherungen,
- ärztlich verordneter Rehabilitationssport in Gruppen,
- ärztlich verordnetes Funktionstraining in Gruppen,
- Reisekosten und
- Betriebs- oder Haushaltshilfe und Kinderbetreuungskosten.

Für Menschen mit Behinderungen, deren Versicherungsschutz während der Teilnahme an Leistungen der Teilhabe am Arbeitsleben nicht anderweitig sichergestellt werden kann, können Beiträge für eine freiwillige Krankenversicherung und zur Pflegeversicherung bei einem Träger der gesetzlichen Kranken- und Pflegeversicherung oder ggf. bei einem privaten Versicherungsunternehmen übernommen werden.

Die Leistungen zum Lebensunterhalt nach § 65 SGB IX dienen der Sicherung des Lebensunterhaltes von Menschen mit Behinderungen und ihrer Angehörigen während der Durchführung von Leistungen der medizinischen Rehabilitation und der Teilhabe am Arbeitsleben. Abs. 1 und 2 verweisen jeweils auf die spezifischen Regelungen der einzelnen zuständigen Rehabilitationsträger, wie sie in den jeweiligen Sozialgesetzbüchern festgelegt sind. Dabei werden die einzelnen Leistungen des Lebensunterhaltes auch noch einmal begrifflich definiert. So werden alle Leistungen des Lebensunterhaltes während der Durchführung von Leistungen der Teilhabe am Arbeitsleben einheitlich Übergangsgeld genannt, egal welcher Rehabilitationsträger letztlich zuständig ist.

§ 66 SGB IX zur Höhe und Berechnung des Übergangsgeldes entspricht bis auf redaktionelle Anpassungen dem bisherigen § 46 SGB IX. Die Änderungen beziehen sich auf die Neugliederung von Absatz 1 Buchstaben a) bis c) und sind aus redaktionellen und systematischen Gründen erforderlich. Materielle Folgewirkungen ergeben sich daraus ausweislich der Gesetzesbegründung nicht (vgl. Deutscher Bundestag, Drucksache 18/9522, 2016, S. 257). Dasselbe gilt für § 67 SGB IX zur Berechnung des Regelentgeltes. Die Berechnung des Übergangsgeldes erfolgt i.d.R. auf der Grundlage des vom Rehabilitanden erzielten regelmäßigen Arbeitsentgelts und des Arbeitseinkommens bzw. des Nettoarbeitsentgelts.

§ 68 SGB IX trifft eine Sonderregelung für die Fälle, in denen die Berechnung des vom Rehabilitationsträger zu leistenden Übergangs-

6. Unterhaltssichernde und andere Leistungen

geldes nach dem letzten Verdienst zu einem unangemessenen oder zu gar keinem Ergebnis führt. Nach der alten Regelung des § 48 SGB IX bis 2017 ist in diesen Fällen eine Berechnung auf der Basis des tariflichen oder, sofern eine tarifliche Regelung fehlt, auf der Basis des ortsüblichen Arbeitsentgelts durchzuführen. Dieses Verfahren war mit hohem Arbeitsaufwand verbunden und hat in vielen Fällen zu fehlerhaften Ergebnissen geführt (vgl. Deutscher Bundestag, Drucksache 18/9522, 2016, S. 258). Der Gesetzgeber wollte an dieser Stelle eine Vereinfachung und Vereinheitlichung des Verfahrens erreichen. In Anlehnung an § 152 SGB III wird nun eine fiktive Bemessungsgrundlage für die Berechnung des Übergangsgeldes zugrunde gelegt, die das Bemessungsentgelt abhängig von Qualifikation und dem entsprechenden Prozentsatz der Bezugsgröße (§ 18 SGB IV) bestimmt (vgl. Liebig/Amalsky in LPK-SGB IX, S. 381).

6.2 Besonderheiten im Leistungssetting des Eingliederungshilfeträgers

Träger der Eingliederungshilfe sind grundsätzlich nicht für unterhaltssichernde und andere ergänzende Leistungen zuständig – weder nach altem noch nach neuem Recht.

Es gibt aber einige hier aufgeführte Leistungen, die der Eingliederungshilfeträger im Rahmen der medizinischen Rehabilitation erbringen kann – sofern kein vorrangiger Rehabilitationsträger zuständig ist. Diese Leistungen sind: Rehabilitationssport, Funktionstraining, Betriebs- und Haushaltshilfen, Kinderbetreuungskosten, Reisekosten (s. Kapitel 5.1). Insbesondere der Rehabilitationssport war über die Anwendung von § 6 Eingliederungshilfe-Verordnung bereits in der bisherigen Rechtslage als medizinische Rehabilitationsleistung der Eingliederungshilfe zugeordnet.

Koordinierung der Leistungen

7.	Koordinierung der Leistungen	102
7.1	Zuständiger Rehabilitationsträger, Bearbeitungsfrist.....	102
7.2	Zusammenarbeit der Rehabilitationsträger	104
7.3	Bundesarbeitsgemeinschaft für Rehabilitation	106

7. Koordinierung der Leistungen

Strasser, Andrea

Der Gesetzgeber verfolgt das Ziel, dass Menschen mit Behinderungen oder von Behinderung bedrohte Menschen Leistungen wie aus einer Hand bekommen. Zeitintensive Zuständigkeitskonflikte unter den Rehabilitationsträgern und Mehrfachbegutachtung, die zulasten der Antragssteller*innen gehen, sollen nicht vorkommen.

Das Ziel der Leistungen wie aus einer Hand bestand bereits mit Inkrafttreten des SGB IX im Jahr 2001. Jedoch hat sich gezeigt, dass Koordination und Kooperation zwischen den Rehabilitationsträgern nicht im gewünschten Umfang erfolgte. Die Leidtragenden waren die leistungsberechtigten Personen.

Durch die Schärfung der Regelungen zur Zuständigkeitsklärung (vgl. §§ 14 f. SGB IX) und den Erstattungsverfahren unter den Leistungsträgern (§ 16 SGB IX) sollen zukünftig Konflikte und Kompetenzgerangel ausgeräumt werden. Indem für alle Träger der Rehabilitation sämtliche Regelungen gleichermaßen und verbindlich gelten, soll das Bedarfsfeststellungsverfahren und schließlich die Leistungserbringung beschleunigt werden.

7.1 Zuständiger Rehabilitationsträger, Bearbeitungsfrist

Die Regelungen des § 14 SGB IX definieren den genauen Ablauf von der Antragstellung bis hin zur Leistungserbringung. Ebenso ergeben sich daraus die Fristen, die der jeweilige Antragsempfänger, unabhängig davon, ob er sich für die beantragte Leistung zuständig sieht oder nicht, einzuhalten hat.

Grundsätzlich gilt: Der Rehabilitationsträger, an den der Antrag zuerst gerichtet wurde, wird zum leistenden Rehabilitationsträger, wenn er sich für die beantragten Teilhabeleistungen zuständig sieht. Falls dies nicht der Fall ist und er den Antrag an den seiner Meinung nach zuständigen Träger der Rehabilitation weiterleitet, wird dieser als zweitangegangener Träger der Rehabilitation immer zum leistenden und somit auch zum koordinierenden Rehabilitationsträger.

7.1 Zuständiger Rehabilitationsträger, Bearbeitungsfrist

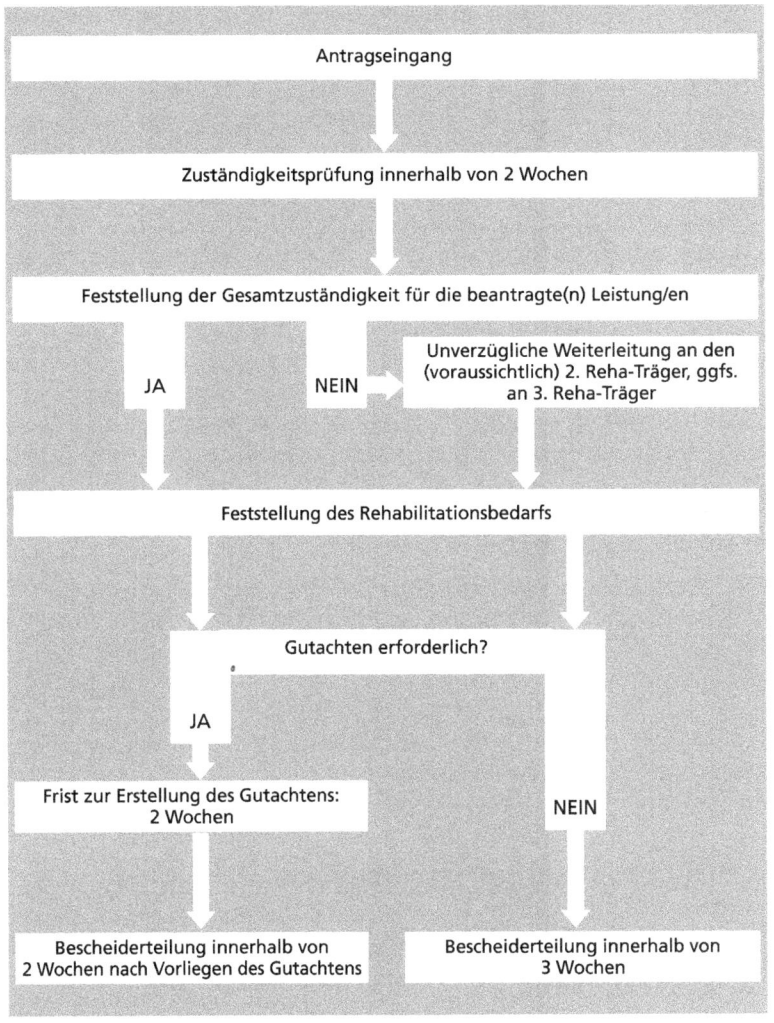

```
Antragseingang
      ↓
Zuständigkeitsprüfung innerhalb von 2 Wochen
      ↓
Feststellung der Gesamtzuständigkeit für die beantragte(n) Leistung/en
   JA          NEIN → Unverzügliche Weiterleitung an den
                      (voraussichtlich) 2. Reha-Träger, ggfs.
                      an 3. Reha-Träger
   ↓
Feststellung des Rehabilitationsbedarfs
   ↓
Gutachten erforderlich?
   JA                                NEIN
Frist zur Erstellung des Gutachtens:
2 Wochen
   ↓                                  ↓
Bescheiderteilung innerhalb von    Bescheiderteilung innerhalb von
2 Wochen nach Vorliegen des Gutachtens   3 Wochen
```

Abbildung 9: Zuständigkeitsverfahren (Quelle: Obermayr 2017, S. 50)

Eine weitere Weiterleitung des Antrages ist im Grunde ausgeschlossen, außer es besteht Einvernehmen mit einem Leistungsträger, der sich selbst zuständig sieht. Die Unterscheidung zwischen „leistendem" und „zuständigem" Träger der Rehabilitation ist hierbei insofern wichtig, als dass sich jeder Rehabilitationsträger stets in

7. Koordinierung der Leistungen

den für ihn geltenden Leistungsgesetzen bewegt. Auch wenn er zum „leistenden" Rehabilitationsträger wird, heißt das nicht, dass er für die Erbringung der Leistung nach dem für ihn geltenden Leistungsgesetz auch zuständig ist. Erbringt der Träger Leistungen auf einem Gebiet, für das er nicht zuständig ist, erwirbt er sich hierdurch Erstattungsansprüche gegen andere Rehabilitationsträger, die in § 16 SGB IX geregelt sind. Nachdem sich die Leistungsträger untereinander über die Zuständigkeiten für die im Einzelfall beantragten und erbrachten Leistungen einigen müssen, bedeutet dies für die Leistungsempfänger*in keinerlei Nachteil oder Mehraufwand.

Stellt der leistende Rehabilitationsträger fest, dass neben den Leistungen zur Teilhabe, die in sein Leistungsgesetz fallen, auch Leistungen umfasst sind, für die er nach seinen Leistungsgesetzen nicht Leistungserbringer sein kann, leitet er den Antrag unverzüglich dem seiner Meinung nach zuständigen Rehabilitationsträger zu. Dieser entscheidet dann über die weiteren Leistungen, wiederum nach den für ihn geltenden Leistungsgesetzen, und erbringt die Leistungen in eigener Zuständigkeit.

Kommt es zu einer „Mehrheit von Rehabilitationsträgern" (vgl. § 15 SGB IX), sprich hält der leistende Rehabilitationsträger die Einbeziehung weiterer Rehabilitationsträger für die umfassende Feststellung des Rehabilitationsbedarfes für notwendig, so fordert er die notwendigen Feststellungen zum Rehabilitationsbedarf unverzüglich bei den infrage kommenden Leistungsträgern an. Eine trägerübergreifende Beratung der Feststellungen und die Durchführung eines Teilhabeplanverfahrens (s. Kapitel 8.4) sind zwingend Folge.

7.2 Zusammenarbeit der Rehabilitationsträger

Um die bereits erwähnten Leistungen wie aus einer Hand realisieren zu können, ist eine möglichst reibungslose Zusammenarbeit der Rehabilitationsträger von großem Nutzen. Mit § 25 SGB IX werden die Rehabilitationsträger dafür in die Verantwortung genommen, dass

1. die im Einzelfall erforderlichen Leistungen zur Teilhabe nahtlos, zügig sowie nach Gegenstand, Umfang und Ausführung einheitlich erbracht werden,
2. Abgrenzungsfragen einvernehmlich geklärt werden,
3. Beratung entsprechend den in den §§ 1 und 4 SGB IX genannten Zielen geleistet wird,

7.2 Zusammenarbeit der Rehabilitationsträger

4. Begutachtungen möglichst nach einheitlichen Grundsätzen durchgeführt werden,
5. Prävention entsprechend dem in § 3 Absatz 1 SGB IX genannten Ziel geleistet wird sowie
6. die Rehabilitationsträger im Fall eines Zuständigkeitsübergangs rechtzeitig eingebunden werden.

Neu ist, dass auch der Übergang zu einem anderen Leistungsträger (z. B. altersbedingter Übergang von Kinder- und Jugendhilfe in die Eingliederungshilfe) in der Verantwortung der Rehabilitationsträger liegt.

Um sicherzustellen, dass jeder Träger der Rehabilitation diesen Verantwortlichkeiten gleichermaßen gerecht werden kann und die Zusammenarbeit somit gesichert wird, sind verpflichtende Vereinbarungen zwischen den Trägern nötig.

Diese Vereinbarungen, die sogenannten „Gemeinsamen Empfehlungen" sind in § 26 SGB IX geregelt. Die Rehabilitationsträger vereinbaren in diesen

1. welche Maßnahmen nach § 3 SGB IX geeignet sind, um den Eintritt einer Behinderung zu vermeiden,
2. in welchen Fällen und in welcher Weise rehabilitationsbedürftigen Menschen notwendige Leistungen zur Teilhabe angeboten werden, insbesondere, um eine durch eine Chronifizierung von Erkrankungen bedingte Behinderung zu verhindern,
3. über die einheitliche Ausgestaltung des Teilhabeplanverfahrens,
4. in welcher Weise die Bundesagentur für Arbeit nach § 54 SGB IX zu beteiligen ist,
5. wie Leistungen zur Teilhabe nach den §§ 14 und 15 SGB IX koordiniert werden,
6. in welcher Weise und in welchem Umfang Selbsthilfegruppen, -organisationen und -kontaktstellen, die sich die Prävention, Rehabilitation, Früherkennung und Bewältigung von Krankheiten und Behinderungen zum Ziel gesetzt haben, gefördert werden,
7. für Grundsätze der Instrumente zur Ermittlung des Rehabilitationsbedarfs nach § 13 SGB IX,
8. in welchen Fällen und in welcher Weise der behandelnde Hausarzt oder Facharzt und der Betriebs- oder Werksarzt in die Einlei-

7. Koordinierung der Leistungen

tung und Ausführung von Leistungen zur Teilhabe einzubinden sind,

9. zu einem Informationsaustausch mit Beschäftigten mit Behinderungen, Arbeitgebern und den in § 166 SGB IX genannten Vertretungen zur möglichst frühzeitigen Erkennung des individuellen Bedarfs voraussichtlich erforderlicher Leistungen zur Teilhabe sowie

10. über ihre Zusammenarbeit mit Sozialdiensten und vergleichbaren Stellen.

Die Vereinbarung der gemeinsamen Empfehlungen erfolgt im Rahmen der Bundesarbeitsgemeinschaft für Rehabilitation im Benehmen mit dem Bundesministerium für Arbeit und Soziales und den Ländern (vgl. § 26 Abs. 7 SGB IX). Nach § 26 Abs. 5 SGB IX erfolgt bei der Vorbereitung einer Empfehlung die Beteiligung der Träger der Eingliederungshilfe, der öffentlichen Jugendhilfe und Weiteren.

7.3 Bundesarbeitsgemeinschaft für Rehabilitation

Die Bildung einer „Bundesarbeitsgemeinschaft für Rehabilitation" (BAR) als Aufgabe für die Träger der Rehabilitation wurde in § 39 SGB IX erstmals gesetzlich verankert.

Nach § 39 Abs. 1 SGB IX gestalten und organisieren die Träger der Rehabilitation die trägerübergreifende Zusammenarbeit zur einheitlichen personenzentrierten Gestaltung der Rehabilitation und der Leistungen zur Teilhabe im Rahmen einer Arbeitsgemeinschaft, die den Namen „Bundesarbeitsgemeinschaft für Rehabilitation" trägt. Die Aufgaben der BAR sind vielfältig (vgl. § 39 Abs. 2 SGB IX).

Neben weiteren gehören zu den Aufgaben der BAR:

- die Beobachtung der Zusammenarbeit der Träger und deren regelmäßige Auswertung und Bewertung (Grundsätze zur Datenerhebung, Auswertung, Bereitstellung von Statistiken),

- Erarbeitung von gemeinsamen Grundsätzen zur Bedarfserkennung, -ermittlung und der Koordinierung von Rehabilitationsmaßnahmen,

- Erarbeitung von gemeinsamen Empfehlungen zur Sicherung der Zusammenarbeit nach § 25 SGB IX,

7.3 Bundesarbeitsgemeinschaft für Rehabilitation

- die Erarbeitung trägerübergreifender Beratungsstandards und Förderung der Weitergabe von eigenen Lebenserfahrungen an andere Menschen mit Behinderungen durch die Beratungsmethode Peer-Counseling oder
- die Förderung der Partizipation Betroffener durch stärkere Einbindung von Selbsthilfe- und Selbstvertretungsorganisationen von Menschen mit Behinderungen in die konzeptionelle Arbeit der BAR und deren Organe.

Die „Gemeinsamen Empfehlungen" stehen auf der Homepage der Bundesarbeitsgemeinschaft für Rehabilitation (www.bar-frankfurt.de) als kostenloser Download zur Verfügung.

Nach § 41 SGB IX erfassen die Träger der Rehabilitation die Anzahl der Antragstellungen, die Dauer der Verfahren, die Anzahl der weitergeleiteten Anträge, die Dauer, bis Begutachtungen beauftragt und durchgeführt sind, die Anzahl von Teilhabeplanungen und Teilhabekonferenzen und viele weitere Daten (vgl. § 41 Abs. 1 SGB IX). Diese Daten werden von den Rehabilitationsträgern künftig auf Basis der selben Vorgaben erhoben und sind somit vergleichbar.

Einmal jährlich melden die Rehabilitationsträger die erfassten Angaben an die BAR (vgl. § 41 Abs. 2 SGB IX). Diese erstellt dann aus den Daten den sogenannten Teilhabeverfahrensbericht. Nachdem die Erfassung der Daten laut § 41 Abs. 2 Satz 3 SGB IX zum 1. Januar 2018 begonnen haben soll, kann man den ersten Teilhabeverfahrensbericht noch 2019 erwarten.

Ermittlung des Bedarfs und Planungen der Leistungen

8.	Ermittlung des Bedarfs und Planung der Leistungen	110
8.1	Instrumente zur Ermittlung des Rehabilitationsbedarfs	111
8.2	Bedarfsermittlung in der Eingliederungshilfe	115
8.3	Gesamtplanung	136
8.4	Teilhabeplanung...	137

8. Ermittlung des Bedarfs und Planung der Leistungen

Stubican, Davor

Schon mit dem SGB IX in der alten Fassung hatte der Gesetzgeber den Versuch unternommen, die Verwaltungsverfahren der verschiedenen Rehabilitationsträger anzunähern. Im Vordergrund stand dabei die Klärung der Zuständigkeit, wenn Leistungen verschiedener Träger nebeneinander erbracht wurden. Die Koordinierung der Leistungen in solchen Konstellationen, d. h. das Zusammenwirken der jeweiligen Verwaltungsverfahren der Leistungsträger, wurde aber nicht konkret geregelt. Das für das Rehabilitationsrecht wichtige Ziel, Leistungen wie aus einer Hand zu erbringen, wurde mit den eher allgemein und appellativ formulierten Vorschriften zur Zusammenarbeit verfehlt. Zur Verbesserung der Zusammenarbeit werden den Leistungsträgern deshalb mit dem BTHG neben der schärfer gefassten Zuständigkeitsregelung nun auch konkretere Vorgaben für eine vergleichbare Ermittlung des individuellen Rehabilitationsbedarfs und für eine vergleichbare Planung der individuellen Teilhabeprozesse gemacht.

Im Planungsverfahren und seinem Kernprozess Bedarfsermittlung sollen notwendigerweise auch die zentralen Reforminhalte des BTHG zum Tragen kommen: der neu gefasste Behinderungsbegriff mit seinem Wechselwirkungsgedanken, der Anspruch von Selbstbestimmung und die Zielsetzung der vollen, wirksamen und gleichberechtigten Teilhabe. Die Vorschriften zur

- Bedarfsermittlung allgemein nach § 13 SGB IX,
- Bedarfsermittlung speziell für die Eingliederungshilfe nach § 118 SGB IX als Teil des
- Gesamtplanverfahrens für die Eingliederungshilfe nach §§ 117 ff. SGB IX und zum
- Teilhabeplan bei allen Reha-Trägern §§ 19 ff. SGB IX

gehören zum Reformkern des BTHG. An ihrer Umsetzung wird sich dementsprechend der Erfolg der Reform messen lassen müssen.

8.1 Instrumente zur Ermittlung des Rehabilitationsbedarfs

Unter Bedarfsermittlung versteht man im Teilhaberecht das Vorgehen der Erhebung, Bündelung und Auswertung von Informationen zur Prüfung und Konkretisierung des Teilhabebedarfs eines Menschen. Die Bedarfsermittlung ist die notwendige Voraussetzung für die formale Festlegung oder Feststellung eines Teilhabebedarfs und damit der Entscheidung für geeignete und erforderliche Leistungen zur Erreichung der Teilhabeziele des Leistungsberechtigten. Das hat sich mit dem BTHG nicht geändert.

Die Instrumente zur Ermittlung des Rehabilitationsbedarfs erfahren nun aber erstmals eine Konkretisierung im gleichnamigen § 13 SGB IX, da der Gesetzgeber davon ausgeht, dass eine bessere leistungsträgerübergreifende Koordinierung der Leistungen nur gelingen kann, wenn schon die Ermittlung des Bedarfs nach einheitlichen Maßstäben durchgeführt wird. Das BTHG greift hier nicht dergestalt in die jeweiligen Leistungsgesetze der Rehabilitationsträger ein, dass identische Instrumente geschaffen werden müssen. In der Gesetzesbegründung wird zudem, ohne näher darauf einzugehen, formuliert, dass Instrumente auch nicht identisch sein können – mutmaßlich, weil das Spektrum der Beeinträchtigungen, der damit verbundenen Teilhabeeinschränkungen und der möglichen Leistungen durch die verschiedenen Träger zu groß ist.

Gesetzt wird vielmehr ein Rahmen, der die Ausgestaltung der Instrumente auf die Prinzipien und Ziele der BTHG-Reform verpflichtet und dafür sorgen soll, dass trägerübergreifend nach möglichst einheitlichen Maßstäben der Bedarfsermittlung zusammengearbeitet werden kann, wenn Leistungen nahtlos aufeinanderfolgend oder gleichzeitig gewährt werden. Gleichzeitig wird damit ein Rahmen vorgegeben, innerhalb dessen die Besonderheiten der Leistungssysteme ihren Platz finden und fachliche Spielräume der Leistungsträger bei der Entwicklung und Nutzung BTHG-konformer Instrumente genutzt werden können.

Der verwaltungstechnische Rahmen der Instrumente

Die Bedarfsermittlung ist Bestandteil des Verwaltungsverfahrens, das von der Antragstellung bis zum Bescheid über die Bewilligung von Teilhabeleistungen reicht. Eigentlich müsste sich aufgrund der Gesetzesbindung öffentlicher Verwaltung die Betonung der

8. Ermittlung des Bedarfs und Planungen der Leistungen

Einheitlichkeit und Überprüfbarkeit des Ermittlungsprozesses erübrigen (§ 13 Abs. 1 SGB IX). Der Gesetzgeber lässt hier aber keine Zweifel aufkommen, wie wichtig ihm Transparenz und Wirksamkeit der Instrumente ist. Deshalb teilt er sie in Arbeitsprozesse und Arbeitsmittel auf und verpflichtet die Leistungsträger, Prozesse zu systematisieren und Mittel zu standardisieren. Ein Arbeitsprozess ist zum Beispiel die Erhebung von Informationen über funktionale Einschränkungen und die besonderen Lebensumstände durch Befragung einer Person oder die zielorientierte Planung von einzelnen Maßnahmen gemeinsam mit der Person zur Deckung ihres Teilhabebedarfs. Der Prozess muss beschrieben und nachvollziehbar zu dokumentieren sein. Das gilt genauso für Arbeitsmittel zur Unterstützung der Prozesse, beispielsweise Testverfahren oder Fragebögen. Die Standardisierung soll die Anschlussfähigkeit an die Instrumente anderer Rehabilitationsträger erleichtern.

Es ist anzunehmen, dass die Rechtspraxis der vergangenen Jahre dem Gesetzgeber Hinweise gegeben hat, dass die unterschiedlichen Verfahren zur Bedarfsermittlung diesen Anforderungen nicht immer entsprochen haben.

Der inhaltliche Rahmen der Instrumente

Inhaltlich sollen die Instrumente eine individuelle und funktionsbezogene Bedarfsermittlung gewährleisten. Was sehr trivial klingt, hebt auf die maßgeblichen Konzepte des BTHG ab.

Mit „individuell" wird im Sinne des § 1 SGB IX die Selbstbestimmung der leistungsberechtigten Person betont und deren aktuelle Lebenssituation zum Ausgangspunkt gemacht. Ihre Wünsche, Vorstellungen, Bedürfnisse und Ziele sind demnach immer zu ermitteln und einzubeziehen, womit das in § 8 SGB IX formulierte Wunsch- und Wahlrecht auf den gesamten Prozess der Bedarfsermittlung ausgeweitet wird.

Mit „funktionsbezogen" wird das bio-psycho-soziale Modell der Weltgesundheitsorganisation (WHO) und damit eine Orientierung an der ICF ins Spiel gebracht – analog des Behinderungsbegriffs aus § 2 SGB IX.

Des Weiteren sollen nach § 13 Abs. 2 SGB IX die Instrumente mindestens Antworten geben auf folgende vier Fragen:

8.1 Instrumente zur Ermittlung des Rehabilitationsbedarfs

1. Feststellung einer Behinderung: Liegt eine Behinderung im Sinne des § 2 SGB IX vor oder droht sie einzutreten?
2. Teilhabeeinschränkung: Welche Auswirkungen hat die Behinderung auf die Teilhabe der Leistungsberechtigten?
3. Zielformulierung: Welche Ziele sollen mit Leistungen zur Teilhabe erreicht werden?
4. Maßnahmeempfehlung: Welche Leistungen sind im Rahmen einer Prognose zur Erreichung der Ziele voraussichtlich erfolgreich?

Die **Ziffern 1 und 2** verweisen auf den neuen, komplexeren Behinderungsbegriff mit der Wechselwirkung von Beeinträchtigung der Person mit Barrieren in der Umwelt und der daraus folgenden Einschränkung der Teilhabemöglichkeiten. Damit werden vereinfachende Automatismen bzw. Rückschlüsse z. B. von medizinischen Diagnosen auf den Hilfe- bzw. Teilhabebedarf vermieden.

Mit der **Ziffer 3** explizit eine Zielorientierung als zentrales Kriterium für die Instrumente vorzugeben, ist nur auf den ersten Blick übertrieben. Natürlich ist anzunehmen, dass der Leistungsträger bei der Festlegung und Bewilligung von Leistungen immer ein Ziel verfolgt, z. B. die Wiederherstellung der Erwerbsfähigkeit bei einer beruflichen Rehabilitationsmaßnahme. Hier bringt der Gesetzgeber nun aber mit der Betonung der Zielorientierung in der Bedarfsermittlung eine neue Qualität ins Spiel. Dies vor allem deshalb, weil mit den Instrumenten, wie oben schon festgestellt, die persönlichen Ziele, Wünsche und Vorstellungen einbezogen und mit den gesetzlich definierten Zielen der Leistungen zur Teilhabe in Einklang gebracht werden müssen. Die subjektive Komponente und die Selbstbestimmung der leistungsberechtigten Person erhält mehr Gewicht – mit Auswirkungen auf die Leistungen, die dementsprechend individueller ausgestaltet bzw. personenzentrierter werden sollten.

Ziffer 4 stellt schließlich klar, dass im Verfahren der Bedarfsermittlung eine Antwort auf die Frage zu geben ist, mit welchen Leistungen der ermittelte Bedarf gedeckt werden kann bzw. die individuellen Teilhabeziele verwirklicht werden können. Der formale Akt der Feststellung und Bewilligung der Leistungen wird an einer anderen Stelle im Verwaltungsverfahren vollzogen, aber schon hier bei der Bedarfsermittlung ist eine Einschätzung zu den im individuellen Fall

8. Ermittlung des Bedarfs und Planungen der Leistungen

voraussichtlich wirksamen Leistungen zu geben, inhaltlich verknüpft mit der individuellen Lebenssituation und den Vorstellungen der Leistungsberechtigten.

Diese mit den vier Fragen in § 13 Abs. 2 SGB IX abgedeckten Einsatzbereiche der Instrumente (Feststellung einer Behinderung, der damit verbundenen Teilhabeeinschränkung, Zielformulierung und Maßnahmeempfehlung) sind Mindestanforderungen, die der Gesetzgeber stellt. Die Leistungsträger sind frei, weitere Einsatzbereiche vorzusehen und damit die Anwendung der Instrumente z. B. auch auf die Durchführung der Leistungen auszuweiten. In der Gesetzesbegründung werden als Beispiele die „Beobachtung der Leistungserbringung und die Wirkungskontrolle der erbrachten Leistungen" genannt.

Entwicklungen bei den Rehabilitationsträgern

Das Rehabilitationsrecht erfährt immer wieder grundsätzliche Kritik, da es in verschiedene Leistungsgesetze und auf verschiedene Leistungs- bzw. Rehabilitationsträger aufgesplittet ist. Für den leistungsberechtigten Menschen sind die jeweiligen Zuständigkeiten nicht leicht durchschaubar und es müssen auch vonseiten der Verwaltungen der Leistungsträger erhebliche Anstrengungen unternommen werden, um bei komplexeren Bedarfen dem Ideal der Leistungsgewährung wie aus einer Hand näherzukommen.

Das SGB IX in seiner alten Fassung hat mit den Regelungen zur Koordinierung der Leistungen die Zusammenarbeit der Rehabilitationsträger verbessert. Das Risiko für Menschen mit komplexem Hilfebedarf, unter den Zuständigkeitskonflikten der Leistungsträger und deren zu wenig abgestimmten Verwaltungsverfahren zu leiden, ist aber weitgehend geblieben. Zu unverbindlich und allgemein waren die Vorgaben zur Zusammenarbeit. In die Hoheit des jeweiligen Leistungsgesetzes wurde kaum eingegriffen und wenn, dann auf der Basis von Empfehlungen.

Im BTHG wagt sich der Gesetzgeber mit den Vorgaben für ein einheitliches Bedarfsermittlungsinstrument nun weiter in die Hoheit der Leistungsträger vor. Er verpflichtet die in der Bundesarbeitsgemeinschaft für Rehabilitation (BAR) zusammengeschlossenen Rehabilitationsträger, nun auch für die Entwicklung von Bedarfsermittlungsinstrumenten gemeinsame Grundsätze zu erarbeiten. Und er gibt ihnen dafür inhaltlich bestimmte Kriterien vor. Schon das in § 13 SGB IX genannte Kriterium der Funktionsbezogenheit verweist auf die ICF. Das wird durch den Hinweis in der Gesetzesbegründung verstärkt, dass die Eingliederungshilfe die Orientierung an der ICF als explizite gesetzliche Vorgabe bekommen hat und eine wissenschaftliche Untersuchung nach Absatz 3 bis Ende 2019 klären soll, ob das bei den Rehabilitationsträgern der BAR genauso möglich ist. Verschiedene Studien der Rehabilitationsträger liefern schon seit 2012 positive Hinweise zur Möglichkeit einer Orientierung an der ICF. Auch die zum 1. Dezember 2018 in Kraft getretene Gemeinsame Empfehlung „Reha-Prozess" der BAR rekurriert schon sehr intensiv auf die ICF. Man kann also davon ausgehen, dass sich die Bedarfsermittlungsinstrumente der verschiedenen Leistungsträger immer weiter annähern und ihre Zusammenarbeit und die Koordinierung der Leistungen zukünftig entsprechend besser funktionieren werden.

8.2 Bedarfsermittlung in der Eingliederungshilfe

Mit dem BTHG wurde die Eingliederungshilfe aus dem Sozialhilferecht gelöst und – wie die Politik nicht müde wird zu betonen – in ein modernes Teilhaberecht überführt. Wer angenommen hat, dass damit auch der bisher bestehende Sonderstatus der Eingliederungshilfe unter den Rehabilitationsträgern aufgehoben wird, sieht sich u. a. mit den Regelungen zur Bedarfsermittlung und der Teilhabe- sowie der Gesamtplanung eines Besseren belehrt. Für die Eingliederungshilfe gelten Sonderregelungen. Über die allgemeinen Vorschriften in Teil 1 hinaus wird im Leistungsrecht der Eingliederungshilfe – anders als in den Leistungsgesetzen der übrigen Rehabilitationsträger – die Bedarfsermittlung noch einmal aufgegriffen und konkretisiert.

Es ist zu vermuten, dass der Gesetzgeber die Bedarfsermittlung im Teil 2 in § 118 i.V.m. § 117 SGB IX deshalb detaillierter als in § 13 SGB IX regelt, weil er auf der Planungsseite ein komplementäres Gegenstück zur Personenzentrierung auf der Angebotsseite braucht. Mit anderen Worten heißt das: Wenn Leistungsberechtigte selbstbestimmter an der Gesellschaft teilhaben können sollen und die ihnen zustehenden Leistungen der Eingliederungshilfe, die ja bislang nicht selten als starre Gesamtpakete angeboten wurden, unabhängiger vom Wohnort und flexibler in Anspruch nehmen

8. Ermittlung des Bedarfs und Planungen der Leistungen

sollen, dann braucht es Instrumente und Verfahren, die zu solchen individuelleren Leistungen führen.

Die Vorgaben zur Bedarfsermittlung im allgemeinen Teil 1 und für die Eingliederungshilfe im Teil 2 widersprechen sich nicht. Sie weisen eine große inhaltliche Schnittmenge auf. Der wesentliche Unterschied liegt neben dem Ausmaß der Detailliertheit in der Betonung der ICF. So wird im § 13 SGB IX mit dem Kriterium der Funktionsbezogenheit noch relativ vorsichtig auf die Systematik der ICF verwiesen. Im Teil 2 in den §§ 117 und 118 SGB IX wird die ICF hingegen namentlich genannt und es werden konkrete Inhalte aus der ICF übernommen.

Im Vorfeld des Gesetzgebungsprozesses ist die bundesweit unübersichtliche Situation des Einsatzes verschiedener Verfahren und Instrumente zur Bedarfsermittlung der jeweiligen Sozialhilfeträger beklagt worden. Vielfach wurde gefordert, dass mit dem BTHG ein bundesweit einheitliches Verfahren und ein konkretes Instrument in der Eingliederungshilfe festgelegt werden soll. Dem ist der Bundes-Gesetzgeber nicht nachgekommen, weil er grundsätzlich den Ländern die Kompetenz zuspricht, die besonderen Leistungen zur selbstbestimmten Lebensführung für Menschen mit Behinderungen als eigene Angelegenheiten auszuführen (vgl. § 94 Abs. 2 SGB IX).

Seit Verabschiedung des BTHG sind deshalb in den Bundesländern unterschiedliche Prozesse in Angriff genommen worden, Bedarfsermittlungsinstrumente für die Eingliederungshilfe festzulegen und einzuführen.

Beispielsweise sind in Berlin (Teilhabeinstrument Berlin – TIB) und in Baden-Württemberg (Bedarfsermittlungsinstrument BEI-BW) von der zuständigen Landesbehörde Institute beauftragt worden, begleitet durch Vertreter*innen des Leistungsträgers, der Leistungserbringer und der Betroffenenorganisationen, ein Instrument nach den Maßgaben der §§ 117 und 118 SGB IX zu entwickeln. Das Ministerium in Niedersachsen (B.E.NI 2.0) hat das ohne Institut in Eigenregie geleistet, genauso Nordrhein-Westfalen (BEI-NRW), wo aber nicht das zuständige Ministerium, sondern die zwei Träger der Eingliederungshilfe die Aufgabe der Entwicklung eines Entwurfs übernommen haben. In Bayern wurde durch Landesgesetz eine paritätisch besetzte Arbeitsgruppe aus Leistungsträgern, Leistungserbringern und Organisationen der Selbsthilfe betroffener Menschen bestimmt, die konsensorientiert an der Entwicklung eines

8.2 Bedarfsermittlung in der Eingliederungshilfe

Instrumentes (BIBay) arbeiten. Abweichend von der Herangehensweise in diesen Ländern haben Thüringen, Sachsen, Mecklenburg-Vorpommern oder Hessen ein schon bestehendes Instrument, den „Integrierten Teilhabeplan – ITP" erworben. Da die Prozesse in den Bundesländern zu unterschiedlichen Zeitpunkten gestartet sind und die Entwicklungsgeschwindigkeit auch unterschiedlich ist, steht die Einführung der neuen Bedarfsermittlungsinstrumente an unterschiedlichen Stellen. In der zweiten Hälfte des Jahres 2019 sind einige wenige Instrumente noch gar nicht ausformuliert, einige befinden sich in der Praxiserprobung, und wieder andere werden gerade eingeführt.

So unterschiedlich die Prozesse zur Entwicklung, Gestaltung und Einführung der Bedarfsermittlungsinstrumente in der Eingliederungshilfe auch aussehen, haben die detaillierten Vorgaben im BTHG dafür gesorgt, dass die bislang bekannten Instrumente in ihrer Grundstruktur, bezogen auf die Orientierung an der ICF, an den inhaltlichen Prinzipien der Personenzentrierung und bezogen auf die Anwendung, große Ähnlichkeiten aufweisen.

ICF-Orientierung bei der Bedarfsermittlung in der Eingliederungshilfe

Wortlaut von § 118 Abs. 1 Satz 2 SGB IX
„Die Ermittlung des individuellen Bedarfs des Leistungsberechtigten muss durch ein Instrument erfolgen, das sich an der Internationalen Klassifikation der Funktionsfähigkeit, Behinderung und Gesundheit (ICF) orientiert."

Einleitend und grundsätzlich kann zur ICF sowohl politisch als auch in individueller Perspektive gesagt werden: „Das Eintreten für Behindertenrechte kann auch durch die Verwendung der ICF gestärkt werden. Das wichtigste Ziel dieses Engagements ist die Identifikation von Maßnahmen, welche das Maß an sozialer Teilhabe von Menschen mit Behinderungen erhöhen können. Die ICF kann hier helfen, das Hauptproblem zu identifizieren, sei es nun die Umwelt durch ihre Barrieren oder fehlende Förderfaktoren, die eingeschränkte Leistungsfähigkeit des Individuums selber oder eine Kombination verschiedener Faktoren. Mit dieser Klärung sollen Maßnahmen gezielter eingesetzt und ihre Auswirkungen auf das

8. Ermittlung des Bedarfs und Planungen der Leistungen

Maß an Teilhabe verfolgt und gemessen werden. So können konkrete, messbare Ziele erreicht und die langfristigen Zielsetzungen der Behindertenfürsprecher unterstützt werden." (DIMDI 2005, S. 171)

Das, was hier im Anhang der ICF als ihre mögliche politische Nutzung im Rahmen von Behindertenpolitik beschrieben wird, drückt auch für die individuelle Bedarfsermittlung das Potenzial der ICF aus: in der umfassenden Betrachtung der Wechselwirkung von körper-, handlungs- und lebensweltbezogenen Funktionseinschränkungen mit Umwelt- und personbezogenen Faktoren die Lebenssituation betroffener Menschen so zu erfassen, dass die richtigen Ansatzpunkte für Maßnahmen bei der Person, in der unmittelbaren Umwelt und der Gesellschaft als Ganzes abgeleitet werden können.

Das bio-psycho-soziale Modell und der Begriff Funktionsfähigkeit

Die ICF gehört wie die ICD (Internationale statistische Klassifikation der Krankheiten und verwandter Gesundheitsprobleme) zu den Klassifikationen der Weltgesundheitsorganisation WHO. Die ICD sieht eine funktionale Beeinträchtigung eines Menschen (z. B. das nicht teilnehmen können eines Menschen mit eingeschränkter Sehfähigkeit an Veranstaltungen des Sportvereins) als Folge eines gesundheitlichen Problems der jeweiligen Person an. Daraus wird eine medizinische Behandlung abgeleitet, mit dem Ziel von Heilung oder, anders ausgedrückt, einer Anpassung der Person – vor allem der Person mit Behinderungen. Die ICF unterscheidet sich von dieser bio-medizinischen Sichtweise durch ein bio-psycho-soziales Modell, das die funktionale Beeinträchtigung im Zusammenspiel mit Kontextfaktoren im Leben der beeinträchtigten Person betrachtet. Im Fall der Person mit eingeschränkter Sehfähigkeit können das personbezogene Faktoren sein, wie die Motivation, sich in eine risikoreiche Situation zu begeben oder eine generelle Kontaktfreudigkeit. Oder es können Umweltbedingungen sein, eine nahestehende Person, die begleitet und unterstützt, ein technisches Hilfsmittel, das individuell angepasst werden muss oder ein Sportverein, der die Veranstaltungsbedingungen so verändert, dass damit eine Teilnahme erleichtert wird.

Die Funktionsfähigkeit wird in der ICF abgebildet durch die Erfassung des Gesundheitszustandes und der mit Gesundheit zusammenhängenden Zustände innerhalb und außerhalb der Person. Man spricht hier auch von funktionaler Gesundheit. Anders ausgedrückt,

8.2 Bedarfsermittlung in der Eingliederungshilfe

bezeichnet die Funktionsfähigkeit die „positiven Aspekte der Interaktion zwischen einer Person (mit einem Gesundheitsproblem) und ihren Kontextfaktoren (Umwelt- und personbezogene Faktoren)" (DIMDI 2005, S. 145).

Das bio-psycho-soziale Modell der ICF wird in Kapitel 3.1 und dort in Abbildung 3 veranschaulicht. Mit den im Modell genannten Komponenten Körperfunktionen, Körperstrukturen, Aktivitäten, Partizipation (Teilhabe) sowie umwelt- und personbezogene Faktoren gelingt eine ganzheitliche Erfassung der Probleme eines Menschen, die mit einer Beeinträchtigung in Zusammenhang stehen.

Konzept der Kontextfaktoren

„Eine Person gilt nach ICF als *funktional gesund*, wenn – vor ihrem gesamten Lebenshintergrund

(*Konzept der Kontextfaktoren*) –

1. ihre körperlichen Funktionen (einschließlich des geistigen und seelischen Bereichs) und ihre Körperstrukturen allgemein anerkannten (statistischen) Normen entsprechen

    (*Konzepte der Körperfunktionen und -strukturen*),

2. sie all das tut oder tun kann, was von einem Menschen ohne Gesundheitsproblem (Gesundheitsproblem im Sinn der ICD) erwartet wird

    (*Konzept der Aktivitäten*), und

3. sie zu allen Lebensbereichen, die ihr wichtig sind, Zugang hat und in diesen Lebensbereichen in der Weise und dem Umfang entfalten kann, wie es von einem Menschen ohne Beeinträchtigung der Körperfunktionen oder -strukturen oder der Aktivitäten erwartet wird

    (*Konzept der Teilhabe an Lebensbereichen*)."

(Schuntermann 2004, S. 5)

Dieser weite Blick auf die in der ICF etwas technisch bezeichnete funktionale Gesundheit oder Funktionsfähigkeit (functioning) eines Menschen wird komplettiert durch die Betrachtung der Wechselwirkungen zwischen den Komponenten. Die Teilhabemöglichkeit an einer Sportveranstaltung hängt eben nicht ab von der Beeinträchti-

8. Ermittlung des Bedarfs und Planungen der Leistungen

gung der Körperstrukturen und -funktionen (eingeschränkte Sehfähigkeit), sondern vom Zusammenspiel der individuellen Sehfähigkeit mit kompensierenden Hilfsmitteln oder mit dem konkreten Abbau von Hindernissen in der Sportorganisation (Umweltfaktoren). Je nachdem, was die Person unter Einbeziehung der Umweltfaktoren konkret in der Lage wäre zu tun (Aktivitäten), kann eine Teilnahme an einer Veranstaltung (Teilhabe) gelingen.

Für die Bedarfsermittlung in der Eingliederungshilfe bedeuten die Vorgaben der

- Orientierung an der ICF und der
- Beschreibung einer nicht nur vorübergehenden Beeinträchtigung der Aktivität und Teilhabe in den neun Lebensbereichen,

dass das gesamte bio-psycho-soziale Modell mit den genannten Komponenten und ihre fördernde oder hindernde Wechselwirkung im Instrument abgebildet werden muss.

Eine bloße Aufnahme der neun Lebensbereiche in ein Instrument, damit zur Beschreibung der Lebenssituation nichts vergessen wird, wäre keine ausreichende ICF-Orientierung des Instruments. Das bio-psycho-soziale Modell funktioniert nur ganz oder gar nicht.

Auch mit der Aufnahme aller Komponenten in das Instrument sind aber noch nicht alle Entscheidungen getroffen, die eine sinnvolle Orientierung an der ICF erfordern würde.

Die ICF ist ein Klassifikationsinstrument, das ein theoretisches Modell und Begriffe zur Beschreibung der Realität zur Verfügung stellt. Sie ist kein Assessmentverfahren und auch kein Bedarfsermittlungsinstrument. Um das Instrument an der ICF auszurichten, müssen neben der Aufnahme der Komponenten noch mindestens zwei weitere Themenkomplexe aus dem theoretischen Modell und der Sprache der ICF bearbeitet und für ein Instrument handhabbar gemacht werden:

- Das Konzept der Aktivitätsaspekte Leistung und Leistungsfähigkeit und
- der Umgang mit der Vielzahl von vorgegebenen Elementen zur näheren Beschreibung der Beeinträchtigungen bzw. Barrieren oder Förderfaktoren in den Komponenten – die mehr als 1.400 Items.

8.2 Bedarfsermittlung in der Eingliederungshilfe

Das Konzept von Leistung und Leistungsfähigkeit in der ICF

Die beiden Begriffe sind Konstrukte, bezogen auf die Komponenten Aktivitäten und Partizipation (Teilhabe). Mit ihnen kann das Wechselwirkungsprinzip des bio-psycho-sozialen Modells konkreter erfasst werden. Beide beziehen sich auf die Durchführung von Handlungen oder Aufgaben durch eine Person.

Während Leistung beschreiben soll, was ein Mensch in seiner gegenwärtigen Umwelt mit den tatsächlich gegebenen Lebensbedingungen tut, bezeichnet Leistungsfähigkeit das höchstmögliche Leistungsniveau dieser Person unter optimalen Umweltbedingungen – das, was die Person (theoretisch) erreichen kann.

Der Unterschied zwischen Leistung und Leistungsfähigkeit verweist auf im Einzelfall vorliegende förderliche oder hinderliche Umweltfaktoren und auf den Faktor, der in der Person liegt, den Willen, die Handlung auch durchführen zu wollen.

Das Grundmodell der Handlungstheorie von Lennart Nordenfelt

Leistungsfähigkeit
- Funktionen
- Strukturen
- Ausbildung etc.

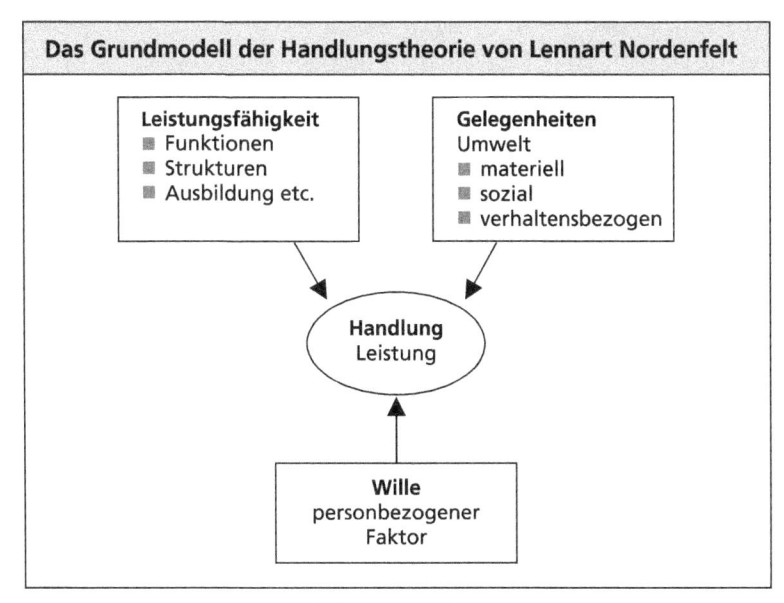

Gelegenheiten
Umwelt
- materiell
- sozial
- verhaltensbezogen

Handlung
Leistung

Wille
personbezogener Faktor

Abbildung 10: Das Grundmodell der Handlungstheorie von Lennart Nordenfelt (Quelle: Schuntermann 2004, S. 22)

Im Konzept der Aktivität in der ICF werden alle Bedingungen genannt, die erfüllt sein müssen, damit eine Person das tun kann, was

8. Ermittlung des Bedarfs und Planungen der Leistungen

sie tun möchte. Oder, anders ausgedrückt, es werden alle Fragen gestellt, die beantwortet werden müssen, um herauszufinden, wie die Person im Sinne von Teilhabe in eine Lebenssituation eingebunden werden kann:

- sie muss es wollen,
- es muss deutlich sein, was sie zu tun imstande ist und, korrespondierend dazu,
- welche Faktoren in der Umwelt ihr dabei helfen oder das Tun erschweren.

Alle Komponenten der ICF finden sich hier in ihrer Wechselwirkung aufeinander wieder:

- die Körperfunktionen und -strukturen,
- die Kontextfaktoren, unterschieden nach umwelt- und personenbezogenen Förderfaktoren oder Barrieren und
- die Partizipation/Teilhabe, die in der ICF mit Aktivitäten zusammengefasst werden, weil der Mensch immer in gesellschaftlich geprägten Lebensbereichen handelt.

Der Gesetzgeber stellt die Komponenten der Aktivitäten und Teilhabe und damit auch das damit verbundene Konzept von Leistung und Leistungsfähigkeit in das Zentrum der Vorgaben für ein Bedarfsermittlungsinstrument. Er listet in § 118 SGB IX alle neun Lebensbereiche auf:

Lebensbereiche zur Bedarfsermittlung
1. Lernen und Wissensanwendung (z. B. bewusste sinnliche Wahrnehmungen, elementares Lernen, Wissensanwendung)
2. Allgemeine Aufgaben und Anforderungen (z. B. Aufgaben übernehmen, die tägliche Routine durchführen, mit Stress und anderen psychischen Anforderungen umgehen)
3. Kommunikation (z. B. Kommunizieren als Empfänger, Kommunizieren als Sender, Konversation und Gebrauch von Kommunikationsgeräten und -techniken)

8.2 Bedarfsermittlung in der Eingliederungshilfe

4. Mobilität
   (z. B. die Körperposition ändern und aufrechterhalten, Gegenstände tragen, bewegen und handhaben, gehen und sich fortbewegen, sich mit Transportmitteln fortbewegen)
5. Selbstversorgung
   (z. B. sich waschen, pflegen, an- und auskleiden, die Toilette benutzen, essen, trinken, auf seine Gesundheit achten)
6. Häusliches Leben
   (z. B. Beschaffung von Lebensnotwendigkeiten, Haushaltsaufgaben, Haushaltsgegenstände pflegen und anderen helfen)
7. Interpersonelle Interaktionen und Beziehungen
   (z. B. allgemeine interpersonelle Interaktionen, besondere interpersonelle Beziehungen)
8. Bedeutende Lebensbereiche
   (z. B. Erziehung/Bildung, Arbeit und Beschäftigung, wirtschaftliches Leben)
9. Gemeinschafts-, soziales und staatsbürgerliches Leben
   (z. B. Gemeinschaftsleben, Erholung und Freizeit, Religion und Spiritualität)

Hauptkapitel der Klassifikation der Aktivitäten und Teilhabe (Schuntermann 2004, S. 20)

Die Betonung dieser Komponenten aus der ICF bei den Vorgaben für ein Bedarfsermittlungsinstrument verweisen auf das große Spektrum des möglichen Einsatzbereiches und damit auf den umfassenden Gegenstand der Eingliederungshilfe. Alle Lebensbereiche sind erfasst, und die Leistungen der Eingliederungshilfe können in allen Lebenssituationen, in die ein Einbezogensein und damit Teilhabe angestrebt wird, wirken. Das unterscheidet die Eingliederungshilfe von einigen anderen Rehabilitationsbereichen. Zum Beispiel reduziert man bei der beruflichen Teilhabe den Blick nur auf bestimmte Lebensbereiche.

Verwendung von Items und ihre Beurteilungsmerkmale
Der letzte wesentliche Aspekt bei der Frage, wie das Bedarfsermittlungsinstrument ICF-orientiert gestaltet werden soll, ist die Ver-

8. Ermittlung des Bedarfs und Planungen der Leistungen

wendung der „Sprache" der ICF. Es geht um die klassifizierenden Begriffe in den jeweiligen Komponenten, den sogenannten Items. Und es geht um die Ausprägung der relevanten Items, damit die individuelle Funktionsfähigkeit beschrieben werden kann.

In Abbildung 11 wird die Struktur der ICF noch einmal veranschaulicht – in dieser Ebenen-Darstellung ohne die Wechselwirkungen zwischen den Strukturelementen.

Struktur der ICF

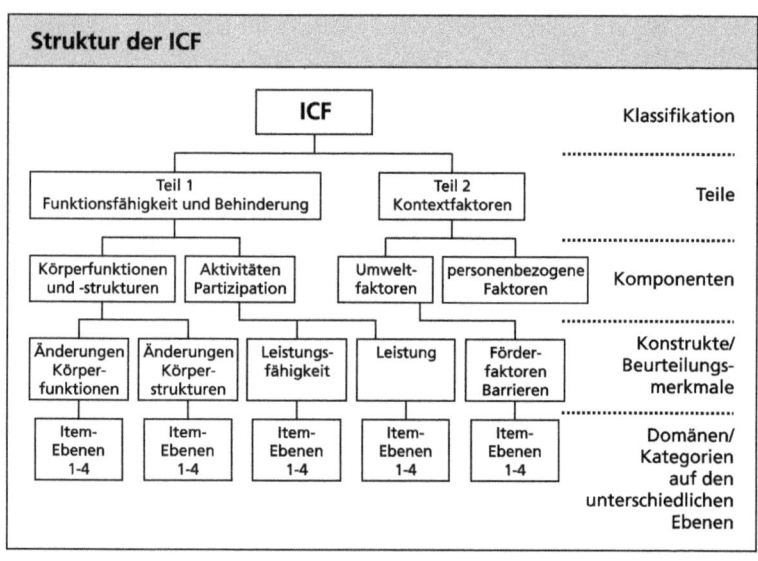

	ICF				Klassifikation
Teil 1 Funktionsfähigkeit und Behinderung		Teil 2 Kontextfaktoren			Teile
Körperfunktionen und -strukturen	Aktivitäten Partizipation	Umweltfaktoren	personenbezogene Faktoren		Komponenten
Änderungen Körperfunktionen	Änderungen Körperstrukturen	Leistungsfähigkeit	Leistung	Förderfaktoren Barrieren	Konstrukte/ Beurteilungsmerkmale
Item-Ebenen 1-4	Item-Ebenen 1-4	Item-Ebenen 1-4	Item-Ebenen 1-4	Item-Ebenen 1-4	Domänen/ Kategorien auf den unterschiedlichen Ebenen

Abbildung 11: Struktur der ICF (Quelle: Rentsch/Buchner 2005, S. 19, vgl. DIMDI 2005, S. 147)

Jede Komponente (z. B. Körperfunktionen, Aktivitäten oder Umweltfaktoren) und auch die darunterliegenden Konstrukte wie Leistung und Leistungsfähigkeit oder ihre Beurteilung, ob z. B. der Umweltfaktor fördernd oder hindernd ist, muss für die jeweilige Person mit einem funktionalen Gesundheitsproblem detailliert beschrieben werden. Dazu stehen in der ICF für die Komponenten und Konstrukte umfassende Item-Listen zur Verfügung. Nur für die Komponente der personbezogenen Faktoren hat die WHO keine Items ausgearbeitet, d. h. die personbezogenen Faktoren sind nicht klassifiziert.

8.2 Bedarfsermittlung in der Eingliederungshilfe

Die Körperfunktionen (einschließlich des mentalen Bereichs) sind gegliedert nach Organen, Organsystemen, psychologischen Konstrukten wie Intelligenz usw. Die Kodierung dieser Items beginnt mit dem Buchstaben „b" von **b**ody functions.

Die Klassifikation der Körperstrukturen ist nach dem gleichen Prinzip gegliedert. Die Item-Codes beginnen mit „s" von body **s**tructures.

Bei den Aktivitäten und der Teilhabe sind die Lebensbereiche das Gliederungsprinzip, und die Item-Codes beginnen mit „d" (von life **d**omains).

Die Item-Codes der Umweltfaktoren schließlich beginnen mit dem Buchstaben „e" von **e**nvironmental factors.

Die maximale Anzahl verfügbarer Items zur Beschreibung des Gesundheitszustandes einer Person beträgt auf der Ebene der Kapitelüberschriften 34 (8 für Körperfunktionen, 8 für Körperstrukturen, 9 für die der Leistung und 9 für die der Leistungsfähigkeit) und 362 auf der zweiten Ebene. Die Klassifizierungsmöglichkeit setzt sich noch über zwei weitere Ebenen fort, so dass insgesamt 1.424 Codes zur Verfügung stehen. Dazu kommt die Klassifizierung der Umweltfaktoren in fünf Kapiteln mit einigen hundert weiteren Codes.

Bei der Entwicklung eines Bedarfsermittlungsinstrumentes stellt sich angesichts dieser Zahlen immer die Frage, in welcher Weise das System für Anwender handhabbar gemacht werden kann. Für bestimmte Anwendungen in eingrenzbaren medizinischen oder Rehabilitationsbereichen wird die hohe Zahl reduziert und es werden sogenannte Core-Sets entwickelt, die aus Items bestehen, die für den eingegrenzten Bereich eine hohe Relevanz haben. Das ist bei der Entwicklung des Instrumentes, das den Bedarf für die Teilhabe eines Menschen im Rahmen der Eingliederungshilfe erfassen soll, umstritten, da mit einer vorab getroffenen Auswahl an Items immer die Gefahr verbunden ist, relevante Bereiche zur Beschreibung der individuellen Lebenssituation zu übersehen.

Mit der Identifizierung von zur Beschreibung der Funktionsfähigkeit relevanten Items muss notwendigerweise auch noch eine Beurteilung der identifizierten Items erfolgen. Ohne dass mit dem jeweiligen Item ein Beurteilungsmerkmal angegeben wird, wäre die Kodierung in der ICF sinnlos (vgl. Schuntermann 2004, S. 33).

Es gibt verschiedene Beurteilungsmerkmale, um mit den Items den Zustand der funktionalen Gesundheit zu charakterisieren. Je nach

8. Ermittlung des Bedarfs und Planungen der Leistungen

Komponente wird damit zum Beispiel die Höhe des infrage stehenden Gesundheitsniveaus oder die Schwere des Problems gekennzeichnet.

Das erste Beurteilungsmerkmal beschreibt für alle Komponenten gleichermaßen das Ausmaß eines Problems. Je nach Konstrukt in der jeweiligen Komponente kann das eine Schädigung, eine Einschränkung, eine Beeinträchtigung oder eine Barriere bedeuten. Das Ausmaß wird mit einer Zahl ausgedrückt, die nach einem Punkt an den Item-Code gesetzt wird. Es gilt für alle Komponenten dieselbe allgemeine Skala (DIMDI 2005, S. 154):

Skala für Komponenten			
0	Problem **nicht** vorhanden	(ohne, kein, unerheblich ...)	0-4%
1	Problem **leicht** ausgeprägt	(schwach, gering ...)	5-24%
2	Problem **mäßig** ausgeprägt	(mittel, ziemlich ...)	25-49%
3	Problem **erheblich** ausgeprägt	(hoch, äußerst ...)	50-95%
4	Problem **voll** ausgeprägt	(komplett, total ...)	96-100%

Bei den Körperfunktionen b wird demnach mit der Ziffer aus der Skala an den Item-Code bxxx das Ausmaß der Funktionseinschränkung gehängt (xxx steht dabei für die Ziffernfolge des Items auf der zweiten Ebene).

Bei den Körperstrukturen käme nach dem Item-Code sxxx, getrennt durch einen Punkt die Ziffer für das Ausmaß des Strukturschadens. Weitere Beurteilungsmerkmale wären hier noch die Art der Schädigung oder ihre Lokalisation.

Bei Aktivitäten/Teilhabe wird mit der Ziffer nach dxxx und Punkt die Leistung beurteilt. Hier könnten noch weitere Kriterien angehängt werden, um z.B. die Leistungsfähigkeit mit oder ohne Assistenz zu beurteilen.

Bei den Umweltfaktoren schließlich wird mit der Beurteilungsziffer das Ausmaß der Barriere genannt. Es besteht allerdings auch die Möglichkeit, den Umweltfaktor als Förderfaktor zu kennzeichnen.

8.2 Bedarfsermittlung in der Eingliederungshilfe

Dann wird nach dem Item-Code exxx nicht ein Punkt vor die Ziffer gesetzt, sondern ein Pluszeichen (+).

Anhand des Fallbeispiels von Engel und Schmitt-Schäfer (2019) lässt sich grundsätzlich veranschaulichen, wie mithilfe des Instrumentariums der ICF Lebenssituationen und damit verbundene Bedarfe erfasst werden können:

> **Beispiel:**
>
> Herr S. lebt in einer Wohngemeinschaft. Er kocht für sein Leben gern Spaghetti. Er ist in seiner Intelligenz beeinträchtigt (b117): Er hat große Schwierigkeiten, Mehrfachaufgaben zu bewältigen (d220), es fällt ihm schwer, einzelne Handlungsschritte zu planen oder zu organisieren. Im Zusammenhang hiermit kann Herr S. keine Mahlzeiten vorbereiten (d630), somit kann er auch keine Spaghetti kochen. In der Umwelt von Herrn S. gibt es einen Dienst der Eingliederungshilfe, der in der alltäglichen Lebensführung assistiert. Mitarbeiter*in 1 leitet Herrn S. durch die einzelnen Schritte des Spaghettikochens (Förderfaktor in der Umwelt e360: Andere Fachleute, e575: Dienste, Systeme und Handlungsgrundsätze der allgemeinen sozialen Unterstützung). Herr S. kocht Spaghetti, obwohl er hierzu nicht leistungsfähig ist. Aber die äußeren Gegebenheiten ermöglichen ihm das Spaghettikochen – und er will es auch.
>
> *(Engel/Schmitt-Schäfer 2019)*

Die Autoren verdeutlichen hier das Aktivitätskonzept von Leistung und Leistungsfähigkeit, was Herr S. in seiner tatsächlichen Lebenssituation tut und was er ohne Assistenz zu tun imstande wäre. Die Lebenssituation wird klassifiziert und einzelne Konstrukte werden kodiert. Die Intelligenz ist den Körperfunktionen zugeordnet und wird entsprechend kodiert, genauso wie die Aktivitätsbeschreibungen „Mehrfachaufgaben übernehmen" und „Mahlzeiten vorbereiten". Die für den Teilhabewunsch „Spaghettikochen" wichtigen Umweltfaktoren der unterstützenden Dienste werden auch kodiert.

Das Ausmaß des Problems oder die Auswirkung der Umweltbedingungen auf das Problem werden in dieser Veranschaulichung aber nur deutlich über die verbale Beschreibung. Wenn die ganze Situation in der kodierten Sprache der ICF ausgedrückt werden soll-

8. Ermittlung des Bedarfs und Planungen der Leistungen

te, müssten an die Item-Codes die Beurteilungsmerkmale angefügt werden:

- Die Funktion der Intelligenz wäre demnach „mäßig" bis „erheblich" beeinträchtigt und es müsste die entsprechende Ziffer 2 oder 3 angefügt werden: b117.2 bzw. b117.3
- Auch die Aktivitäts-Items bekämen diese Beurteilung, wobei die Beschreibung „kann keine Mahlzeiten vorbereiten" wohl auf eine „erhebliche" Ausprägung hindeutet: d630.3
- Und die derzeit schon tätigen Dienste der Eingliederungshilfe sind ein Förderfaktor, der die Handlung und damit die Teilhabe „voll" ermöglicht. An den Item-Code wird entsprechend ein (+) und die Ziffer 4 angehängt: e360+4.

Bei der Entwicklung eines ICF-orientierten Bedarfsermittlungsinstruments für die Eingliederungshilfe kommt man an einigen grundsätzlichen „Must-Haves" nicht vorbei. Das bio-psycho-soziale Modell mit seinen Wechselwirkungen zwischen den verschiedenen Komponenten, die zusammenkommen, wenn ein Teilhabeproblem besteht, muss in der von der WHO vorgegebenen Systematik abgebildet werden. Bis auf welche Ebene die Kodierung des umfassenden Item-Katalogs der ICF übernommen, wie detailliert die Beurteilungsmerkmale angewendet und ob vielleicht sogar eine Reduzierung der Anzahl der Items vorgenommen werden sollen, muss gut überlegt sein. Unter anderem schließen sich hier Fragen an, welche Fachleute, mit welchem Aufwand, in welchen Situationen diese Ermittlung durchführen können.

Maßstäbe und Kriterien für die Bedarfsermittlung in der Eingliederungshilfe

Die Vorgaben für die Instrumente zur Ermittlung des Bedarfs in § 13 SGB IX im ersten Teil des BTHG gelten auch für die Bedarfsermittlung in der Eingliederungshilfe. Demnach muss auch hier das Instrument die Fragen beantworten, ob eine Behinderung vorliegt oder einzutreten droht, welche Auswirkungen die Behinderung auf die Teilhabe hat, welche Ziele mit Leistungen zur Teilhabe erreicht werden sollen und welche Leistungen prognostisch erfolgversprechend sind.

Die letzte Frage wird gleich im ersten Satz in § 118 SGB IX aufgegriffen: „Der Träger der Eingliederungshilfe hat die Leistungen nach

8.2 Bedarfsermittlung in der Eingliederungshilfe

den Kapiteln 3 bis 6 unter Berücksichtigung der Wünsche des Leistungsberechtigten festzustellen." Der Gesetzgeber markiert damit gleich zu Beginn den Endpunkt des Bedarfsermittlungsprozesses: eine Einschätzung zu haben, welche Leistungen der medizinischen Rehabilitation, zur Teilhabe am Arbeitsleben, zur Teilhabe an Bildung und insbesondere zur Sozialen Teilhabe benötigt werden. Auf diesem Ergebnis aufbauend kann er seine Feststellung formal treffen und muss dabei das Wunsch- und Wahlrecht der leistungsberechtigten Person im Blick haben. Wie man zu dieser Einschätzung kommen soll und wie sie aussehen soll, hat der Gesetzgeber über Maßstäbe und Kriterien an verschiedenen Stellen des Gesetzes geregelt.

Die partizipative Gestaltung des Bedarfsermittlungsinstrumentes

Die Bedarfsermittlung ist einer der Kernprozesse der Gesamtplanung des Trägers der Eingliederungshilfe. Die in § 117 SGB IX aufgelisteten Prinzipien für die Durchführung aller Planungsschritte gelten demnach auch und ganz besonders für die Bedarfsermittlung.

Die leistungsberechtigte Person ist in allen Verfahrensschritten zu beteiligen. Zusammen mit der daran anknüpfenden Handlungsanweisung, die Wünsche zu Ziel und Art der Leistungen zu dokumentieren, betont der Gesetzgeber hier noch einmal das übergreifende Ziel der Personenzentrierung.

Personenzentrierung
Die leistungsberechtigte Person steht im Mittelpunkt oder – anders ausgedrückt – ist mit ihren Vorstellungen und ihrer Lebenswelt der Ausgangs- und Endpunkt der Bedarfsermittlung.

Und das geht nur, wenn der oder die Betroffene bei der Entscheidungsfindung dabei ist, einbezogen wird und sich einbringen kann. Hiervon leitet sich ab, dass in Zusammenhang mit den Instrumenten der Bedarfsermittlung immer mehr von einem dialogischen Verfahren gesprochen wird.

Der Träger der Eingliederungshilfe wird darüber hinaus mit § 117 Abs. 1 Nr. 3 SGB IX angehalten, den Gesamtplanungsschritt „Bedarfsermittlung" nach folgenden Kriterien durchzuführen, die laut

8. Ermittlung des Bedarfs und Planungen der Leistungen

Gesetzesbegründung das Verfahren auf eine „fachlich fundiertere Basis" stellen:

Kriterien der Bedarfsermittlung

- **transparent:** Insbesondere für die Leistungsberechtigten muss das Verfahren nachvollziehbar und damit auch einer Überprüfung zugänglich gestaltet werden. Entsprechende Dokumentationen sind zu entwickeln.
- **trägerübergreifend:** Dieses Kriterium bezieht sich vorwiegend auf die anschlussfähige Gestaltung der Planung, wenn auch Leistungen anderer Rehabilitations- und Sozialleistungsträger gewährt werden.
- **interdisziplinär:** Mit der Verwendung der ICF wird deutlich, dass die Perspektiven verschiedener Disziplinen im individuellen Fall notwendig sein können – (sozial-)medizinischer, psychologischer und (sozial-)pädagogischer Sachverstand wird in den meisten Fällen erforderlich sein.
- **konsensorientiert:** Es ist anzunehmen, dass sich dieses Kriterium auf die Verständigungs- und Aushandlungsprozesse mit der leistungsberechtigten Person bezieht. Zumindest der Versuch, zu gemeinsamen Ergebnissen zu kommen und nicht über den Kopf der Betroffenen hinweg zu entscheiden, sollte erkennbar und dokumentiert sein.
- **individuell:** Innerhalb der einzelnen Verfahrensschritte sind immer die Bedürfnisse und besonderen Belange der leistungsberechtigten Person zu berücksichtigen – gerade weil auf der anderen Seite von der Verwaltung ein einheitliches, standardisiertes, auf wissenschaftlichen Grundlagen beruhendes Verfahren verlangt wird.
- **lebensweltbezogen:** Dieses Kriterium korrespondiert mit den personenzentrierten Maßstäben der Beteiligung und der Dokumentation von Wünschen. Die Berücksichtigung der jeweils spezifischen Lebenswelt gilt sowohl für die Durchführung der Verfahren (z. B. in der Häuslichkeit der Person), für die Inhalte der Ermittlung und auch für die zu planenden Leistungen.
- **sozialraumorientiert:** Im Behinderungsbegriff und beim bio-psycho-sozialen Modell der ICF wird die Umwelt der Person als zentraler Faktor zur Erfassung der Lebenssituation ein-

8.2 Bedarfsermittlung in der Eingliederungshilfe

bezogen. Doch nicht nur bei der Ermittlung, sondern auch bei der Maßnahmenplanung soll der Sozialraum eine Rolle spielen.

- **zielorientiert:** Ziele sind eine Voraussetzung für planvolles Handeln. Zudem soll nur über die Zielsetzungen der leistungsberechtigten Person bestimmt werden, welche Leistungen zur Deckung des individuellen Bedarfs an Teilhabe erforderlich sind. Diese Ziele verbinden die Beschreibung der Funktionsfähigkeit mit den Leistungen zur Deckung des Bedarfs.

Von Zielen ausgehende Maßnahmen und Leistungen in Art, Inhalt und Umfang

Bedarfsermittlung hat sowohl nach den gesetzlichen Vorgaben des für alle Rehabilitationsträger gültigen § 13 SGB IX als auch des für die Eingliederungshilfe spezifischen § 117 SGB IX zielorientiert zu sein. Die Einschätzung oder Prognose, mit welchen Leistungen zur Teilhabe die gesetzten Ziele erreicht werden, ist für den Gesetzgeber ein selbstverständlicher, auch in der Begründung nicht weiter ausgeführter Bestandteil der Bedarfsermittlung. An den Diskussionen im bisherigen Umsetzungsprozess und auch an den Unterschieden, die die bisher entwickelten Instrumente genau an dieser Stelle aufweisen, zeigt sich aber, dass es ein breiteres Spektrum an Interpretationen gibt.

Ein Ziel drückt einen angestrebten und damit positiven zukünftigen Zustand aus. Die Ziele, um die es bei der Bedarfsermittlung geht, sind Ziele der leistungsberechtigten Person. Sie müssen gleichzeitig inhaltlich ableitbar sein aus den Aufgaben, die der Gesetzgeber für die Eingliederungshilfe in § 90 SGB IX formuliert hat, „Leistungsberechtigten eine individuelle Lebensführung zu ermöglichen, die der Würde des Menschen entspricht, und die volle, wirksame und gleichberechtigte Teilhabe am Leben in der Gesellschaft zu fördern." Vielfach wurde diskutiert, ob die explizit formulierte Zielorientierung bei der Bedarfsermittlung zu Leistungsdruck bei den leistungsberechtigten Personen führen könnte. Sie würden damit gezwungen, permanent an sich und an ihrer Lebenssituation zu arbeiten. Teilhabeleistungen wären immer verbunden mit Leistungszielen, und umgekehrt könnten auch keine Leistungen gewährt

8. Ermittlung des Bedarfs und Planungen der Leistungen

werden, wenn damit nicht die Verbesserung der Beeinträchtigung oder ganz allgemein von Situationen einhergingen.

Die Eingliederungshilfeträger haben auf diese Befürchtungen reagiert. In allen bislang entwickelten Instrumenten bzw. in ihren Leitfäden wird betont, dass Ziele auch die Aufrechterhaltung und Stabilisierung eines bestehenden Zustands oder die Verlangsamung einer Verschlechterung umfassen können. Eingeführt wurde deshalb überall eine Unterscheidung von Erhaltungs- oder Haltezielen und Veränderungszielen. Zwischen diesen beiden Zielkategorien besteht keine Hierarchie.

Es bleiben weitere Probleme, mit den darüber hinausgehenden Unterschieden verschiedener Zielstellungen in den Instrumenten umzugehen. Mindestens zwei, oft auch drei Zielebenen werden in den Instrumenten verwendet:

- eine Zielebene, die sich aus den Wünschen und Leitzielen der Person zusammensetzt, die eher langfristig angelegt sind, sich allgemeiner auf wichtige Lebensbereiche wie Wohnen oder Arbeit beziehen und im Ermittlungsprozess Perspektive und Orientierung geben sollen,
- eine darunter liegende Zielebene, in der die perspektivischen, leitenden Ziele konkretisiert werden – sozusagen Zwischenziele, die mittelfristiger angelegt sind und einen Rahmen bilden für die kleinteiligeren
- Handlungsziele auf der untersten und konkretesten Ebene.

Von den Zielen sollen sich die notwendigen Teilhabeleistungen ableiten. § 118 SGB IX besagt, dass am Ende der Bedarfsermittlung in der Eingliederungshilfe die Feststellung der Leistungen steht. § 13 SGB IX wiederum regelt für alle Rehabilitationsträger, dass das Instrument insbesondere erfassen soll, „welche Leistungen im Rahmen einer Prognose zur Erreichung der Ziele voraussichtlich erfolgreich sind".

Welche Zielebene ist mit diesen zwei Paragraphen angesprochen? Die langfristig angelegten allgemeinen Ziele eignen sich nicht zur direkten Ableitung konkreter Assistenz-Leistungen. Aber mit den Zielen auf der nächsten Konkretionsstufe kann diese Ableitung gelingen und die Handlungsziele enthalten die Leistung sozusagen schon begrifflich.

8.2 Bedarfsermittlung in der Eingliederungshilfe

Beim obigen Beispiel des Spaghettikochens wäre das Handlungsziel, jeden Tag Spaghetti gekocht zu haben, und die Leistung wäre die Assistenz und Begleitung beim Kochen. Auf der mittleren Ebene wäre die Leistung allgemeiner formuliert: Anleitung bei komplexeren Aufgaben der Selbstversorgung oder im Haushalt. Es ist noch weniger konkret vorstellbar: tägliche Versorgung mit Mahlzeiten.

Die Leistung der Assistenz und Begleitung beim Spaghettikochen kann näher gefasst werden über den Zeitaufwand und die Personalressource. Das müsste dann entsprechend auch für andere Aufgaben im Haushalt und der Selbstversorgung konkretisiert werden. Eine Ebene höher ist die Einschätzung von Zeitaufwand und benötigtem Personal nur sehr viel ungenauer möglich, weil sie ja auch unterschiedliche Maßnahmen umfassen: Assistenz- und Begleitungsleistungen und teilweise stellvertretende Ausführungsleistungen bei komplexeren Aufgaben der Selbstversorgung und Haushaltsführung. Dazu könnte unterschiedliches Personal herangezogen werden. Wie umfangreich die einzelnen Leistungen dann in der Summe sind, kann auf dieser Ebene nur sehr grob geschätzt werden.

Im nordrhein-westfälischen Bedarfsermittlungsinstrument werden mit der leistungsberechtigten Person Handlungsziele erarbeitet und davon Leistungen mit genauem zeitlichen Umfang sowie der Qualifikation der leistenden Person abgeleitet.

In Baden-Württemberg und auch in Berlin verbleibt man mit den jeweiligen Instrumenten auf der mittleren Zielebene, definiert die Art der Leistung, z. B. beratend, anleitend oder stellvertretend ausführend, und schätzt grob den zeitlichen Umfang für das ganze Leistungsbündel ein. Die konkreteren Handlungsziele und die davon abgeleiteten Einzelleistungen sind nicht Bestandteil dieser Bedarfsermittlungsinstrumente. Sie werden in die Leistungsplanung zwischen dem Leistungsträger und dem durchführenden Leistungserbringer verlegt. Der Vorteil liegt auf der Hand, wenn die durchführende Instanz an der Planung der einzelnen Leistungen beteiligt wird. Diese gemeinsame Leistungsplanung von Eingliederungshilfeträger und Leistungserbringer kommt im Gesetz erstmal nicht vor, was aber nicht heißt, dass sie verboten wäre.

8. Ermittlung des Bedarfs und Planungen der Leistungen

Wer macht es? Wer kann es?

Eine ICF-orientierte Bedarfsermittlung, der die partizipativen Maßstäbe und Kriterien des § 117 SGB IX zugrunde liegen und in der am Ende eines dialogisch durchgeführten Verfahrens gemeinsam ausgehandelte Ziele und Leistungen stehen, stellt an die Qualifikation der Anwender*innen hohe Anforderungen. Notwendig ist insbesondere ein hohes Maß an Kommunikations- und Methodenkompetenz.

Die Aufgabe der Bedarfsermittlung obliegt dem Eingliederungshilfeträger. Grundsätzlich können Reha-Träger nach § 17 SGB IX Sachverständige mit der Begutachtung beauftragen. Angesichts der hohen Anforderungen schreibt der Gesetzgeber dem Eingliederungshilfeträger mit § 97 SGB IX nun aber explizit vor, welche Fachkräfte er beschäftigen soll. Diese „sollen 1. eine ihren Aufgaben entsprechende Ausbildung erhalten und insbesondere über umfassende Kenntnisse a) des Sozial- und Verwaltungsrechts, b) über den leistungsberechtigten Personenkreis nach § 99 oder c) von Teilhabebedarfen und Teilhabebarrieren verfügen, 2. umfassende Kenntnisse über den regionalen Sozialraum und seine Möglichkeiten zur Durchführung von Leistungen der Eingliederungshilfe haben sowie 3. die Fähigkeit zur Kommunikation mit allen Beteiligten haben". Das heißt, es geht um umfassende fachliche Kenntnisse, aber eben auch darum, dass die Bedarfsermittler*innen über Sensibilität gegenüber der Lebenssituation der Menschen mit Behinderungen verfügen und in der Lage sind, deren Ressourcen zu erkennen. Eine sehr anspruchsvolle fachliche Aufgabe.

Allein aus Kapazitätsgründen werden vom Leistungsträger verschiedene externe Stellen mit der Bedarfsermittlung beauftragt. Die dortigen Fachkräfte müssen genauso wie die Fachkräfte des Leistungsträgers ausreichend in der Anwendung des Instrumentes geschult sein. Zudem stellt sich die Frage, in welchem Umfang auch die durchführenden Leistungserbringer das Bedarfsermittlungsinstrument anwenden werden. Im Zuge der Evaluation der bewilligten Leistungen und der anschließenden Fortschreibung bzw. Weiterbewilligung von Maßnahmen muss in einem gewissen Umfang immer auch eine Bedarfsermittlung durchgeführt werden. Wenn sich die Leistungserbringer daran beteiligen, sind auch für deren Mitarbeiter*innen umfangreiche Schulungen zum Instrument notwendig.

8.2 Bedarfsermittlung in der Eingliederungshilfe

Bedarfsermittlung in der Eingliederungshilfe für Kinder und Jugendliche

Eingliederungshilfe wird auch geleistet für Kinder und Jugendliche mit körperlichen und sog. geistigen Behinderungen im Sinne des alten § 53 SGB XII. Dabei handelt es sich beispielsweise um begleitende Hilfen in Kindertagesstätten oder in der Schule. Nicht betroffen ist die Eingliederungshilfe für Kinder und Jugendliche nach § 35a SGB VIII – Leistungen für Kinder mit seelischen Beeinträchtigungen sind nicht Bestandteil des SGB IX.

Es ist unstrittig, dass sich Kinder und Jugendliche mit Entwicklungsstörungen und (drohenden) Behinderungen von Erwachsenen mit Behinderungen in mehrfacher Hinsicht unterscheiden:

- Sie sind Kinder und Jugendliche mit Grundrechten auf Entwicklung und Entfaltung ihrer Persönlichkeit und auf den Schutz ihres Aufwachsens.

- Sie haben Eltern mit Rechten und Pflichten, die zu einem gedeihlichen Aufwachsen wesentlich beitragen und als Stellvertreter ihres Kindes immer beteiligt werden müssen.

- Zu den im bio-psycho-sozialen Modell bekannten Wechselwirkungen von Schädigungen und Beeinträchtigungen mit umweltbedingten Barrieren kommen bei Kindern und Jugendlichen weitere Wechselwirkungen mit den Entwicklungsaufgaben hinzu und das bei einem sich ständig an Körper und Seele verändernden jungen Menschen.

Für die Bedarfsermittlung bei Kindern und Jugendlichen mit Behinderungen, die vom SGB IX Teil 2 erfasst werden, gibt es im Gesetz keine gesonderte Regelung. Die ICF-Orientierung und die partizipative Gestaltung, einschließlich der dialogischen Ausrichtung der Bedarfsermittlung, gelten deshalb genauso für Kinder. Trotzdem muss man versuchen, mit dem Instrument den besonderen Anforderungen von Kindern und Jugendlichen gerecht zu werden. Im Wesentlichen betrifft das

- die Aufnahme der Perspektive der sorgeberechtigten Personen, die genauso wie die Kinder ihre Vorstellungen und Wünsche einbringen sollen und die an der Beschreibung der Lebenssituation sowie der Aushandlung von Zielen und Maßnahmen beteiligt werden;

8. Ermittlung des Bedarfs und Planungen der Leistungen

- die Anwendung der ICF-CY (Internationale Klassifikation der Funktionsfähigkeit, Behinderung und Gesundheit bei Kindern und Jugendlichen), einer Spezifikation der ICF, in der die Schädigung der Körperfunktionen an die besonderen Bedingungen der Entwicklung von Kindern und Jugendlichen und das Teilhabekonzept an die Erziehungsbedürftigkeit angepasst wird.

Im Ergebnis muss eine Variation des Bedarfsermittlungsinstrumentes entwickelt werden, das inhaltlich und in der Struktur diese beiden Aspekte berücksichtigt. Die besonderen Anforderungen müssen sich auch in der Qualifikation und den Kompetenzen der Anwender-Personen wiederspiegeln.

8.3 Gesamtplanung

In den Erläuterungen zum Regierungsentwurf des BTHG im Juni 2016 wurden unter „A. Problem und Ziel" unter anderem folgende zwei Zielsetzungen des Gesetzes formuliert:

- Die Möglichkeiten einer individuellen und den persönlichen Wünschen entsprechenden Lebensplanung und -gestaltung sollen unter Berücksichtigung des Sozialraumes bei den Leistungen zur sozialen Teilhabe gestärkt werden.

- Gleichzeitig soll die Steuerungsfähigkeit der Eingliederungshilfe verbessert werden, um keine neue Ausgabendynamik entstehen zu lassen und den insbesondere demographisch bedingten Ausgabenanstieg in der Eingliederungshilfe zu bremsen.

Ihren Niederschlag finden diese Zielsetzungen im Gesetzestext insbesondere bei den Regelungen im zweiten Teil des SGB IX in Kapitel 7 zur Gesamtplanung (§ 117 bis § 122 SGB IX).

Mit der bisherigen Vorschrift in § 58 SGB XII, zur Durchführung der Leistungen einen Gesamtplan aufzustellen, konnte die personenzentrierte Neuausrichtung der Eingliederungshilfe nicht gelingen. Dazu fehlten sowohl inhaltliche Kriterien und Maßstäbe für ein Verfahren, als auch nähere Bestimmungen zu Verfahrensabschnitten und zum Verfahrensablauf. Die leistungsberechtigte Person war eine von mehreren Beteiligten. Die Verfahren der verschiedenen Sozialhilfeträger in Deutschland waren wegen dieser sehr oberflächlichen Vorgaben überhaupt nicht vergleichbar.

Bundeseinheitlich werden mit dem BTHG nun die Anforderungen an ein personenzentriertes Verfahren zur Ermittlung und Feststellung der Bedarfe sowie zur Steuerung, Dokumentation und Wirkungskontrolle des gesamten Teilhabeprozesses vorgegeben. Die Gesamtplanung ist in diesem Sinne ein aus mehreren Elementen bestehender Prozess, den der Leistungsträger steuert und der zu den gewünschten und individuell passenden Teilhabeleistungen führen soll.

Streng genommen beginnt das Gesamtplanverfahren ab 1. Januar 2020 mit der Antragstellung nach § 108 SGB IX. Auch könnte man die Pflicht des Eingliederungshilfeträgers zur Beratung und Unterstützung der antragstellenden Person im gesamten Prozess zur Gesamtplanung zählen. Die Kernprozesse der Gesamtplanung sind aber

- die mit einem Instrument durchgeführte Bedarfsermittlung (§ 118 SGB IX),
- die Gesamtplankonferenz (§ 119 SGB IX),
- die Feststellung der Leistungen (§ 120 SGB IX),
- die Zusammenführung der Ergebnisse im Gesamtplan zur Durchführung der Leistungen (§ 121 SGB IX) und
- optional die Teilhabezielvereinbarung (§ 122 SGB IX).

8.4 Teilhabeplanung

Wie bei den Instrumenten zur Ermittlung des Bedarfs gibt es auch für die Planung der Leistungen allgemeine Vorschriften in Teil 1, die an alle Leistungsträger im Sinne dieses Gesetzes gerichtet sind. Das Pendant zur Gesamtplanung in der Eingliederungshilfe ist im allgemeinen Teil 1 die Teilhabeplanung. Auch hier finden wir die Systematik vor, dass die Regelungen des allgemeinen Teils den spezielleren Regelungen vorgehen bzw. die Inhalte bei den Verfahren der Gesamtplanung auf Inhalten der Teilhabeplanung aufbauen, diese ergänzen oder präzisieren.

Die große inhaltliche Schnittmenge ist beim ersten Blick ins Gesetz nicht sofort erkennbar, wozu die unterschiedliche Reihenfolge der einzelnen Bestandteile der Planungsverfahren beiträgt.

8. Ermittlung des Bedarfs und Planungen der Leistungen

SGB IX Teil 1 – Allgemeiner Teil	SGB IX Teil 2 – Eingliederungshilfe
§ 13 Instrumente der Bedarfsermittlung	
§ 19 Teilhabeplan	§ 117 Gesamtplanverfahren
§ 20 Teilhabeplankonferenz	§ 118 Instrumente der Bedarfsermittlung
§ 21 Besondere Anforderungen an das Teilhabeplanverfahren	§ 119 Gesamtplankonferenz
§ 22 Einbeziehung anderer öffentlicher Stellen	§ 120 Feststellung der Leistungen
§ 23 Verantwortliche Stelle für den Sozialdatenschutz	§ 121 Gesamtplan
	§ 122 Teilhabezielvereinbarung

Tabelle 4: Die Vorschriften zur Teilhabeplanung und zur Gesamtplanung im BTHG (eigene Darstellung)

Bei der Teilhabeplanung verzichtet der Gesetzgeber auf einen Katalog von Maßstäben zur Durchführung des Verfahrens. Damit fehlt dem Teilhabeplanverfahren schon mal das die Eingliederungshilfe leitende Kriterium der Förderung von Selbstbestimmung der leistungsberechtigten Personen. Nicht ausdrücklich hinterlegt sind die Kriterien „transparent", „konsensorientiert", „individuell" usw. Dass trotzdem von einer großen inhaltlichen Schnittmenge von Teilhabeplanung und Gesamtplanung gesprochen werden kann, liegt an der schon zum 1. Dezember 2018 in Kraft getretenen Vereinbarung Gemeinsame Empfehlung „Reha-Prozess" der Bundesarbeitsgemeinschaft für Rehabilitation (BAR) e. V. (2019). Diese trägerübergreifenden Vereinbarungen von Reha-Trägern – ohne die Eingliederungshilfe und die Jugendhilfe – zu Grundsätzen für Instrumente der Bedarfsermittlung und zur Teilhabeplanung enthalten in etwa den gleichen Katalog an Maßstäben wie der § 117 SGB IX für das Gesamtplanverfahren in der Eingliederungshilfe.

Doch auch das Zusammenspiel der Regelungen in den §§ 19 bis 23 SGB IX mit den zusätzlich vereinbarten Grundsätzen in der Gemeinsamen Empfehlung „Reha-Prozess" wird nicht dazu führen, beim planerischen Verwaltungshandeln der Rehabilitationsträger Gesetzliche Krankenversicherung, Deutsche Rentenversicherung, Gesetzliche Unfallversicherung und Bundesagentur für Arbeit mit dem Handeln des Eingliederungshilfeträgers gleichzuziehen. Während

8.4 Teilhabeplanung

nämlich die Gesamtplanung bei Leistungen der Eingliederungshilfe immer durchgeführt wird, muss eine Teilhabeplanung nicht durchgeführt werden, wenn einer der Rehabilitationsträger nur nach seinem Leistungsrecht Leistungen erbringt. Teilhabeplanung findet nur statt, wenn zeitgleich oder im zeitlichen Zusammenhang unmittelbar aufeinanderfolgend

- mehr als ein Rehabilitationsträger (§ 6 SGB IX) beteiligt ist (z. B. Agentur für Arbeit und Eingliederungshilfeträger),
- mehrere Leistungsgruppen (§ 5 SGB IX) vorliegen (z. B. Teilhabe am Arbeitsleben und Soziale Teilhabe) oder
- der Leistungsberechtigte die Erstellung eines Teilhabeplans wünscht.

Der Gesetzgeber hat mit den Regelungen zur Teilhabeplanung nicht das Ziel verfolgt, die leistungsberechtigte Person im Verhältnis zum Leistungsträger zu stärken, sondern die Koordination und das Zusammenspiel der Leistungsträger auf ein höheres Niveau zu heben. Die §§ 19 bis 23 SGB IX haben die Funktion, einen komplexen Reha-Prozess durch die Verbesserung der Kommunikation der Reha-Träger untereinander reibungsloser zu gestalten.

Ein wesentliches Instrument dazu ist die Teilhabekonferenz (§ 20 SGB IX). Sie kann durch die gesetzlichen Vorgaben und die weitergehenden Vereinbarungen der Rehabilitationsträger in der Gemeinsamen Empfehlung Reha-Prozess ein ähnlich wirksames Instrument im Hinblick auf Transparenz und Konsensorientierung sein wie die Gesamtplankonferenz.

Inwieweit sich mit diesem Verfahren der Teilhabeplanung auch langfristig mehr Personenzentrierung bei den Leistungen der Rehabilitationsträger Gesetzliche Krankenversicherung, Deutsche Rentenversicherung, Gesetzliche Unfallversicherung und Bundesagentur für Arbeit durchsetzen wird, ist eine offene Frage. Der vom Gesetz ausgehende Veränderungsdruck auf diese Träger ist mit Sicherheit geringer als in der Eingliederungshilfe.

Im großen Bereich Teilhabe am Arbeitsleben haben die Regelungen zur Teilhabeplanung schon zu strukturellen Veränderungen geführt. Das Bundesministerium für Arbeit und Soziales musste Ende 2017, kurz vor Inkrafttreten der 2. Reformstufe des BTHG klarstellen, dass bei der Teilhabe am Arbeitsleben regelmäßig das Teilhabeplanverfahren angewendet werden soll und dieses die bisherige Funktion

8. Ermittlung des Bedarfs und Planungen der Leistungen

des Fachausschusses der Werkstatt für Menschen mit Behinderungen ersetzt. Das gilt genauso für den Zugang zu den „Anderen Leistungsanbietern" nach § 60 SGB IX. Nach Rückmeldungen aus der Praxis hat sich auch über ein Jahr nach dieser Umstellung noch kein reibungslos funktionierendes trägerübergreifendes Zugangsverfahren etablieren können. Dass vor allem in diesem Bereich der beruflichen Teilhabe inzwischen mehr Abstimmungsgespräche zwischen den Leistungsträgern stattfinden, um den Vorgaben aus dem BTHG nachzukommen und effektives Verwaltungshandeln zu ermöglichen, lässt hoffen. Das Zusammenspiel von Gesamtplan und Teilhabeplan mit ihren leicht unterschiedlichen Akzentsetzungen hat auf jeden Fall noch sehr viel Luft nach oben. Bei der Zusammenführung von Hilfeplänen aus der Jugendhilfe mit den Ergebnissen der anderen Planverfahren wird es mit Sicherheit auch nicht einfach werden.

Über Jahre eingespielte Routinen in den Verwaltungen werden sich auch durch ein Gesetz nicht so schnell ändern lassen. Das braucht Zeit.

Einkommen und Vermögen

9.	Einkommen und Vermögen.................................	142
9.1	Übergangsregelung vom 01.01.2017 bis zum 31.12.2019	142
9.2	Einsatz von Einkommen und Vermögen in der Eingliederungshilfe ab 2020...	143

9. Einkommen und Vermögen

Lerch, Klaus

Mit der Umsetzung der dritten Reformstufe am 1. Januar 2020 vollzieht sich eine der wesentlichen Zielsetzungen des BTHG: die Eingliederungshilfe für Menschen mit wesentlicher Behinderungen wird aus dem Fürsorgesystem der Sozialhilfe nach SGB XII herausgelöst und als eigenes Leistungsrecht im 2. Teil des SGB IX verortet.

Hintergrund ist der Wille des Gesetzgebers, die Eingliederungshilfe zu einem modernen Teilhaberecht weiterzuentwickeln, in dem ohne Unterscheidung der Behinderungsart alle erforderlichen Fachleistungen gewährt werden. Dabei ist künftig ggf. ein Eigenbeitrag der leistungsberechtigten Personen aus Einkommen und Vermögen zu leisten (§ 92 SGB IX). Im Gegensatz zu den Regelungen des SGB XII ist eine deutliche Erhöhung des Betrages, ab dem ein Beitrag zu zahlen ist, vorgesehen. Eine transparente Regelung soll dafür sorgen, dass eine angemessene Lebensführung in noch größerem Maße als bisher gesichert ist (vgl. Deutscher Bundestag, Drucksache 18/9522, 2016, S. 268). Das Festhalten an einer bedürftigkeitsabhängigen Ausgestaltung der Eingliederungshilfe hat vor allem finanzielle Gründe, da mit der Reform keine neuen Ausgabedynamiken geschaffen werden sollten. Dies gilt insbesondere für Leistungen der Sozialen Teilhabe (vgl. Zinsmeister in LPK-SGB IX, S. 513).

9.1 Übergangsregelung vom 01.01.2017 bis zum 31.12.2019

Bereits zum Jahr 2017 hat das BTHG für den Übergangszeitraum bis zur Umsetzung der dritten Reformstufe 2020 erste Verbesserungen in der Kostenheranziehung von Menschen mit Behinderungen durch neue Einkommens- und Vermögensfreigrenzen im SGB XII eingeführt.

Bei der Eingliederungshilfe wird ein Freibetrag von 40 Prozent des Einkommens aus selbstständiger und nichtselbstständiger Tätigkeit abgesetzt, höchstens jedoch 65 Prozent der Regelbedarfsstufe 1 im SGB XII. Dies gilt nicht bei anderen Einkommen, wie z. B. Rente oder Unterhaltsleistungen (§ 82 Abs. 3a Satz 2 SGB XII). Diese Verbesserung gilt nicht bei Bezug von Leistungen der Grundsicherung wegen Erwerbsminderung. Allerdings verbessert sich das Einkommen von Werkstattbeschäftigten durch die Erhöhung des Freibetrags bei der Anrechnung des Arbeitsentgelts auf die Grundsicherung geringfügig um rund 26 Euro.

Wichtig: Bei Leistungen der Hilfe zur Pflege gilt die verbesserte Regelung zum Einsatz des Einkommens nach § 82 Abs. 3a Satz 1 SGB XII unbefristet.

Die Vermögensfreigrenze erhöht sich für den Übergangszeitraum bis Ende 2019 nach § 60a SGB XII bei Eingliederungshilfeleistungen um zusätzliche 25.000 Euro. Mit der Verordnung zur Durchführung des § 90 Abs. 2 Nr. 9 des SGB XII vom 22. März 2017 wurde auch der Vermögensschonbetrag in der Sozialhilfe auf 5.000 Euro erhöht.

9.2 Einsatz von Einkommen und Vermögen in der Eingliederungshilfe ab 2020

Im 11. Kapitel des 2. Teils SGB IX finden sich detaillierte Regelungen zum Einsatz von Einkommen und Vermögen der leistungsberechtigten Personen bei Bezug von Leistungen der Eingliederungshilfe. Dieser Beitrag richtet sich nur nach der finanziellen Situation der Leistungsberechtigten. Die Neuregelung führt dazu, dass im Rahmen der finanziellen Möglichkeiten insbesondere diejenigen Menschen mit Behinderungen, die bisher trotz niedriger Einkommen einen Eigenanteil tragen mussten, stärker entlastet werden.

Zur Bemessung des einzusetzenden Eigenbeitrags nach § 92 SGB IX wird zunächst das maßgebliche Einkommen nach den neuen Vorgaben des § 135 SGB IX ermittelt. Es handelt sich dabei in der Regel um die Summe der Einkünfte des Leistungsberechtigten und bei minderjährigen Kindern der von im Haushalt lebenden Eltern des Vorvorjahres nach § 2 des Einkommensteuergesetzes. Bei Rentenbeziehern ist es die Bruttorente des Vorvorjahres. § 135 Abs. 2 SGB IX ermöglicht ein Abweichen von dieser Vorgabe, wenn zum Zeitpunkt der Leistungsgewährung erhebliche Abweichungen zu den Einkünften des Vorvorjahres bestehen sollten.

Ein Eigenbeitrag aus dem Einkommen muss erbracht werden, wenn es die folgenden Prozentsätze der jährlichen Bezugsgröße nach § 18 SGB IV übersteigt:

9. Einkommen und Vermögen

- 85 % bei sozialversicherungspflichtiger Erwerbstätigkeit;
  für 2019 sind dies 31.773 Euro pro Jahr, d. h. 2.648 Euro pro Monat
- 75 % bei nicht sozialversicherungspflichtiger Beschäftigung;
  für 2019 sind dies 28.035 Euro pro Jahr, d. h. 2.336 Euro pro Monat
- 60 % bei Rentenbezug;
  für 2019 sind dies 22.428 Euro pro Jahr, d. h. 1.869 Euro pro Monat

Hinzugerechnet werden jeweils weitere Freibeträge für Familienangehörige und Partner nach § 136 Abs. 3 SGB IX.

Übersteigt das nach § 135 SGB IX ermittelte Einkommen die dargestellten Bemessungsgrenzen, sind zwei Prozent des übersteigenden Betrags als monatlicher Kostenbeitrag einzusetzen (§ 137 Abs. 2 SGB IX). Dieser Beitrag ist von den zu erbringenden Leistungen abzuziehen (sog. Netto-Prinzip).

Werden die gewährten Leistungen durch einen beauftragten Leistungserbringer erbracht, muss der Eigenbeitrag durch den Leistungsberechtigten direkt an den Leistungserbringer bezahlt werden. Auch hier sieht das Gesetz eine Abweichungsmöglichkeit vor: Wenn der Beitrag von einer anderen Person als dem Leistungsberechtigten, z. B. den Eltern, aufzubringen ist und die Durchführung der Maßnahme ansonsten gefährdet wäre, kann die Leistung ohne Abzug erbracht werden.

Ein Beitrag aus Einkommen und Vermögen ist in bestimmten, in § 138 SGB IX aufgelisteten Leistungen der Eingliederungshilfe nicht aufzubringen. Dazu gehören u. a.:

Kein Eigenbetrag ist zu leisten bei
- heilpädagogischen Leistungen,
- Leistungen zur medizinischen Rehabilitation (z. B. Frühförderung),
- Leistungen zur Teilhabe am Arbeitsleben (z. B. WfbM, andere Leistungsanbieter und Budget für Arbeit),
- Leistungen zur Teilhabe an Bildung,

9.2 Einkommen und Vermögen in der Eingliederungshilfe ab 2020

- Leistungen zur schulischen Ausbildung für einen Beruf, wenn diese Leistungen im Rahmen einer Internatsunterbringung erbracht werden,
- Leistungen zum Erwerb und Erhalt praktischer Fähigkeiten, soweit diese der Vorbereitung auf die Teilhabe am Arbeitsleben dienen (z. B. Förderstätten).

Leistungsberechtigte Personen, die sowohl Leistungen der Eingliederungshilfe beziehen als auch auf Leistungen der Hilfe zur Pflege Anspruch haben und sich gleichzeitig im Erwerbsleben befinden, stehen vor dem Problem, dass in diesem Fall die Regeln zum Einsatz von Einkommen und Vermögen nach dem SGB XII Vorrang haben. Eine Bedürftigkeitsprüfung nach SGB XII würde zu einem Verlust des selbst erwirtschafteten Einkommens bis auf Sozialhilfeniveau führen. Das will der Gesetzgeber mit Einführung des sog. Lebenslagenmodells in § 103 Abs. 2 SGB IX verhindern. Erhalten pflegebedürftige Menschen mit Behinderungen Leistungen der Eingliederungshilfe außerhalb von Einrichtungen oder Räumlichkeiten im Sinne des § 43a SGB XI i.V.m. § 71 Abs. 4 SGB IX bereits vor Erreichen der Regelaltersgrenze, umfasst die Eingliederungshilfe auch die Leistungen der Hilfe zur Pflege, solange die Teilhabeziele des Gesamtplans erreicht werden können. In diesen Fällen gelten die Einkommens- und Vermögensregelungen des SGB IX. Mit der Regelung anerkennt der Gesetzgeber die Leistung von pflegebedürftigen Menschen mit Behinderungen, die trotz ihrer Einschränkungen einer Erwerbstätigkeit nachgehen. Außerdem soll damit ein zusätzlicher Anreiz geschaffen werden, eine Erwerbstätigkeit aufzunehmen, und so dem Teilhabegedanken Rechnung getragen werden (vgl. Deutscher Bundestag, Drucksache 18/9522, 2016, S. 279). Eine Bedürftigkeitsprüfung nach dem SGB XII entfällt daher für diesen Personenkreis.

Wichtig: Das BTHG sieht derzeit noch vor, dass Eltern von volljährigen Menschen mit Behinderungen, die ab 2020 Leistungen der Eingliederungshilfe nach SGB IX erhalten, weiterhin einen Beitrag in Höhe von 32,08 Euro pro Monat aufzubringen haben (§ 138 Abs. 4 SGB IX). Mit dem Angehörigen-Entlastungsgesetz, das sich bei Drucklegung des Buches noch in der parlamentarischen Abstimmung befand, soll diese Pflicht aufgehoben werden. Auch diese Eltern brauchen dann im Rahmen ihrer Unterhaltspflicht diesbezüglich keinen Kostenbeitrag leisten.

9. Einkommen und Vermögen

Der Einsatz von Vermögen bleibt im Wesentlichen – vor allem in Hinblick auf die Auflistung des geschützten Vermögens – unverändert. § 139 S. 1 SGB IX umfasst inhaltsgleich den gesamten § 90 SGB XII. Zwei entscheidende Abweichungen zum bisherigen Vermögenseinsatz ergeben sich allerdings:

- Vermögen bis zu einer Höhe von 150 % der jährlichen Bezugsgröße nach § 18 Abs. 1 SGB IV (ca. 56.000 Euro) bleiben frei.
- Vermögen von nicht getrenntlebenden Ehegatten, des Lebenspartners oder des Partners einer eheähnlichen Gemeinschaft bleiben ebenfalls frei.

Berücksichtigt wird also ausschließlich das Vermögen der antragstellenden Person und bei Minderjährigen der im Haushalt lebenden Eltern.

Schnittstellen zu anderen Sozialleistungsbereichen

10.	Schnittstellen zu anderen Sozialleistungsbereichen	148
10.1	Regelungen zu Vorrang und Nachrang	148
10.2	Schnittstelle zur Pflege (SGB XI/SGB XII)	149
10.3	Schnittstelle zur Kinder- und Jugendhilfe (SGB VIII)	160
10.4	Schnittstelle zur Sozialhilfe (SGB XII)	161
10.5	Schnittstelle zur Sozialhilfe (SGB XII) – Besondere Wohnform...	162

10. Schnittstellen zu anderen Sozialleistungsbereichen

Küster, Angela / Schrader, Kerstin / Strasser, Andrea

Mit den Schnittstellen zu anderen Sozialleistungsbereichen werden die Verpflichtungen anderer Sozialleistungsträger hinsichtlich ihrer Leistungen für Menschen mit Behinderungen beschrieben. Die jeweiligen Leistungen bilden sich in eigenen gesetzlichen Grundlagen ab.

10.1 Regelungen zu Vorrang und Nachrang

Der Gesetzgeber hält mit der Reform der Eingliederungshilfe am Nachrangprinzip der steuerfinanzierten Leistungen der Eingliederungshilfe fest. Somit regelt das SGB IX in § 92 auch das Verhältnis zu den eigenen Leistungen und den Leistungen anderer. Der Nachrang der Eingliederungshilfe wird in § 91 SGB IX definiert.

Nach § 91 Abs. 1 SGB IX erhält ein Mensch mit Behinderungen Leistungen der Eingliederungshilfe, wenn die erforderlichen Leistungen nicht von anderen oder von Trägern anderer Sozialleistungen gewährt werden. Die Eingliederungshilfe wird mit der Herauslösung aus dem SGB XII und der Überführung in den zweiten Teil des SGB IX zwar formal aus der Sozialhilfe ausgegliedert, inhaltlich wird jedoch an den sozialhilferechtlichen Wesensmerkmalen festgehalten. Die Vorschrift im Eingliederungshilferecht entspricht weiterhin dem Gedanken der Sozialhilfe, dass die Leistungen der Sozialhilfe gemäß § 2 SGB XII nur nachrangig gewährt werden. Neben bzw. zusätzlich zu dieser Nachrangregel ist § 92 SGB IX zu beachten, wonach der Leistungsberechtigte im Rahmen seiner finanziellen Leistungsfähigkeit einen Eigenbeitrag zu den Leistungen beisteuern muss – es sei denn, diese sind beitragsfrei gestellt (zum Einkommen und Vermögen sowie zu beitragsfreien Leistungen s. Kapitel 9).

Der § 91 Abs. 2 SGB IX übernimmt inhaltsgleich die Regelungen des § 2 Abs. 2 SGB XII. Demnach bleiben Verpflichtungen anderer, insbesondere der Träger anderer Sozialleistungen, unberührt. Die Leistungen anderer dürfen nicht deshalb nicht gewährt werden, weil das Recht der Eingliederungshilfe entsprechende Leistungen vorsieht. Dies gilt insbesondere, wenn Träger anderer Sozialleistungen oder anderer Stellen gesetzlich zu Leistungen verpflichtet sind, die die Verwirklichung der Rechte von Menschen mit Behinderungen gewährleisten oder fördern. An dieser Stelle wird der Nachrang der Eingliederungshilfe im Hinblick auf die gesetzlichen Verpflichtungen der vorrangigen Sozialleistungssysteme konkretisiert. Mit dem Verweis auf andere Stellen möchte der Gesetzgeber Bezug nehmen auf Artikel 4 Abs. 2 UN-BRK. Diese Vorschrift fordert, dass alle staatlichen Stellen in ihrem Verantwortungsbereich die Verwirklichung der Rechte für Menschen mit Behinderungen gewährleisten und fördern. Neben den anderen Sozialleistungssystemen und anderen Stellen kommen noch weitere Leistungen anderer in Betracht, z. B. Versicherungsleistungen, die sich aus vertraglichen Verpflichtungen ergeben.

Der § 91 Abs. 3 SGB IX verweist auf die Regelung, dass sich das Verhältnis der Leistungen der Eingliederungshilfe und der Leistungen der Pflegeversicherung nach § 13 Abs. 3 SGB XI bestimmt. Die Regelung sieht einen Gleichrang für die Leistungen der Eingliederungshilfe und die Leistungen der Pflegeversicherung vor (vgl. Deutscher Bundestag 2016, S. 270 f.).

10.2 Schnittstelle zur Pflege (SGB XI/SGB XII)

Die Problematik hinsichtlich der Schnittstelle zwischen Eingliederungshilfe und Pflege bleibt auch mit der Reform der Eingliederungshilfe weiterhin bestehen.

Der Gesetzgeber hat zwar den im Gesetzgebungsverfahren geplanten Vorrang der Pflege vor der Eingliederungshilfe zurückgenommen, wie auch die Ausweitung der Regelungen einer pauschalen Abgeltung von Pflegeleistungen (§ 43a SGB XI i.V.m. § 71 Abs. 4 SGB XI) auf ambulante Wohnformen, dennoch bleibt die Abgrenzungsproblematik zu den Leistungen der Pflege durch die Reform der Pflegeversicherung aufrechterhalten.

Reform der Pflegeversicherung durch die Pflegestärkungsgesetze

Mit den Pflegestärkungsgesetzen II und III wurde die Pflegeversicherung reformiert und zum 1. Januar 2017 ein neuer Pflegebedürftigkeitsbegriff eingeführt. Dieser wurde auch auf das SGB XII, die Hilfe zur Pflege, übertragen.

10. Schnittstellen zu anderen Sozialleistungsbereichen

Mit der Einführung des neuen Pflegebedürftigkeitsbegriffs wurden die Grundlagen der Begutachtung und die Feststellung der Pflegebedürftigkeit neu geregelt. Ein Neues Begutachtungsassessment (NBA) wurde entwickelt, das den Fokus stärker auf die kognitive und psychische Beeinträchtigung legt.

Damit werden Bedarfe, die früher von der Eingliederungshilfe abgedeckt waren, nun auch von den Leistungen der Pflegeversicherung erfasst. Die Beschränkung der Pflege auf körperbezogene Verrichtungen wird aufgegeben. Das Leistungsspektrum der Pflegeversicherung wird durch den neuen Pflegebedürftigkeitsbegriff erweitert. Dadurch werden auch mehr Menschen mit Behinderung, die Leistungen der Eingliederungshilfe erhalten, in der Pflegeversicherung anspruchsberechtigt. Die Abgrenzung der Leistungen kann im Einzelfall sehr schwierig werden, da die Leistungen der Eingliederungshilfe und die Leistungen der Pflegeversicherung gleichrangig nebeneinander stehen.

Die zentralen Kriterien des neuen Pflegebedürftigkeitsbegriffs sind der Grad der Selbstständigkeit und das Angewiesensein auf die Unterstützung einer anderen Person. Der neue Pflegebedürftigkeitsbegriff stellt somit nicht mehr auf die Defizite eines pflegebedürftigen Menschen ab. Er richtet den Blick auf den Umfang der Selbstständigkeit und Fähigkeit.

Bei der Begutachtung wird – wie auch nachstehende Abbildung zeigt – der Grad der Selbstständigkeit in den pflegerelevanten Lebensbereichen (Modulen) erfasst und bewertet.

10.2 Schnittstelle zur Pflege (SGB XI/SGB XII)

Neues Begutachtungsassessment (NBA) in der Pflegeversicherung

- **Modul 1** Mobilität
- **Modul 2** kognitive und kommunikative Fähigkeiten
- **Modul 3** Verhaltensweisen und psychische Problemlagen
- **NBA**
- **Modul 4** Selbstversorgung
- **Modul 5** Umgang mit krankheits- und therapiebedingten Belastungen
- **Modul 6** Gestaltung des Alltags und sozialer Kontakte

Abbildung 12: Neues Begutachtungsassessment (NBA) in der Pflegeversicherung

Neben den Modulen 1 bis 6 werden darüber hinaus noch die Module 7 außerhäusliche Aktivitäten und 8 Haushaltsführung erfasst. Sie sind allerdings nicht maßgeblich für die Einstufung der Pflegebedürftigkeit.

Mit dem neuen Pflegebedürftigkeitsbegriff entfällt in der Pflege der Fokus auf die vorwiegend körperbezogene und hauswirtschaftliche Versorgung sowie auf die Beschränkung der Anleitung und Beaufsichtigung bei der Gestaltung des Alltagslebens. Im Mittelpunkt steht im neuen Modell auch die Anleitung, Motivation und Schulung, die die Selbstständigkeit und Fähigkeiten des pflegebedürftigen Menschen stärken sollen. Die aktivierende Pflege bleibt ein zentraler Aspekt bei der Erbringung von Leistungen in der Pflege.

Aufgaben und Leistungen der Pflegeversicherung

Nach § 2 Abs. 1 SGB XI ist es Aufgabe der Leistungen der Pflegeversicherung, den pflegebedürftigen Menschen zu helfen, trotz ihres Hilfebedarfs ein möglichst selbstständiges und selbstbestimmtes Leben zu führen, das der Würde des Menschen entspricht. Die Hilfen sind darauf auszurichten, die körperlichen, geistigen und

10. Schnittstellen zu anderen Sozialleistungsbereichen

seelischen Kräfte der pflegebedürftigen Menschen, auch in Form der aktivierenden Pflege, wiederzugewinnen oder zu erhalten. Mit der Anknüpfung an den Grad der Selbstständigkeit sind körperlich, kognitiv und psychisch beeinträchtigte Menschen mit Pflegebedarf bei der Begutachtung und Einstufung in einen Pflegegrad in gleicher Weise zu behandeln. Sofern die Gleichbehandlung bei der Einstufung wirklich durgesetzt wird, stehen allen pflegebedürftigen Menschen auch die gleichen Leistungen der Pflegeversicherung offen.

Dieses erweiterte Verständnis des Pflegebedürftigkeitsbegriffs hat ein verändertes Spektrum an Leistungen und eine stärkere Inanspruchnahme der Pflegeversicherung zur Folge. Die Angebote der Pflegeversicherung müssen daher ausgebaut werden, um den gestiegenen gesetzlichen Anforderungen Rechnung zu tragen. Die Leistungen der Pflegeversicherung umfassen nach § 4 Abs. 1 SGB XI

- körperbezogene Pflegemaßnahmen,
- pflegerische Betreuungsmaßnahmen,
- Hilfen bei der Haushaltsführung.

Insbesondere die neu gefasste Leistung der pflegerischen Betreuungsmaßnahmen kann die Abgrenzungsproblematik zu den Leistungen der Eingliederungshilfe verschärfen. In der Pflegeversicherung ist die bisherige Voraussetzung für die Inanspruchnahme von Betreuungsleistungen, die Sicherstellung der Grundpflege und der hauswirtschaftlichen Versorgung weggefallen. Pflegerische Betreuungsmaßnahmen nach § 36 Abs. 2 SGB XI umfassen Unterstützungsleistungen zur Bewältigung und Gestaltung des alltäglichen Lebens im häuslichen Umfeld, insbesondere

- bei der Bewältigung psychosozialer Problemlagen oder von Gefährdung,
- bei der Orientierung, bei der Tagesstrukturierung, bei der Kommunikation, bei der Aufrechterhaltung sozialer Kontakte und bei bedürfnisgerechten Beschäftigungen im Alltag sowie
- durch Maßnahmen zur kognitiven Aktivierung.

An dieser Stelle kann es zu Überschneidungen mit den Leistungen der Eingliederungshilfe kommen, insbesondere mit den Leistungen zur Assistenz. Nach Ausführung des Gesetzgebers können z. B. Spaziergänge in der näheren Umgebung und der Besuch von Ver-

10.2 Schnittstelle zur Pflege (SGB XI/SGB XII)

wandten und Freunden zur Aufrechterhaltung sozialer Kontakte beitragen. Auch Unterstützungsleistungen bei der Regelung von Bankgeschäften oder administrativen Tätigkeiten fallen unter die Leistungen der pflegerischen Betreuungsmaßnahmen, ebenso die Gestaltung des Alltags in Form von Unterstützung bei Hobbys. Daneben ist auch noch ein Spektrum an psychosozialer Unterstützung vorgesehen, wie beispielsweise Hilfen bei der Kommunikation, emotionale Unterstützung, Hilfen zur Verhinderung bzw. Reduzierung von Gefährdung, Orientierungshilfen, Unterstützung bei der Beschäftigung oder kognitiv fördernde Maßnahmen.

Zwar beziehen sich die Leistungen der pflegerischen Betreuungsmaßnahmen auf das häusliche Umfeld. Dennoch können sie dazu beitragen, dass sich die Schnittstelle zur Eingliederungshilfe an dieser Stelle verschärft. Denn Leistungen, die bisher eindeutig der Eingliederungshilfe zuzuordnen waren, können zukünftig auch durch die Pflegeversicherung erbracht werden (BAGüS 2019, S. 7 ff.).

Eine grundsätzliche Abgrenzung von Leistungen der Eingliederungshilfe und Leistungen der Pflegeversicherung ist durch die Reformen in beiden Bereichen nicht einfacher geworden, zumal ein Gleichrang zwischen beiden Systemen besteht. An dieser Stelle ist es entscheidend, dass auf die unterschiedlichen Aufgaben der beiden Systeme abgestellt wird. Aufgabe der Pflege ist die Kompensation von gesundheitlich bedingten Beeinträchtigungen der Selbstständigkeit oder der Fähigkeiten. Die Aufgabe der Eingliederungshilfe ist die Förderung der vollen, wirksamen und gleichberechtigten Teilhabe am Leben in der Gesellschaft. In jedem Einzelfall muss bei der Bedarfsermittlung in der Eingliederungshilfe im Rahmen des Gesamt- oder Teilhabeplanverfahrens genau darauf geachtet werden, dass es nicht zu einer Verschiebung von Leistungen durch den Träger der Eingliederungshilfe kommt und die Bedarfe der Eingliederungshilfe durch die Pflege als gedeckt angesehen werden, indem Leistungen umdefiniert werden.

Verhältnis Eingliederungshilfe Pflege im häuslichen Bereich

Im Rahmen der parlamentarischen Beratung haben sich die Koalitionsfraktionen darauf geeinigt, dass die Schnittstelle zwischen Leistungen der Eingliederungshilfe und Leistungen der Pflegeversicherung nicht geregelt wird und die bisherige Regelung gemäß § 13 Abs. 3 SGB XI weiterhin zur Anwendung kommt. Somit bleiben die

10. Schnittstellen zu anderen Sozialleistungsbereichen

Leistungen der Eingliederungshilfe unberührt und im Verhältnis zu den Leistungen der Pflegeversicherung nicht nachrangig. Der § 13 Abs. 3 SGB XI regelt als allgemeiner Grundsatz das Nebeneinander – den Gleichrang – für die Leistungen der Pflegeversicherung und der Eingliederungshilfe. Dabei ist nicht von Bedeutung, ob gleichartige oder nicht gleichartige Leistungen vorliegen (Bundesministerium für Arbeit und Soziales 2018, S. 30).

Der § 13 Abs. 4 SGB XI bestimmt, dass bei einem Zusammentreffen der Leistungen der Pflegeversicherung und der Leistungen der Eingliederungshilfe mit Zustimmung des Menschen mit Behinderungen der Träger der Eingliederungshilfe die Leistungen der Pflegeversicherung übernimmt. Grundlage für die Leistungserbringung bleibt dabei der von der Pflegekasse erlassene Leistungsbescheid. Die zuständige Pflegekasse erstattet dem Eingliederungshilfeträger die von ihr zu tragenden Leistungen. Zu den Modalitäten der Übernahme und Durchführung der Leistungen sowie der Erstattung wird ebenfalls eine Vereinbarung getroffen. Die Ausführung der Leistungen erfolgt nach den jeweilig geltenden Rechtsvorschriften der Leistungsträger. Sind auch Leistungen der Hilfe zur Pflege nach dem SGB XII zu erbringen, ist auch der für die Hilfe zur Pflege zuständige Leistungsträger an der Vereinbarung zu beteiligen. Das Wunsch- und Wahlrecht der leistungsberechtigten Person bleibt von diesen Regelungen unberührt und muss von den Leistungsträgern beachtet werden. § 13 Abs. 4 wurde durch die Reform der Eingliederungshilfe neu gefasst. Bisher wurde nur geregelt, dass beim Zusammentreffen von Pflegeleistungen oder Leistungen der Hilfe zur Pflege und Leistungen der Eingliederungshilfe die Pflegekasse mit dem Träger der Eingliederungshilfe vereinbart, dass eine Stelle die Leistungen übernimmt und die andere Stelle die Kosten der von ihr zu tragenden Leistung erstattet. Derartige Vereinbarungen wurden in der Praxis allerdings nicht geschlossen (BAGüS 2019, S. 6).

Eine ebenfalls neue Regelung im SGB XI ist § 13 Abs. 4a SGB XI, wonach der Träger der Pflegeversicherung, die Pflegekassen, mit Zustimmung der leistungsberechtigten Person ins Teilhabe- und Gesamtplanverfahren beratend einbezogen wird, sobald im Einzelfall Anhaltspunkte für eine Zusammentreffen von Leistungen der Pflegeversicherung und der Eingliederungshilfe bestehen. Mit Zustimmung des Menschen mit Behinderung übernimmt der Träger der Eingliederungshilfe auf der Grundlage des Bescheids der Pflegekasse die Leistungen der Pflegeversicherung. Ziel dieser Regelung

10.2 Schnittstelle zur Pflege (SGB XI/SGB XII)

ist es, für Menschen mit Behinderung und Pflegebedarf Leistungen wie aus einer Hand zu erbringen und Zuständigkeitsstreitigkeiten und Doppelbegutachtungen zu vermeiden. Der Spitzenverband der Pflegekassen und die Bundesarbeitsgemeinschaft der überörtlichen Träger der Sozialhilfe haben eine Empfehlung herausgegeben, die die Modalitäten der Übernahme und Durchführung der Leistungen sowie der Erstattung und Beteiligung des Trägers der Hilfe zur Pflege gemäß § 13 Abs. 4 SGB XI regeln soll.

Empfehlung des Spitzenverbandes Bund der Krankenkassen (GKV-Spitzenverband) und der Bundesarbeitsgemeinschaft der überörtlichen Träger der Sozialhilfe gem. § 13 Abs. 4 SGB XI

Die Empfehlungen des GKV-Spitzenverbandes und der Bundesgemeinschaft der überörtlichen Träger der Sozialhilfe ergänzen und konkretisieren die gesetzlichen Regelungen des § 13 Abs. 4 SGB XI. Die Leistungsträger versprechen sich von der Empfehlung eine bundesweit einheitliche Umsetzung der Vorschriften. Mit der Vereinbarung soll dem gesetzlichen Gleichrang zwischen der Eingliederungshilfe und der Pflege Rechnung getragen werden.

Der Geltungsbereich der Vereinbarung erstreckt sich nach § 1 der Empfehlung nur auf das Zusammentreffen von fortlaufenden Leistungen der Pflegeversicherung bei häuslicher Pflege und fortlaufenden Leistungen der Eingliederungshilfe und ggf. den Leistungen der Hilfe zur Pflege. Fortlaufende Leistungen der Eingliederungshilfe sind Leistungen, die die gleichberechtigte Teilhabe am Leben in der Gemeinschaft ermöglichen, insbesondere die selbstbestimmte und eigenverantwortliche Lebensführung im eigenen Wohnraum. Fortlaufende Leistungen der Pflegeversicherung sind Pflegesachleistungen nach § 36 SGB XI, der Umwandlungsanspruch nach § 45a SGB XI und der Entlastungsbetrag nach § 45b SGB XI. Auch die Leistungen der Verhinderungs- und Kurzzeitpflege nach § 39 bzw. 42 SGB XI und die Leistungen der Tages- und Nachtpflege nach § 41 SGB XI können Inhalt der Vereinbarung sein. Der Abschluss einer Vereinbarung ist für den Bereich des gemeinschaftlichen Wohnens ausgeschlossen.

Voraussetzung für das Zustandekommen der Vereinbarung ist gem. § 2 der Empfehlung die Zustimmung des Menschen mit Behinderungen oder der gesetzlichen Vertreter*in zum Abschluss einer Vereinbarung. Vor Abschluss des Teilhabe- oder Gesamtplanverfah-

10. Schnittstellen zu anderen Sozialleistungsbereichen

rens wird die Vereinbarung der leistungsberechtigten Person oder der gesetzlichen Vertreter*in erneut zur endgültigen Zustimmung vorgelegt. Nur bei mehrmaliger Zustimmung kann der Träger der Eingliederungshilfe die Leistungen der Pflegeversicherung und ggf. die Leistungen der Hilfe zur Pflege durchführen. Die Zustimmungen müssen schriftlich erfolgen. Der Empfehlung ist in der Anlage ein unverbindliches Muster für die Zustimmungserklärung beigefügt. Nach § 2 Empfehlung besteht nicht nur die Möglichkeit, eine Vereinbarung im Einzelfall zu schließen. Wo es sinnvoll ist, können Vereinbarungen auch für eine Mehrzahl gleich oder ähnlich gelagerter Fälle getroffen werden, beispielsweise in Wohngemeinschaften.

Die Modalitäten der Übernahme der Leistungen der Pflegekasse durch den Eingliederungshilfeträger werden in § 3 der Empfehlung geregelt. Die Pflegekasse entscheidet nach den für sie geltenden Rechtsvorschriften, welchen Anspruch auf Leistungen der Mensch mit Behinderungen hat und erlässt einen Bescheid über den Pflegegrad und die beantragten Leistungen. Auf der Grundlage dieses Bescheids übernimmt der Träger der Eingliederungshilfe diejenigen Leistungen, die im Rahmen des Teilhabe- oder Gesamtplans festgelegt wurden. Im Teilhabe- und Gesamtplanverfahren wird auch die Dauer der Übernahme der Leistungen durch den Träger der Eingliederungshilfe festgelegt. Für die Dauer der Vereinbarung ist der Mensch mit Behinderungen an die Vereinbarung gebunden. Nur bei wesentlichen Veränderungen, z. B. hinsichtlich des Bedarfs, der Lebensumstände oder Wünsche kann die Vereinbarung aufgehoben werden.

Die Modalitäten zur Durchführung der Leistungen durch den Träger der Eingliederungshilfe regelt § 4 der Empfehlung. Die Erbringung der Leistungen erfolgt durch einen oder mehrere geeignete Leistungserbringer. Geeignet ist ein Leistungserbringer, wenn er als Pflegedienst nach dem SGB XI zugelassen ist bzw. durch schriftliche Vereinbarung mit dem Eingliederungshilfeträger Leistungen der Eingliederungshilfe erbringen kann. Die Abrechnung der Leistungen der Leistungserbringer erfolgt nach den Vorgaben des jeweiligen Leistungsträgers.

Schon im Jahr 2019 planen die Leistungsträger die erste Evaluation der Empfehlungen. Diese werden dann in regelmäßigen Abständen überprüft und bei Bedarf angepasst. Im Zuge der Auswertung der Empfehlungen wird sich zeigen, ob das Ziel des Gesetzgebers, Leis-

10.2 Schnittstelle zur Pflege (SGB XI/SGB XII)

tungen wie aus einer Hand für Menschen mit Behinderungen und Pflegebedarf zu erbringen, erreicht werden konnte. Ebenfalls bleibt abzuwarten, ob es durch den Abschluss von Vereinbarungen zu einer Einschränkung oder Verschiebung von Leistungen durch den Träger der Eingliederungshilfe gekommen ist.

Lebenslagenmodell

Die Leistungen der Pflegekasse sind nur als Teilleistungen konzipiert. Der pflegerische Bedarf, der nicht durch diese Leistungen gedeckt werden kann, muss von der pflegebedürftigen Person selbst getragen werden. Bestehen die finanziellen Ressourcen zur Deckung des verbleibenden Bedarfs nicht, kann die pflegebedürftige Person ergänzende Hilfe zur Pflege erhalten. Die Hilfe zur Pflege ist weiterhin im SGB XII geregelt. Treffen Leistungen der Eingliederungshilfe und der Hilfe zur Pflege zusammen, sieht der Gesetzgeber zur Regelung der Schnittstelle ab 2020 das sog. Lebenslagenmodell nach § 103 Abs. 2 SGB IX vor.

Menschen mit Behinderungen, die Leistungen der Eingliederungshilfe sowie Leistungen der Hilfe zur Pflege erhalten und im Erwerbsleben stehen, erhalten die Leistungen aus einer Hand im Rahmen der Eingliederungshilfe. Entscheidend ist bei dieser Vorschrift, dass die Leistungen der Eingliederungshilfe nicht in einer Einrichtung oder Räumlichkeit im Sinne des § 43a SGB XI i.V.m. § 71 Abs. 4 SGB XI erbracht werden, und der Mensch mit Behinderungen bereits Leistungen der Eingliederungshilfe vor dem Eintreten der Regelaltersrente im Sinne des SGB VI erhalten hat. Eine Bedürftigkeitsprüfung über die Gewährung von Leistungen der Hilfe zur Pflege nach SGB XII entfällt für diesen Personenkreis, da die Leistungen der Eingliederungshilfe auch die Leistungen der Hilfe zur Pflege umfassen und der Träger der Eingliederungshilfe über diese Leistungen entscheidet. Aus der gesetzlichen Regelung geht allerdings nicht eindeutig hervor, welche rechtliche Bedeutung das Wort „umfasst" hat. Fraglich ist, ob die Hilfe zur Pflege zur Leistung der Eingliederungshilfe wird oder sie den Rechtscharakter der Hilfe zur Pflege behält (BAGüS 2019, S. 12).

Menschen, die erst nach Erreichen der Regelaltersrente eine Behinderung erwerben und gleichzeitig Anspruch auf Leistungen der Hilfe zur Pflege haben, erhalten die Leistungen nicht im Rahmen der Eingliederungshilfe. Die Leistungen der Hilfe zur Pflege nach

10. Schnittstellen zu anderen Sozialleistungsbereichen

dem 7. Kapitel des SGB XII werden nach Prüfung der Bedürftigkeit durch den Träger der Hilfe zur Pflege gewährt. Die günstigeren Regelungen bei der Heranziehung von Einkommen und Vermögen nach Kapitel 7 SGB IX greifen für diesen Personenkreis nicht.

Mit dem Lebenslagenmodell möchte der Gesetzgeber vermeiden, dass leistungsberechtigte Personen allein aus Gründen der vorteilhafteren Regelungen zur Heranziehung des Einkommens und Vermögens nach Kapitel 9 SGB IX ein Leben im häuslichen Umfeld oder einer betreuten Wohnform aufgeben, um in eine Räumlichkeit im Sinne des § 43a SGB XI zu ziehen. Er beabsichtigt mit der Einführung des Lebenslagenmodells die Selbstbestimmung von Menschen zu stärken, die trotz ihrer Behinderung und Pflegebedürftigkeit im Erwerbsleben stehen. Aufgrund der Erwerbstätigkeit geht der Gesetzgeber davon aus, dass die Leistungen der Eingliederungshilfe, im Speziellen die Teilhabe am Leben in der Gemeinschaft, im Vordergrund stehen, und es daher gerechtfertigt ist, die Leistungen der Eingliederungshilfe und die ergänzenden Leistungen der Hilfe zur Pflege aus einer Hand im Rahmen der Eingliederungshilfe zu gewähren.

Der Gesetzgeber versucht die Schnittstelle zwischen Eingliederungshilfe, Pflege und Hilfe zur Pflege im häuslichen Bereich durch den Gleichrang der beiden Systeme und dem Lebenslagenmodell zu regeln. Ob diese Maßnahmen wirken und ausreichen, die Abgrenzungsproblematik und die Zuständigkeitsstreitigkeiten zu verhindern, kann zum gegenwärtigen Zeitpunkt noch nicht beurteilt werden.

> **Evaluation der Schnittstelle zur Pflege (SGB XI/SGB XII)**
> Nach Artikel 25 Abs. 3 Bundesteilhabegesetz (BTHG) sollen die zum 1. Januar 2020 in Kraft tretenden Verfahren und Leistungen nach Artikel 1 Teil 2 BTHG in den Jahren 2017-2021 modellhaft erprobt und wissenschaftlich begleitet werden. Die Umsetzung des Rangverhältnisses von Leistungen der Eingliederungshilfe und Leistungen der Pflege (§ 91 Abs. 3 und § 103 Abs. 2 SGB IX) ist ein wesentlicher Regelungsbereich, der durch Modellprojekte bei ausgewählten Leistungsträgern erprobt wird.

10.2 Schnittstelle zur Pflege (SGB XI/SGB XII)

Verhältnis Eingliederungshilfe und Pflege in gemeinschaftlichen Wohnformen

In § 103 Abs. 1 SGB IX wird geregelt, dass die Leistungen der Eingliederungshilfe in Einrichtungen oder Räumlichkeiten im Sinne des § 43a SGB XI i.V.m. § 71 Abs. 4 SGB XI auch die Pflegeleistungen in diesen Einrichtungen oder Räumlichkeiten umfassen. Stellt der Leistungserbringer fest, dass die Pflege in der Einrichtung oder Räumlichkeit nicht mehr sichergestellt werden kann, vereinbart er mit dem Träger der Eingliederungshilfe und der zuständigen Pflegekasse, dass die Leistung bei einem anderen Leistungserbringer erbracht wird. Die Entscheidung zur Vorbereitung einer Vereinbarung erfolgt im Rahmen der Gesamtplanung nach Kapitel 7 SGB IX. Den Wünschen des Menschen mit Behinderungen soll dabei Rechnung getragen werden, sofern sie angemessen sind. Die Vorschrift zur Regelung für Menschen mit Behinderungen und Pflegebedarf in gemeinschaftlichen Wohnformen wurde inhaltsgleich aus § 55 SGB XII-alt übernommen.

Die Fortführung der Sonderregelung bedeutet, dass Menschen mit Behinderungen, die in gemeinschaftlichen Wohnformen leben, weiterhin nicht den vollen Zugang zu Leistungen der Pflegeversicherung erhalten. Die Regelung der pauschalen Abgeltung von Pflegeleistungen bleibt bestehen. Die Pflegeversicherung beteiligt sich gemäß § 43a SGB XI mit derzeit maximal 266 Euro monatlich am Aufwand für die pflegerische Versorgung. Das Festhalten des Gesetzgebers an der Sonderregelung ist bei den Spitzenverbänden der Freien Wohlfahrtspflege und bei den Fachverbänden auf heftige Kritik gestoßen, da diese Regelung nicht mit dem politisch gesetzten Ziel eines modernen Teilhaberechts und der UN-BRK vereinbar ist. Ebenso wie die Regelung, dass die Träger der Eingliederungshilfe mit der Pflegekasse und dem Leistungserbringer gemeinsam über einen geeigneteren Ort der Leistungserbringung entscheiden. Besonders für Menschen mit Behinderungen, die einen hohen Unterstützungsbedarf haben, darf diese Regelung nicht dazu führen, dass Eingliederungshilfe als zusätzliche Leistung in Pflegeeinrichtungen erbracht wird. Mit der vorgesehenen Trennung der Fachleistung von den existenzsichernden Leistungen war bei vielen Menschen mit Behinderungen die Hoffnung verbunden, dass diese Sonderregelung abgeschafft wird.

10. Schnittstellen zu anderen Sozialleistungsbereichen

Mit der Auflösung der Unterscheidung in ambulante und (teil-)stationäre Maßnahmen und der Beschränkung der Eingliederungshilfe auf die Fachleistung, wird die Neufassung des § 43a SGB XI notwendig, der bisher das Verfahren der Kostenbeteiligung der Pflegekasse für Menschen mit Behinderungen in stationären Einrichtungen der Eingliederungshilfe regelt. Der § 43a SGB XI wird zukünftig auch auf Räumlichkeiten Anwendung finden.

Was sind Räumlichkeiten?

§ 71 Abs. 4 SGB XI definiert, was unter dem Begriff Räumlichkeiten zu verstehen ist. Von Räumlichkeiten wir gesprochen, wenn

- der Zweck des Wohnens von Menschen mit Behinderung und die Erbringungen von Leistungen der Eingliederungshilfe für diese im Vordergrund steht,
- auf deren Überlassung das Wohn- und Betreuungsvertragsgesetz Anwendung findet,
- der Umfang der Gesamtversorgung der dort wohnenden Menschen mit Behinderung durch Leistungserbringer regelmäßig einen Umfang erreicht, der weitgehend der Versorgung in einer vollstationären Einrichtung entspricht.

Ob eine Einrichtung im Sinne des Gesetzes eine Räumlichkeit ist, wird in der Gesamtbetrachtung der drei Kriterien entschieden. Der Spitzenverband der Pflegekassen soll noch im Jahr 2019 eine Richtlinie erlassen, die festlegt, wann von einem Versorgungsumfang, der weitestgehend der Versorgung einer vollstationären Einrichtung entspricht, gesprochen werden kann. Liegen alle drei Kriterien vor, zahlt die Pflegekasse weiterhin lediglich den Pauschalbetrag von derzeit maximal 266 Euro pro Monat pro Bewohner*in zur Abgeltung der Pflegeleistungen.

10.3 Schnittstelle zur Kinder- und Jugendhilfe (SGB VIII)

In den Kinder- und Jugendberichten wird bereits seit 1990 eine Zusammenführung der Leistungen für Kinder mit und ohne Behinderung im SGB VIII gefordert. In den vergangenen Jahrzehnten wurde diese „Große Lösung" immer wieder kontrovers diskutiert. Auch fast dreißig Jahre später gibt es in der Bundesrepublik Deutschland leider immer noch kein Hilfesystem, das alle Kinder und Jugendlichen, unabhängig, ob mit oder ohne Behinderungen, umfasst. 2013 haben die damaligen Regierungsparteien im Koalitionsvertrag vereinbart, dass die Kinder- und Jugendhilfe zu einem inklusiven Hilfesystem weiterentwickelt werden soll. Anstatt von „Großer Lösung" wird nun von der „Inklusiven Lösung" gesprochen, aber umgesetzt wurde diese bis dato nicht. Die jetzige Koalition ist deutlich zurückgerudert und äußert sich nur noch zaghaft zur inklusiven Lösung.

In der Praxis gibt es immer wieder Schnittstellenprobleme, wenn es um Zuständigkeiten der Leistungsträger geht. Betroffen hiervon sind insbesondere Kinder, die sich an der Schwelle eines IQ von 70 befinden. Ab einem IQ unter 70 gilt man als geistig behindert und zuständig sind dann die Träger der Eingliederungshilfe. Für Kinder mit einer seelischen Behinderung sind in der Regel die örtlichen Jugendhilfeträger zuständig. Oft lässt sich aber gar nicht eindeutig klären, ob vorrangig eine geistige oder seelische Behinderung vorliegt. Schwierigkeiten gibt es auch bei der Zuständigkeitsklärung, wenn Kinder eine sogenannte Mehrfachbehinderung haben, sprich wenn zwei oder mehrere Behinderungen aufeinandertreffen.

Beispielsweise bei Tom. Der Junge ist zehn Jahre alt und hat eine seelische Behinderung und zusätzlich ein Cochlea Implantat. Welche Behinderung ist nun als vorrangig zu bewerten? Ist die seelische Behinderung vorrangig, dann sind die örtlichen Jugendhilfeträger für die Hilfeleistung zuständig. Ist die Hörbehinderung jedoch vorrangig, dann sind die Träger der Eingliederungshilfe zuständig.

Die Öffentliche Jugendhilfe ist Rehabilitationsträger für Kinder und Jugendliche mit seelischen Behinderungen nach § 35a SGB VIII. Es bleibt zu hoffen, dass der § 25 SGB IX, welcher die Zusammenarbeit der Rehabilitationsträger regelt, künftig Abhilfe bei Zuständigkeits- und Abgrenzungsfragen schafft.

Nichtsdestotrotz sollte die Politik hier nach fast dreißigjähriger Diskussion den Worten endlich Taten folgen lassen und ein inklusives Hilfesystem für ALLE Kinder installieren. Kinder sind in erster Linie Kinder und nicht behindert.

10.4 Schnittstelle zur Sozialhilfe (SGB XII)

§ 93 SGB IX stellt klar, dass es ein Nebeneinander von Leistungen der Eingliederungshilfe nach Teil 2 des SGB IX und sozialhilferecht-

10. Schnittstellen zu anderen Sozialleistungsbereichen

lichen Hilfeleistungen möglich ist, da es – so der Gesetzgeber – keine Überschneidungen gibt:

„Eine Regelung des Vor-/Nachrangverhältnisses ist nicht erforderlich. Es sind weiterhin für Personen, bei denen besondere Lebensverhältnisse mit sozialen Schwierigkeiten verbunden sind, Leistungen nach dem Achten Kapitel des Zwölften Buch zu gewähren. Ebenso ist alten Menschen in bisherigem Umfang Altenhilfe zu gewähren. Auch künftig sind blinde Menschen im Sinne der Eingliederungshilfe-neu wesentlich behindert bzw. erheblich teilhabeeingeschränkt und haben aus diesem Grunde neben der Eingliederungshilfe nach Maßgabe der Vorschriften des Teils 2 des SGB IX zusätzlich einen Anspruch auf Leistungen der Blindenhilfe" (vgl. Deutscher Bundestag, Drucksache 18/9522, 2016, S. 272).

Gleichrangige SGB XII-Leistungen

- Hilfe zum Lebensunterhalt (§§ 27 ff. SGB XII)
- Grundsicherung im Alter und bei Erwerbsminderung (§§ 41 ff. SGB XII)
- Hilfe zur Überwindung besonderer sozialer Schwierigkeiten (§§ 67 ff. SGB XII)
- Altenhilfe (§ 71 SGB XII)
- Blindenhilfe (§ 72 SGB XII)

Die Hilfen zur Gesundheit (§§ 47 ff. SGB XII) gehen den Leistungen der Eingliederungshilfe vor, wenn sie zur Beseitigung einer Beeinträchtigung mit drohender erheblicher Teilhabeeinschränkung geeignet sind (vgl. § 93 Abs. 3 SGB IX).

10.5 Schnittstelle zur Sozialhilfe (SGB XII) – Besondere Wohnform

„Wie Menschen denken und leben, so bauen und wohnen sie", soll Johann Gottfried von Herder laut diverser Zitatensammlungen einmal gesagt haben.

Für Menschen mit Behinderungen gibt es eine lange Tradition der Wohnmöglichkeit in einem Heim. Anfang des 19. Jahrhunderts wurden erste Heime oder Anstalten geschaffen, um Menschen, die Erziehung, Pflege oder Hilfestellung benötigten, außerhalb

10.5 Schnittstelle zur Sozialhilfe (SGB XII) – Besondere Wohnform

ihrer Familien eine Wohn-, Betreuungs-, Pflege- oder Erziehungsmöglichkeit zu bieten. Die Bedingungen des Lebens in solch einer Einrichtung haben sich über viele Jahrzehnte sicherlich deutlich verbessert. Zugleich wird diese Form des Wohnens und Unterstützt-Werdens immer wieder infrage gestellt, sicher auch deshalb, weil die Menschen selten mit viel Vorfreude und Begeisterung in ein Heim einziehen.

Neben dem weiteren Ausbau von alternativen Hilfsangeboten wird es auch zukünftig noch Wohnformen geben, in denen an einem Standort mehrere Personen zusammenleben, die eine ähnliche Form von Hilfe von einer Gruppe von Personen annehmen und die über die Größe einer Wohngemeinschaft hinausgehen.

Im Zuge des Gesetzgebungsverfahrens wurden nun Schritte unternommen, die bisherige Wohnform des Heims in ihrer pauschal refinanzierten Form durch Tagessätze einschneidend zu verändern.

In den folgenden zwei Abschnitten beschreiben wir, wie zukünftig leistungsrechtlich das Wohnen in einer sogenannten „besonderen Wohnform" aussehen wird und was es mit der viel diskutierten Trennung von Fachleistungen und Leistungen zur Existenzsicherung auf sich hat:

Besondere Wohnform

Vor der Einführung des Bundesteilhabegesetzes gab es in Deutschland im Wesentlichen Leistungen der Eingliederungshilfe in sogenannter ambulanter oder stationärer Form. Daneben gibt es aus Sicht des Gesetzgebers Formen des Wohnens, die nicht eindeutig ambulantem oder stationärem Wohnen zuordenbar sind. Stationäres Wohnen wird mit dem Begriff des „Heims" assoziiert.

Wie schon in Kapitel 2 bei den Wunsch- und Wahlrechten dargelegt wurde, verpflichtet Artikel 19 der UN-Behindertenrechtskonvention die Vertragsstaaten dazu, wirksame und geeignete Maßnahmen zu treffen, um zu gewährleisten, dass

a. Menschen mit Behinderungen gleichberechtigt die Möglichkeit haben, ihren Aufenthaltsort zu wählen und zu entscheiden, wo und mit wem sie leben, und nicht verpflichtet sind, in besonderen Wohnformen zu leben,

b. Menschen mit Behinderungen Zugang zu einer Reihe von gemeindenahen Unterstützungsdiensten zu Hause und in Einrich-

10. Schnittstellen zu anderen Sozialleistungsbereichen

tungen sowie zu sonstigen gemeindenahen Unterstützungsdiensten haben, einschließlich der persönlichen Assistenz, die zur Unterstützung des Lebens in der Gemeinschaft und der Einbeziehung in die Gemeinschaft sowie zur Verhinderung von Isolation und Absonderung von der Gemeinschaft notwendig ist,

c. gemeindenahe Dienstleistungen und Einrichtungen für die Allgemeinheit Menschen mit Behinderungen auf der Grundlage der Gleichberechtigung zur Verfügung stehen und ihren Bedürfnissen Rechnung tragen.

Der Begriff der „Besonderen Wohnform" wird im Bundesteilhabegesetz im § 104 Abs. 3 SGB IX aufgegriffen. An dieser Stelle geht es um die Berücksichtigung der Wünsche der leistungsberechtigen Personen durch die Formulierung, dass dem Wohnen außerhalb einer besonderen Wohnform der Vorzug zu geben ist, wenn dies von der leistungsberechtigten Person gewünscht und eine Prüfung der Angemessenheit und Zumutbarkeit erfolgt ist (s. Kapitel 2).

Bislang wurden in vollstationären Einrichtungen sowohl Betreuungs- und Versorgungsleistungen als auch existenzsichernde Leistungen und Wohnangebote erbracht. In Vergütungsvereinbarungen waren pauschale Tagessätze verhandelt, die sich aus einer Maßnahmepauschale, einer Grundpauschale und einem Investitionsbetrag zusammensetzten. Das Bundesteilhabegesetz stellt nun vor die Anforderung, in besonderen Wohnformen Fachleistungen von existenzsichernden Leistungen zu trennen.

Für Menschen mit Behinderungen in besonderen Wohnformen, die Anspruch auf Leistungen nach dem SGB XI (soziale Pflegeversicherung) haben, stellt sich die Frage, ob sich durch die Gesetzgebung des Bundesteilhabegesetzes Änderungen ergeben. Hierzu gibt es in § 43a SGB XI die Regelung, dass die Pflegeversicherung sich mit einer pauschalen Leistung an den in der Einrichtung der Behindertenhilfe erbrachten Pflegeleistung beteiligt. Das Bundesministerium für Arbeit und Soziales schreibt in seiner Broschüre „Häufige Fragen zum Bundesteilhabegesetz" auf Seite 33: „Eine Aufhebung oder Aussetzung der Regelung, dass sich die soziale Pflegeversicherung in stationären Einrichtungen der Behindertenhilfe an den Pflegeleistungen mit einer pauschalen Leistung (bis zu 266 Euro/mtl.) beteiligt, ist nicht vorgesehen. Die Rechtswirkungen des § 43a SGB XI sollen erhalten bleiben." Auch in Zukunft soll es also möglich bleiben, für Menschen mit Behinderungen in be-

10.5 Schnittstelle zur Sozialhilfe (SGB XII) – Besondere Wohnform

sonderen Wohnformen, die Fachleistungen der Eingliederungshilfe erhalten, gemäß § 43 a SGB XI auch Pflegeleistungen zu erbringen und diese pauschal refinanziert zu bekommen.

Die existenzsichernden Leistungen umfassen zwei große Bereiche, nämlich die Kosten für die Unterkunft und die Kosten für den Lebensunterhalt. Die Herausforderung für besondere Wohnformen ist die Zuordnung von Flächen zu Wohnfläche oder zu Flächen, in denen Fachleistungen erbracht werden.

In § 42a SGB XII ab 2020 werden folgende Wohnformen unterschieden:

Wohnformen nach § 42a SGB XII

- Wohnung ist die Zusammenfassung mehrerer Räume, die von anderen Wohnungen oder Wohnräumen baulich getrennt sind und die in ihrer Gesamtheit alle für die Führung eines Haushalts notwendigen Einrichtungen, Ausstattungen und Räumlichkeiten umfassen.
- Persönlicher Wohnraum ist ein Wohnraum, der Leistungsberechtigten allein oder zu zweit zur alleinigen Nutzung überlassen wird.
- Zusätzliche Räumlichkeiten sind Räume, die Leistungsberechtigten zusammen mit weiteren Personen zur gemeinsamen Nutzung überlassen werden.

Die Trennung von Leistungen zur Teilhabe und Leistungen der Existenzsicherung

Bislang wurde in vollstationären Einrichtungen der notwendige Lebensunterhalt, die Kosten für Wohnraum sowie die Leistungen der Eingliederungshilfe als Komplexleistung erbracht. In den dafür ausgehandelten Pauschalen waren sämtliche notwendigen Kosten zur Versorgung und Betreuung der Menschen mit Behinderungen beinhaltet. Der Tagessatz gliederte sich in Grund- und Maßnahmepauschale sowie einen Investitionsbetrag. Folglich wurden auch die Kosten für Unterkunft, Heizung sowie den Lebensunterhalt vom Träger der Sozialhilfe an die Einrichtungen bezahlt. Die Menschen mit Behinderungen erhielten monatlich einen Barbetrag zur freien Verfügung sowie weitere Leistungen wie beispielsweise Kleider-

10. Schnittstellen zu anderen Sozialleistungsbereichen

geld. Das System war überwiegend einrichtungszentriert und nur wenig personenzentriert.

Durch die Herauslösung der Eingliederungshilfe aus dem SGB XII und die Überführung in das SGB IX soll sich dies nun ändern. Existenzsichernde Leistungen, also Kosten für Unterkunft und Heizung sowie der notwendige Lebensunterhalt, werden ab 1. Januar 2020 für Menschen mit Behinderungen von den Trägern der Sozialhilfe erbracht und zwar unabhängig davon, wie sie wohnen. Es erfolgt keine Unterscheidung mehr in Zusammensetzung, Höhe und Erbringung zu leistungsberechtigten Personen, die außerhalb von stationären Einrichtungen leben. Somit erfolgt eine Gleichstellung aller erwachsenen Menschen mit Behinderungen.

Trennung der Leistung

Komplexleistung (§§ 75 u. 76 SBG XII)
- Grundpauschale für Unterkunft und Verpflegung
- Maßnahmenpauschale für pädagogische / pflegerische Betreuung
- Investitionsbetrag für Anlagen und Ausstattung

Trennung

Fachleistungen der Eingliederungshilfe – SGB IX
- Personaleinsatz
- Fachleistung

Leistungen zur Existenzsicherung – SGB XII
- Lebensunterhalt
- Unterkunft

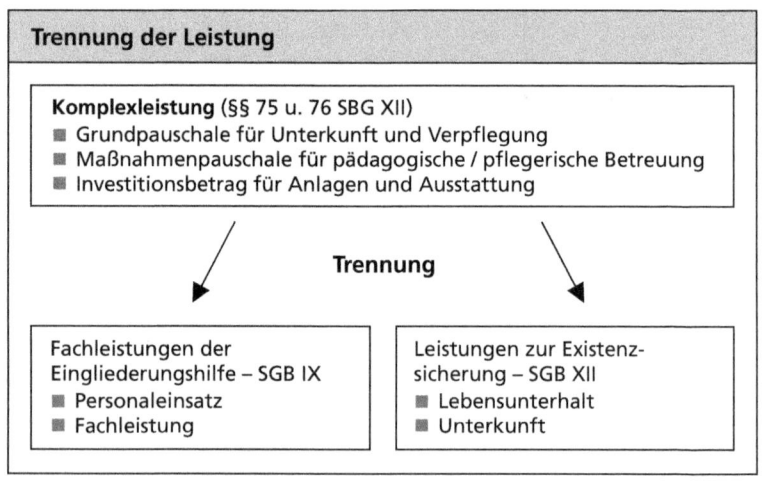

Abbildung 13: Trennung der Leistung

Nach § 27a SGB XII umfasst der notwendige Lebensunterhalt „insbesondere Ernährung, Kleidung, Körperpflege, Hausrat, Haushaltsenergie ohne die auf Heizung und Erzeugung von Warmwasser entfallenden Anteile, persönliche Bedürfnisse des täglichen Lebens sowie Unterkunft und Heizung".

Die Regelungen zu den Kosten der Unterkunft finden sich in § 42a SGB XII-neu. Als Bedarf werden die tatsächlichen Aufwendungen, sofern sie angemessen sind, für

10.5 Schnittstelle zur Sozialhilfe (SGB XII) – Besondere Wohnform

- persönliche Räumlichkeiten, die alleine oder zu zweit bewohnt werden,
- persönlich genutzte, (teil-)möblierte Räumlichkeiten und
- für Gemeinschaftsräume

ganz oder anteilig berücksichtigt.

Die tatsächlichen Aufwendungen gelten als angemessen, wenn sie die Höhe der durchschnittlichen angemessenen tatsächlichen Aufwendungen für die Warmmiete eines Einpersonenhaushalts im örtlichen Zuständigkeitsbereich nicht überschreiten.

Sollten die tatsächlichen Aufwendungen die Angemessenheitsgrenze überschreiten, können um bis zu 25 Prozent höhere Aufwendungen anerkannt werden. Voraussetzung hierfür ist, dass die leistungsberechtigte Person die höheren Aufwendungen durch einen Vertrag nachweisen kann, in dem zusätzliche Kosten für

- Zuschläge für Möblierungen,
- Wohn- und Wohnnebenkosten, wenn diese im Verhältnis zu vergleichbaren Wohnformen angemessen sind,
- Haushaltsstrom, Instandhaltungen von persönlichen Räumlichkeiten und den Räumlichkeiten zur gemeinschaftlichen Nutzung sowie der Ausstattung mit Haushaltsgroßgeräten,
- Gebühren für Telekommunikation sowie Gebühren für den Zugang zu Rundfunk, Fernsehen und Internet

gesondert ausgewiesen sind.

Sollten die tatsächlichen Kosten der Unterkunft die Angemessenheitsgrenze um mehr als 25 Prozent übersteigen, umfassen die Leistungen nach Teil 2 des SGB IX auch diese Leistungen. Eine Deckelung von Wohnkosten ist somit im Grunde nicht möglich.

Am Beispiel von einem Menschen, der 2019 in einer stationären Eingliederungshilfeeinrichtung in Süddeutschland lebt, veranschaulichen wir die Umstellung.

Beispiel:

Herr K., ein erwachsener Mann Ende 30, erkrankte erstmals als junger Erwachsener an einer psychischen Erkrankung, die wiederkehrend auftritt. Herr K. begab sich zur Behandlung in eine psychiatrische Fachklinik. Der dortige Sozialdienst leitete

10. Schnittstellen zu anderen Sozialleistungsbereichen

das Gesamtplanverfahren ein und es wurde ein vollstationärer Hilfebedarf festgestellt und auch anerkannt. Einen Pflegegrad hat Herr K. nicht. Eine gesetzliche Betreuung wurde u. a. für die Aufgabenbereiche Vertretung gegenüber Behörden, Versicherungen, Renten- und Sozialversicherungsträgern, Vermögenssorge (alles ohne Einwilligungsvorbehalt) bestellt.

Herr K. zog in eine vollstationäre Einrichtung mit Tagesstruktur in Bayern. Zu diesem Zeitpunkt bezog Herr K. ALG II-Leistungen, die für die Zeit des Aufenthaltes in der Wohneinrichtung eingestellt wurden.

Der pauschale Tagessatz der Einrichtung beträgt 140 Euro. Davon wird für Herrn K. Essen und Trinken zur Verfügung gestellt, er bekommt Toilettenpapier, Bettwäsche, Spül- und Waschmittel. Er hat ein Zimmer in einer Wohngruppe, in der es auch gemeinsame Räume wie z. B. eine Gruppenküche gibt. Herr K. wird von einem multiprofessionellen Team unterstützt. Monatlich bekommt Herr K. zusätzlich einen Barbetrag in Höhe von 120,15 Euro zur freien Verfügung, der in der Einrichtung ausbezahlt wird. Außerdem bekommt Herr K. noch Bekleidungsbeihilfe, die er ebenfalls von der Einrichtung ausbezahlt bekommt. Monatlich sind dies 35,80 Euro.

Obwohl Herr K. nicht umzieht, wohnt er mit dem Jahreswechsel 2019/2020 nicht mehr in einer stationären Einrichtung. Herr K. wohnt dann in einer besonderen Wohnform. Er bekommt einen Wohn- und Betreuungsvertrag, in dem aufgelistet ist, was er für welche Leistung zahlen muss. Das sind

– Nettokaltmiete inklusive der Möblierung, der Instandhaltungskosten und der Haushaltgroßgeräte (z. B. Waschmaschine), die Herr K. benutzen kann,

– monatliche Betriebskosten,

– monatliche Heizkosten,

– Haushaltsstrom,

– Gebühren für Rundfunk, Fernsehen, Telefon, Internet.

Zusammen mit dem Geld, das Herr K. für seinen Lebensunterhalt bekommt – er bekommt in einer besonderen Wohnform den Regelsatz 2, an seinem Wohnort sind das 401 Euro –, wird Herrn K. die Miete auf sein eigenes Konto überwiesen.

10.5 Schnittstelle zur Sozialhilfe (SGB XII) – Besondere Wohnform

Herr K. muss seinem Vermieter die Miete weiterüberweisen. Wenn Herr K. zustimmt, kann er die Miete auch direkt vom Leistungsträger an den Vermieter überweisen lassen.

Außerdem muss Herr K. von seinem Regelsatz, den er auf sein Konto bekommt, die Leistungen bezahlen, die er neben dem Wohnen in der besonderen Wohnform, in der er lebt, in Anspruch nimmt (z. B. Essen, Trinken, Wäsche oder Toilettenpapier). Den Freibetrag nach § 119 Abs. 2 Satz 2 SGB IX (der ehemalige Barbetrag) und die Bekleidungspauschale kann Herr K. behalten.

Für die Miete verlangt der Betreiber der besonderen Wohnform 750 Euro pro Monat. Damit liegt Herr K.s Miete um 46 Prozent über der örtlichen Angemessenheitsgrenze von 516,58 Euro.

Nachdem Herr K. mit einem Mietvertrag nachweisen kann, dass die Kosten für Möblierung, Strom, Nebenkosten und Internet in der Miete beinhaltet sind, werden 25 Prozent der Angemessenheitsgrenze als höhere Kosten anerkannt. Herr K. bekommt also vom Leistungsträger SGB XII 645,73 Euro für die Miete. Das reicht noch nicht zur Deckung der Kosten. Deshalb bekommt Herr K. diese Leistung als Fachleistung in Höhe von 104,27 Euro vom Träger der Eingliederungshilfe nach SGB XII. Zusammen hat Herr K. dann 750 Euro und kann seine Miete bezahlen.

Das Geld, das Herr K. für die Fachleistung vom Leistungsträger der Eingliederungshilfe bekommt und von dem z. B. die Betreuungsleistungen bezahlt werden, bekommt Herr K. nicht auf sein Konto überwiesen. Das bekommt der Leistungserbringer direkt auf sein Konto überwiesen.

Unterstützung erhält Herr K. durch seine gesetzliche Betreuung, die in Zusammenarbeit mit dem Sozialdienst der Einrichtung bei der Beantragung der Leistungen und der Einrichtung notwendiger Daueraufträge helfend zur Seite steht.

10. Schnittstellen zu anderen Sozialleistungsbereichen

Abbildung 14: Zahlungsströme in besonderen Wohnformen

Leistungsvertragsrecht

11.	Leistungsvertragsrecht..	172
11.1	Allgemeine Grundsätze des Leistungsvertragsrechts......	173
11.2	Geeignete Leistungserbringer...	174
11.3	Grundsätze der Leistungs- und Vergütungsvereinbarung...	176
11.4	Wirtschaftlichkeits- und Qualitätsprüfung	179
11.5	Rahmenverträge zur Erbringung von Leistungen	180
11.6	Schiedsstelle..	182
11.7	Sonderregelungen zum Inhalt von Vereinbarungen zur Erbringung von Leistungen für minderjährige Leistungsberechtigte	183

11. Leistungsvertragsrecht

Holtkamp, Claudia

Das Leistungsvertragsrecht ist im 2. Teil des SGB IX im 8. Kapitel geregelt. Dieses Kapitel trat bereits mit Wirkung zum 1. Januar 2018 in Kraft und damit früher, als die anderen Kapitel des 2. Teils. Mit dem frühzeitigen Inkrafttreten des 8. Kapitels soll den potenziellen Vertragsparteien die Möglichkeit gegeben werden, rechtzeitig vor Inkrafttreten der weiteren Regelungen des 2. Teils des SGB IX die notwendigen Verträge für die Leistungserbringung mit Wirkung zum 1. Januar 2020 schließen zu können. Dies ist leider nur bedingt gelungen. In fast allen Ländern wurden Überleitungsvereinbarungen mit Gültigkeit ab dem 1. Januar 2020 getroffen, da es fast nicht möglich ist, innerhalb von zwei Jahren ein gesamtes Rahmenvertragswerk zu erarbeiten und mit allen Vertragspartnern abzustimmen.

Zu beachten ist, dass bis Ende 2019 noch auf Grundlage der bisherigen Regelungen gemäß §§ 75 ff. SGB XII unter Berücksichtigung der Übergangsregelung des § 139 SGB XII verhandelt wird.

Das Leistungsvertragsrecht der Eingliederungshilfe wurde aufgrund der Neuausrichtung der Eingliederungshilfe für Menschen mit Behinderungen grundlegend überarbeitet. Die inhaltlichen Änderungen betreffen insbesondere die Trennung der Fachleistung und existenzsichernden Leistungen sowie die erweiterten Steuerungsaufgaben des Trägers der Eingliederungshilfe durch die Einführung eines gesetzlichen Prüfungsrechts für die Träger der Eingliederungshilfe.

Mit der Überarbeitung unterliegt das Leistungsvertragsrecht weiterhin nicht dem Anwendungsbereich des europäischen Vergaberechts, da die Träger der Eingliederungshilfe weder öffentliche Aufträge im Sinne der RL 2014/24/EU noch Konzessionen im Sinne der RL 2014/23/EU vergeben. Die Eingliederungshilfe ist durch das sozialrechtliche Dreiecksverhältnis geprägt. Die Auswahl von Dienstleistungserbringern im sozialrechtlichen Dreiecksverhältnis fällt nicht unter das Vergaberecht (siehe RL 2014/23/EU), (vgl. Deutscher Bundestag, Drucksache 18/9522, 2016, S. 291).

11.1 Allgemeine Grundsätze des Leistungsvertragsrechts

Das sozialrechtliche Dreiecksverhältnis im SGB IX

```
                    Leistungsberechtigte
                       ↗          ↖
    privatrechtlicher Vertrag    öffentlich-rechtlicher Anspruch
    Hilfeleistungen gegen        auf Kostenübernahme;
    Zuzahlung                    Wunsch und Wahlrecht (§ 8 SGB IX)
         ↙                              ↘
                   Vereinbarungen gemäß
   Leistungserbringer    §§ 125 ff. SGB IX    Träger der
                    Leistungsvereinbarung,    Eingliederungshilfe
                    Vergütungsvereinbarung
```

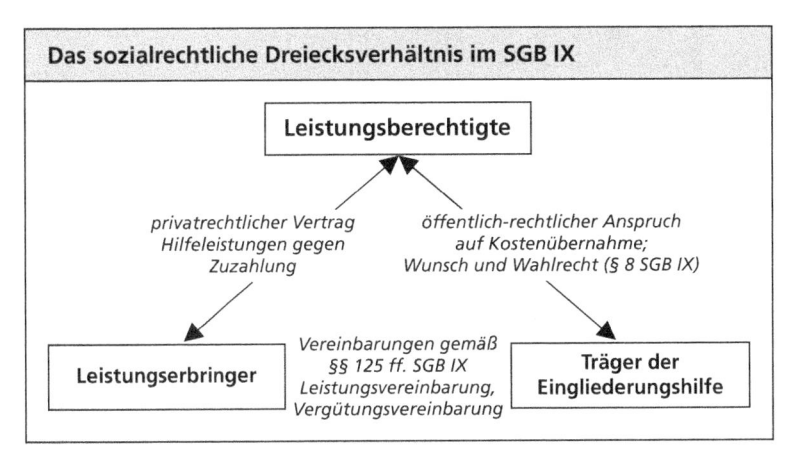

Abbildung 15: Das sozialrechtliche Dreiecksverhältnis im SGB IX

11.1 Allgemeine Grundsätze des Leistungsvertragsrechts

Das Leistungsvertragsrecht im SGB IX greift einige Grundsätze auf, die bisher im 10. Kapitel des SGB XII im §§ 75, 77 SGB XII geregelt waren. Aufgrund der Neuausrichtung der Eingliederungshilfe wurden darüber hinaus weitere Regelungen aufgenommen.

Neu aufgenommen wurde die Regelung, dass der Leistungserbringer gegen den Träger der Eingliederungshilfe einen Anspruch auf Vergütung der gegenüber dem Leistungsberechtigten erbrachten Leistungen der Eingliederungshilfe hat (§ 123 Abs. 6 SGB IX). Dies war bisher nur möglich, wenn der Eingliederungshilfeträger der privatrechtlichen Schuld der leistungsberechtigten Person nach dem Bürgerlichen Gesetzbuch (BGB) beitritt. 2008 und 2014 hat das Bundessozialgericht (BSG) in zwei Entscheidungen entschieden, dass der Bewilligungsbescheid, den die leistungsberechtigte Person erhalte, ein begünstigter Verwaltungsakt mit Drittwirkung sei, der zugleich einen Schuldbeitritt beinhalte (vgl. Dau, D.; Düwell, F.; Joussen, J., 2019, S. 484).

Auswirkungen auf das Verwaltungsverfahren hat künftig folgende Regelung *„Der Träger der Eingliederungshilfe darf Leistungen der Eingliederungshilfe ... nur bewilligen, soweit eine schriftliche Vereinbarung zwischen dem Träger des Leistungserbringers und dem*

11. Leistungsvertragsrecht

für den Ort der Leistungserbringung zuständigen Träger der Eingliederungshilfe besteht. (§ 123 Abs. 1 SGB IX)". Konkret bedeutet dies, dass eine Leistung erst bewilligt werden darf, wenn die leistungsberechtigte Person einen zugelassenen Leistungserbringer ausgewählt hat. Mit der Bewilligung verpflichten sich die Träger der Eingliederungshilfe zeitgleich auch auf die Vermittlung des Zugangs zu bedarfsgerechten Leistungen der Eingliederungshilfe.

Die Ergebnisse der Vereinbarungen müssen den leistungsberechtigten Personen in einer wahrnehmbaren Form zugänglich gemacht werden. Eine wahrnehmbare Form umfasst insbesondere auch die Leichte Sprache, die Verwendung von Gebärdensprache, Brailleschrift und alternativen ergänzenden Kommunikationsformen. Den leistungsberechtigten Personen wird mit dieser Regelung die Möglichkeit eröffnet, die unterschiedlichen Leistungserbringer und deren Angebotsstruktur zu vergleichen und somit ihr Wunsch- und Wahlrecht besser auszuüben.

In § 123 Abs. 4 SGB IX ist eine Aufnahmeverpflichtung der Leistungserbringer verankert. Besteht eine schriftliche Vereinbarung zwischen Leistungserbringer und dem Träger der Eingliederungshilfe, dann ist der Leistungserbringer verpflichtet, leistungsberechtigte Personen aufzunehmen und Leistungen der Eingliederungshilfe unter Beachtung der Inhalte des Gesamtplanverfahrens zu erbringen. Ausgenommen von dieser Regelung sind andere Leistungsanbieter gemäß § 60 SGB IX. Den Leistungserbringern ist vor diesem Hintergrund zu empfehlen, die möglichen Ausschlusskriterien innerhalb der Leistungsvereinbarung explizit aufzuführen.

Wie bisher im SGB XII geregelt, müssen die Vereinbarungen den Grundsätzen der Wirtschaftlichkeit, Sparsamkeit und Leistungsfähigkeit entsprechen und dürfen das Maß des Notwendigen nicht überschreiten. Schließt ein Leistungserbringer eine Vereinbarung mit dem für ihn zuständigen Träger der Eingliederungshilfe, dann ist diese Vereinbarung für alle übrigen Träger der Eingliederungshilfe im gesamten Bundesgebiet bindend.

11.2 Geeignete Leistungserbringer

In § 124 SGB IX ist geregelt, wer geeignete Leistungserbringer sind. Absatz 1 Satz 1 wurde inhaltsgleich aus dem § 75 Abs. 2 Satz 1 SGB XII übernommen. Diese Regelung betrifft das Subsidiaritätsprinzip. Das heißt, die Träger der Eingliederungshilfe dürfen keine

11.2 Geeignete Leistungserbringer

neuen Angebote schaffen, wenn geeignete gemeinnützige und/ oder gewerbliche Leistungserbringer vorhanden sind.

Folgende Voraussetzungen müssen geeignete Leistungserbringer erfüllen:

- Die Leistungen müssen wirtschaftlich und sparsam erbracht werden. Es ist eine dem Leistungsangebot entsprechende Anzahl an Fach- und anderem Betreuungspersonal zu beschäftigen.
- Das Fach- und Betreuungspersonal muss über die Fähigkeit zur Kommunikation mit den leistungsberechtigten Personen in einer für diesen Personenkreis wahrnehmbaren Form verfügen. Dies können spezifische Kommunikationsformen, wie Gebärdensprache, taktiles Gebärden, Lormen oder schriftliche Kommunikation in Brailleschrift sein.
- Das Fach- und Betreuungspersonal muss entsprechend seiner Persönlichkeit geeignet sein. Personal und Ehrenamtliche, die Kontakt mit den leistungsberechtigten Personen haben, dürfen von geeigneten Leistungserbringern nur beschäftigt werden, wenn diese nicht rechtskräftig wegen einer Straftat nach den §§ 171, 174 bis 174c, 176 bis 180a, 181a, 182 bis 184g, 184i, 184j, 201a Absatz 3, §§ 225, 232 bis 233a, 234, 235 oder 236 des Strafgesetzbuchs verurteilt worden sind. Bei der Einstellung des Personals und in regelmäßigen Abstand sollen sich die Leistungserbringer ein erweitertes Führungszeugnis vorlegen lassen und überprüfen, dass die Beschäftigten und Ehrenamtlichen nicht wegen Straftaten gegen die sexuelle und persönliche Selbstbestimmung vorbestraft sind.

Positiv zu bewerten ist, dass im § 124 Abs. 1 Satz 3 SGB IX der externe Vergleich gesetzlich verankert wurde. Das Bundessozialgericht (BSG) hat erstmals im Jahr 2009 entschieden, dass eine Vergütung immer wirtschaftlich anzusehen ist, wenn diese im unteren Drittel der vergleichbaren Leistungserbringer liegt. Ebenso kann die Vergütung auch als wirtschaftlich angesehen werden, wenn diese oberhalb des unteren Drittels liegt. In diesem Fall muss die Vergütung nachvollziehbar und auf einem höheren Aufwand beruhen und wirtschaftlich angemessen sein. Dies kann u. a. mit einem höheren Personalschlüssel, besonders qualifiziertem Personal, der Lage, Größe und Zuschnitt der Einrichtung begründet sein. Die Anwendung eines Tarifwerks wird grundsätzlich als wirtschaftlich angesehen. Es wird klargestellt, dass die Bezahlung der tariflich

11. Leistungsvertragsrecht

vereinbarten Vergütungen und entsprechende Vergütungen nach kirchlichen Arbeitsregelungen auch als wirtschaftlich angesehen werden, wenn diese aus diesem Grunde nicht im unteren Drittel liegen (vgl. Deutscher Bundestag, Drucksache 18/9522, 2016, S. 295).

In Absatz 3 wird geregelt, dass der Träger der Eingliederungshilfe Vereinbarungen vorrangig mit Leistungserbringern abzuschließen hat, deren Vergütung bei vergleichbarem Inhalt, Umfang und Qualität der Leistung nicht höher ist als die der anderen Leistungserbringer. In diesem Absatz wird noch einmal auf den externen Vergleich und seine Regelungen Bezug genommen.

Alle geeigneten Leistungserbringer, die die Voraussetzungen nach § 124 SGB IX erfüllen, haben ein Recht darauf, mit dem Träger der Eingliederungshilfe schriftliche Vereinbarungen gemäß § 125 SGB IX zu vereinbaren.

11.3 Grundsätze der Leistungs- und Vergütungsvereinbarung

Im bisherigen SGB XII gab es drei Vereinbarungen, die Leistungs-, die Vergütungs- und die Prüfungsvereinbarung. Im neuen Leistungsvertragsrecht der Eingliederungshilfe im SGB IX entfällt die Prüfungsvereinbarung aufgrund eines gesetzlich verankerten Prüfungsrechts (§ 128 SGB IX) zugunsten der Eingliederungshilfeträger.

Ab dem 1. Januar 2020 sind nur noch **eine** Leistungs- **und** Vergütungsvereinbarung zu schließen. In der Leistungsvereinbarung ist der Inhalt, Umfang und Qualität des Angebots geregelt. Neu ist, dass die Qualität der Leistungen auch die Wirksamkeit der Leistungen umfasst. Hier bleibt abzuwarten, wie die Überprüfung der Wirksamkeit in der Praxis umgesetzt werden wird.

Folgende Leistungsmerkmale sind gemäß § 125 Abs. 2 SGB IX mindestens in die Leistungsvereinbarung aufzunehmen:

- der zu betreuende Personenkreis,
- die erforderliche sächliche Ausstattung,
- Art, Umfang, Ziel und Qualität der Leistungen der Eingliederungshilfe,
- die Festlegung der personellen Ausstattung,
- die Qualifikation des Personals sowie

11.3 Grundsätze der Leistungs- und Vergütungsvereinbarung

- soweit erforderlich, die betriebsnotwendigen Anlagen des Leistungserbringers.

Diese Aufzählung ist nicht abschließend zu betrachten. Es steht den Vereinbarungspartnern frei, darüber hinaus weitere Leistungsmerkmale in die Leistungsvereinbarung aufzunehmen (vgl. Deutscher Bundestag, Drucksache 18/9522, 2016, S. 296).

Die Leistungsvereinbarung ist nach wie vor die Grundlage der Vergütungsvereinbarung. In der Vergütungsvereinbarung werden ausschließlich Vergütungsbestandteile berücksichtigt, die zuvor in der Leistungsvereinbarung aufgenommen wurden. In der Praxis empfiehlt es sich, alle relevanten Positionen, die vergütungsrelevant sind, sehr explizit in der Leistungsvereinbarung zu beschreiben. Diese Vorgehensweise kann sich unter Umständen auch positiv bei eventuellen Schiedsstellenverfahren auswirken.

Das Vergütungssystem verändert sich dahingehend, dass künftig keine Maßnahme- und Grundpauschale und ein Investitionsbetrag vereinbart werden (mit Ausnahme für Leistungen bei Minderjährigen gemäß § 134 SGB IX). Die Grundpauschale entfällt, da die Eingliederungshilfeleistungen von den Leistungen zum Lebensunterhalt getrennt werden. Die Maßnahmepauschale und der Investitionsbetrag für Fachleistungsflächen werden in eine Leistungspauschale zusammengefasst. Die Leistungspauschalen sind nach Gruppen von Leistungsberechtigten mit vergleichbarem Bedarf oder Stundensätzen sowie für die gemeinsame Inanspruchnahme durch mehrere leistungsberechtigte Personen (§ 116 Abs. 2 SGB IX) zu kalkulieren. Die Zuordnung vergleichbarer Bedarfe soll lediglich als Kalkulationsgrundlage dienen. Für die tatsächliche Leistungserbringung ist der Gesamtplan für jede einzelne leistungsberechtigte Person maßgebend. In Zukunft muss genau beobachtet werden, dass es durch den pauschalierten Ansatz gemäß § 125 Abs. 3 Satz 3 SGB IX nicht zu einer Unterdeckung eines persönlichen Bedarfs kommt.

Abweichend von den Leistungspauschalen können andere geeignete Verfahren zur Vergütung und Abrechnung der Fachleistung angewendet werden. Werden andere Verfahren angewendet, dann ist in jedem Fall die Interessensvertretung der Menschen mit Behinderung zu beteiligen.

Die besonderen Vorschriften für Werkstätten für Menschen mit Behinderung (WfbM) werden im § 125 Abs. 4 SGB IX geregelt. Die Vergütungsvereinbarung für Werkstätten und andere Leistungs-

11. Leistungsvertragsrecht

anbieter berücksichtigen zusätzlich die mit der wirtschaftlichen Betätigung in Zusammenhang stehenden Kosten, wenn diese unter Berücksichtigung der besonderen Verhältnisse beim Leistungserbringer und der dort beschäftigten Menschen mit Behinderung nach Art und Umfang über die in einem Wirtschaftsunternehmen üblicherweise entstehenden Kosten hinausgehen. Zudem ist in diesem Absatz geregelt, dass das Arbeitsergebnis nicht zu einer Absenkung der Vergütung führen darf.

Der Leistungserbringer und der Träger der Eingliederungshilfe können jeweils zu Verhandlungen auffordern. Die Aufforderung muss in schriftlicher Form erfolgen (§ 126 Abs. 1 SGB IX). Die Träger der Eingliederungshilfe können künftig auch einen unbestimmten Kreis von Leistungserbringern auffordern, ihr Interesse am Abschluss einer Vereinbarung zu bekunden. Bekunden Leistungserbringer ihr Interesse, richtet sich das Verfahren, Abschluss und Inkrafttreten der Vereinbarung nach dem Leistungsvertragsrecht der Eingliederungshilfe, dem 8. Kapitel (vgl. Deutscher Bundestag, Drucksache 18/9522, 2016, S. 297).

Vergütungsvereinbarungen werden grundsätzlich prospektiv für einen künftigen Wirtschaftszeitraum geschlossen. § 127 SGB IX regelt, dass nachträgliche Ausgleiche ausgeschlossen sind, da mit der Zahlung der vereinbarten Vergütung alle während des Vereinbarungszeitraums entstandenen Ansprüche des Leistungserbringers auf Vergütung der Leistung der Eingliederungshilfe als abgegolten gelten. Kommt es zu unvorhergesehenen Änderungen der Annahmen, die der Vergütungsvereinbarung oder der Entscheidung der Schiedsstelle über die Vergütung zugrunde lagen, kann für den laufenden Vereinbarungszeitraum neu verhandelt werden (§ 127 Abs. 3 SGB IX). Diese Regelung kann nur in absoluten Ausnahmefällen angewendet werden. Tarifsteigerung beispielsweise zählt nicht zu unvorhergesehenen Änderungen, da mit diesen in unregelmäßigen Abständen gerechnet werden muss. Im neuen Eingliederungshilferecht wurde aufgenommen, dass sich die zu zahlende Vergütung nach dem Betrag, der der leistungsberechtigten Person vom zuständigen Träger der Eingliederungshilfe bewilligt worden ist, bestimmt. Da künftig der Bewilligungsbescheid erst erfolgt, wenn die leistungsberechtigte Person sich für einen Leistungserbringer entschieden hat (§ 123 Abs. 1 SGB IX), ist diese Vorgehensweise nun möglich. Sind Leistungspauschalen nach Gruppen von Leistungsberechtigten kalkuliert worden, wird die Vergütung nach der

Gruppe bezahlt, in der sich die leistungsberechtigte Person nach Einstufung durch den Träger der Eingliederungshilfe befindet.

Investitionsmaßnahmen müssen nach wie vor durch den Träger der Eingliederungshilfe zugestimmt werden, wenn diese während des laufenden Vereinbarungszeitraums getätigt werden. Nur bei einer Zustimmung zu der Maßnahme kann eine Erhöhung der Vergütung auf Grund von Investitionsmaßnahmen erfolgen (§ 127 Abs. 2 SGB IX).

In das neue Vertragsrecht wurde die bisherige Regelung aufgenommen, dass nach Ablauf des Vereinbarungszeitraums die vereinbarte oder durch die Schiedsstelle festgesetzte Vergütung bis zum Inkrafttreten einer neuen Vereinbarung weiter gilt. In der Praxis bedeutet dies, dass die Vergütungsvereinbarung vor Neuverhandlungen nicht gekündigt werden muss, im Gegensatz zur Leistungsvereinbarung.

11.4 Wirtschaftlichkeits- und Qualitätsprüfung

Mit dem § 128 SGB IX wird ein Prüfrecht der Träger der Eingliederungshilfe im Gesetz verankert. Die bisherige Prüfungsvereinbarung entfällt. Die Träger der Eingliederungshilfe können künftig soweit tatsächliche Anhaltspunkte dafür bestehen, dass ein Leistungserbringer seine vertraglichen oder gesetzlichen Pflichten nicht erfüllt, die Wirtschaftlichkeit und Qualität einschließlich der Wirksamkeit prüfen. Die Prüfung kann der Träger der Eingliederungshilfe selbst durchführen oder jemanden Dritten beauftragen. Um Doppelprüfungen zu vermeiden, arbeiten die Träger der Eingliederungshilfe mit den Trägern der Sozialhilfe, mit den für die Heimaufsicht zuständigen Behörden sowie dem Medizinischen Dienst der Krankenkassen (MDK) zusammen (§ 128 Abs. 1 SGB IX).

§ 128 SGB IX sieht Prüfungen bei tatsächlichen Anhaltspunkten vor. Die Länder können von der Einschränkung auf anlassbezogene Prüfungen abweichen und auch anlasslose Prüfungen zulassen, dies ist zum Beispiel in Bayern für die Qualitätsprüfung der Fall. Die Prüfungen können gemäß dem 2. Absatz auch ohne vorherige Ankündigung erfolgen. Die Prüfung erstreckt sich immer auf Inhalt, Umfang, Wirtschaftlichkeit und Qualität einschließlich der Wirksamkeit der erbrachten Leistungen. Eine Leistung, die nicht wirksam ist, wird grundsätzlich als unwirtschaftlich angesehen. Aus diesem Grund ist die Prüfung der Wirksamkeit der Leistung vom Prüfrecht erfasst. Wie eine Prüfung der Wirksamkeit in der Praxis aussehen

11. Leistungsvertragsrecht

kann, ist bis dato noch nicht entschieden. Mit hoher Wahrscheinlichkeit werden hier die einzelnen Länder ganz unterschiedliche Prüfverfahren anwenden.

Die Prüfergebnisse sind nicht nur dem Leistungserbringer schriftlich zur Verfügung zu stellen, sondern auch den leistungsberechtigten Personen in einer wahrnehmbaren Form. Konkret bedeutet dies, dass Menschen mit einer Sehbehinderung künftig den Prüfbericht in Brailleschrift und Menschen mit einer geistigen Behinderung den Prüfbericht in leichter Sprache erhalten müssten. Dieses Recht sollte künftig im jeden Fall von den Betroffenen und auch den Leistungserbringern vom Träger der Eingliederungshilfe eingefordert werden.

Wird bei der Prüfung festgestellt, dass der Leistungserbringer seine gesetzlichen oder vertraglichen Pflichten ganz oder teilweise nicht eingehalten hat, ist der Träger der Eingliederungshilfe gemäß § 129 SGB IX berechtigt, die vereinbarte Vergütung für die Dauer der Pflichtverletzung zu kürzen. Über die Höhe des Kürzungsbetrags ist zwischen den Vertragsparteien Einvernehmen herzustellen. Kommt eine Einigung nicht zustande, entscheidet auf Antrag einer Vertragspartei die Schiedsstelle (§ 129 Abs. 1 Satz 2 und 3 SGB IX).

In letzter Konsequenz kann der Träger der Eingliederungshilfe die Vereinbarung mit dem Leistungserbringer fristlos kündigen, wenn ihm ein Festhalten an den Vereinbarungen aufgrund einer groben Verletzung einer gesetzlichen oder vertraglichen Verpflichtung durch den Leistungserbringer nicht mehr zumutbar ist (§ 130 SGB IX). Eine außerordentliche Kündigung durch den Leistungserbringer ist gesetzlich nicht vorgesehen.

11.5 Rahmenverträge zur Erbringung von Leistungen

In jedem Bundesland schließen die Träger der Eingliederungshilfe mit den Vereinigungen der Leistungserbringer gemeinsam und einheitlich Rahmenverträge ab. Diese Rahmenverträge beziehen sich auf die schriftliche Leistungs- und Vergütungsvereinbarung nach § 125 SGB IX. Die Ausgestaltung wird in den sechzehn Ländern sehr unterschiedlich sein. § 131 SGB IX gibt lediglich vor, welche Inhalte die Rahmenverträge zu bestimmen haben. Nachfolgende Aufzählung gilt abschließend, weitere Inhalte sind nicht vorgesehen:

11.5 Rahmenverträge zur Erbringung von Leistungen

- die nähere Abgrenzung der den Vergütungspauschalen und -beträgen nach § 125 Abs. 1 SGB IX zugrunde zu legenden Kostenarten und -bestandteile sowie die Zusammensetzung der Investitionsbeträge nach § 125 Abs. 2 SGB IX,
- den Inhalt und die Kriterien für die Ermittlung und Zusammensetzung der Leistungspauschalen, die Merkmale für die Bildung von Gruppen mit vergleichbarem Bedarf nach § 125 Abs. 3 Satz 3 SGB IX sowie die Zahl der zu bildenden Gruppen,
- die Höhe der Leistungspauschale nach § 125 Abs. 3 Satz 1 SGB IX,
- die Zuordnung der Kostenarten und -bestandteile nach § 125 Abs. 4 Satz 1 SGB IX,
- die Festlegung von Personalrichtwerten oder anderen Methoden zur Festlegung der personellen Ausstattung,
- die Grundsätze und Maßstäbe für die Wirtschaftlichkeit und Qualität einschließlich der Wirksamkeit der Leistungen sowie Inhalt und Verfahren zur Durchführung von Wirtschaftlichkeits- und Qualitätsprüfungen und
- das Verfahren zum Abschluss von Vereinbarungen.

Es bleibt abzuwarten, bis zu welchem Zeitpunkt es die Länder geschafft haben, neue Rahmenverträge abzuschließen. Der ursprüngliche Plan, bereits im Sommer 2019 die Rahmenverträge in den einzelnen Ländern geschlossen zu haben, ist zum jetzigen Stand nicht aufgegangen. In den meisten Fällen wurde eine Überleitung in das neue Recht vereinbart, da es fast unmöglich war, innerhalb kürzester Zeit ein komplett neues Rahmenvertragswerk auf die Beine zu stellen.

Neu und sehr positiv zu bewerten ist, dass die durch Landesrecht bestimmten maßgeblichen Interessensvertretungen der Menschen mit Behinderung an der Erarbeitung und Beschlussfassung der Rahmenverträge mitwirken (§ 131 Abs. 2 SGB IX). Diese neue Regelung dient der besseren Partizipation der leistungsberechtigten Personen. Ebenso wird die Position der Menschen mit Behinderung deutlich gestärkt (s. Kapitel 3.3).

Abweichend von den Rahmenverträgen können die Träger der Eingliederungshilfe mit den Trägern der Leistungserbringern, neue Zielvereinbarungen abschließen. Diese sollen der Erprobung und Weiterentwicklung von Leistungs- und Finanzierungsstrukturen dienen. Zu beachten ist, dass die individuellen Leistungsansprüche der leistungsberechtigten Personen unberührt bleiben (§ 132 SGB IX).

11.6 Schiedsstelle

Im Vertragsrecht der Sozialhilfe (SGB XII) konnte die Schiedsstelle nach sechs Wochen angerufen werden, wenn es nach schriftlicher Aufforderung zu keiner Einigung hinsichtlich der Vergütungsvereinbarung kam. Nach dem neuen Recht ist die gesamte Leistungs- und Vergütungsvereinbarung schiedsstellenfähig. Es ist sehr positiv zu bewerten, dass ab dem 1. Januar 2020 auch die Leistungsvereinbarung schiedsstellenfähig wird. Die Schiedsstelle kann jedoch erst angerufen werden, wenn es innerhalb von drei Monaten nach schriftlicher Aufforderung zur Verhandlung zu keiner Einigung kommt. Der Gesetzgeber begründet diese zeitliche Ausweitung der Frist damit, dass sich die Frist von sechs Wochen in der Praxis als zu kurz erwiesen hat. Vereinbarungen und Schiedsstellenentscheidungen treten zu dem darin bestimmten Zeitpunkt in Kraft. Wird ein Zeitpunkt nicht bestimmt, wird die Vereinbarung mit dem Tag ihres Abschlusses wirksam. Festsetzungen der Schiedsstelle werden, soweit keine Festlegung erfolgt ist, rückwirkend mit dem Tag wirksam, an dem der Antrag bei der Schiedsstelle eingegangen ist (§ 126 Abs. 3 SGB IX).

Die weiteren Regelungen zur Schiedsstelle befinden sich im § 133 SGB IX. Demnach ist für jedes Land oder Teile eines Landes eine Schiedsstelle zu bilden. Die Schiedsstellenbesetzung hat sich im neuen Recht nicht geändert. Weiterhin besteht die Schiedsstelle aus Vertreter*innen der Leistungserbringer und Vertreter*innen der Träger der Eingliederungshilfe in gleicher Zahl sowie einem/r unparteiischen Vorsitzenden. Nach wie vor führen die Mitglieder der Schiedsstelle ihr Amt als Ehrenamt. Sie sind an Weisungen nicht gebunden. Jedes Mitglied hat eine Stimme. Die Entscheidungen werden mit der Mehrheit der Mitglieder getroffen. Der/die Vorsitzende entscheidet, sollte sich keine Mehrheit ergeben (§ 133 Abs. 4 SGB IX).

Die genaue Ausgestaltung der Schiedsstellen ist in jedem Land anders geregelt, da die Landesregierungen ermächtigt werden, durch Rechtsverordnungen das Nähere zu bestimmen über:

- die Zahl der Schiedsstellen,
- die Zahl der Mitglieder und deren Bestellung,
- die Amtsdauer und Amtsführung,
- die Erstattung der baren Auslagen und die Entschädigung für den Zeitaufwand der Mitglieder der Schiedsstelle,
- die Geschäftsführung,
- das Verfahren,
- die Erhebung und die Höhe der Gebühren,
- die Verteilung der Kosten,
- die Rechtsaufsicht sowie
- die Beteiligung der Interessenvertretungen der Menschen mit Behinderungen.

11.7 Sonderregelungen zum Inhalt von Vereinbarungen zur Erbringung von Leistungen für minderjährige Leistungsberechtigte

Der § 134 SGB IX regelt die Sonderregelung zum Inhalt von Vereinbarungen zur Erbringung von Leistungen für minderjährige Leistungsberechtigte. Für diesen Personenkreis wird die Trennung der Fachleistung von den existenzsichernden Leistungen nicht vollzogen. Es bleibt weiterhin der Trias Maßnahmepauschale, Grundpauschale (Unterkunft und Verpflegung) und Investitionsbetrag bestehen.

Für diese Personengruppe sind ebenfalls künftig nur noch eine Leistungs- und Vergütungsvereinbarung zu schließen, die Prüfungsvereinbarung entfällt. Die Leistungsvereinbarung regelt Inhalt, Umfang und Qualität einschließlich der Wirksamkeit der Leistungen. Folgende wesentliche Leistungsmerkmale sind in die Leistungsvereinbarung aufzunehmen:

- die betriebsnotwendigen Anlagen des Leistungserbringers,
- der zu betreuende Personenkreis,
- Art, Ziel und Qualität der Leistung,
- die Festlegung der personellen Ausstattung,

11. Leistungsvertragsrecht

- die Qualifikation des Personals sowie die erforderliche sächliche Ausstattung.

Der Träger der Eingliederungshilfe ist für minderjährige Leistungsberechtigte auch für die Hilfe zum Lebensunterhalt zuständig. Aus diesem Grund sind in der Vergütungsvereinbarung die Grundpauschale für Unterkunft und Verpflegung sowie ein Betrag für betriebsnotwendige Anlagen einschließlich ihrer Ausstattung aufzunehmen. Die Maßnahmepauschale ist nach wie vor nach Gruppen für Leistungsberechtigte mit vergleichbarem Bedarf zu kalkulieren.

Die Sonderregelung für Kinder und Jugendliche wird auf junge Volljährige ausgedehnt, wenn diese Leistungen zur Schulbildung oder zur schulischen Ausbildung für einen Beruf erhalten. Voraussetzung ist, dass die Leistungen in besonderen Ausbildungsstätten über Tag und Nacht für Menschen mit Behinderung erbracht werden.

Unabhängig von dieser Sonderregelung gilt das neue Recht in allen Teilen auch für Kinder und Jugendliche. Dies gilt insbesondere für das neue Leistungsvertragsrecht und die Verbesserung bei Einkommen und Vermögen (vgl. Deutscher Bundestag, Drucksache 18/9522, 2016, S. 301).

12. Abschließende Gedanken – noch kein Ende

Das Bundesteilhabegesetz ist nach einem langen Entwicklungsprozess zur Reform der Eingliederungshilfe mit dem Ziel an den Start gegangen, nichts weniger als einen Paradigmenwechsel für die Teilhabe von Menschen mit Behinderungen in Deutschland auf den Weg zu bringen. Ein modernes Teilhaberecht sollte geschaffen werden, um Menschen mit Behinderungen mehr Selbstbestimmung in ihrem Leben und gleichberechtigte Teilhabe in der Gesellschaft zu ermöglichen. Darin waren sich Politik, professionelle Experten und die Experten in eigener Sache einig. Schließlich stellt die auch von Deutschland ratifizierte UN-Behindertenrechtskonvention entsprechend hohe Anforderungen.

Mit einem aufwendigen Beteiligungsprozess und dem daraus hervorgegangenen Gesetzentwurf hat die Regierungskoalition in der 18. Legislaturperiode bei vielen Menschen mit und ohne Behinderungen hohe Erwartungen auf einen grundlegenden Wandel in der Behindertenpolitik geweckt. Dabei wurde aus unserer Sicht aber nie wirklich diskutiert und konsentiert, was denn das explizit Moderne an dem neuen Teilhaberecht sein könnte. Die Vorstellungen blieben so vielfältig unterschiedlich, wie die jeweiligen Erwartungen und Hoffnungen hoch waren.

Die in diesem Buch zusammengetragenen Informationen und Erläuterungen zu dem Gesetz und den Änderungen in den verschiedenen Sozialgesetzbüchern und nachrangigen Verordnungen geben allen Leserinnen und Lesern die Möglichkeit, sich einen eigenen Eindruck über die Auswirkungen der Reform der Eingliederungshilfe zu verschaffen und darüber hinaus die Frage zu beantworten, ob das BTHG nun der versprochene – oder erwartete – große Wurf der Behindertenpolitik sei.

Einige der Neuregelungen haben das Potenzial, die Lebenssituation von Menschen mit Behinderungen im Sinne der Leitgedanken der UN-Behindertenrechtskonvention zu verbessern. Dazu gehören

- das Budget für Arbeit,
- die Förderung von Modellvorhaben im Bereich der betrieblichen Prävention,
- die Elternassistenz,
- die Stärkung der Schwerbehindertenvertretung in Betrieben,

12. Abschließende Gedanken – noch kein Ende

- die Stärkung der Mitwirkungsmöglichkeiten für Menschen mit Behinderung in anerkannten Werkstätten für behinderte Menschen (WfbM),
- die ergänzende unabhängige Teilhabeberatung oder
- die Regelungen zum Einsatz von Einkommen und Vermögen.

Nicht alle Menschen mit Behinderungen werden allerdings in gleichem Maße vom BTHG profitieren. Etliche Personengruppen, die auf Teilhabeleistungen angewiesen sind, ihren Lebensunterhalt aber nicht aus eigener Kraft erwirtschaften können und deshalb Leistungen der Grundsicherung im Alter und bei Erwerbsminderung benötigen, werden in der Praxis keine großen Auswirkungen auf ihre Selbstbestimmungs- und Teilhabemöglichkeiten erleben.

Selbstverständlich ist die Aufhebung der Unterscheidung von ambulanten, teilstationären und stationären Leistungen bzw. die personenzentrierte (Fach-)Leistungserbringung der Eingliederungshilfe unabhängig vom Wohnort als Ort der Leistungserbringung ein echter Paradigmenwechsel. Die damit verbundenen komplexen Leistungs- und Verfahrensregelungen werden in jedem Fall hohe Anforderungen an die Menschen mit Behinderungen, ihre Angehörigen sowie an Bezugspersonen und rechtliche Betreuer*innen stellen. Die bisherigen Erfahrungen aus der Lebenswelt der Menschen, die auf Grundsicherungsleistungen für den Lebensunterhalt und die Wohnkosten angewiesen sind, zeigen aber, dass mit dieser Veränderung nicht automatisch die Lebenssituation verbessert wird. Und der damit verbundene Verweis von Menschen mit Behinderungen, die aufgrund ihrer individuellen Beeinträchtigungen dauerhaft kein wirtschaftlich auskömmliches Erwerbseinkommen erzielen können, auf die Leistungen der Grundsicherung, stellt im Grunde eine fortwährende, möglicherweise sogar stärkere Diskriminierung dar. Ein echter Nachteilsausgleich sieht jedenfalls anders aus.

Aus Sicht des Paritätischen in Bayern ist das BTHG ein Anfang auf dem Weg zur Verbesserung von Selbstbestimmung und Teilhabe von Menschen mit Behinderungen, aber noch lange nicht sein Ende. So positiv die neuen paradigmatischen Grundlagen für das gesellschaftliche und fachliche Verständnis von Behinderung, von Unterstützungsbedarfen und von Hilfsangeboten für Menschen mit Behinderungen auch sind, die konkrete Umsetzung der Regelungen in die Lebenssituation der leistungsberechtigten Personen hinein wird v. a. von der Zielsetzung geprägt werden, die Kostendynamik

12. Abschließende Gedanken – noch kein Ende

im Bereich der Eingliederungshilfe zu dämpfen. Das ist bei den laufenden Verhandlungen in den Ländern zur Neugestaltung des Leistungsvertragsrechts der Eingliederungshilfe sehr deutlich zu spüren – finanzielle Spielräume zur Entwicklung neuer Ansätze und Leistungsangebote gibt es nicht.

Es bleibt zu hoffen, dass das BTHG tatsächlich ein „lernendes" Gesetz ist, dessen Lücken und Fehler in Bezug auf die Umsetzung der Zielsetzungen seiner Erfinder*innen offengelegt und Impulse zur Weiterentwicklung ermöglicht werden. Politik und Verwaltungen, Expert*innen in eigener Sache und professionelle Fachkräfte sind aufgerufen, diese Umsetzung in den kommenden Jahren kritisch und konstruktiv zu begleiten, damit aus dem Anfang auch ein gutes Ende oder zumindest ein guter Prozess wird.

Das Autor*innen-Team

Das Autor*innen-Team
Von hinten links: Claudia Holtkamp, Kerstin Schrader, Andrea Strasser, Angela Küster
Von vorne links: Klaus Lerch, Davor Stubican, Jan Gerspach

12. Abschließende Gedanken – noch kein Ende

Das Autor*innen-Team

Claudia Holtkamp
Fachberatung Behindertenhilfe und Entgelte SGB IX/SGB XII, Paritätischer in Bayern, Bezirksverband Oberbayern

Angela Küster
Fachberatung Behindertenhilfe und Entgelte SGB IX/SGB XII, Paritätischer in Bayern, Bezirksverband Oberbayern

Klaus Lerch
Referat Teilhabe von Menschen mit Behinderungen, Paritätischer in Bayern, Landesverband Bayern

Kerstin Schrader
Einrichtungsleitung Übergangseinrichtung, PARITÄTISCHE Sozialpsychiatrisches Zentrum München gGmbH

Andrea Strasser
Kaufmännische Leitung, PARITÄTISCHE Sozialpsychiatrisches Zentrum München gGmbH

Davor Stubican
Referat Psychiatrie und Suchthilfe, Paritätischer in Bayern, Landesverband Bayern

Jan Gerspach
Ressortleitung Leben mit Behinderung, Sozialverband VdK Bayern e.V.

13. Literaturverzeichnis

Letzter Abruf der Internetquellen war am 31. Juli 2019.

Abgeordnetenhaus Berlin (2017): Drucksache 18/0490, Berlin

AG Personenzentrierung, Bundesministerium für Arbeit und Soziales - BMAS (2018): Empfehlungen für die personenzentrierte Leistungserbringung in bisherigen stationären Einrichtungen der Behindertenhilfe, Berlin

BAGüS – Bundesarbeitsgemeinschaft der überörtlichen Träger der Sozialhilfe (2019): Orientierungshilfe zu den Leistungen zur Sozialen Teilhabe in der Eingliederungshilfe, abrufbar unter: www.lwl.org/spur-download/bag/BAGueS_Orientierungshilfe_Leistungen_Sozialen_Teilhabe.pdf

Bundesarbeitsgemeinschaft für Rehabilitation (2015): Trägerübergreifende Beratungsstandards. Handlungsempfehlungen zur Sicherstellung guter Beratung in der Rehabilitation, Frankfurt

Bundesarbeitsgemeinschaft für Rehabilitation (2019): Gemeinsame Empfehlung Reha-Prozess, Frankfurt, abrufbar unter: www.bar-frankfurt.de/fileadmin/dateiliste/publikationen/empfehlungen/downloads/GEReha-Prozess.BF01.pdf

Bundesgesetzblatt Jahrgang (2016) Teil I Nr. 66, Bonn

Bundesministerium für Arbeit und Soziales, Wolfgang Rombach, Leiter der Unterabteilung Vb Sozialhilfe (2017): Fakten – Das neue Bundesteilhabegesetz, abrufbar unter: www.deutscher-verein.de/de/uploads/vam/2017/f-9906-17/sozialdezernententagung-17-bthg_bthg_rombach.pdf

Bundesministerium für Arbeit und Soziales (2018): Häufige Fragen zum Bundesteilhabegesetz (BTHG). Stand: 25. Oktober 2018, abrufbar unter: www.bmas.de/SharedDocs/Downloads/DE/PDF-Schwerpunkte/faq-bthg.pdf?__blob=publicationFile&v=12

Bundesregierung (2016): Entwurf eines Gesetzes zur Stärkung der Teilhabe und Selbstbestimmung von Menschen mit Behinderungen (Bundesteilhabegesetz – BTHG)

Dau, H./Düwell, F./Joussen, J. (2019): Sozialgesetzbuch IX, Lehr- und Praxiskommentar, 5. Aufl., Baden-Baden: Nomos Verlag

13. Literaturverzeichnis

Deusch in LPK-SGB IX, § 49 in: Dirk H. Dau, Prof. Franz Josef Düwell, Prof. Dr. Jacob Joussen (Hrsg.): Sozialgesetzbuch IX – Rehabilitation und Teilhabe von Menschen mit Behinderungen, Baden-Baden: Nomos Verlag

Deutscher Bundestag (2016): Drucksache 18/9522, Entwurf eines Gesetzes zur Stärkung der Teilhabe und Selbstbestimmung von Menschen mit Behinderungen (Bundesteilhabegesetz – BTHG), abrufbar unter: https://dip21.bundestag.de/dip21/btd/18/095/1809522.pdf

Deutscher Bundestag (2001): Drucksache 14/5074, Entwurf eines Sozialgesetzbuchs – Neuntes Buch – (SGB IX) Rehabilitation und Teilhabe behinderter Menschen, abrufbar unter: http://dip21.bundestag.de/dip21/btd/14/050/1405074.pdf

Deutscher Bundestag, Ausschuss für Arbeit und Soziales (2016): Ausschussdrucksache 18(11)857, Änderungsantrag der Fraktionen der CDU/CSU und der SPD zu dem Entwurf eines Gesetzes zur Stärkung der Teilhabe und Selbstbestimmung von Menschen mit Behinderungen (Drucksache 18/9522), abrufbar unter: https://docplayer.org/31336319-Deutscher-bundestag-ausschussdrucksache-18-11-857-ausschuss-fuer-arbeit-und-soziales-29-november-wahlperiode.html

DIMDI – Deutsches Institut für Medizinische Dokumentation und Information (2005): Internationale Klassifikation der Funktionsfähigkeit, Behinderung und Gesundheit (ICF), Köln

Engel H./Schmitt-Schäfer T. (2019): Gesamtplanverfahren nach dem BTHG: personenzentrierte Instrumente zur Bedarfsermittlung. ARCHIV für Wissenschaft und Praxis der sozialen Arbeit, 2019 Heft 1, S. 38-48

Gemeinsamer Bundesausschuss 2017: Richtlinie über die Verordnung von Heilmitteln in der vertragsärztlichen Versorgung des Gemeinsamen Bundesausschuss der Ärzte und Krankenkassen, abrufbar unter: www.g-ba.de/richtlinien/12/

Knoche, T. (2019): Bundesteilhabegesetz Reformstufe 3: Neue Eingliederungshilfe. Vergleichende Gegenüberstellung/Synopse, Regensburg: Walhalla Fachverlag

Landessozialgericht Berlin Brandenburg (2010): Urteil vom 15.04.2010 – Az. L 23 SO 277/08

Liebig/Amalsky in LPK-SGB IX, § 64 und § 68 in: Dirk H. Dau, Prof. Franz Josef Düwell, Prof. Dr. Jacob Joussen (Hrsg.): Sozialgesetzbuch

13. Literaturverzeichnis

IX – Rehabilitation und Teilhabe von Menschen mit Behinderungen, Baden-Baden: Nomos Verlag

Nordenfelt, L. (2003): Action theory, disability and ICF. Disability & Rehabilitation, Vol. 25, No. 18, 1075-1079

Obermayr, U. (2017): Grundlagen des Rehabiliationsrechts, Regensburg: Walhalla Fachverlag

Plagemann, H. (2018): Kurzgutachten zur Auslegung des § 131 Abs. 2 SGB IX, abrufbar unter: www.teilhabegesetz.org/media//Ottmars_ Dateien/181009_Gutachten_Prof_Dr_Plagemann_Mitwirkung_Rahmenvertraege.pdf

Reharecht 2016: Bericht zum Workshop im Rahmen des DVfR-Kongresses, abrufbar unter: www.reha-recht.de/fileadmin/user_upload/ RehaRecht/Diskussionsforen/Forum_D/2017/D6-2017_DVfR-Kongress_2016_Bericht_zu_Workshop.pdf

Rentsch, H. P./ Bucher, P. O. (2005): ICF in der Rehabilitation. Die praktische Anwendung der internationalen Klassifikation der Funktionsfähigkeit, Behinderung und Gesundheit im Rehabilitationsalltag, Idstein: Schulz-Kirchner Verlag

Rombach, W. für BMAS (2017): Fakten – Das neue Bundesteilhabegesetz, abrufbar unter: www.deutscher-verein.de/de/uploads/vam/ 2017/f-9906-17/sozialdezernententagung-17-bthg_bthg_rombach. pdf

Schuntermann, M. F. (2004): Einführung in die Internationale Klassifikation der Funktionsfähigkeit, Behinderung und Gesundheit (ICF) der Weltgesundheitsorganisation (WHO) unter besonderer Berücksichtigung der sozialmedizinischen Begutachtung und Rehabilitation, abrufbar unter: www.pulsmesser.ch/wp-content/uploads/2010/11/ICF-Grundkurs.pdf

Senatsverwaltung für Integration, Arbeit und Soziales (2018): Voruntersuchung zur Struktur im Bereich der Eingliederungshilfe, gfa public, Berlin

Studentenwerk (2019): Mit Beeinträchtigung ins Ausland, abrufbar unter: https://www.studentenwerke.de/de/content/mit-beeintr%C3%A4chtigung-ins-ausland-sonderf%C3%B6rdermittelnutzen

VDEK (2011): Rahmenvereinbarung über den Rehabilitationssport und das Funktionstraining, abrufbar unter: https://www.vdek.com/

13. Literaturverzeichnis

vertragspartner/vorsorge-rehabilitation/Reha-Sport/_jcr_content/par/download/file.res/bar_rvrehasport_ft_2011.pdf

Walhalla (2018): Bundesteilhabegesetz Reformstufe 2: Das neue SGB IX. Vergleichende Gegenüberstellung/Synopse, Regensburg: Walhalla Fachverlag

Zinsmeister in LPK-SGB IX, § 75 und § 112 in: Dirk H. Dau, Prof. Franz Josef Düwell, Prof. Dr. Jacob Joussen (Hrsg.): Sozialgesetzbuch IX – Rehabilitation und Teilhabe von Menschen mit Behinderungen, Baden-Baden: Nomos Verlag

Netzliteratur

www.bag-ub.de

www.bar-frankfurt.de

www.behindertenrechtskonvention.info/uebereinkommen-ueber-die-rechte-von-menschen-mit-behinderungen-3101

www.bmas.de/DE/Schwerpunkte/Inklusion/Fragen-und-Antworten/fragen-und-antworten.html

www.dimdi.de/dynamic/de/klassifikationen/icf

www.rehadat-adressen.de

www.reha-recht.de

www.umsetzungsbegleitung-bthg.de

Stichwortverzeichnis

Abgrenzungsproblematik zu Leistungen der Pflege 149
Alleinerziehende 65
Allgemeinbildende Schule 79
Alltagsbewältigung 87
Alltagserledigungen 86
Altenhilfe 162
Anderer Leistungsanbieter 72, 73
– Umsetzungsstand Bundesländer 74
Angemessenheit 38
Angemessenheitsgrenze 167
Anlasslose Prüfungen 179
Ansprechstelle, Informationsangebote 56
Antragstellung 43, 50, 102, 137
Arbeitgeber, Leistungen an 68
Arbeit, Recht auf 66
Arbeitsassistenz 69
Arbeitsbereich 72, 74
Arbeitsmarkt 67
Arbeitsplatzakquise 70
Arbeitsplatzerhaltung, -erlangung 69
Arbeitsprozess 112
Arbeitsverhältnis, sozialversicherungspflichtiges 77
Arzt, Wahlfreiheit 66
Assistenz 133
– Fahrtkosten 88
– persönliche 37
– Soziale Teilhabe 85
– Wohnraumbedarf 85
Assistenzkraft für Schüler 83
Assistenzleistungen 85
– Abgrenzung zur Pflege 152
– Ausgestaltung 87

Aufenthaltsort 37
Aufnahmeverpflichtung der Leistungserbringer 174
Ausbildung 69
Ausbildungsgeld 99
Auslandsstudium 81

Bedarfsermittlung 110
– Begriff 111
– Eingliederungshilfe 115
– individuelle, funktionsbezogene 112
– Kinder und Jugendliche 135
– Kriterien 130
– Zielorientierung 113, 131
Bedarfsermittlungsinstrument
– Bundesländer 116
– Eingliederungshilfe 116
– einheitliches 111
Bedarfsfeststellungsverfahren 102
Beeinträchtigung, Begriff 31
Beförderungsdienst 92
Begleitete Elternschaft 87
Begleitperson 65
Begleitung 87
Behinderungsbegriff 29
Beitrag 142, 143
Beitragsfreiheit 83, 144
Bemessungsgrenzen 144
Benachteiligungsverbot 16
Beratungsanspruch 48
Beratungsleistungen 49
Beratungsstandards, trägerübergreifende 107
Berufliche Bildungsmaßnahmen 69
Berufsausbildung, schulische 79

Stichwortverzeichnis

Berufsausübung, Hilfen zur 69
Berufsbildungsbereich 71
Berufsfachschule 80
Berufsvorbereitung 69
Beschäftigungsfähigkeit 67
Besondere Wohnformen 37, 163
– Zahlungsströme 172
Besuchsbeihilfen 94
Betreuung in einer Pflegefamilie 90
Betreuungspersonal 175
Betriebshilfe 65, 99
Bewilligungsbescheid 174, 178
Bildungsleistungen 79
Bio-psycho-soziales Modell 29, 62, 112, 118
Blindenhilfe 162
Blindentechnische Grundausbildung 91
Brailleschrift 50, 174, 175
Budget für Arbeit 76
Bundesagentur für Arbeit 55, 64, 71, 74
Bundesarbeitsgemeinschaft für Rehabilitation 57, 106, 114
Bundesteilhabegesetz
– Reformstufen 22
– Struktur 17
– Ziele 23, 67

Chronische Krankheit 63
Computer, barrierefreie 93

Dialogisches Verfahren 129
Dienstleistung 42
Digitale Unterstützungsmedien 82
Diskriminierungsverbot 66
Dokumentation des Teilhabeprozesses 137

Doppelausstattung mit Hilfsmitteln 93
Dreiecksverhältnis, sozialrechtliches 173

Ehrenamt 88
Eigenbeitrag 142, 143
Eigenständige Lebensführung 86
Eingliederungshilfeträger
– Beratungsleistungen 49
– Bundesländer 51
– Informationspflicht zu EUTB 57
– Prüfrecht 176, 179
– Rehabiliationsträger 55
– Unterstützungsleistungen 50
Eingliederungshilfe-Verordnung 32
Einkommen 142
– maßgebliches 143
Einkommenseinsatz 143
Einkommensfreigrenzen 142
Elternassistenz 87
Ergänzende unabhängige Teilhabeberatung 50, 57
Erwerbsfähigkeit 68
– Sicherung 64
Existenzsichernde Leistungen 166
Externer Vergleich 175

Fachpersonal 175
Fahrerlaubnis, Leistungen zur Erlangung 92
Fahrtkosten
– Assistenz 88
Fernunterricht 82
Feststellung einer Behinderung 113
Fördergruppen 91

Stichwortverzeichnis

Förderung der Verständigung 92
Frauen mit Behinderungen 68
Freibetrag 142, 144
Freizeitgestaltung 86
Fristlose Kündigung 180
Frühförderung 63, 90
Frühförderverordnung 64
Frühkindliche Bildung 80
Führungszeugnis 175
Funktionsbezogenheit 116
Funktionsfähigkeit 118
Funktionstraining 65, 99

Ganztagsangebote 80
Gebärdendolmetscher 82, 92
Gebärdensprache 50, 174, 175
Geeignete Leistungserbringer 174
Geistig wesentlich behinderte Menschen 33
Geldpauschale 94
Gemeindenahe Dienstleistungen 37
Gemeinsame Empfehlungen 105
Gemeinsame Erbringung von Leistungen 41
Gemeinschaftliche Wohnformen 159
Gemeinschaftsleben 123
Gemeinschaftsräume 167
Gesamtplankonferenz 137
Gesamtplanung 136
Gesamtplanverfahren 110
Gesetzesentwicklung 16
Gesetzliche Krankenversicherung 64
Gestaltung sozialer Beziehungen 86

Gleichrang, Eingliederungshilfe und Leistungen der Pflegeversicherung 149, 153
Grundpauschale 177, 183
Grundsicherung im Alter und bei Erwerbsminderung 162
Gründungszuschuss 69

Handlungsziele 132
Haushaltsführung 86, 152
Haushaltshilfe 65, 99
Haushaltsstrom 167
Häusliches Leben 123
Heilmittel-Richtlinie 64
Heilpädagogische Leistungen 89
Heilpädagogische Maßnahmen 80, 82
Heimaufsicht 179
Heim, Wohnen im 162
Hilfe zum Lebensunterhalt 162
Hilfe zur Pflege 150, 154
– Einkommenseinsatz 143, 145
Hilfe zur Überwindung besonderer sozialer Schwierigkeiten 162
Hilfsmittel 63, 82, 93
Hochschulbildung 79
Hörbehinderung 92, 161

ICF 29, 115, 116
– Lebensbereiche 35
ICF-Struktur 124
Individuelle betriebliche Qualifizierung 70
Informationsangebote, barrierefreie 56
Instandhaltung 167
Instrumente zur Ermittlung des Rehabilitationsbedarfs 111
Integrationsämter, Informationsangebot 56

Stichwortverzeichnis

Integrationsmaßnahmen 69
Interaktionen 123
Interdisziplinäre Frühförderstellen 90
Interessensvertretung 43
Internat 84
Internationale Klassifikation der Funktionsfähigkeit, Behinderung und Gesundheit 29, 117
Investitionsbetrag 177, 183
Investitionsmaßnahmen 179

Jobcenter, Informationsangebot 56

Kinderbetreuungskosten 65, 99
Kinder mit seelischen Beeinträchtigungen 135, 161
Kinder und Jugendliche
– Bedarfsermittlung 135
– Sonderregelungen 183
Kommunikation 122
Kommunikationsformen, alternative 50, 174
Kommunikationshilfen 92
Kommunikation, Verbesserung 91
Komplexleistung 90, 165
Kontextfaktoren, Konzept der 119
Koordinierung der Leistungen 102
Körperbezogene Pflegemaßnahmen 152
Körperfunktionen 125
Körperlich wesentlich behinderte Menschen 33
Körperstrukturen 125
Kostenbeitrag 144
Kosten der Unterkunft 166

Kraftfahrzeug
– Beschaffung 93
– Leistungen für ein 92
Kraftfahrzeughilfe 69, 93
Krankengeld 98
Krankenhaus, Wahlfreiheit 66
Krankenkassen 55, 64
Krankentransport 65
Kulturelles Leben, Teilhabe am 86
Kürzungsbetrag 180

Lebensbereiche
– Bedarfsermittlung 122
– ICF 35
– pflegerelevante 151
Lebenslagenmodell 145, 157
Lebensplanung 86
Lebensunterhalt, notwendiger 166
Leichte Sprache 50, 174
Leistungen für Wohnraum 85
Leistungen zum Lebensunterhalt 99
Leistungsbegriff, ICF 121
Leistungsberechtigter Personenkreis 28, 32
Leistungserbringer, geeignete 174
Leistungsfähigkeit, ICF 121
Leistungsfeststellung 137
Leistungsformen 42
Leistungsgruppen
– Eingliederungshilfe 62
– Teilhabe an Bildung 79
Leistungspauschale 177
Leistungsvereinbarung 43, 176
Leistungsvertragsrecht der Eingliederungshilfe 172
Lernen 122

Stichwortverzeichnis

Lernmittel, barrierefreie 82
Lohnkostenzuschuss 77
Lormen 175

Maßnahmeempfehlung 113
Maßnahmenpauschale 177, 183
Masterstudiengang 79, 81
Medikamentengabe 86
Medizinischer Dienst der Krankenkassen 179
Medizinische Rehabilitation 62
Mehrheit von Rehabilitationsträgern 104
Minderjährige, Sonderregelungen 183
Mitwirkung der Interessenvertretungen 44
Mobilität 123
– Leistungen zur 92
Mobilitätshilfen 69, 82
Möblierung, Zuschlag 167
Mütter und Väter mit Behinderungen 87

Nachrang
– Eingliederungshilfe 148
– Soziale Teilhabe 84
– Steuerfinanzierte Leistungen 148
Netto-Prinzip 144
Neues Begutachtungsassessment 150
Notwendiger Lebensunterhalt 166

Öffentliche Jugendhilfe 55, 64, 161
Örtliche Verhältnisse 37

Partizipation 121

Partizipationsmöglichkeiten 21, 62
Partnervermögen 146
Pauschale Geldleistungen 94
Peer-Counseling 57, 107
Personalschlüssel 175
Personelle Ausstattung 177
Personenzentrierung 21, 129
Persönliche Assistenz 37
Persönlicher Wohnraum 165, 167
Persönliches Budget 43
Pflegebedürftigkeitsbegriff 149
Pflegebedürftigkeit, Vermeidung 63
Pflegebegutachtung 150
Pflegefamilie, Betreuung in einer 90
Pflege im häuslichen Bereich 153
Pflege in gemeinschaftlichen Wohnformen 159
Pflegekassen
– Einbeziehung in das Teilhabe-, Gesamtplanverfahren 154
– Informationsangebot 56
Pflegerische Betreuungsmaßnahmen 152
Pflege, Schnittstellenproblematik 149
Pflegestärkungsgesetze 149
Pflegeversicherung 149
Pflichtverletzung, Vergütungskürzung 180
Poolen 41, 83, 95
Praktikum 81
Praktische Kenntnisse und Fähigkeiten 90
Prävention 64
Probebeschäftigung 69
Prognose 131
Promotion 79

14

Stichwortverzeichnis

Prüfrecht 176, 179
Psychosoziale Begleitleistungen 63
Psychosoziale Unterstützung 153

Qualifikation des Personals 177
Qualifizierte Assistenz 87
Qualifizierung im Betrieb 70
Qualität der Leistungen 176
Qualitätsprüfung 179

Rahmenverträge 43, 180
Räumlichkeiten 160, 165
Recht auf Arbeit 66
Reformstufen 22
Rehabilitation, Begriff 62
Rehabilitationsbedarf 55
– Instrumente zur Ermittlung 111
Rehabilitationseinrichtung, Wahlfreiheit 66
Rehabilitationssport 65, 99
Rehabilitationsträger 16, 19, 55
– Informationspflicht zu EUTB 57
– leistender 102
– Sonderstatus Eingliederungshilfe 115
– Zusammenarbeit 104
Reisekosten 65, 99
Rentenversicherung 55, 64, 74
Rufbereitschaft 89
Rundfunkgebühren 167

Sachleistung 42
Schiedsstelle 44, 182
Schnittstelle
– Kinder- und Jugendhilfe 160
– Pflege 149
– Sozialhilfe 161, 162
Schnittstellen zu anderen Sozialleistungsbereichen 148

Schriftdolmetschung 82
Schulbildung, Hilfen zur 79
Schuldbeitritt 173
Schulpflicht 80
Schulungen 91
Schwerbehindertenrecht 21
Schwerbehinderung 71
– Begriff 31
Seelische Behinderung 89, 161
Seelisch wesentlich behinderte Menschen 34
Sekundarbereich II 80
Selbstbestimmtes Leben 84
Selbstständigkeit, Grad der 150
Selbstversorgung 123
SGB IX, Grundsätze 19
Software 82
Soziale Teilhabe 84
Sozialhilferechtliche Wesensmerkmale 148
Sozialpädiatrische Zentren 89
Sozialraum 84, 131
Sozialrechtliches Dreiecksverhältnis 172
Sozialversicherungsbeitrag, Zuschuss 99
Sportliche Aktivitäten 86
Sprachbehinderung 92
Sprache, Verbesserung 91
Stationäres Wohnen 163
Steuerung des Teilhabeprozesses 137
Stimmrecht, Interessensvertretung 45
Subsidiaritätsprinzip 175

Tagesförderstätten 91
Tägliche Routinen 122
Taktiles Gebärden 175
Tarif, Zahlung nach 175

Stichwortverzeichnis

Teilhabe am Arbeitsleben 64, 66
- Teilhabeplanverfahren 139
- Vorbereitung 91
Teilhabe am gemeinschaftlichen Leben 86
Teilhabe am Leben in der Gemeinschaft 90
Teilhabe an Bildung 79
Teilhabeeinschränkung 113
Teilhabefähigkeit, Herstellung 62
Teilhabekonferenz 139
Teilhabeplan 110
Teilhabeplanung 137
Teilhabeplanverfahren 104
Teilhabeprozess 137
Teilhaberecht 16
Teilhabeverfahrensbericht 107
Teilhabeziele 67, 113
Teilhabezielvereinbarung 137
Telekommunikationsgebühren 167
Transparenz 112, 130
Trennung Fachleistung von existenzsichernden Leistungen 164, 165

Übergangsgeld 99
Übergang zu einem anderen Leistungsträger 105
Überleitungsvereinbarungen 172
Umschulung 69
Umweltfaktoren 29, 120
UN-Behindertenrechtskonvention 9, 16, 24, 28, 66
Unfallversicherung 55, 64
UN-Menschenrechtsausschuss 9, 24
Unterhaltsbeihilfe 99
Unterhaltspflicht 146

Unterhaltssichernde Leistungen 98
Unterhaltssichernden und ergänzende Leistungen 65
Unterkunftskosten 166
Unterstützte Beschäftigung 69
Unterstützungsleistungen 50

Vergütungssystem 177
Vergütungsvereinbarung 43, 176
Verletztengeld 99
Vermögen 142
Vermögenseinsatz 146
Verpflichtungen anderer 148
Versicherungsleistungen 149
Versorgungskrankengeld 98
Verständigung mit der Umwelt 86
Vertragsrecht der Eingliederungshilfe 172
Vertrauensperson 50
Vetorecht, Interessensvertretung 45
Vollstationäre Einrichtungen 164
Von Behinderung bedroht 31
Vorrang
- Bildungsleistungen 79
- Einkommenseinsatz bei Hilfe zur Pflege 145
- Elternassistenz 88
- Medizinische Rehabilitation 64

Wahlrecht 37, 42
Warmmiete 167
Wechselwirkung 29, 34, 63, 121
Weiterbildung 69, 79
Weiterbildungsmaßnahmen 79
Werkstattfähigkeit 72
Werkstatt für behinderte Menschen 70, 71, 91, 177

14

Stichwortverzeichnis

Wesentlichkeit, Begriff 32
Willkürverbot 28
Wirksamkeit 112, 179
Wirkungskontrolle 114, 137
Wirtschaftlichkeitsgrundsatz 174, 175
Wirtschaftlichkeitsprüfung 179
Wirtschaftszeitraum 178
Wissensanwendung 122
Wohnform 39
– besondere 163
– Wunsch- und Wahlrecht 41
Wohnnebenkosten 167
Wohnraum
– Leistungen für 85
– persönlicher 165
Wohnung, Begriff 165
Wohnungsumbau 85

Wunschrecht 37
Wunsch- und Wahlrecht 37, 154, 163, 174

Zahnarzt, Wahlfreiheit 66
Zielebene 132
Zielformulierung 113
Zielorientierung, Bedarfsermittlung 131
Zumutbarkeit 39
Zuschüsse an Arbeitgeber 69
Zuständiger Rehabilitationsträger 102
Zuständigkeitsklärung 102
Zuständigkeitskonflikte 114
Zwangspoolen 41
Zweiter Bildungsweg 80

Sozialgesetzbuch Neuntes Buch – Rehabilitation und Teilhabe von Menschen mit Behinderungen – (Neuntes Buch Sozialgesetzbuch – SGB IX)[1]

Teil 1 und Teil 2, in der Fassung ab 01.01.2020[2]

Inhaltsübersicht

Teil 1
Regelungen für behinderte und von Behinderung bedrohte Menschen

Kapitel 1
Allgemeine Vorschriften

- § 1 Selbstbestimmung und Teilhabe am Leben in der Gesellschaft
- § 2 Begriffsbestimmungen
- § 3 Vorrang von Prävention
- § 4 Leistungen zur Teilhabe
- § 5 Leistungsgruppen
- § 6 Rehabilitationsträger
- § 7 Vorbehalt abweichender Regelungen
- § 8 Wunsch- und Wahlrecht der Leistungsberechtigten

Kapitel 2
Einleitung der Rehabilitation von Amts wegen

- § 9 Vorrangige Prüfung von Leistungen zur Teilhabe
- § 10 Sicherung der Erwerbsfähigkeit
- § 11 Förderung von Modellvorhaben zur Stärkung der Rehabilitation, Verordnungsermächtigung

Kapitel 3
Erkennung und Ermittlung des Rehabilitationsbedarfs

- § 12 Maßnahmen zur Unterstützung der frühzeitigen Bedarfserkennung
- § 13 Instrumente zur Ermittlung des Rehabilitationsbedarfs

Kapitel 4
Koordinierung der Leistungen

- § 14 Leistender Rehabilitationsträger
- § 15 Leistungsverantwortung bei Mehrheit von Rehabilitationsträgern
- § 16 Erstattungsansprüche zwischen Rehabilitationsträgern
- § 17 Begutachtung
- § 18 Erstattung selbstbeschaffter Leistungen
- § 19 Teilhabeplan
- § 20 Teilhabeplankonferenz
- § 21 Besondere Anforderungen an das Teilhabeplanverfahren
- § 22 Einbeziehung anderer öffentlicher Stellen
- § 23 Verantwortliche Stelle für den Sozialdatenschutz
- § 24 Vorläufige Leistungen

Kapitel 5
Zusammenarbeit

- § 25 Zusammenarbeit der Rehabilitationsträger
- § 26 Gemeinsame Empfehlungen
- § 27 Verordnungsermächtigung

Kapitel 6
Leistungsformen, Beratung

Abschnitt 1
Leistungsformen

- § 28 Ausführung von Leistungen
- § 29 Persönliches Budget
- § 30 Verordnungsermächtigung
- § 31 Leistungsort

---

[1] Neue Erstfassung aufgrund von Artikel 1 des Bundesteilhabegesetzes vom 23.12.2016 (BGBl. I S. 3234)
[2] Nicht abgedruckt ist Teil 3 (Schwerbehindertenrecht); Bearbeitungsstand: 1. August 2019

Abschnitt 2
Beratung

- § 32 Ergänzende unabhängige Teilhabeberatung
- § 33 Pflichten der Personensorgeberechtigten
- § 34 Sicherung der Beratung von Menschen mit Behinderungen
- § 35 Landesärzte

Kapitel 7
Struktur, Qualitätssicherung und Verträge

- § 36 Rehabilitationsdienste und -einrichtungen
- § 37 Qualitätssicherung, Zertifizierung
- § 38 Verträge mit Leistungserbringern

Kapitel 8
Bundesarbeitsgemeinschaft für Rehabilitation

- § 39 Aufgaben
- § 40 Rechtsaufsicht
- § 41 Teilhabeverfahrensbericht

Kapitel 9
Leistungen zur medizinischen Rehabilitation

- § 42 Leistungen zur medizinischen Rehabilitation
- § 43 Krankenbehandlung und Rehabilitation
- § 44 Stufenweise Wiedereingliederung
- § 45 Förderung der Selbsthilfe
- § 46 Früherkennung und Frühförderung
- § 47 Hilfsmittel
- § 48 Verordnungsermächtigungen

Kapitel 10
Leistungen zur Teilhabe am Arbeitsleben

- § 49 Leistungen zur Teilhabe am Arbeitsleben, Verordnungsermächtigung
- § 50 Leistungen an Arbeitgeber
- § 51 Einrichtungen der beruflichen Rehabilitation
- § 52 Rechtsstellung der Teilnehmenden
- § 53 Dauer von Leistungen
- § 54 Beteiligung der Bundesagentur für Arbeit
- § 55 Unterstützte Beschäftigung
- § 56 Leistungen in Werkstätten für behinderte Menschen
- § 57 Leistungen im Eingangsverfahren und im Berufsbildungsbereich
- § 58 Leistungen im Arbeitsbereich
- § 59 Arbeitsförderungsgeld
- § 60 Andere Leistungsanbieter
- § 61 Budget für Arbeit
- § 62 Wahlrecht des Menschen mit Behinderungen
- § 63 Zuständigkeit nach den Leistungsgesetzen

Kapitel 11
Unterhaltssichernde und andere ergänzende Leistungen

- § 64 Ergänzende Leistungen
- § 65 Leistungen zum Lebensunterhalt
- § 66 Höhe und Berechnung des Übergangsgelds
- § 67 Berechnung des Regelentgelts
- § 68 Berechnungsgrundlage in Sonderfällen
- § 69 Kontinuität der Bemessungsgrundlage
- § 70 Anpassung der Entgeltersatzleistungen
- § 71 Weiterzahlung der Leistungen
- § 72 Einkommensanrechnung
- § 73 Reisekosten
- § 74 Haushalts- oder Betriebshilfe und Kinderbetreuungskosten

Kapitel 12
Leistungen zur Teilhabe an Bildung

- § 75 Leistungen zur Teilhabe an Bildung

Kapitel 13
Soziale Teilhabe

- § 76 Leistungen zur Sozialen Teilhabe
- § 77 Leistungen für Wohnraum
- § 78 Assistenzleistungen
- § 79 Heilpädagogische Leistungen
- § 80 Leistungen zur Betreuung in einer Pflegefamilie
- § 81 Leistungen zum Erwerb und Erhalt praktischer Kenntnisse und Fähigkeiten

- § 82 Leistungen zur Förderung der Verständigung
- § 83 Leistungen zur Mobilität
- § 84 Hilfsmittel

Kapitel 14
Beteiligung der Verbände und Träger
- § 85 Klagerecht der Verbände
- § 86 Beirat für die Teilhabe von Menschen mit Behinderungen
- § 87 Verfahren des Beirats
- § 88 Berichte über die Lage von Menschen mit Behinderungen und die Entwicklung ihrer Teilhabe
- § 89 Verordnungsermächtigung

Teil 2
Besondere Leistungen zur selbstbestimmten Lebensführung für Menschen mit Behinderungen (Eingliederungshilferecht)

Kapitel 1
Allgemeine Vorschriften
- § 90 Aufgabe der Eingliederungshilfe
- § 91 Nachrang der Eingliederungshilfe
- § 92 Beitrag
- § 93 Verhältnis zu anderen Rechtsbereichen
- § 94 Aufgaben der Länder
- § 95 Sicherstellungsauftrag
- § 96 Zusammenarbeit
- § 97 Fachkräfte
- § 98 Örtliche Zuständigkeit

Kapitel 2
Grundsätze der Leistungen
- § 99 Leistungsberechtigter Personenkreis
- § 100 Eingliederungshilfe für Ausländer
- § 101 Eingliederungshilfe für Deutsche im Ausland
- § 102 Leistungen der Eingliederungshilfe
- § 103 Regelung für Menschen mit Behinderungen und Pflegebedarf
- § 104 Leistungen nach der Besonderheit des Einzelfalles
- § 105 Leistungsformen
- § 106 Beratung und Unterstützung
- § 107 Übertragung, Verpfändung oder Pfändung, Auswahlermessen
- § 108 Antragserfordernis

Kapitel 3
Medizinische Rehabilitation
- § 109 Leistungen zur medizinischen Rehabilitation
- § 110 Leistungserbringung

Kapitel 4
Teilhabe am Arbeitsleben
- § 111 Leistungen zur Beschäftigung

Kapitel 5
Teilhabe an Bildung
- § 112 Leistungen zur Teilhabe an Bildung

Kapitel 6
Soziale Teilhabe
- § 113 Leistungen zur Sozialen Teilhabe
- § 114 Leistungen zur Mobilität
- § 115 Besuchsbeihilfen
- § 116 Pauschale Geldleistung, gemeinsame Inanspruchnahme

Kapitel 7
Gesamtplanung
- § 117 Gesamtplanverfahren
- § 118 Instrumente der Bedarfsermittlung
- § 119 Gesamtplankonferenz
- § 120 Feststellung der Leistungen
- § 121 Gesamtplan
- § 122 Teilhabezielvereinbarung

Kapitel 8
Vertragsrecht
- § 123 Allgemeine Grundsätze
- § 124 Geeignete Leistungserbringer
- § 125 Inhalt der schriftlichen Vereinbarung
- § 126 Verfahren und Inkrafttreten der Vereinbarung
- § 127 Verbindlichkeit der vereinbarten Vergütung
- § 128 Wirtschaftlichkeits- und Qualitätsprüfung
- § 129 Kürzung der Vergütung

- § 130 Außerordentliche Kündigung der Vereinbarungen
- § 131 Rahmenverträge zur Erbringung von Leistungen
- § 132 Abweichende Zielvereinbarungen
- § 133 Schiedsstelle
- § 134 Sonderregelung zum Inhalt der Vereinbarungen zur Erbringung von Leistungen für minderjährige Leistungsberechtigte und in Sonderfällen

Kapitel 9
Einkommen und Vermögen

- § 135 Begriff des Einkommens
- § 136 Beitrag aus Einkommen zu den Aufwendungen
- § 137 Höhe des Beitrages zu den Aufwendungen
- § 138 Besondere Höhe des Beitrages zu den Aufwendungen
- § 139 Begriff des Vermögens
- § 140 Einsatz des Vermögens
- § 141 Übergang von Ansprüchen
- § 142 Sonderregelungen für minderjährige Leistungsberechtigte und in Sonderfällen

Kapitel 10
Statistik

- § 143 Bundesstatistik
- § 144 Erhebungsmerkmale
- § 145 Hilfsmerkmale
- § 146 Periodizität und Berichtszeitraum
- § 147 Auskunftspflicht
- § 148 Übermittlung, Veröffentlichung

Kapitel 11
Übergangs- und Schlussbestimmungen

- § 149 Übergangsregelung für ambulant Betreute
- § 150 Übergangsregelung zum Einsatz des Einkommens

Teil 1
Regelungen für behinderte und von Behinderung bedrohte Menschen

Kapitel 1
Allgemeine Vorschriften

§ 1 Selbstbestimmung und Teilhabe am Leben in der Gesellschaft

₁Menschen mit Behinderungen oder von Behinderung bedrohte Menschen erhalten Leistungen nach diesem Buch und den für die Rehabilitationsträger geltenden Leistungsgesetzen, um ihre Selbstbestimmung und ihre volle, wirksame und gleichberechtigte Teilhabe am Leben in der Gesellschaft zu fördern, Benachteiligungen zu vermeiden oder ihnen entgegenzuwirken. ₂Dabei wird den besonderen Bedürfnissen von Frauen und Kindern mit Behinderungen und von Behinderung bedrohter Frauen und Kinder sowie Menschen mit seelischen Behinderungen oder von einer solchen Behinderung bedrohter Menschen Rechnung getragen.

§ 2 Begriffsbestimmungen

(1) ₁Menschen mit Behinderungen sind Menschen, die körperliche, seelische, geistige oder Sinnesbeeinträchtigungen haben, die sie in Wechselwirkung mit einstellungs- und umweltbedingten Barrieren an der gleichberechtigten Teilhabe an der Gesellschaft mit hoher Wahrscheinlichkeit länger als sechs Monate hindern können. ₂Eine Beeinträchtigung nach Satz 1 liegt vor, wenn der Körper- und Gesundheitszustand von dem für das Lebensalter typischen Zustand abweicht. ₃Menschen sind von Behinderung bedroht, wenn eine Beeinträchtigung nach Satz 1 zu erwarten ist.

(2) Menschen sind im Sinne des Teils 3 schwerbehindert, wenn bei ihnen ein Grad der Behinderung von wenigstens 50 vorliegt und sie ihren Wohnsitz, ihren gewöhnlichen Aufenthalt oder ihre Beschäftigung auf einem Arbeitsplatz im Sinne des § 156 rechtmäßig im Geltungsbereich dieses Gesetzbuches haben.

(3) Schwerbehinderten Menschen gleichgestellt werden sollen Menschen mit Behinderungen mit einem Grad der Behinderung von weniger als 50, aber wenigstens 30, bei denen die übrigen Voraussetzungen des Absatzes 2 vorliegen, wenn sie infolge ihrer Behinderung ohne die Gleichstellung einen geeigneten Arbeitsplatz im Sinne des § 156 nicht erlangen oder nicht behalten können (gleichgestellte behinderte Menschen).

§ 3 Vorrang von Prävention

(1) Die Rehabilitationsträger und die Integrationsämter wirken bei der Aufklärung, Beratung, Auskunft und Ausführung von Leistungen im Sinne des Ersten Buches sowie im Rahmen der Zusammenarbeit mit den Arbeitgebern nach § 167 darauf hin, dass der Eintritt einer Behinderung einschließlich einer chronischen Krankheit vermieden wird.

(2) Die Rehabilitationsträger nach § 6 Absatz 1 Nummer 1 bis 4 und 6 und ihre Verbände wirken bei der Entwicklung und Umsetzung der Nationalen Präventionsstrategie nach den Bestimmungen der §§ 20d bis 20g des Fünften Buches mit, insbesondere mit der Zielsetzung der Vermeidung von Beeinträchtigungen bei der Teilhabe am Leben in der Gesellschaft.

(3) Bei der Erbringung von Leistungen für Personen, deren berufliche Eingliederung auf Grund gesundheitlicher Einschränkungen besonders erschwert ist, arbeiten die Krankenkassen mit der Bundesagentur für Arbeit und mit den kommunalen Trägern der Grundsicherung für Arbeitsuchende nach § 20a des Fünften Buches eng zusammen.

§ 4 Leistungen zur Teilhabe

(1) Die Leistungen zur Teilhabe umfassen die notwendigen Sozialleistungen, um unabhängig von der Ursache der Behinderung

1. die Behinderung abzuwenden, zu beseitigen, zu mindern, ihre Verschlimmerung zu verhüten oder ihre Folgen zu mildern,

2. Einschränkungen der Erwerbsfähigkeit oder Pflegebedürftigkeit zu vermeiden, zu überwinden, zu mindern oder eine Verschlimmerung zu verhüten sowie den vorzeitigen Bezug anderer Sozialleistungen zu vermeiden oder laufende Sozialleistungen zu mindern,

3. die Teilhabe am Arbeitsleben entsprechend den Neigungen und Fähigkeiten dauerhaft zu sichern oder

4. die persönliche Entwicklung ganzheitlich zu fördern und die Teilhabe am Leben in der

Gesellschaft sowie eine möglichst selbständige und selbstbestimmte Lebensführung zu ermöglichen oder zu erleichtern.

(2) ₁Die Leistungen zur Teilhabe werden zur Erreichung der in Absatz 1 genannten Ziele nach Maßgabe dieses Buches und der für die zuständigen Leistungsträger geltenden besonderen Vorschriften neben anderen Sozialleistungen erbracht. ₂Die Leistungsträger erbringen die Leistungen im Rahmen der für sie geltenden Rechtsvorschriften nach Lage des Einzelfalles so vollständig, umfassend und in gleicher Qualität, dass Leistungen eines anderen Trägers möglichst nicht erforderlich werden.

(3) ₁Leistungen für Kinder mit Behinderungen oder von Behinderung bedrohte Kinder werden so geplant und gestaltet, dass nach Möglichkeit Kinder nicht von ihrem sozialen Umfeld getrennt und gemeinsam mit Kindern ohne Behinderungen betreut werden können. ₂Dabei werden Kinder mit Behinderungen alters- und entwicklungsentsprechend an der Planung und Ausgestaltung der einzelnen Hilfen beteiligt und ihre Sorgeberechtigten intensiv in Planung und Gestaltung der Hilfen einbezogen.

(4) Leistungen für Mütter und Väter mit Behinderungen werden gewährt, um diese bei der Versorgung und Betreuung ihrer Kinder zu unterstützen.

§ 5 Leistungsgruppen

Zur Teilhabe am Leben in der Gesellschaft werden erbracht:

1. Leistungen zur medizinischen Rehabilitation,
2. Leistungen zur Teilhabe am Arbeitsleben,
3. unterhaltssichernde und andere ergänzende Leistungen,
4. Leistungen zur Teilhabe an Bildung und
5. Leistungen zur sozialen Teilhabe.

§ 6 Rehabilitationsträger

(1) Träger der Leistungen zur Teilhabe (Rehabilitationsträger) können sein:

1. die gesetzlichen Krankenkassen für Leistungen nach § 5 Nummer 1 und 3,
2. die Bundesagentur für Arbeit für Leistungen nach § 5 Nummer 2 und 3,
3. die Träger der gesetzlichen Unfallversicherung für Leistungen nach § 5 Nummer 1 bis 3 und 5; für Versicherte nach § 2 Absatz 1 Nummer 8 des Siebten Buches die für diese zuständigen Unfallversicherungsträger für Leistungen nach § 5 Nummer 1 bis 5,
4. die Träger der gesetzlichen Rentenversicherung für Leistungen nach § 5 Nummer 1 bis 3, der Träger der Alterssicherung der Landwirte für Leistungen nach § 5 Nummer 1 und 3,
5. die Träger der Kriegsopferversorgung und die Träger der Kriegsopferfürsorge im Rahmen des Rechts der sozialen Entschädigung bei Gesundheitsschäden für Leistungen nach § 5 Nummer 1 bis 5,
6. die Träger der öffentlichen Jugendhilfe für Leistungen nach § 5 Nummer 1, 2, 4 und 5 sowie
7. die Träger der Eingliederungshilfe für Leistungen nach § 5 Nummer 1, 2, 4 und 5.

(2) Die Rehabilitationsträger nehmen ihre Aufgaben selbständig und eigenverantwortlich wahr.

(3) ₁Die Bundesagentur für Arbeit ist auch Rehabilitationsträger für die Leistungen zur Teilhabe am Arbeitsleben für erwerbsfähige Leistungsberechtigte mit Behinderungen im Sinne des Zweiten Buches, sofern nicht ein anderer Rehabilitationsträger zuständig ist. ₂Die Zuständigkeit der Jobcenter nach § 6d des Zweiten Buches für die Leistungen zur beruflichen Teilhabe von Menschen mit Behinderungen nach § 16 Absatz 1 des Zweiten Buches bleibt unberührt. ₃Mit Zustimmung und Beteiligung des Leistungsberechtigten kann die Bundesagentur für Arbeit mit dem zuständigen Jobcenter eine gemeinsame Beratung zur Vorbereitung des Eingliederungsvorschlags durchführen, wenn eine Teilhabeplankonferenz nach § 20 nicht durchzuführen ist. ₄Die Leistungsberechtigten und Jobcenter können der Bundesagentur für Arbeit in diesen Fällen die Durchführung einer gemeinsamen Beratung vorschlagen. ₅§ 20 Absatz 3 und § 23 Absatz 2 gelten entsprechend. ₆Die Bundesagentur für Arbeit unterrichtet das zuständige Jobcenter und die Leistungsberechtigten schriftlich oder elektronisch über den festgestellten Rehabilitationsbedarf und ih-

ren Eingliederungsvorschlag. ₇Das Jobcenter entscheidet unter Berücksichtigung des Eingliederungsvorschlages innerhalb von drei Wochen über die Leistungen zur beruflichen Teilhabe.

§ 7 Vorbehalt abweichender Regelungen

(1) ₁Die Vorschriften im Teil 1 gelten für die Leistungen zur Teilhabe, soweit sich aus den für den jeweiligen Rehabilitationsträger geltenden Leistungsgesetzen nichts Abweichendes ergibt. ₂Die Zuständigkeit und die Voraussetzungen für die Leistungen zur Teilhabe richten sich nach den für den jeweiligen Rehabilitationsträger geltenden Leistungsgesetzen. ₃Das Recht der Eingliederungshilfe im Teil 2 ist ein Leistungsgesetz im Sinne der Sätze 1 und 2.

(2) ₁Abweichend von Absatz 1 gehen die Vorschriften der Kapitel 2 bis 4 den für die jeweiligen Rehabilitationsträger geltenden Leistungsgesetzen vor. ₂Von den Vorschriften in Kapitel 4 kann durch Landesrecht nicht abgewichen werden.

§ 8 Wunsch- und Wahlrecht der Leistungsberechtigten

(1) ₁Bei der Entscheidung über die Leistungen und bei der Ausführung der Leistungen zur Teilhabe wird berechtigten Wünschen der Leistungsberechtigten entsprochen. ₂Dabei wird auch auf die persönliche Lebenssituation, das Alter, das Geschlecht, die Familie sowie die religiösen und weltanschaulichen Bedürfnisse der Leistungsberechtigten Rücksicht genommen; im Übrigen gilt § 33 des Ersten Buches. ₃Den besonderen Bedürfnissen von Müttern und Vätern mit Behinderungen bei der Erfüllung ihres Erziehungsauftrages sowie den besonderen Bedürfnissen von Kindern mit Behinderungen wird Rechnung getragen.

(2) ₁Sachleistungen zur Teilhabe, die nicht in Rehabilitationseinrichtungen auszuführen sind, können auf Antrag der Leistungsberechtigten als Geldleistungen erbracht werden, wenn die Leistungen hierdurch voraussichtlich bei gleicher Wirksamkeit wirtschaftlich zumindest gleichwertig ausgeführt werden können. ₂Für die Beurteilung der Wirksamkeit stellen die Leistungsberechtigten dem Rehabilitationsträger geeignete Unterlagen zur Verfügung. ₃Der Rehabilitationsträger begründet durch Bescheid, wenn er den Wünschen der Leistungsberechtigten nach den Absätzen 1 und 2 nicht entspricht.

(3) Leistungen, Dienste und Einrichtungen lassen den Leistungsberechtigten möglichst viel Raum zu eigenverantwortlicher Gestaltung ihrer Lebensumstände und fördern ihre Selbstbestimmung.

(4) Die Leistungen zur Teilhabe bedürfen der Zustimmung der Leistungsberechtigten.

Kapitel 2
Einleitung der Rehabilitation von Amts wegen

§ 9 Vorrangige Prüfung von Leistungen zur Teilhabe

(1) ₁Werden bei einem Rehabilitationsträger Sozialleistungen wegen oder unter Berücksichtigung einer Behinderung oder einer drohenden Behinderung beantragt oder erbracht, prüft dieser unabhängig von der Entscheidung über diese Leistungen, ob Leistungen zur Teilhabe voraussichtlich zur Erreichung der Ziele nach den §§ 1 und 4 erfolgreich sein können. ₂Er prüft auch, ob hierfür weitere Rehabilitationsträger im Rahmen ihrer Zuständigkeit zur Koordinierung der Leistungen zu beteiligen sind. ₃Werden Leistungen zur Teilhabe nach den Leistungsgesetzen nur auf Antrag erbracht, wirken die Rehabilitationsträger nach § 12 auf eine Antragstellung hin.

(2) ₁Leistungen zur Teilhabe haben Vorrang vor Rentenleistungen, die bei erfolgreichen Leistungen zur Teilhabe nicht oder voraussichtlich erst zu einem späteren Zeitpunkt zu erbringen wären. ₂Dies gilt während des Bezuges einer Rente entsprechend.

(3) ₁Absatz 1 ist auch anzuwenden, um durch Leistungen zur Teilhabe Pflegebedürftigkeit zu vermeiden, zu überwinden, zu mindern oder eine Verschlimmerung zu verhüten. ₂Die Aufgaben der Pflegekassen als Träger der sozialen Pflegeversicherung bei der Sicherung des Vorrangs von Rehabilitation vor Pflege nach den §§ 18a und 31 des Elften Buches bleiben unberührt.

(4) Absatz 1 gilt auch für die Jobcenter im Rahmen ihrer Zuständigkeit für Leistungen zur beruflichen Teilhabe nach § 6 Absatz 3 mit der Maßgabe, dass sie mögliche Rehabilitationsbedarfe erkennen und auf eine Antragstellung

beim voraussichtlich zuständigen Rehabilitationsträger hinwirken sollen.

§ 10 Sicherung der Erwerbsfähigkeit

(1) ₁Soweit es im Einzelfall geboten ist, prüft der zuständige Rehabilitationsträger gleichzeitig mit der Einleitung einer Leistung zur medizinischen Rehabilitation, während ihrer Ausführung und nach ihrem Abschluss, ob durch geeignete Leistungen zur Teilhabe am Arbeitsleben die Erwerbsfähigkeit von Menschen mit Behinderungen oder von Behinderung bedrohten Menschen erhalten, gebessert oder wiederhergestellt werden kann. ₂Er beteiligt die Bundesagentur für Arbeit nach § 54.

(2) Wird während einer Leistung zur medizinischen Rehabilitation erkennbar, dass der bisherige Arbeitsplatz gefährdet ist, wird mit den Betroffenen sowie dem zuständigen Rehabilitationsträger unverzüglich geklärt, ob Leistungen zur Teilhabe am Arbeitsleben erforderlich sind.

(3) Bei der Prüfung nach den Absätzen 1 und 2 wird zur Klärung eines Hilfebedarfs nach Teil 3 auch das Integrationsamt beteiligt.

(4) ₁Die Rehabilitationsträger haben in den Fällen nach den Absätzen 1 und 2 auf eine frühzeitige Antragstellung im Sinne von § 12 nach allen in Betracht kommenden Leistungsgesetzen hinzuwirken und den Antrag ungeachtet ihrer Zuständigkeit für Leistungen zur Teilhabe am Arbeitsleben entgegenzunehmen. ₂Soweit es erforderlich ist, beteiligen sie unverzüglich die zuständigen Rehabilitationsträger zur Koordinierung der Leistungen nach Kapitel 4.

(5) ₁Die Rehabilitationsträger wirken auch in den Fällen der Hinzuziehung durch Arbeitgeber infolge einer Arbeitsplatzgefährdung nach § 167 Absatz 2 Satz 4 auf eine frühzeitige Antragstellung auf Leistungen zur Teilhabe nach allen in Betracht kommenden Leistungsgesetzen hin. ₂Absatz 4 Satz 2 gilt entsprechend.

§ 11 Förderung von Modellvorhaben zur Stärkung der Rehabilitation, Verordnungsermächtigung

(1) Das Bundesministerium für Arbeit und Soziales fördert im Rahmen der für diesen Zweck zur Verfügung stehenden Haushaltsmittel im Aufgabenbereich der Grundsicherung für Arbeitsuchende und der gesetzlichen Rentenversicherung Modellvorhaben, die den Vorrang von Leistungen zur Teilhabe nach § 9 und die Sicherung der Erwerbsfähigkeit nach § 10 unterstützen.

(2) ₁Das Nähere regeln Förderrichtlinien des Bundesministeriums für Arbeit und Soziales. ₂Die Förderdauer der Modellvorhaben beträgt fünf Jahre. ₃Die Förderrichtlinien enthalten ein Datenschutzkonzept.

(3) Das Bundesministerium für Arbeit und Soziales kann durch Rechtsverordnung ohne Zustimmung des Bundesrates regeln, ob und inwieweit die Jobcenter nach § 6d des Zweiten Buches, die Bundesagentur für Arbeit und die Träger der gesetzlichen Rentenversicherung bei der Durchführung eines Modellvorhabens nach Absatz 1 von den für sie geltenden Leistungsgesetzen sachlich und zeitlich begrenzt abweichen können.

(4) ₁Die zuwendungsrechtliche und organisatorische Abwicklung der Modellvorhaben nach Absatz 1 erfolgt durch die Deutsche Rentenversicherung Knappschaft-Bahn-See unter der Aufsicht des Bundesministeriums für Arbeit und Soziales. ₂Die Aufsicht erstreckt sich auch auf den Umfang und die Zweckmäßigkeit der Modellvorhaben. ₃Die Ausgaben, die der Deutschen Rentenversicherung Knappschaft-Bahn-See aus der Abwicklung der Modellvorhaben entstehen, werden aus den Haushaltsmitteln nach Absatz 1 vom Bund erstattet. ₄Das Nähere ist durch Verwaltungsvereinbarung zu regeln.

(5) ₁Das Bundesministerium für Arbeit und Soziales untersucht die Wirkungen der Modellvorhaben. ₂Das Bundesministerium für Arbeit und Soziales kann Dritte mit diesen Untersuchungen beauftragen.

Kapitel 3
Erkennung und Ermittlung des Rehabilitationsbedarfs

§ 12 Maßnahmen zur Unterstützung der frühzeitigen Bedarfserkennung

(1) ₁Die Rehabilitationsträger stellen durch geeignete Maßnahmen sicher, dass ein Rehabilitationsbedarf frühzeitig erkannt und auf eine Antragstellung der Leistungsberechtigten hingewirkt wird. ₂Die Rehabilitationsträger unter-

stützen die frühzeitige Erkennung des Rehabilitationsbedarfs insbesondere durch die Bereitstellung und Vermittlung von geeigneten barrierefreien Informationsangeboten über

1. Inhalte und Ziele von Leistungen zur Teilhabe,
2. die Möglichkeit der Leistungsausführung als Persönliches Budget,
3. das Verfahren zur Inanspruchnahme von Leistungen zur Teilhabe und
4. Angebote der Beratung, einschließlich der ergänzenden unabhängigen Teilhabeberatung nach § 32.

₃Die Rehabilitationsträger benennen Ansprechstellen, die Informationsangebote nach Satz 2 an Leistungsberechtigte, an Arbeitgeber und an andere Rehabilitationsträger vermitteln. ₄Für die Zusammenarbeit der Ansprechstellen gilt § 15 Absatz 3 des Ersten Buches entsprechend.

(2) Absatz 1 gilt auch für Jobcenter im Rahmen ihrer Zuständigkeit für Leistungen zur beruflichen Teilhabe nach § 6 Absatz 3, für die Integrationsämter in Bezug auf Leistungen und sonstige Hilfen für schwerbehinderte Menschen nach Teil 3 und für die Pflegekassen als Träger der sozialen Pflegeversicherung nach dem Elften Buch.

(3) ₁Die Rehabilitationsträger, Integrationsämter und Pflegekassen können die Informationsangebote durch ihre Verbände und Vereinigungen bereitstellen und vermitteln lassen. ₂Die Jobcenter können die Informationsangebote durch die Bundesagentur für Arbeit bereitstellen und vermitteln lassen.

§ 13 Instrumente zur Ermittlung des Rehabilitationsbedarfs

(1) ₁Zur einheitlichen und überprüfbaren Ermittlung des individuellen Rehabilitationsbedarfs verwenden die Rehabilitationsträger systematische Arbeitsprozesse und standardisierte Arbeitsmittel (Instrumente) nach den für sie geltenden Leistungsgesetzen. ₂Die Instrumente sollen den von den Rehabilitationsträgern vereinbarten Grundsätzen für Instrumente zur Bedarfsermittlung nach § 26 Absatz 2 Nummer 7 entsprechen. ₃Die Rehabilitationsträger können die Entwicklung von Instrumenten durch ihre Verbände und Vereinigungen wahrnehmen lassen oder Dritte mit der Entwicklung beauftragen.

(2) Die Instrumente nach Absatz 1 Satz 1 gewährleisten eine individuelle und funktionsbezogene Bedarfsermittlung und sichern die Dokumentation und Nachprüfbarkeit der Bedarfsermittlung, indem sie insbesondere erfassen,

1. ob eine Behinderung vorliegt oder einzutreten droht,
2. welche Auswirkung die Behinderung auf die Teilhabe der Leistungsberechtigten hat,
3. welche Ziele mit Leistungen zur Teilhabe erreicht werden sollen und
4. welche Leistungen im Rahmen einer Prognose zur Erreichung der Ziele voraussichtlich erfolgreich sind.

(3) Das Bundesministerium für Arbeit und Soziales untersucht die Wirkung der Instrumente nach Absatz 1 und veröffentlicht die Untersuchungsergebnisse bis zum 31. Dezember 2019.

(4) Auf Vorschlag der Rehabilitationsträger nach § 6 Absatz 1 Nummer 6 und 7 und mit Zustimmung der zuständigen obersten Landesbehörden kann das Bundesministerium für Arbeit und Soziales die von diesen Rehabilitationsträgern eingesetzten Instrumente im Sinne von Absatz 1 in die Untersuchung nach Absatz 3 einbeziehen.

Kapitel 4
Koordinierung der Leistungen

§ 14 Leistender Rehabilitationsträger

(1) ₁Werden Leistungen zur Teilhabe beantragt, stellt der Rehabilitationsträger innerhalb von zwei Wochen nach Eingang des Antrages bei ihm fest, ob er nach dem für ihn geltenden Leistungsgesetz für die Leistung zuständig ist; bei den Krankenkassen umfasst die Prüfung auch die Leistungspflicht nach § 40 Absatz 4 des Fünften Buches. ₂Stellt er bei der Prüfung fest, dass er für die Leistung insgesamt nicht zuständig ist, leitet er den Antrag unverzüglich dem nach seiner Auffassung zuständigen Rehabilitationsträger zu und unterrichtet hierüber den Antragsteller. ₃Muss für eine solche Feststellung die Ursache der Behinderung geklärt werden und ist diese Klärung in der Frist nach Satz 1 nicht möglich, soll der Antrag unverzüglich dem Rehabilitationsträger zugeleitet werden, der die Leistung ohne Rücksicht auf die Ursache der

Behinderung erbringt. ₄Wird der Antrag bei der Bundesagentur für Arbeit gestellt, werden bei der Prüfung nach den Sätzen 1 und 2 keine Feststellungen nach § 11 Absatz 2a Nummer 1 des Sechsten Buches und § 22 Absatz 2 des Dritten Buches getroffen.

(2) ₁Wird der Antrag nicht weitergeleitet, stellt der Rehabilitationsträger den Rehabilitationsbedarf anhand der Instrumente zur Bedarfsermittlung nach § 13 unverzüglich und umfassend fest und erbringt die Leistungen (leistender Rehabilitationsträger). ₂Muss für diese Feststellung kein Gutachten eingeholt werden, entscheidet der leistende Rehabilitationsträger innerhalb von drei Wochen nach Antragseingang. ₃Ist für die Feststellung des Rehabilitationsbedarfs ein Gutachten erforderlich, wird die Entscheidung innerhalb von zwei Wochen nach Vorliegen des Gutachtens getroffen. ₄Wird der Antrag weitergeleitet, gelten die Sätze 1 bis 3 für den Rehabilitationsträger, an den der Antrag weitergeleitet worden ist, entsprechend; die Frist beginnt mit dem Antragseingang bei diesem Rehabilitationsträger. ₅In den Fällen der Anforderung einer gutachterlichen Stellungnahme bei der Bundesagentur für Arbeit nach § 54 gilt Satz 3 entsprechend.

(3) Ist der Rehabilitationsträger, an den der Antrag nach Absatz 1 Satz 2 weitergeleitet worden ist, nach dem für ihn geltenden Leistungsgesetz für die Leistung insgesamt nicht zuständig, kann er den Antrag im Einvernehmen mit dem nach seiner Auffassung zuständigen Rehabilitationsträger an diesen weiterleiten, damit von diesem als leistendem Rehabilitationsträger über den Antrag innerhalb der bereits nach Absatz 2 Satz 4 laufenden Fristen entschieden wird und unterrichtet hierüber den Antragsteller.

(4) ₁Die Absätze 1 bis 3 gelten sinngemäß, wenn der Rehabilitationsträger Leistungen von Amts wegen erbringt. ₂Dabei tritt an die Stelle des Tages der Antragstellung der Tag der Kenntnis des voraussichtlichen Rehabilitationsbedarfs.

(5) Für die Weiterleitung des Antrages ist § 16 Absatz 2 Satz 1 des Ersten Buches nicht anzuwenden, wenn und soweit Leistungen zur Teilhabe bei einem Rehabilitationsträger beantragt werden.

§ 15 Leistungsverantwortung bei Mehrheit von Rehabilitationsträgern

(1) ₁Stellt der leistende Rehabilitationsträger fest, dass der Antrag neben den nach seinem Leistungsgesetz zu erbringenden Leistungen weitere Leistungen zur Teilhabe umfasst, für die er nicht Rehabilitationsträger nach § 6 Absatz 1 sein kann, leitet er den Antrag insoweit unverzüglich dem nach seiner Auffassung zuständigen Rehabilitationsträger zu. ₂Dieser entscheidet über die weiteren Leistungen nach den für ihn geltenden Leistungsgesetzen in eigener Zuständigkeit und unterrichtet hierüber den Antragsteller.

(2) ₁Hält der leistende Rehabilitationsträger für die umfassende Feststellung des Rehabilitationsbedarfs nach § 14 Absatz 2 die Feststellungen weiterer Rehabilitationsträger für erforderlich und liegt kein Fall nach Absatz 1 vor, fordert er von diesen Rehabilitationsträgern die für den Teilhabeplan nach § 19 erforderlichen Feststellungen unverzüglich an und berät diese nach § 19 trägerübergreifend. ₂Die Feststellungen binden den leistenden Rehabilitationsträger bei seiner Entscheidung über den Antrag, wenn sie innerhalb von zwei Wochen nach Anforderung oder im Fall der Begutachtung innerhalb von zwei Wochen nach Vorliegen des Gutachtens beim leistenden Rehabilitationsträger eingegangen sind. ₃Anderenfalls stellt der leistende Rehabilitationsträger den Rehabilitationsbedarf nach allen in Betracht kommenden Leistungsgesetzen umfassend fest.

(3) ₁Die Rehabilitationsträger bewilligen und erbringen die Leistungen nach den für sie jeweils geltenden Leistungsgesetzen im eigenen Namen, wenn im Teilhabeplan nach § 19 dokumentiert wurde, dass

1. die erforderlichen Feststellungen nach allen in Betracht kommenden Leistungsgesetzen von den zuständigen Rehabilitationsträgern getroffen wurden,
2. auf Grundlage des Teilhabeplans eine Leistungserbringung durch die nach den jeweiligen Leistungsgesetzen zuständigen Rehabilitationsträger sichergestellt ist und
3. die Leistungsberechtigten einer nach Zuständigkeiten getrennten Leistungsbewilligung und Leistungserbringung nicht aus wichtigem Grund widersprechen.

₂Anderenfalls entscheidet der leistende Rehabilitationsträger über den Antrag in den Fällen nach Absatz 2 und erbringt die Leistungen im eigenen Namen.

(4) ₁In den Fällen der Beteiligung von Rehabilitationsträgern nach den Absätzen 1 bis 3 ist abweichend von § 14 Absatz 2 innerhalb von sechs Wochen nach Antragseingang zu entscheiden. ₂Wird eine Teilhabeplankonferenz nach § 20 durchgeführt, ist innerhalb von zwei Monaten nach Antragseingang zu entscheiden. ₃Die Antragsteller werden von dem leistenden Rehabilitationsträger über die Beteiligung von Rehabilitationsträgern sowie über die für die Entscheidung über den Antrag maßgeblichen Zuständigkeiten und Fristen unverzüglich unterrichtet.

§ 16 Erstattungsansprüche zwischen Rehabilitationsträgern

(1) Hat ein leistender Rehabilitationsträger nach § 14 Absatz 2 Satz 4 Leistungen erbracht, für die ein anderer Rehabilitationsträger insgesamt zuständig ist, erstattet der zuständige Rehabilitationsträger die Aufwendungen des leistenden Rehabilitationsträgers nach den für den leistenden Rehabilitationsträger geltenden Rechtsvorschriften.

(2) ₁Hat ein leistender Rehabilitationsträger nach § 15 Absatz 3 Satz 2 Leistungen im eigenen Namen erbracht, für die ein beteiligter Rehabilitationsträger zuständig ist, erstattet der beteiligte Rehabilitationsträger die Aufwendungen des leistenden Rehabilitationsträgers nach den Rechtsvorschriften, die den nach § 15 Absatz 2 eingeholten Feststellungen zugrunde liegen. ₂Hat ein beteiligter Rehabilitationsträger die angeforderten Feststellungen nicht oder nicht rechtzeitig nach § 15 Absatz 2 beigebracht, erstattet der beteiligte Rehabilitationsträger die Aufwendungen des leistenden Rehabilitationsträgers nach den Rechtsvorschriften, die der Leistungsbewilligung zugrunde liegen.

(3) ₁Der Erstattungsanspruch nach den Absätzen 1 und 2 umfasst die nach den jeweiligen Leistungsgesetzen entstandenen Leistungsaufwendungen und eine Verwaltungskostenpauschale in Höhe von 5 Prozent der erstattungsfähigen Leistungsaufwendungen. ₂Eine Erstattungspflicht nach Satz 1 besteht nicht, soweit Leistungen zu Unrecht von dem leistenden Rehabilitationsträger erbracht worden sind und er hierbei grob fahrlässig oder vorsätzlich gehandelt hat.

(4) ₁Für unzuständige Rehabilitationsträger ist § 105 des Zehnten Buches nicht anzuwenden, wenn sie eine Leistung erbracht haben,

1. ohne den Antrag an den zuständigen Rehabilitationsträger nach § 14 Absatz 1 Satz 2 weiterzuleiten oder
2. ohne einen weiteren zuständigen Rehabilitationsträger nach § 15 zu beteiligen,

es sei denn, die Rehabilitationsträger vereinbaren Abweichendes. ₂Hat ein Rehabilitationsträger von der Weiterleitung des Antrages abgesehen, weil zum Zeitpunkt der Prüfung nach § 14 Absatz 1 Satz 3 Anhaltspunkte für eine Zuständigkeit auf Grund der Ursache der Behinderung bestanden haben, bleibt § 105 des Zehnten Buches unberührt.

(5) ₁Hat der leistende Rehabilitationsträger in den Fällen des § 18 Aufwendungen für selbstbeschaffte Leistungen nach dem Leistungsgesetz eines nach § 15 beteiligten Rehabilitationsträgers zu erstatten, kann er von dem beteiligten Rehabilitationsträger einen Ausgleich verlangen, soweit dieser von der Erstattung nach § 18 Absatz 4 Satz 2 von seiner Leistungspflicht befreit wurde. ₂Hat ein beteiligter Rehabilitationsträger den Eintritt der Erstattungspflicht für selbstbeschaffte Leistungen zu vertreten, umfasst der Ausgleich den gesamten Erstattungsbetrag abzüglich des Betrages, der sich aus der bei anderen Rehabilitationsträgern eingetretenen Leistungsbefreiung ergibt.

(6) Für den Erstattungsanspruch des Trägers der Eingliederungshilfe, der öffentlichen Jugendhilfe und der Kriegsopferfürsorge gilt § 108 Absatz 2 des Zehnten Buches entsprechend.

§ 17 Begutachtung

(1) ₁Ist für die Feststellung des Rehabilitationsbedarfs ein Gutachten erforderlich, beauftragt der leistende Rehabilitationsträger unverzüglich einen geeigneten Sachverständigen. ₂Er benennt den Leistungsberechtigten in der Regel drei möglichst wohnortnahe Sachverständige, soweit nicht gesetzlich die Begutachtung durch

einen sozialmedizinischen Dienst vorgesehen ist. ³Haben sich Leistungsberechtigte für einen benannten Sachverständigen entschieden, wird dem Wunsch Rechnung getragen.

(2) ¹Der Sachverständige nimmt eine umfassende sozialmedizinische, bei Bedarf auch psychologische Begutachtung vor und erstellt das Gutachten innerhalb von zwei Wochen nach Auftragserteilung. ²Das Gutachten soll den von den Rehabilitationsträgern vereinbarten einheitlichen Grundsätzen zur Durchführung von Begutachtungen nach § 25 Absatz 1 Nummer 4 entsprechen. ³Die in dem Gutachten getroffenen Feststellungen zum Rehabilitationsbedarf werden den Entscheidungen der Rehabilitationsträger zugrunde gelegt. ⁴Die gesetzlichen Aufgaben der Gesundheitsämter, des Medizinischen Dienstes der Krankenversicherung nach § 275 des Fünften Buches und die gutachterliche Beteiligung der Bundesagentur für Arbeit nach § 54 bleiben unberührt.

(3) ¹Hat der leistende Rehabilitationsträger nach § 15 weitere Rehabilitationsträger beteiligt, setzt er sich bei seiner Entscheidung über die Beauftragung eines geeigneten Sachverständigen mit den beteiligten Rehabilitationsträgern über Anlass, Ziel und Umfang der Begutachtung ins Benehmen. ²Die beteiligten Rehabilitationsträger informieren den leistenden Rehabilitationsträger unverzüglich über die Notwendigkeit der Einholung von Gutachten. ³Die in dem Gutachten getroffenen Feststellungen zum Rehabilitationsbedarf werden in den Teilhabeplan nach § 19 einbezogen. ⁴Absatz 2 Satz 3 gilt entsprechend.

(4) Die Rehabilitationsträger stellen sicher, dass sie Sachverständige beauftragen können, bei denen keine Zugangs- und Kommunikationsbarrieren bestehen.

§ 18 Erstattung selbstbeschaffter Leistungen

(1) Kann über den Antrag auf Leistungen zur Teilhabe nicht innerhalb einer Frist von zwei Monaten ab Antragseingang bei dem leistenden Rehabilitationsträger entschieden werden, teilt er den Leistungsberechtigten vor Ablauf der Frist die Gründe hierfür schriftlich mit (begründete Mitteilung).

(2) ¹In der begründeten Mitteilung ist auf den Tag genau zu bestimmen, bis wann über den Antrag entschieden wird. ²In der begründeten Mitteilung kann der leistende Rehabilitationsträger die Frist von zwei Monaten nach Absatz 1 nur in folgendem Umfang verlängern:

1. um bis zu zwei Wochen zur Beauftragung eines Sachverständigen für die Begutachtung infolge einer nachweislich beschränkten Verfügbarkeit geeigneter Sachverständiger,
2. um bis zu vier Wochen, soweit von dem Sachverständigen die Notwendigkeit für einen solchen Zeitraum der Begutachtung schriftlich bestätigt wurde und
3. für die Dauer einer fehlenden Mitwirkung der Leistungsberechtigten, wenn und soweit den Leistungsberechtigten nach § 66 Absatz 3 des Ersten Buches schriftlich eine angemessene Frist zur Mitwirkung gesetzt wurde.

(3) ¹Erfolgt keine begründete Mitteilung, gilt die beantragte Leistung nach Ablauf der Frist als genehmigt. ²Die beantragte Leistung gilt auch dann als genehmigt, wenn der in der Mitteilung bestimmte Zeitpunkt der Entscheidung über den Antrag ohne weitere begründete Mitteilung des Rehabilitationsträgers abgelaufen ist.

(4) ¹Beschaffen sich Leistungsberechtigte eine als genehmigt geltende Leistung selbst, ist der leistende Rehabilitationsträger zur Erstattung der Aufwendungen für selbstbeschaffte Leistungen verpflichtet. ²Mit der Erstattung gilt der Anspruch der Leistungsberechtigten auf die Erbringung der selbstbeschafften Leistungen zur Teilhabe als erfüllt. ³Der Erstattungsanspruch umfasst auch die Zahlung von Abschlägen im Umfang fälliger Zahlungsverpflichtungen für selbstbeschaffte Leistungen.

(5) Die Erstattungspflicht besteht nicht,

1. wenn und soweit kein Anspruch auf Bewilligung der selbstbeschafften Leistungen bestanden hätte und
2. die Leistungsberechtigten dies wussten oder infolge grober Außerachtlassung der allgemeinen Sorgfalt nicht wussten.

(6) ¹Konnte der Rehabilitationsträger eine unaufschiebbare Leistung nicht rechtzeitig erbringen oder hat er eine Leistung zu Unrecht abgelehnt und sind dadurch Leistungsberechtigte

für die selbstbeschaffte Leistung Kosten entstanden, sind diese vom Rehabilitationsträger in der entstandenen Höhe zu erstatten, soweit die Leistung notwendig war. ₂Der Anspruch auf Erstattung richtet sich gegen den Rehabilitationsträger, der zum Zeitpunkt der Selbstbeschaffung über den Antrag entschieden hat. ₃Lag zum Zeitpunkt der Selbstbeschaffung noch keine Entscheidung vor, richtet sich der Anspruch gegen den leistenden Rehabilitationsträger.

(7) Die Absätze 1 bis 5 gelten nicht für die Träger der Eingliederungshilfe, der öffentlichen Jugendhilfe und der Kriegsopferfürsorge.

§ 19 Teilhabeplan

(1) Soweit Leistungen verschiedener Leistungsgruppen oder mehrerer Rehabilitationsträger erforderlich sind, ist der leistende Rehabilitationsträger dafür verantwortlich, dass er und die nach § 15 beteiligten Rehabilitationsträger im Benehmen miteinander und in Abstimmung mit den Leistungsberechtigten die nach dem individuellen Bedarf voraussichtlich erforderlichen Leistungen hinsichtlich Ziel, Art und Umfang funktionsbezogen feststellen und schriftlich oder elektronisch so zusammenstellen, dass sie nahtlos ineinandergreifen.

(2) ₁Der leistende Rehabilitationsträger erstellt in den Fällen nach Absatz 1 einen Teilhabeplan innerhalb der für die Entscheidung über den Antrag maßgeblichen Frist. ₂Der Teilhabeplan dokumentiert

1. den Tag des Antragseingangs beim leistenden Rehabilitationsträger und das Ergebnis der Zuständigkeitsklärung und Beteiligung nach den §§ 14 und 15,
2. die Feststellungen über den individuellen Rehabilitationsbedarf auf Grundlage der Bedarfsermittlung nach § 13,
3. die zur individuellen Bedarfsermittlung nach § 13 eingesetzten Instrumente,
4. die gutachterliche Stellungnahme der Bundesagentur für Arbeit nach § 54,
5. die Einbeziehung von Diensten und Einrichtungen bei der Leistungserbringung,
6. erreichbare und überprüfbare Teilhabeziele und deren Fortschreibung,
7. die Berücksichtigung des Wunsch- und Wahlrechts nach § 8, insbesondere im Hinblick auf die Ausführung von Leistungen durch ein Persönliches Budget,
8. die Dokumentation der einvernehmlichen, umfassenden und trägerübergreifenden Feststellung des Rehabilitationsbedarfs in den Fällen nach § 15 Absatz 3 Satz 1,
9. die Ergebnisse der Teilhabeplankonferenz nach § 20,
10. die Erkenntnisse aus den Mitteilungen der nach § 22 einbezogenen anderen öffentlichen Stellen und
11. die besonderen Belange pflegender Angehöriger bei der Erbringung von Leistungen der medizinischen Rehabilitation.

₃Wenn Leistungsberechtigte die Erstellung eines Teilhabeplans wünschen und die Voraussetzungen nach Absatz 1 nicht vorliegen, ist Satz 2 entsprechend anzuwenden.

(3) ₁Der Teilhabeplan wird entsprechend dem Verlauf der Rehabilitation angepasst und darauf ausgerichtet, den Leistungsberechtigten unter Berücksichtigung der Besonderheiten des Einzelfalles eine umfassende Teilhabe am Leben in der Gesellschaft zügig, wirksam, wirtschaftlich und auf Dauer zu ermöglichen. ₂Dabei sichert der leistende Rehabilitationsträger durchgehend das Verfahren. ₃Die Leistungsberechtigten können von dem leistenden Rehabilitationsträger Einsicht in den Teilhabeplan oder die Erteilung von Ablichtungen nach § 25 des Zehnten Buches verlangen.

(4) ₁Die Rehabilitationsträger legen den Teilhabeplan bei der Entscheidung über den Antrag zugrunde. ₂Die Begründung der Entscheidung über die beantragten Leistungen nach § 35 des Zehnten Buches soll erkennen lassen, inwieweit die im Teilhabeplan enthaltenen Feststellungen bei der Entscheidung berücksichtigt wurden.

(5) ₁Ein nach § 15 beteiligter Rehabilitationsträger kann das Verfahren nach den Absätzen 1 bis 3 anstelle des leistenden Rehabilitationsträgers durchführen, wenn die Rehabilitationsträger dies in Abstimmung mit den Leistungsberechtigten vereinbaren. ₂Die Vorschriften über die Leistungsverantwortung der Rehabilitati-

onsträger nach den §§ 14 und 15 bleiben hiervon unberührt.

(6) Setzen unterhaltssichernde Leistungen den Erhalt von anderen Leistungen zur Teilhabe voraus, gelten die Leistungen im Verhältnis zueinander nicht als Leistungen verschiedener Leistungsgruppen im Sinne von Absatz 1.

§ 20 Teilhabeplankonferenz

(1) ₁Mit Zustimmung der Leistungsberechtigten kann der für die Durchführung des Teilhabeplanverfahrens nach § 19 verantwortliche Rehabilitationsträger zur gemeinsamen Beratung der Feststellungen zum Rehabilitationsbedarf eine Teilhabeplankonferenz durchführen. ₂Die Leistungsberechtigten, die beteiligten Rehabilitationsträger und die Jobcenter können dem nach § 19 verantwortlichen Rehabilitationsträger die Durchführung einer Teilhabeplankonferenz vorschlagen. ₃Von dem Vorschlag auf Durchführung einer Teilhabeplankonferenz kann abgewichen werden,

1. wenn der zur Feststellung des Rehabilitationsbedarfs maßgebliche Sachverhalt schriftlich ermittelt werden kann,
2. wenn der Aufwand zur Durchführung nicht in einem angemessenen Verhältnis zum Umfang der beantragten Leistung steht oder
3. wenn eine Einwilligung nach § 23 Absatz 2 nicht erteilt wurde.

(2) ₁Wird von dem Vorschlag der Leistungsberechtigten auf Durchführung einer Teilhabeplankonferenz abgewichen, sind die Leistungsberechtigten über die dafür maßgeblichen Gründe zu informieren und hierzu anzuhören. ₂Von dem Vorschlag der Leistungsberechtigten auf Durchführung einer Teilhabeplankonferenz kann nicht abgewichen werden, wenn Leistungen an Mütter und Väter mit Behinderungen bei der Versorgung und Betreuung ihrer Kinder beantragt wurden.

(3) ₁An der Teilhabeplankonferenz nehmen Beteiligte nach § 12 des Zehnten Buches sowie auf Wunsch der Leistungsberechtigten die Bevollmächtigten und Beistände nach § 13 des Zehnten Buches sowie sonstige Vertrauenspersonen teil. ₂Auf Wunsch oder mit Zustimmung der Leistungsberechtigten können Rehabilitationsdienste, Rehabilitationseinrichtungen und Jobcenter sowie sonstige beteiligte Leistungserbringer an der Teilhabeplankonferenz teilnehmen. ₃Vor der Durchführung einer Teilhabeplankonferenz sollen die Leistungsberechtigten auf die Angebote der ergänzenden unabhängigen Teilhabeberatung nach § 32 besonders hingewiesen werden.

(4) Wird eine Teilhabeplankonferenz nach Absatz 1 auf Wunsch und mit Zustimmung der Leistungsberechtigten eingeleitet, richtet sich die Frist zur Entscheidung über den Antrag nach § 15 Absatz 4.

§ 21 Besondere Anforderungen an das Teilhabeplanverfahren

₁Ist der Träger der Eingliederungshilfe der für die Durchführung des Teilhabeplanverfahrens verantwortliche Rehabilitationsträger, gelten für ihn die Vorschriften für die Gesamtplanung ergänzend; dabei ist das Gesamtplanverfahren ein Gegenstand des Teilhabeplanverfahrens. ₂Ist der Träger der öffentlichen Jugendhilfe der für die Durchführung des Teilhabeplans verantwortliche Rehabilitationsträger, gelten für ihn die Vorschriften für den Hilfeplan nach § 36 des Achten Buches ergänzend.

§ 22 Einbeziehung anderer öffentlicher Stellen

(1) Der für die Durchführung des Teilhabeplanverfahrens verantwortliche Rehabilitationsträger bezieht unter Berücksichtigung der Interessen der Leistungsberechtigten andere öffentliche Stellen in die Erstellung des Teilhabeplans in geeigneter Art und Weise ein, soweit dies zur Feststellung des Rehabilitationsbedarfs erforderlich ist.

(2) ₁Bestehen im Einzelfall Anhaltspunkte für eine Pflegebedürftigkeit nach dem Elften Buch, wird die zuständige Pflegekasse mit Zustimmung des Leistungsberechtigten vom für die Durchführung des Teilhabeplanverfahrens verantwortlichen Rehabilitationsträger informiert und muss am Teilhabeplanverfahren beratend teilnehmen, soweit dies für den Rehabilitationsträger zur Feststellung des Rehabilitationsbedarfs erforderlich und nach den für die zuständige Pflegekasse geltenden Grundsätzen der Datenverwendung zulässig ist. ₂Die §§ 18a und 31 des Elften Buches bleiben unberührt.

(3) ₁Die Integrationsämter sind bei der Durchführung des Teilhabeplanverfahrens zu beteiligen, soweit sie Leistungen für schwerbehinderte Menschen nach Teil 3 erbringen. ₂Das zuständige Integrationsamt kann das Teilhabeverfahren nach § 19 Absatz 5 anstelle des leistenden Rehabilitationsträgers durchführen, wenn die Rehabilitationsträger und das Integrationsamt dies in Abstimmung mit den Leistungsberechtigten vereinbaren.

(4) ₁Die Jobcenter können dem nach Absatz 1 verantwortlichen Rehabilitationsträger ihre Beteiligung an der Durchführung des Teilhabeplanverfahrens vorschlagen. ₂Sie sind zu beteiligen, soweit es zur Feststellung des Rehabilitationsbedarfs erforderlich ist und dem Interessen der Leistungsberechtigten entspricht. ₃Die Aufgaben und die Beteiligung der Bundesagentur für Arbeit im Rahmen ihrer Zuständigkeit nach § 6 Absatz 3 bleiben unberührt.

(5) Bestehen im Einzelfall Anhaltspunkte für einen Betreuungsbedarf nach § 1896 Absatz 1 des Bürgerlichen Gesetzbuches, informiert der für die Durchführung des Teilhabeplanverfahrens verantwortliche Rehabilitationsträger mit Zustimmung der Leistungsberechtigten die zuständige Betreuungsbehörde über die Erstellung des Teilhabeplans, soweit dies zur Vermittlung anderer Hilfen, bei denen kein Betreuer bestellt wird, erforderlich ist.

§ 23 Verantwortliche Stelle für den Sozialdatenschutz

(1) Bei der Erstellung des Teilhabeplans und der Durchführung der Teilhabeplankonferenz ist der für die Durchführung des Teilhabeplanverfahrens verantwortliche Rehabilitationsträger die verantwortliche Stelle für die Erhebung, Verarbeitung und Nutzung von Sozialdaten nach § 67 Absatz 9 des Zehnten Buches sowie Stelle im Sinne von § 35 Absatz 1 des Ersten Buches.

(2) ₁Vor Durchführung einer Teilhabeplankonferenz hat die nach Absatz 1 verantwortliche Stelle die Einwilligung der Leistungsberechtigten im Sinne von § 67b Absatz 2 des Zehnten Buches einzuholen, wenn und soweit anzunehmen ist, dass im Rahmen der Teilhabeplankonferenz Sozialdaten erhoben, verarbeitet oder genutzt werden, deren Erforderlichkeit für die Erstellung des Teilhabeplans zum Zeitpunkt der Durchführung der Teilhabeplankonferenz nicht abschließend bewertet werden kann. ₂Die Verarbeitung und Nutzung von Sozialdaten nach Durchführung der Teilhabeplankonferenz ist nur zulässig, soweit diese für die Erstellung des Teilhabeplans erforderlich sind.

(3) Die datenschutzrechtlichen Vorschriften des Ersten und des Zehnten Buches sowie der jeweiligen Leistungsgesetze der Rehabilitationsträger bleiben bei der Zuständigkeitsklärung und bei der Erstellung des Teilhabeplans unberührt.

§ 24 Vorläufige Leistungen

₁Die Bestimmungen dieses Kapitels lassen die Verpflichtung der Rehabilitationsträger zur Erbringung vorläufiger Leistungen nach den für sie jeweils geltenden Leistungsgesetzen unberührt. ₂Vorläufig erbrachte Leistungen binden die Rehabilitationsträger nicht bei der Feststellung des Rehabilitationsbedarfs nach diesem Kapitel. ₃Werden Leistungen zur Teilhabe beantragt, ist § 43 des Ersten Buches nicht anzuwenden.

Kapitel 5
Zusammenarbeit

§ 25 Zusammenarbeit der Rehabilitationsträger

(1) Im Rahmen der durch Gesetz, Rechtsverordnung oder allgemeine Verwaltungsvorschrift getroffenen Regelungen sind die Rehabilitationsträger verantwortlich, dass

1. die im Einzelfall erforderlichen Leistungen zur Teilhabe nahtlos, zügig sowie nach Gegenstand, Umfang und Ausführung einheitlich erbracht werden,
2. Abgrenzungsfragen einvernehmlich geklärt werden,
3. Beratung entsprechend den in den §§ 1 und 4 genannten Zielen geleistet wird,
4. Begutachtungen möglichst nach einheitlichen Grundsätzen durchgeführt werden,
5. Prävention entsprechend dem in § 3 Absatz 1 genannten Ziel geleistet wird sowie
6. die Rehabilitationsträger im Fall eines Zuständigkeitsübergangs rechtzeitig eingebunden werden.

(2) ₁Die Rehabilitationsträger und ihre Verbände sollen zur gemeinsamen Wahrnehmung von Aufgaben zur Teilhabe von Menschen mit Behinderungen insbesondere regionale Arbeitsgemeinschaften bilden. ₂§ 88 Absatz 1 Satz 1 und Absatz 2 des Zehnten Buches gilt entsprechend.

§ 26 Gemeinsame Empfehlungen

(1) Die Rehabilitationsträger nach § 6 Absatz 1 Nummer 1 bis 5 vereinbaren zur Sicherung der Zusammenarbeit nach § 25 Absatz 1 gemeinsame Empfehlungen.

(2) Die Rehabilitationsträger nach § 6 Absatz 1 Nummer 1 bis 5 vereinbaren darüber hinaus gemeinsame Empfehlungen,

1. welche Maßnahmen nach § 3 geeignet sind, um den Eintritt einer Behinderung zu vermeiden,
2. in welchen Fällen und in welcher Weise rehabilitationsbedürftigen Menschen notwendige Leistungen zur Teilhabe angeboten werden, insbesondere, um eine durch eine Chronifizierung von Erkrankungen bedingte Behinderung zu verhindern,
3. über die einheitliche Ausgestaltung des Teilhabeplanverfahrens,
4. in welcher Weise die Bundesagentur für Arbeit nach § 54 zu beteiligen ist,
5. wie Leistungen zur Teilhabe nach den §§ 14 und 15 koordiniert werden,
6. in welcher Weise und in welchem Umfang Selbsthilfegruppen, -organisationen und -kontaktstellen, die sich die Prävention, Rehabilitation, Früherkennung und Bewältigung von Krankheiten und Behinderungen zum Ziel gesetzt haben, gefördert werden,
7. für Grundsätze der Instrumente zur Ermittlung des Rehabilitationsbedarfs nach § 13,
8. in welchen Fällen und in welcher Weise der behandelnde Hausarzt und Facharzt mit der Betriebs- oder Werksarzt in die Einleitung und Ausführung von Leistungen zur Teilhabe einzubinden sind,
9. zu einem Informationsaustausch mit Beschäftigten mit Behinderungen, Arbeitgebern und den in § 166 genannten Vertretungen zur möglichst frühzeitigen Erkennung des individuellen Bedarfs voraussichtlich erforderlicher Leistungen zur Teilhabe sowie
10. über ihre Zusammenarbeit mit Sozialdiensten und vergleichbaren Stellen.

(3) Bestehen für einen Rehabilitationsträger Rahmenempfehlungen auf Grund gesetzlicher Vorschriften und soll bei den gemeinsamen Empfehlungen von diesen abgewichen werden oder sollen die gemeinsamen Empfehlungen Gegenstände betreffen, die nach den gesetzlichen Vorschriften Gegenstand solcher Rahmenempfehlungen werden sollen, stellt der Rehabilitationsträger das Einvernehmen mit den jeweiligen Partnern der Rahmenempfehlungen sicher.

(4) ₁Die Träger der Renten-, Kranken- und Unfallversicherung können sich bei der Vereinbarung der gemeinsamen Empfehlungen durch ihre Spitzenverbände vertreten lassen. ₂Der Spitzenverband Bund der Krankenkassen schließt die gemeinsamen Empfehlungen auch als Spitzenverband Bund der Pflegekassen ab, soweit die Aufgaben der Pflegekassen von den gemeinsamen Empfehlungen berührt sind.

(5) ₁An der Vorbereitung der gemeinsamen Empfehlungen werden die Träger der Eingliederungshilfe und der öffentlichen Jugendhilfe über die Bundesvereinigung der Kommunalen Spitzenverbände, die Bundesarbeitsgemeinschaft der überörtlichen Träger der Sozialhilfe, die Bundesarbeitsgemeinschaft der Landesjugendämter sowie die Integrationsämter in Bezug auf Leistungen und sonstige Hilfen für schwerbehinderte Menschen nach Teil 3 über die Bundesarbeitsgemeinschaft der Integrationsämter und Hauptfürsorgestellen beteiligt. ₂Die Träger der Eingliederungshilfe und der öffentlichen Jugendhilfe orientieren sich bei der Wahrnehmung ihrer Aufgaben nach diesem Buch an den vereinbarten Empfehlungen oder können diesen beitreten.

(6) ₁Die Verbände von Menschen mit Behinderungen einschließlich der Verbände der Freien Wohlfahrtspflege, der Selbsthilfegruppen und der Interessenvertretungen von Frauen mit Behinderungen sowie die für die Wahrnehmung der Interessen der ambulanten und stationären Rehabilitationseinrichtungen auf Bundesebene maßgeblichen Spitzenverbände werden an der Vorbereitung der gemeinsamen Empfehlungen beteiligt. ₂Ihren Anliegen wird bei der Ausge-

staltung der Empfehlungen nach Möglichkeit Rechnung getragen. ₃Die Empfehlungen berücksichtigen auch die besonderen Bedürfnisse von Frauen und Kindern mit Behinderungen oder von Behinderung bedrohter Frauen und Kinder.

(7) ₁Die beteiligten Rehabilitationsträger vereinbaren die gemeinsamen Empfehlungen im Rahmen der Bundesarbeitsgemeinschaft für Rehabilitation im Benehmen mit dem Bundesministerium für Arbeit und Soziales und den Ländern auf der Grundlage eines von ihnen innerhalb der Bundesarbeitsgemeinschaft vorbereiteten Vorschlags. ₂Der oder die Bundesbeauftragte für den Datenschutz und die Informationsfreiheit wird beteiligt. ₃Hat das Bundesministerium für Arbeit und Soziales zu einem Vorschlag aufgefordert, legt die Bundesarbeitsgemeinschaft für Rehabilitation den Vorschlag innerhalb von sechs Monaten vor. ₄Dem Vorschlag wird gefolgt, wenn ihm berechtigte Interessen eines Rehabilitationsträgers nicht entgegenstehen. ₅Einwände nach Satz 4 sind innerhalb von vier Wochen nach Vorlage des Vorschlags auszuräumen.

(8) ₁Die Rehabilitationsträger teilen der Bundesarbeitsgemeinschaft für Rehabilitation alle zwei Jahre ihre Erfahrungen mit den gemeinsamen Empfehlungen mit, die Träger der Renten-, Kranken- und Unfallversicherung über ihre Spitzenverbände. ₂Die Bundesarbeitsgemeinschaft für Rehabilitation stellt dem Bundesministerium für Arbeit und Soziales und den Ländern eine Zusammenfassung zur Verfügung.

(9) Die gemeinsamen Empfehlungen können durch die regional zuständigen Rehabilitationsträger konkretisiert werden.

§ 27 Verordnungsermächtigung

₁Vereinbaren die Rehabilitationsträger nicht innerhalb von sechs Monaten, nachdem das Bundesministerium für Arbeit und Soziales sie dazu aufgefordert hat, gemeinsame Empfehlungen nach § 26 beziehungsweise ändern sie vereinbarte gewordene Empfehlungen nicht innerhalb dieser Frist, kann das Bundesministerium für Arbeit und Soziales mit dem Ziel der Vereinheitlichung des Verwaltungsvollzugs in dem Anwendungsbereich der §§ 25 und 26 Regelungen durch Rechtsverordnung mit Zustimmung des Bundesrates erlassen. ₂Richten sich die Regelungen nur an Rehabilitationsträger, die nicht der Landesaufsicht unterliegen, wird die Rechtsverordnung ohne Zustimmung des Bundesrates erlassen. ₃Soweit sich die Regelungen an die Rehabilitationsträger nach § 6 Absatz 1 Nummer 1 richten, erlässt das Bundesministerium für Arbeit und Soziales die Rechtsverordnung im Einvernehmen mit dem Bundesministerium für Gesundheit.

**Kapitel 6
Leistungsformen, Beratung**

**Abschnitt 1
Leistungsformen**

§ 28 Ausführung von Leistungen

(1) ₁Der zuständige Rehabilitationsträger kann Leistungen zur Teilhabe

1. allein oder gemeinsam mit anderen Leistungsträgern,
2. durch andere Leistungsträger oder
3. unter Inanspruchnahme von geeigneten, insbesondere auch freien und gemeinnützigen oder privaten Rehabilitationsdiensten und -einrichtungen nach § 36

ausführen. ₂Der zuständige Rehabilitationsträger bleibt für die Ausführung der Leistungen verantwortlich. ₃Satz 1 gilt insbesondere dann, wenn der Rehabilitationsträger die Leistung dadurch wirksamer oder wirtschaftlicher erbringen kann.

(2) Die Leistungen werden dem Verlauf der Rehabilitation angepasst und sind darauf ausgerichtet, den Leistungsberechtigten unter Berücksichtigung der Besonderheiten des Einzelfalles zügig, wirksam, wirtschaftlich und auf Dauer eine den Zielen des §§ 1 und 4 Absatz 1 entsprechende umfassende Teilhabe am Leben in der Gesellschaft zu ermöglichen.

§ 29 Persönliches Budget

(1) ₁Auf Antrag der Leistungsberechtigten werden Leistungen zur Teilhabe durch die Leistungsform eines Persönlichen Budgets ausgeführt, um den Leistungsberechtigten in eigener Verantwortung ein möglichst selbstbestimmtes Leben zu ermöglichen. ₂Bei der Ausführung des Persönlichen Budgets sind nach Maßgabe des

individuell festgestellten Bedarfs die Rehabilitationsträger, die Pflegekassen und die Integrationsämter beteiligt. ₃Das Persönliche Budget wird von den beteiligten Leistungsträgern trägerübergreifend als Komplexleistung erbracht. ₄Das Persönliche Budget kann auch nicht trägerübergreifend von einem einzelnen Leistungsträger erbracht werden. ₅Budgetfähig sind auch die neben den Leistungen nach Satz 1 erforderlichen Leistungen der Krankenkassen und der Pflegekassen, Leistungen der Träger der Unfallversicherung bei Pflegebedürftigkeit sowie Hilfe zur Pflege der Sozialhilfe, die sich auf alltägliche und regelmäßig wiederkehrende Bedarfe beziehen und als Geldleistungen oder durch Gutschein erbracht werden können. ₆An die Entscheidung sind die Leistungsberechtigten für die Dauer von sechs Monaten gebunden.

(2) ₁Persönliche Budgets werden in der Regel als Geldleistung ausgeführt, bei laufenden Leistungen monatlich. ₂In begründeten Fällen sind Gutscheine auszugeben. ₃Mit der Auszahlung oder der Ausgabe von Gutscheinen an die Leistungsberechtigten gilt deren Anspruch gegen die beteiligten Leistungsträger insoweit als erfüllt. ₄Das Bedarfsermittlungsverfahren für laufende Leistungen wird in der Regel im Abstand von zwei Jahren wiederholt. ₅In begründeten Fällen kann davon abgewichen werden. ₆Persönliche Budgets werden auf der Grundlage der nach Kapitel 4 getroffenen Feststellungen so bemessen, dass der individuell festgestellte Bedarf gedeckt wird und die erforderliche Beratung und Unterstützung erfolgen kann. ₇Dabei soll die Höhe des Persönlichen Budgets die Kosten aller bisher individuell festgestellten Leistungen nicht überschreiten, die ohne das Persönliche Budget zu erbringen sind. ₈§ 35a des Elften Buches bleibt unberührt.

(3) ₁Werden Leistungen zur Teilhabe in der Leistungsform des Persönlichen Budgets beantragt, ist der nach § 14 leistende Rehabilitationsträger für die Durchführung des Verfahrens zuständig. ₂Satz 1 findet entsprechend Anwendung auf die Pflegekassen und die Integrationsämter. ₃Enthält das Persönliche Budget Leistungen, für die der Leistungsträger nach den Sätzen 1 und 2 nicht Leistungsträger nach § 6 Absatz 1 sein kann, leitet er den Antrag insoweit unverzüglich dem nach seiner Auffassung zuständigen Leistungsträger nach § 15 zu.

(4) ₁Der Leistungsträger nach Absatz 3 und die Leistungsberechtigten schließen zur Umsetzung des Persönlichen Budgets eine Zielvereinbarung ab. ₂Sie enthält mindestens Regelungen über

1. die Ausrichtung der individuellen Förder- und Leistungsziele,
2. die Erforderlichkeit eines Nachweises zur Deckung des festgestellten individuellen Bedarfs,
3. die Qualitätssicherung sowie
4. die Höhe der Teil- und des Gesamtbudgets.

₃Satz 1 findet keine Anwendung, wenn allein Pflegekassen Leistungsträger nach Absatz 3 sind und sie das Persönliche Budget nach Absatz 1 Satz 4 erbringen. ₄Die Beteiligten, die die Zielvereinbarung abgeschlossen haben, können diese aus wichtigem Grund mit sofortiger Wirkung schriftlich kündigen, wenn ihnen die Fortsetzung der Vereinbarung nicht zumutbar ist. ₅Ein wichtiger Grund kann für die Leistungsberechtigten insbesondere in der persönlichen Lebenssituation liegen. ₆Für den Leistungsträger kann ein wichtiger Grund dann vorliegen, wenn die Leistungsberechtigten die Vereinbarung, insbesondere hinsichtlich des Nachweises zur Bedarfsdeckung und der Qualitätssicherung nicht einhalten. ₇Im Fall der Kündigung der Zielvereinbarung wird der Verwaltungsakt aufgehoben. ₈Die Zielvereinbarung wird im Rahmen des Bedarfsermittlungsverfahrens für die Dauer des Bewilligungszeitraumes der Leistungen in Form des Persönlichen Budgets abgeschlossen.

§ 30 Verordnungsermächtigung

Das Bundesministerium für Arbeit und Soziales wird ermächtigt, im Einvernehmen mit dem Bundesministerium für Gesundheit durch Rechtsverordnung mit Zustimmung des Bundesrates Näheres zum Inhalt und zur Ausführung des Persönlichen Budgets, zum Verfahren sowie zur Zuständigkeit bei Beteiligung mehrerer Rehabilitationsträger zu regeln.

§ 31 Leistungsort

₁Sach- und Dienstleistungen können auch im Ausland erbracht werden, wenn sie dort bei zumindest gleicher Qualität und Wirksamkeit wirtschaftlicher ausgeführt werden können. ₂Leistungen zur Teilhabe am Arbeitsleben können im grenznahen Ausland auch ausgeführt werden, wenn sie für die Aufnahme oder Ausübung einer Beschäftigung oder selbständigen Tätigkeit erforderlich sind.

Abschnitt 2
Beratung

§ 32 Ergänzende unabhängige Teilhabeberatung

(1) ₁Zur Stärkung der Selbstbestimmung von Menschen mit Behinderungen und von Behinderung bedrohter Menschen fördert das Bundesministerium für Arbeit und Soziales eine von Leistungsträgern und Leistungserbringern unabhängige ergänzende Beratung als niedrigschwelliges Angebot, das bereits im Vorfeld der Beantragung konkreter Leistungen zur Verfügung steht. ₂Dieses Angebot besteht neben dem Anspruch auf Beratung durch die Rehabilitationsträger.

(2) ₁Das ergänzende Angebot erstreckt sich auf die Information und Beratung über Rehabilitations- und Teilhabeleistungen nach diesem Buch. ₂Die Rehabilitationsträger informieren im Rahmen der vorhandenen Beratungsstrukturen und ihrer Beratungspflicht über dieses ergänzende Angebot.

(3) Bei der Förderung von Beratungsangeboten ist die von Leistungsträgern und Leistungserbringern unabhängige ergänzende Beratung von Betroffenen für Betroffene besonders zu berücksichtigen.

(4) ₁Das Bundesministerium für Arbeit und Soziales erlässt eine Förderrichtlinie, nach deren Maßgabe die Dienste gefördert werden können, welche ein unabhängiges ergänzendes Beratungsangebot anbieten. ₂Das Bundesministerium für Arbeit und Soziales entscheidet im Benehmen mit der zuständigen obersten Landesbehörde über diese Förderung.

(5) ₁Die Förderung erfolgt aus Bundesmitteln und ist bis zum 31. Dezember 2022 befristet. ₂Die Bundesregierung berichtet den gesetzgebenden Körperschaften des Bundes bis zum 30. Juni 2021 über die Einführung und Inanspruchnahme der ergänzenden unabhängigen Teilhabeberatung.

§ 33 Pflichten der Personensorgeberechtigten

Eltern, Vormünder, Pfleger und Betreuer, die bei den ihnen anvertrauten Personen Beeinträchtigungen (§ 2 Absatz 1) wahrnehmen oder durch die in § 34 genannten Personen hierauf hingewiesen werden, sollen im Rahmen ihres Erziehungs- oder Betreuungsauftrags diese Personen einer Beratungsstelle nach § 32 oder einer sonstigen Beratungsstelle für Rehabilitation zur Beratung über die geeigneten Leistungen zur Teilhabe vorstellen.

§ 34 Sicherung der Beratung von Menschen mit Behinderungen

(1) ₁Die Beratung durch Ärzte, denen eine Person nach § 33 vorgestellt wird, erstreckt sich auf geeignete Leistungen zur Teilhabe. ₂Dabei weisen sie auf die Möglichkeit der Beratung durch die Beratungsstellen der Rehabilitationsträger hin und informieren über wohnortnahe Angebote zur Beratung nach § 32. ₃Werdende Eltern werden außerdem auf den Beratungsanspruch bei den Schwangerschaftsberatungsstellen hingewiesen.

(2) Nehmen Hebammen, Entbindungspfleger, medizinisches Personal außer Ärzten, Lehrer, Sozialarbeiter, Jugendleiter und Erzieher bei der Ausübung ihres Berufs Behinderungen wahr, weisen sie die Personensorgeberechtigten auf die Behinderung und auf entsprechende Beratungsangebote nach § 32 hin.

(3) Nehmen medizinisches Personal außer Ärzten und Sozialarbeiter bei der Ausübung ihres Berufs Behinderungen bei volljährigen Personen wahr, empfehlen sie diesen Personen oder ihren bestellten Betreuern, eine Beratungsstelle für Rehabilitation oder eine ärztliche Beratung über geeignete Leistungen zur Teilhabe aufzusuchen.

§ 35 Landesärzte

(1) In den Ländern können Landesärzte bestellt werden, die über besondere Erfahrungen in der Hilfe für Menschen mit Behinderungen und von Behinderung bedrohte Menschen verfügen.

(2) Die Landesärzte haben insbesondere folgende Aufgaben:

1. Gutachten für die Landesbehörden, die für das Gesundheitswesen, die Sozialhilfe und Eingliederungshilfe zuständig sind, sowie für

die zuständigen Träger der Sozialhilfe und Eingliederungshilfe in besonders schwierig gelagerten Einzelfällen oder in Fällen von grundsätzlicher Bedeutung zu erstatten,

2. die für das Gesundheitswesen zuständigen obersten Landesbehörden beim Erstellen von Konzeptionen, Situations- und Bedarfsanalysen und bei der Landesplanung zur Teilhabe von Menschen mit Behinderungen und von Behinderung bedrohter Menschen zu beraten und zu unterstützen sowie selbst entsprechende Initiativen zu ergreifen und

3. die für das Gesundheitswesen zuständigen Landesbehörden über Art und Ursachen von Behinderungen und notwendige Hilfen sowie über den Erfolg von Leistungen zur Teilhabe von Menschen mit Behinderungen und von Behinderung bedrohter Menschen regelmäßig zu unterrichten.

Kapitel 7
Struktur, Qualitätssicherung und Verträge

§ 36 Rehabilitationsdienste und -einrichtungen

(1) ₁Die Rehabilitationsträger wirken gemeinsam unter Beteiligung der Bundesregierung und der Landesregierungen darauf hin, dass die fachlich und regional erforderlichen Rehabilitationsdienste und -einrichtungen in ausreichender Anzahl und Qualität zur Verfügung stehen. ₂Dabei achten die Rehabilitationsträger darauf, dass für eine ausreichende Anzahl von Rehabilitationsdiensten und -einrichtungen keine Zugangs- und Kommunikationsbarrieren bestehen. ₃Die Verbände von Menschen mit Behinderungen einschließlich der Verbände der Freien Wohlfahrtspflege, der Selbsthilfegruppen und der Interessenvertretungen von Frauen mit Behinderungen sowie die für die Wahrnehmung der Interessen der ambulanten und stationären Rehabilitationseinrichtungen auf Bundesebene maßgeblichen Spitzenverbände werden beteiligt.

(2) ₁Nehmen Rehabilitationsträger zur Ausführung von Leistungen Rehabilitationsdienste und -einrichtungen in Anspruch, erfolgt die Auswahl danach, wer die Leistung in der am besten geeigneten Form ausführt. ₂Dabei werden Rehabilitationsdienste und -einrichtungen freier oder gemeinnütziger Träger entsprechend ihrer Bedeutung für die Rehabilitation und Teilhabe von Menschen mit Behinderungen berücksichtigt und die Vielfalt der Träger gewahrt sowie deren Selbständigkeit, Selbstverständnis und Unabhängigkeit beachtet. ₃§ 51 Absatz 1 Satz 2 Nummer 4 ist anzuwenden.

(3) Rehabilitationsträger können nach den für sie geltenden Rechtsvorschriften Rehabilitationsdienste oder -einrichtungen fördern, wenn dies zweckmäßig ist und die Arbeit dieser Dienste oder Einrichtungen in anderer Weise nicht sichergestellt werden kann.

(4) Rehabilitationsdienste und -einrichtungen mit gleicher Aufgabenstellung sollen Arbeitsgemeinschaften bilden.

§ 37 Qualitätssicherung, Zertifizierung

(1) ₁Die Rehabilitationsträger nach § 6 Absatz 1 Nummer 1 bis 5 vereinbaren gemeinsame Empfehlungen zur Sicherung und Weiterentwicklung der Qualität der Leistungen, insbesondere zur barrierefreien Leistungserbringung, sowie für die Durchführung vergleichender Qualitätsanalysen als Grundlage für ein effektives Qualitätsmanagement der Leistungserbringer. ₂§ 26 Absatz 4 ist entsprechend anzuwenden. ₃Rehabilitationsträger nach § 6 Absatz 1 Nummer 6 und 7 können den Empfehlungen beitreten.

(2) ₁Die Erbringer von Leistungen stellen ein Qualitätsmanagement sicher, das durch zielgerichtete und systematische Verfahren und Maßnahmen die Qualität der Versorgung gewährleistet und kontinuierlich verbessert. ₂Stationäre Rehabilitationseinrichtungen haben sich an dem Zertifizierungsverfahren nach Absatz 3 zu beteiligen.

(3) ₁Die Spitzenverbände der Rehabilitationsträger nach § 6 Absatz 1 Nummer 1 und 3 bis 5 vereinbaren im Rahmen der Bundesarbeitsgemeinschaft für Rehabilitation grundsätzliche Anforderungen an ein einrichtungsinternes Qualitätsmanagement nach Absatz 2 Satz 1 sowie ein einheitliches, unabhängiges Zertifizierungsverfahren, mit dem die erfolgreiche Umsetzung des Qualitätsmanagements in regelmäßigen Abständen nachgewiesen wird. ₂Den für die Wahrnehmung der Interessen der stationären Rehabilitationseinrichtungen auf Bundesebene maßgebli-

chen Spitzenverbänden sowie den Verbänden von Menschen mit Behinderungen einschließlich der Verbände der Freien Wohlfahrtspflege, der Selbsthilfegruppen und der Interessenvertretungen von Frauen mit Behinderungen ist Gelegenheit zur Stellungnahme zu geben. ₃Stationäre Rehabilitationseinrichtungen sind nur dann als geeignet anzusehen, wenn sie zertifiziert sind.

(4) Die Rehabilitationsträger können mit den Einrichtungen, die für sie Leistungen erbringen, über Absatz 1 hinausgehende Anforderungen an die Qualität und das Qualitätsmanagement vereinbaren.

(5) In Rehabilitationseinrichtungen mit Vertretungen der Menschen mit Behinderungen sind die nach Absatz 3 Satz 1 zu erstellenden Nachweise über die Umsetzung des Qualitätsmanagements diesen Vertretungen zur Verfügung zu stellen.

(6) § 26 Absatz 3 ist entsprechend anzuwenden für Vereinbarungen auf Grund gesetzlicher Vorschriften für die Rehabilitationsträger.

§ 38 Verträge mit Leistungserbringern

(1) Verträge mit Leistungserbringern müssen insbesondere folgende Regelungen über die Ausführung von Leistungen durch Rehabilitationsdienste und -einrichtungen, die nicht in der Trägerschaft eines Rehabilitationsträgers stehen, enthalten:

1. Qualitätsanforderungen an die Ausführung der Leistungen, das beteiligte Personal und die begleitenden Fachdienste,
2. die Übernahme von Grundsätzen der Rehabilitationsträger zur Vereinbarung von Vergütungen,
3. Rechte und Pflichten der Teilnehmer, soweit sich diese nicht bereits aus dem Rechtsverhältnis ergeben, das zwischen ihnen und dem Rehabilitationsträger besteht,
4. angemessene Mitwirkungsmöglichkeiten der Teilnehmer an der Ausführung der Leistungen,
5. Regelungen zur Geheimhaltung personenbezogener Daten,
6. Regelungen zur Beschäftigung eines angemessenen Anteils von Frauen mit Behinderungen, insbesondere Frauen mit Schwerbehinderungen sowie
7. das Angebot, Beratung durch den Träger der öffentlichen Jugendhilfe bei gewichtigen Anhaltspunkten für eine Kindeswohlgefährdung in Anspruch zu nehmen.

(2) ₁Die Bezahlung tarifvertraglich vereinbarter Vergütungen sowie entsprechender Vergütungen nach kirchlichen Arbeitsrechtsregelungen kann bei Verträgen auf der Grundlage dieses Buches nicht als unwirtschaftlich abgelehnt werden. ₂Auf Verlangen des Rehabilitationsträgers ist die Zahlung von Vergütungen nach Satz 1 nachzuweisen.

(3) ₁Die Rehabilitationsträger wirken darauf hin, dass die Verträge nach einheitlichen Grundsätzen abgeschlossen werden. ₂Dabei sind einheitliche Grundsätze der Wirksamkeit, Zweckmäßigkeit und Wirtschaftlichkeit zu berücksichtigen. ₃Die Rehabilitationsträger können über den Inhalt der Verträge gemeinsame Empfehlungen nach § 26 vereinbaren. ₄Mit den Arbeitsgemeinschaften der Rehabilitationsdienste und -einrichtungen können sie Rahmenverträge schließen. ₅Der oder die Bundesbeauftragte für den Datenschutz und die Informationsfreiheit wird beteiligt.

(4) Absatz 1 Nummer 1 und 3 bis 6 wird für eigene Einrichtungen der Rehabilitationsträger entsprechend angewendet.

Kapitel 8
Bundesarbeitsgemeinschaft für Rehabilitation

§ 39 Aufgaben

(1) ₁Die Rehabilitationsträger nach § 6 Absatz 1 Nummer 1 bis 5 gestalten und organisieren die trägerübergreifende Zusammenarbeit zur einheitlichen personenzentrierten Gestaltung der Rehabilitation und der Leistungen zur Teilhabe im Rahmen einer Arbeitsgemeinschaft nach § 94 des Zehnten Buches. ₂Sie trägt den Namen „Bundesarbeitsgemeinschaft für Rehabilitation".

(2) Die Aufgaben der Bundesarbeitsgemeinschaft für Rehabilitation sind insbesondere

1. die Beobachtung der Zusammenarbeit der Rehabilitationsträger und die regelmäßige Auswertung und Bewertung der Zusammenarbeit; hierzu bedarf es

a) der Erstellung von gemeinsamen Grundsätzen für die Erhebung von Daten, die der Aufbereitung und Bereitstellung von Statistiken über das Rehabilitationsgeschehen der Träger und ihrer Zusammenarbeit dienen,

b) der Datenaufbereitung und Bereitstellung von Statistiken über das Rehabilitationsgeschehen der Träger und ihrer Zusammenarbeit und

c) der Erhebung und Auswertung nicht personenbezogener Daten über Prozesse und Abläufe des Rehabilitationsgeschehens aus dem Aufgabenfeld der medizinischen und beruflichen Rehabilitation der Sozialversicherung mit Zustimmung des Bundesministeriums für Arbeit und Soziales,

2. die Erarbeitung von gemeinsamen Grundsätzen zur Bedarfserkennung, Bedarfsermittlung und Koordinierung von Rehabilitationsmaßnahmen und zur trägerübergreifenden Zusammenarbeit,

3. die Erarbeitung von gemeinsamen Empfehlungen zur Sicherung der Zusammenarbeit nach § 25,

4. die trägerübergreifende Fort- und Weiterbildung zur Unterstützung und Umsetzung trägerübergreifender Kooperation und Koordination,

5. die Erarbeitung trägerübergreifender Beratungsstandards und Förderung der Weitergabe von eigenen Lebenserfahrungen an andere Menschen mit Behinderungen durch die Beratungsmethode des Peer Counseling,

6. die Erarbeitung von Qualitätskriterien zur Sicherung der Struktur-, Prozess- und Ergebnisqualität im trägerübergreifenden Rehabilitationsgeschehen und Initiierung von deren Weiterentwicklung,

7. die Förderung der Partizipation Betroffener durch stärkere Einbindung von Selbsthilfe- und Selbstvertretungsorganisationen von Menschen mit Behinderungen in die konzeptionelle Arbeit der Bundesarbeitsgemeinschaft für Rehabilitation und deren Organe,

8. die Öffentlichkeitsarbeit zur Inklusion und Rehabilitation sowie

9. die Beobachtung und Bewertung der Forschung zur Rehabilitation sowie Durchführung trägerübergreifender Forschungsvorhaben.

§ 40 Rechtsaufsicht

Die Bundesarbeitsgemeinschaft für Rehabilitation untersteht der Rechtsaufsicht des Bundesministeriums für Arbeit und Soziales.

§ 41 Teilhabeverfahrensbericht

(1) Die Rehabilitationsträger nach § 6 Absatz 1 erfassen

1. die Anzahl der gestellten Anträge auf Leistungen zur Rehabilitation und Teilhabe differenziert nach Leistungsgruppen im Sinne von § 5 Nummer 1, 2, 4 und 5,

2. die Anzahl der Weiterleitungen nach § 14 Absatz 1 Satz 2,

3. in wie vielen Fällen
   a) die Zweiwochenfrist nach § 14 Absatz 1 Satz 1,
   b) die Dreiwochenfrist nach § 14 Absatz 2 Satz 2 sowie
   c) die Zweiwochenfrist nach § 14 Absatz 2 Satz 3

   nicht eingehalten wurde,

4. die durchschnittliche Zeitdauer zwischen Erteilung des Gutachtenauftrages in Fällen des § 14 Absatz 2 Satz 3 und der Vorlage des Gutachtens,

5. die durchschnittliche Zeitdauer zwischen Antragseingang beim leistenden Rehabilitationsträger und der Entscheidung nach den Merkmalen der Erledigung und der Bewilligung,

6. die Anzahl der Ablehnungen von Anträgen sowie der nicht vollständigen Bewilligung der beantragten Leistungen,

7. die durchschnittliche Zeitdauer zwischen dem Datum des Bewilligungsbescheides und dem Beginn der Leistungen mit und ohne Teilhabeplanung nach § 19, wobei in den Fällen, in denen die Leistung von einem Rehabilitationsträger nach § 6 Absatz 1 Nummer 1 erbracht wurde, das Merkmal „mit und ohne Teilhabeplanung nach § 19" nicht zu erfassen ist,

8. die Anzahl der trägerübergreifenden Teilhabeplanungen und Teilhabeplankonferenzen,
9. die Anzahl der nachträglichen Änderungen und Fortschreibungen der Teilhabepläne einschließlich der durchschnittlichen Geltungsdauer des Teilhabeplanes,
10. die Anzahl der Erstattungsverfahren nach § 16 Absatz 2 Satz 2,
11. die Anzahl der beantragten und bewilligten Leistungen in Form des Persönlichen Budgets,
12. die Anzahl der beantragten und bewilligten Leistungen in Form des trägerübergreifenden Persönlichen Budgets,
13. die Anzahl der Mitteilungen nach § 18 Absatz 1,
14. die Anzahl der Anträge auf Erstattung nach § 18 nach den Merkmalen „Bewilligung" oder „Ablehnung",
15. die Anzahl der Rechtsbehelfe sowie der erfolgreichen Rechtsbehelfe aus Sicht der Leistungsberechtigten jeweils nach den Merkmalen „Widerspruch" und „Klage",
16. die Anzahl der Leistungsberechtigten, die sechs Monate nach dem Ende der Maßnahme zur Teilhabe am Arbeitsleben eine sozialversicherungspflichtige Beschäftigung aufgenommen haben, soweit die Maßnahme von einem Rehabilitationsträger nach § 6 Absatz 1 Nummer 2 bis 7 erbracht wurde.

(2) ₁Die Rehabilitationsträger nach § 6 Absatz 1 Nummer 1 bis 5 melden jährlich die im Berichtsjahr nach Absatz 1 erfassten Angaben an ihre Spitzenverbände, die Rehabilitationsträger nach § 6 Absatz 1 Nummer 6 und 7 jeweils über ihre obersten Landesjugend- und Sozialbehörden, zur Weiterleitung an die Bundesarbeitsgemeinschaft für Rehabilitation in einem mit ihr technisch abgestimmten Datenformat. ₂Die Bundesarbeitsgemeinschaft für Rehabilitation wertet die Angaben unter Beteiligung der Rehabilitationsträger aus und erstellt jährlich eine gemeinsame Übersicht. ₃Die Erfassung der Angaben soll mit dem 1. Januar 2018 beginnen und ein Kalenderjahr umfassen. ₄Der erste Bericht ist 2019 zu veröffentlichen.

(3) Der Bund erstattet der Bundesarbeitsgemeinschaft für Rehabilitation die notwendigen Aufwendungen für folgende Tätigkeiten:

1. die Bereitstellung von Daten,
2. die Datenaufarbeitung und
3. die Auswertungen über das Rehabilitationsgeschehen.

Kapitel 9
Leistungen zur medizinischen Rehabilitation

§ 42 Leistungen zur medizinischen Rehabilitation

(1) Zur medizinischen Rehabilitation von Menschen mit Behinderungen und von Behinderung bedrohter Menschen werden die erforderlichen Leistungen erbracht, um

1. Behinderungen einschließlich chronischer Krankheiten abzuwenden, zu beseitigen, zu mindern, auszugleichen, eine Verschlimmerung zu verhüten oder
2. Einschränkungen der Erwerbsfähigkeit und Pflegebedürftigkeit zu vermeiden, zu überwinden, zu mindern, eine Verschlimmerung zu verhindern sowie den vorzeitigen Bezug von laufenden Sozialleistungen zu verhüten oder laufende Sozialleistungen zu mindern.

(2) Leistungen zur medizinischen Rehabilitation umfassen insbesondere

1. Behandlung durch Ärzte, Zahnärzte und Angehörige anderer Heilberufe, soweit deren Leistungen unter ärztlicher Aufsicht oder auf ärztliche Anordnung ausgeführt werden, einschließlich der Anleitung, eigene Heilungskräfte zu entwickeln,
2. Früherkennung und Frühförderung für Kinder mit Behinderungen und von Behinderung bedrohte Kinder,
3. Arznei- und Verbandsmittel,
4. Heilmittel einschließlich physikalischer, Sprach- und Beschäftigungstherapie,
5. Psychotherapie als ärztliche und psychotherapeutische Behandlung,
6. Hilfsmittel sowie
7. Belastungserprobung und Arbeitstherapie.

(3) ₁Bestandteil der Leistungen nach Absatz 1 sind auch medizinische, psychologische und pädagogische Hilfen, soweit diese Leistungen im Einzelfall erforderlich sind, um die in Absatz 1 genannten Ziele zu erreichen. ₂Solche Leistungen sind insbesondere

1. Hilfen zur Unterstützung bei der Krankheits- und Behinderungsverarbeitung,
2. Hilfen zur Aktivierung von Selbsthilfepotentialen,
3. die Information und Beratung von Partnern und Angehörigen sowie von Vorgesetzten und Kollegen, wenn die Leistungsberechtigten dem zustimmen,
4. die Vermittlung von Kontakten zu örtlichen Selbsthilfe- und Beratungsmöglichkeiten,
5. Hilfen zur seelischen Stabilisierung und zur Förderung der sozialen Kompetenz, unter anderem durch Training sozialer und kommunikativer Fähigkeiten und im Umgang mit Krisensituationen,
6. das Training lebenspraktischer Fähigkeiten sowie
7. die Anleitung und Motivation zur Inanspruchnahme von Leistungen der medizinischen Rehabilitation.

§ 43 Krankenbehandlung und Rehabilitation

Die in § 42 Absatz 1 genannten Ziele und § 12 Absatz 1 und 3 sowie § 19 gelten auch bei Leistungen der Krankenbehandlung.

§ 44 Stufenweise Wiedereingliederung

Können arbeitsunfähige Leistungsberechtigte nach ärztlicher Feststellung ihre bisherige Tätigkeit teilweise ausüben und können sie durch eine stufenweise Wiederaufnahme ihrer Tätigkeit voraussichtlich besser wieder in das Erwerbsleben eingegliedert werden, sollen die medizinischen und die sie ergänzenden Leistungen mit dieser Zielrichtung erbracht werden.

§ 45 Förderung der Selbsthilfe

₁Selbsthilfegruppen, Selbsthilfeorganisationen und Selbsthilfekontaktstellen, die sich die Prävention, Rehabilitation, Früherkennung, Beratung, Behandlung und Bewältigung von Krankheiten und Behinderungen zum Ziel gesetzt haben, sollen nach einheitlichen Grundsätzen gefördert werden. ₂Die Daten der Rehabilitationsträger über Art und Höhe der Förderung der Selbsthilfe fließen in den Bericht der Bundesarbeitsgemeinschaft für Rehabilitation nach § 41 ein.

§ 46 Früherkennung und Frühförderung

(1) Die medizinischen Leistungen zur Früherkennung und Frühförderung für Kinder mit Behinderungen und von Behinderung bedrohte Kinder nach § 42 Absatz 2 Nummer 2 umfassen auch

1. die medizinischen Leistungen der fachübergreifend arbeitenden Dienste und Einrichtungen sowie
2. nichtärztliche sozialpädiatrische, psychologische, heilpädagogische, psychosoziale Leistungen und die Beratung der Erziehungsberechtigten, auch in fachübergreifend arbeitenden Diensten und Einrichtungen, wenn sie unter ärztlicher Verantwortung erbracht werden und erforderlich sind, um eine drohende oder bereits eingetretene Behinderung zum frühestmöglichen Zeitpunkt zu erkennen und einen individuellen Behandlungsplan aufzustellen.

(2) ₁Leistungen zur Früherkennung und Frühförderung für Kinder mit Behinderungen und von Behinderung bedrohte Kinder umfassen weiterhin nichtärztliche therapeutische, psychologische, heilpädagogische, sonderpädagogische, psychosoziale Leistungen und die Beratung der Erziehungsberechtigten durch interdisziplinäre Frühförderstellen oder nach Landesrecht zugelassene Einrichtungen mit vergleichbarem interdisziplinärem Förder-, Behandlungs- und Beratungsspektrum. ₂Die Leistungen sind erforderlich, wenn sie eine drohende oder bereits eingetretene Behinderung zum frühestmöglichen Zeitpunkt erkennen helfen oder die eingetretene Behinderung durch gezielte Förder- und Behandlungsmaßnahmen ausgleichen oder mildern.

(3) ₁Leistungen nach Absatz 1 werden in Verbindung mit heilpädagogischen Leistungen nach § 79 als Komplexleistung erbracht. ₂Die Komplexleistung umfasst auch Leistungen zur Sicherung der Interdisziplinarität. ₃Maßnahmen zur Komplexleistung können gleichzeitig oder nacheinander sowie in unterschiedlicher und gege-

benenfalls wechselnder Intensität ab Geburt bis zur Einschulung eines Kindes mit Behinderungen oder drohender Behinderung erfolgen.

(4) In den Landesrahmenvereinbarungen zwischen den beteiligten Rehabilitationsträgern und den Verbänden der Leistungserbringer wird Folgendes geregelt:

1. die Anforderungen an interdisziplinäre Frühförderstellen, nach Landesrecht zugelassene Einrichtungen mit vergleichbarem interdisziplinärem Förder-, Behandlungs- und Beratungsspektrum und sozialpädiatrische Zentren zu Mindeststandards, Berufsgruppen, Personalausstattung, sachlicher und räumlicher Ausstattung,
2. die Dokumentation und Qualitätssicherung,
3. der Ort der Leistungserbringung sowie
4. die Vereinbarung und Abrechnung der Entgelte für die als Komplexleistung nach Absatz 3 erbrachten Leistungen unter Berücksichtigung der Zuwendungen Dritter, insbesondere der Länder, für Leistungen nach der Verordnung zur Früherkennung und Frühförderung.

(5) ₁Die Rehabilitationsträger schließen Vereinbarungen über die pauschalierte Aufteilung der nach Absatz 4 Nummer 4 vereinbarten Entgelte für Komplexleistungen auf der Grundlage der Leistungszuständigkeit nach Spezialisierung und Leistungsprofil des Dienstes oder der Einrichtung, insbesondere den vertretenen Fachdisziplinen und dem Diagnosespektrum der leistungsberechtigten Kinder. ₂Regionale Gegebenheiten werden berücksichtigt. ₃Der Anteil der Entgelte, der auf die für die Leistungen nach § 6 der Verordnung zur Früherkennung und Frühförderung jeweils zuständigen Träger entfällt, darf für Leistungen in interdisziplinären Frühförderstellen oder in nach Landesrecht zugelassenen Einrichtungen mit vergleichbarem interdisziplinärem Förder-, Behandlungs- und Beratungsspektrum 65 Prozent und in sozialpädiatrischen Zentren 20 Prozent nicht überschreiten. ₄Landesrecht kann andere als pauschale Abrechnungen vorsehen.

(6) Kommen Landesrahmenvereinbarungen nach Absatz 4 bis zum 31. Juli 2019 nicht zustande, sollen die Landesregierungen Regelungen durch Rechtsverordnung entsprechend Absatz 4 Nummer 1 bis 3 treffen.

§ 47 Hilfsmittel

(1) Hilfsmittel (Körperersatzstücke sowie orthopädische und andere Hilfsmittel) nach § 42 Absatz 2 Nummer 6 umfassen die Hilfen, die von den Leistungsberechtigten getragen oder mitgeführt oder bei einem Wohnungswechsel mitgenommen werden können und unter Berücksichtigung der Umstände des Einzelfalles erforderlich sind, um

1. einer drohenden Behinderung vorzubeugen,
2. den Erfolg einer Heilbehandlung zu sichern oder
3. eine Behinderung bei der Befriedigung von Grundbedürfnissen des täglichen Lebens auszugleichen, soweit die Hilfsmittel nicht allgemeine Gebrauchsgegenstände des täglichen Lebens sind.

(2) ₁Der Anspruch auf Hilfsmittel umfasst auch die notwendige Änderung, Instandhaltung, Ersatzbeschaffung sowie die Ausbildung im Gebrauch der Hilfsmittel. ₂Der Rehabilitationsträger soll

1. vor einer Ersatzbeschaffung prüfen, ob eine Änderung oder Instandsetzung von bisher benutzten Hilfsmitteln wirtschaftlicher und gleich wirksam ist und
2. die Bewilligung der Hilfsmittel davon abhängig machen, dass die Leistungsberechtigten sich die Hilfsmittel anpassen oder sich in ihrem Gebrauch ausbilden lassen.

(3) Wählen Leistungsberechtigte ein geeignetes Hilfsmittel in einer aufwendigeren Ausführung als notwendig, tragen sie die Mehrkosten selbst.

(4) ₁Hilfsmittel können auch leihweise überlassen werden. ₂In diesem Fall gelten die Absätze 2 und 3 entsprechend.

§ 48 Verordnungsermächtigungen

Das Bundesministerium für Arbeit und Soziales wird ermächtigt, im Einvernehmen mit dem Bundesministerium für Gesundheit durch Rechtsverordnung mit Zustimmung des Bundesrates Näheres zu regeln

1. zur Abgrenzung der in § 46 genannten Leistungen und der weiteren Leistungen dieser Dienste und Einrichtungen und
2. zur Auswahl der im Einzelfall geeigneten Hilfsmittel, insbesondere zum Verfahren, zur

Eignungsprüfung, Dokumentation und leihweisen Überlassung der Hilfsmittel sowie zur Zusammenarbeit der anderen Rehabilitationsträger mit den orthopädischen Versorgungsstellen.

Kapitel 10
Leistungen zur Teilhabe am Arbeitsleben

§ 49 Leistungen zur Teilhabe am Arbeitsleben, Verordnungsermächtigung

(1) Zur Teilhabe am Arbeitsleben werden die erforderlichen Leistungen erbracht, um die Erwerbsfähigkeit von Menschen mit Behinderungen oder von Behinderung bedrohter Menschen entsprechend ihrer Leistungsfähigkeit zu erhalten, zu verbessern, herzustellen oder wiederherzustellen und ihre Teilhabe am Arbeitsleben möglichst auf Dauer zu sichern.

(2) Frauen mit Behinderungen werden gleiche Chancen im Erwerbsleben zugesichert, insbesondere durch in der beruflichen Zielsetzung geeignete, wohnortnahe und auch in Teilzeit nutzbare Angebote.

(3) Die Leistungen zur Teilhabe am Arbeitsleben umfassen insbesondere

1. Hilfen zur Erhaltung oder Erlangung eines Arbeitsplatzes einschließlich Leistungen zur Aktivierung und beruflichen Eingliederung,
2. eine Berufsvorbereitung einschließlich einer wegen der Behinderung erforderlichen Grundausbildung,
3. die individuelle betriebliche Qualifizierung im Rahmen Unterstützter Beschäftigung,
4. die berufliche Anpassung und Weiterbildung, auch soweit die Leistungen einen zur Teilnahme erforderlichen schulischen Abschluss einschließen,
5. die berufliche Ausbildung, auch soweit die Leistungen in einem zeitlich nicht überwiegenden Abschnitt schulisch durchgeführt werden,
6. die Förderung der Aufnahme einer selbständigen Tätigkeit durch die Rehabilitationsträger nach § 6 Absatz 1 Nummer 2 bis 5 und
7. sonstige Hilfen zur Förderung der Teilhabe am Arbeitsleben, um Menschen mit Behinderungen eine angemessene und geeignete Beschäftigung oder eine selbständige Tätigkeit zu ermöglichen und zu erhalten.

(4) ₁Bei der Auswahl der Leistungen werden Eignung, Neigung, bisherige Tätigkeit sowie Lage und Entwicklung auf dem Arbeitsmarkt angemessen berücksichtigt. ₂Soweit erforderlich, wird dabei die berufliche Eignung abgeklärt oder eine Arbeitserprobung durchgeführt; in diesem Fall werden die Kosten nach Absatz 7, Reisekosten nach § 73 sowie Haushaltshilfe und Kinderbetreuungskosten nach § 74 übernommen.

(5) Die Leistungen werden auch für Zeiten notwendiger Praktika erbracht.

(6) ₁Die Leistungen umfassen auch medizinische, psychologische und pädagogische Hilfen, soweit diese Leistungen im Einzelfall erforderlich sind, um die in Absatz 1 genannten Ziele zu erreichen oder zu sichern und Krankheitsfolgen zu vermeiden, zu überwinden, zu mindern oder ihre Verschlimmerung zu verhüten. ₂Leistungen sind insbesondere

1. Hilfen zur Unterstützung bei der Krankheits- und Behinderungsverarbeitung,
2. Hilfen zur Aktivierung von Selbsthilfepotentialen,
3. die Information und Beratung von Partnern und Angehörigen sowie von Vorgesetzten und Kollegen, wenn die Leistungsberechtigten dem zustimmen,
4. die Vermittlung von Kontakten zu örtlichen Selbsthilfe- und Beratungsmöglichkeiten,
5. Hilfen zur seelischen Stabilisierung und zur Förderung der sozialen Kompetenz, unter anderem durch Training sozialer und kommunikativer Fähigkeiten und im Umgang mit Krisensituationen,
6. das Training lebenspraktischer Fähigkeiten,
7. das Training motorischer Fähigkeiten,
8. die Anleitung und Motivation zur Inanspruchnahme von Leistungen zur Teilhabe am Arbeitsleben und
9. die Beteiligung von Integrationsfachdiensten im Rahmen ihrer Aufgabenstellung (§ 193).

(7) Zu den Leistungen gehört auch die Übernahme

1. der erforderlichen Kosten für Unterkunft und Verpflegung, wenn für die Ausführung einer

Leistung eine Unterbringung außerhalb des eigenen oder des elterlichen Haushalts wegen Art oder Schwere der Behinderung oder zur Sicherung des Erfolges der Teilhabe am Arbeitsleben notwendig ist sowie

2. der erforderlichen Kosten, die mit der Ausführung einer Leistung in unmittelbarem Zusammenhang stehen, insbesondere für Lehrgangskosten, Prüfungsgebühren, Lernmittel, Leistungen zur Aktivierung und beruflichen Eingliederung.

(8) ₁Leistungen nach Absatz 3 Nummer 1 und 7 umfassen auch

1. die Kraftfahrzeughilfe nach der Kraftfahrzeughilfe-Verordnung,
2. den Ausgleich für unvermeidbare Verdienstausfälle des Leistungsberechtigten oder einer erforderlichen Begleitperson wegen Fahrten der An- und Abreise zu einer Bildungsmaßnahme und zur Vorstellung bei einem Arbeitgeber, bei einem Träger oder einer Einrichtung für Menschen mit Behinderungen, durch die Rehabilitationsträger nach § 6 Absatz 1 Nummer 2 bis 5,
3. die Kosten einer notwendigen Arbeitsassistenz für schwerbehinderte Menschen als Hilfe zur Erlangung eines Arbeitsplatzes,
4. die Kosten für Hilfsmittel, die wegen Art oder Schwere der Behinderung erforderlich sind
   a) zur Berufsausübung,
   b) zur Teilhabe an einer Leistung zur Teilhabe am Arbeitsleben oder zur Erhöhung der Sicherheit auf dem Weg vom und zum Arbeitsplatz und am Arbeitsplatz selbst, es sei denn, dass eine Verpflichtung des Arbeitgebers besteht oder solche Leistungen als medizinische Leistung erbracht werden können,
5. die Kosten technischer Arbeitshilfen, die wegen Art oder Schwere der Behinderung zur Berufsausübung erforderlich sind und
6. die Kosten der Beschaffung, der Ausstattung und der Erhaltung einer behinderungsgerechten Wohnung in angemessenem Umfang.

₂Die Leistung nach Satz 1 Nummer 3 wird für die Dauer von bis zu drei Jahren bewilligt und in Abstimmung mit dem Rehabilitationsträger nach § 6 Absatz 1 Nummer 1 bis 5 durch das Integrationsamt nach § 185 Absatz 4 ausgeführt. ₃Der Rehabilitationsträger erstattet dem Integrationsamt seine Aufwendungen. ₄Der Anspruch nach § 185 Absatz 4 bleibt unberührt.

(9) Die Bundesregierung kann durch Rechtsverordnung mit Zustimmung des Bundesrates Näheres über Voraussetzungen, Gegenstand und Umfang der Leistungen der Kraftfahrzeughilfe zur Teilhabe am Arbeitsleben regeln.

§ 50 Leistungen an Arbeitgeber

(1) Die Rehabilitationsträger nach § 6 Absatz 1 Nummer 2 bis 5 können Leistungen zur Teilhabe am Arbeitsleben auch an Arbeitgeber erbringen, insbesondere als

1. Ausbildungszuschüsse zur betrieblichen Ausführung von Bildungsleistungen,
2. Eingliederungszuschüsse,
3. Zuschüsse für Arbeitshilfen im Betrieb und
4. teilweise oder volle Kostenerstattung für eine befristete Probebeschäftigung.

(2) Die Leistungen können unter Bedingungen und Auflagen erbracht werden.

(3) ₁Ausbildungszuschüsse nach Absatz 1 Nummer 1 können für die gesamte Dauer der Maßnahme geleistet werden. ₂Die Ausbildungszuschüsse sollen bei Ausbildungsmaßnahmen die monatlichen Ausbildungsvergütungen nicht übersteigen, die von den Arbeitgebern im letzten Ausbildungsjahr gezahlt wurden.

(4) ₁Eingliederungszuschüsse nach Absatz 1 Nummer 2 betragen höchstens 50 Prozent der vom Arbeitgeber regelmäßig gezahlten Entgelte, soweit sie die tariflichen Arbeitsentgelte oder, wenn eine tarifliche Regelung nicht besteht, die für vergleichbare Tätigkeiten ortsüblichen Arbeitsentgelte im Rahmen der Beitragsbemessungsgrenze in der Arbeitsförderung nicht übersteigen. ₂Die Eingliederungszuschüsse sollen im Regelfall für höchstens ein Jahr gezahlt werden. ₃Soweit es für die Teilhabe am Arbeitsleben erforderlich ist, können die Eingliederungszuschüsse um bis zu 20 Prozentpunkte höher festgelegt und bis zu einer Förderungshöchstdauer von zwei Jahren gezahlt werden. ₄Werden die Eingliederungszuschüsse länger als ein Jahr gezahlt, sind sie um mindes-

tens 10 Prozentpunkte zu vermindern, entsprechend der zu erwartenden Zunahme der Leistungsfähigkeit der Leistungsberechtigten und den abnehmenden Eingliederungserfordernissen gegenüber der bisherigen Förderungshöhe. ₅Bei der Berechnung der Eingliederungszuschüsse nach Satz 1 wird auch der Anteil des Arbeitgebers am Gesamtsozialversicherungsbeitrag berücksichtigt. ₆Eingliederungszuschüsse sind zurückzuzahlen, wenn die Arbeitsverhältnisse während des Förderungszeitraums oder innerhalb eines Zeitraums, der der Förderungsdauer entspricht, längstens jedoch von einem Jahr, nach dem Ende der Leistungen beendet werden. ₇Der Eingliederungszuschuss muss nicht zurückgezahlt werden, wenn

1. die Leistungsberechtigten die Arbeitsverhältnisse durch Kündigung beenden oder das Mindestalter für den Bezug der gesetzlichen Altersrente erreicht haben oder
2. die Arbeitgeber berechtigt waren, aus wichtigem Grund ohne Einhaltung einer Kündigungsfrist oder aus Gründen, die in der Person oder dem Verhalten des Arbeitnehmers liegen, oder aus dringenden betrieblichen Erfordernissen, die einer Weiterbeschäftigung in diesem Betrieb entgegenstehen, zu kündigen.

₈Die Rückzahlung ist auf die Hälfte des Förderungsbetrages, höchstens aber den im letzten Jahr vor der Beendigung des Beschäftigungsverhältnisses gewährten Förderungsbetrag begrenzt; nicht geförderte Nachbeschäftigungszeiten werden anteilig berücksichtigt.

§ 51 Einrichtungen der beruflichen Rehabilitation

(1) ₁Leistungen werden durch Berufsbildungswerke, Berufsförderungswerke und vergleichbare Einrichtungen der beruflichen Rehabilitation ausgeführt, wenn Art oder Schwere der Behinderung der Leistungsberechtigten oder die Sicherung des Erfolges die besonderen Hilfen dieser Einrichtungen erforderlich machen. ₂Die Einrichtung muss

1. eine erfolgreiche Ausführung der Leistung erwarten lassen nach Dauer, Inhalt und Gestaltung der Leistungen, nach der Unterrichtsmethode, Ausbildung und Berufserfahrung der Leitung und der Lehrkräfte sowie nach der Ausgestaltung der Fachdienste,
2. angemessene Teilnahmebedingungen bieten und behindertengerecht sein, insbesondere auch die Beachtung der Erfordernisse des Arbeitsschutzes und der Unfallverhütung gewährleisten,
3. den Teilnehmenden und den von ihnen zu wählenden Vertretungen angemessene Mitwirkungsmöglichkeiten an der Ausführung der Leistungen bieten sowie
4. die Leistung nach den Grundsätzen der Wirtschaftlichkeit und Sparsamkeit, insbesondere zu angemessenen Vergütungssätzen, ausführen.

₃Die zuständigen Rehabilitationsträger vereinbaren hierüber gemeinsame Empfehlungen nach den §§ 26 und 37.

(2) ₁Werden Leistungen zur beruflichen Ausbildung in Einrichtungen der beruflichen Rehabilitation ausgeführt, sollen die Einrichtungen bei Eignung der Leistungsberechtigten darauf hinwirken, dass diese Ausbildung teilweise auch in Betrieben und Dienststellen durchgeführt wird. ₂Die Einrichtungen der beruflichen Rehabilitation unterstützen die Arbeitgeber bei der betrieblichen Ausbildung und bei der Betreuung der auszubildenden Jugendlichen mit Behinderungen.

§ 52 Rechtsstellung der Teilnehmenden

₁Werden Leistungen in Einrichtungen der beruflichen Rehabilitation ausgeführt, werden die Teilnehmenden nicht in den Betrieb der Einrichtungen eingegliedert. ₂Sie sind keine Arbeitnehmer im Sinne des Betriebsverfassungsgesetzes und wählen zu ihrer Mitwirkung besondere Vertreter. ₃Bei der Ausführung werden die arbeitsrechtlichen Grundsätze über den Persönlichkeitsschutz, die Haftungsbeschränkung sowie die gesetzlichen Vorschriften über den Arbeitsschutz, den Schutz vor Diskriminierungen in Beschäftigung und Beruf, den Erholungsurlaub und die Gleichberechtigung von Männern und Frauen entsprechend angewendet.

§ 53 Dauer von Leistungen

(1) ₁Leistungen werden für die Zeit erbracht, die vorgeschrieben oder allgemein üblich ist, um

das angestrebte Teilhabeziel zu erreichen. ₂Eine Förderung kann darüber hinaus erfolgen, wenn besondere Umstände dies rechtfertigen.

(2) ₁Leistungen zur beruflichen Weiterbildung sollen in der Regel bei ganztägigem Unterricht nicht länger als zwei Jahre dauern, es sei denn, dass das Teilhabeziel nur über eine länger andauernde Leistung erreicht werden kann oder die Eingliederungsaussichten nur durch eine länger andauernde Leistung wesentlich verbessert werden. ₂Abweichend von Satz 1 erster Teilsatz sollen Leistungen zur beruflichen Weiterbildung, die zu einem Abschluss in einem allgemein anerkannten Ausbildungsberuf führen und für die eine allgemeine Ausbildungsdauer von mehr als zwei Jahren vorgeschrieben ist, nicht länger als zwei Drittel der üblichen Ausbildungszeit dauern.

§ 54 Beteiligung der Bundesagentur für Arbeit

₁Die Bundesagentur für Arbeit nimmt auf Anforderung eines anderen Rehabilitationsträgers gutachtlich Stellung zu Notwendigkeit, Art und Umfang von Leistungen unter Berücksichtigung arbeitsmarktlicher Zweckmäßigkeit. ₂Dies gilt auch, wenn sich die Leistungsberechtigten in einem Krankenhaus oder einer Einrichtung der medizinischen oder der medizinisch-beruflichen Rehabilitation aufhalten.

§ 55 Unterstützte Beschäftigung

(1) ₁Ziel der Unterstützten Beschäftigung ist es, Leistungsberechtigten mit besonderem Unterstützungsbedarf eine angemessene, geeignete und sozialversicherungspflichtige Beschäftigung zu ermöglichen und zu erhalten. ₂Unterstützte Beschäftigung umfasst eine individuelle betriebliche Qualifizierung und bei Bedarf Berufsbegleitung.

(2) ₁Leistungen zur individuellen betrieblichen Qualifizierung erhalten Menschen mit Behinderungen insbesondere, um sie für geeignete betriebliche Tätigkeiten zu erproben, auf ein sozialversicherungspflichtiges Beschäftigungsverhältnis vorzubereiten und bei der Einarbeitung und Qualifizierung an einem betrieblichen Arbeitsplatz zu unterstützen. ₂Die Leistungen umfassen auch die Vermittlung von berufsübergreifenden Lerninhalten und Schlüsselqualifikationen sowie die Weiterentwicklung der Persönlichkeit der Menschen mit Behinderungen. ₃Die Leistungen werden vom zuständigen Rehabilitationsträger nach § 6 Absatz 1 Nummer 2 bis 5 für bis zu zwei Jahre erbracht, soweit sie wegen Art oder Schwere der Behinderung erforderlich sind. ₄Sie können bis zu einer Dauer von weiteren zwölf Monaten verlängert werden, wenn auf Grund der Art oder Schwere der Behinderung der gewünschte nachhaltige Qualifizierungserfolg im Einzelfall nicht anders erreicht werden kann und hinreichend gewährleistet ist, dass eine weitere Qualifizierung zur Aufnahme einer sozialversicherungspflichtigen Beschäftigung führt.

(3) ₁Leistungen der Berufsbegleitung erhalten Menschen mit Behinderungen insbesondere, um nach Begründung eines sozialversicherungspflichtigen Beschäftigungsverhältnisses die zu dessen Stabilisierung erforderliche Unterstützung und Krisenintervention zu gewährleisten. ₂Die Leistungen werden bei Zuständigkeit eines Rehabilitationsträgers nach § 6 Absatz 1 Nummer 3 oder 5 von diesem, im Übrigen von dem Integrationsamt im Rahmen seiner Zuständigkeit erbracht, solange und soweit sie wegen Art oder Schwere der Behinderung zur Sicherung des Beschäftigungsverhältnisses erforderlich sind.

(4) Stellt der Rehabilitationsträger während der individuellen betrieblichen Qualifizierung fest, dass voraussichtlich eine anschließende Berufsbegleitung erforderlich ist, für die ein anderer Leistungsträger zuständig ist, beteiligt er diesen frühzeitig.

(5) ₁Die Unterstützte Beschäftigung kann von Integrationsfachdiensten oder anderen Trägern durchgeführt werden. ₂Mit der Durchführung kann nur beauftragt werden, wer über die erforderliche Leistungsfähigkeit verfügt, um seine Aufgaben entsprechend den individuellen Bedürfnissen der Menschen mit Behinderungen erfüllen zu können. ₃Insbesondere müssen die Beauftragten

1. über Fachkräfte verfügen, die eine geeignete Berufsqualifikation, eine psychosoziale oder arbeitspädagogische Zusatzqualifikation

und eine ausreichende Berufserfahrung besitzen,
2. in der Lage sein, den Menschen mit Behinderungen geeignete individuelle betriebliche Qualifizierungsplätze zur Verfügung zu stellen und ihre berufliche Eingliederung zu unterstützen,
3. über die erforderliche räumliche und sächliche Ausstattung verfügen sowie
4. ein System des Qualitätsmanagements im Sinne des § 37 Absatz 2 Satz 1 anwenden.

(6) ₁Zur Konkretisierung und Weiterentwicklung der in Absatz 5 genannten Qualitätsanforderungen vereinbaren die Rehabilitationsträger nach § 6 Absatz 1 Nummer 2 bis 5 sowie die Bundesarbeitsgemeinschaft der Integrationsämter und Hauptfürsorgestellen im Rahmen der Bundesarbeitsgemeinschaft für Rehabilitation eine gemeinsame Empfehlung. ₂Die gemeinsame Empfehlung kann auch Ausführungen zu möglichen Leistungsinhalten und zur Zusammenarbeit enthalten. ₃§ 26 Absatz 4, 6 und 7 sowie § 27 gelten entsprechend.

§ 56 Leistungen in Werkstätten für behinderte Menschen

Leistungen in anerkannten Werkstätten für behinderte Menschen (§ 219) werden erbracht, um die Leistungs- oder Erwerbsfähigkeit der Menschen mit Behinderungen zu erhalten, zu entwickeln, zu verbessern oder wiederherzustellen, die Persönlichkeit dieser Menschen weiterzuentwickeln und ihre Beschäftigung zu ermöglichen oder zu sichern.

§ 57 Leistungen im Eingangsverfahren und im Berufsbildungsbereich

(1) Leistungen im Eingangsverfahren und im Berufsbildungsbereich einer anerkannten Werkstatt für behinderte Menschen erhalten Menschen mit Behinderungen

1. im Eingangsverfahren zur Feststellung, ob die Werkstatt die geeignete Einrichtung für die Teilhabe des Menschen mit Behinderungen am Arbeitsleben ist sowie welche Bereiche der Werkstatt und welche Leistungen zur Teilhabe am Arbeitsleben für die Menschen mit Behinderungen in Betracht kommen, und um einen Eingliederungsplan zu erstellen;
2. im Berufsbildungsbereich, wenn die Leistungen erforderlich sind, um die Leistungs- oder Erwerbsfähigkeit des Menschen mit Behinderungen so weit wie möglich zu entwickeln, zu verbessern oder wiederherzustellen und erwartet werden kann, dass der Mensch mit Behinderungen nach Teilnahme an diesen Leistungen in der Lage ist, wenigstens ein Mindestmaß wirtschaftlich verwertbarer Arbeitsleistung im Sinne des § 219 zu erbringen.

(2) ₁Die Leistungen im Eingangsverfahren werden für drei Monate erbracht. ₂Die Leistungsdauer kann auf bis zu vier Wochen verkürzt werden, wenn während des Eingangsverfahrens im Einzelfall festgestellt wird, dass eine kürzere Leistungsdauer ausreichend ist.

(3) ₁Die Leistungen im Berufsbildungsbereich werden für zwei Jahre erbracht. ₂Sie werden in der Regel zunächst für ein Jahr bewilligt. ₃Sie werden für ein weiteres Jahr bewilligt, wenn auf Grund einer fachlichen Stellungnahme, die rechtzeitig vor Ablauf des Förderzeitraums nach Satz 2 abzugeben ist, angenommen wird, dass die Leistungsfähigkeit des Menschen mit Behinderungen weiterentwickelt oder wiedergewonnen werden kann.

(4) ₁Zeiten der individuellen betrieblichen Qualifizierung im Rahmen einer Unterstützten Beschäftigung nach § 55 werden zur Hälfte auf die Dauer des Berufsbildungsbereichs angerechnet. ₂Allerdings dürfen die Zeiten individueller betrieblicher Qualifizierung und die Zeiten des Berufsbildungsbereichs insgesamt nicht mehr als 36 Monate betragen.

§ 58 Leistungen im Arbeitsbereich

(1) ₁Leistungen im Arbeitsbereich einer anerkannten Werkstatt für behinderte Menschen erhalten Menschen mit Behinderungen, bei denen wegen Art oder Schwere der Behinderung

1. eine Beschäftigung auf dem allgemeinen Arbeitsmarkt einschließlich einer Beschäftigung in einem Inklusionsbetrieb (§ 215) oder
2. eine Berufsvorbereitung, eine individuelle betriebliche Qualifizierung im Rahmen Unterstützter Beschäftigung, eine berufliche

Anpassung und Weiterbildung oder eine berufliche Ausbildung (§ 49 Absatz 3 Nummer 2 bis 6)

nicht, noch nicht oder noch nicht wieder in Betracht kommt und die in der Lage sind, wenigstens ein Mindestmaß wirtschaftlich verwertbarer Arbeitsleistung zu erbringen. ₂Leistungen im Arbeitsbereich werden im Anschluss an Leistungen im Berufsbildungsbereich (§ 57) oder an entsprechende Leistungen bei einem anderen Leistungsanbieter (§ 60) erbracht; hiervon kann abgewichen werden, wenn der Mensch mit Behinderungen bereits über die für die in Aussicht genommene Beschäftigung erforderliche Leistungsfähigkeit verfügt, die er durch eine Beschäftigung auf dem allgemeinen Arbeitsmarkt erworben hat. ₃Die Leistungen sollen in der Regel längstens bis zum Ablauf des Monats erbracht werden, in dem das für die Regelaltersrente im Sinne des Sechsten Buches erforderliche Lebensalter erreicht wird.

(2) Die Leistungen im Arbeitsbereich sind gerichtet auf

1. die Aufnahme, Ausübung und Sicherung einer der Eignung und Neigung des Menschen mit Behinderungen entsprechenden Beschäftigung,
2. die Teilnahme an arbeitsbegleitenden Maßnahmen zur Erhaltung und Verbesserung der im Berufsbildungsbereich erworbenen Leistungsfähigkeit und zur Weiterentwicklung der Persönlichkeit sowie
3. die Förderung des Übergangs geeigneter Menschen mit Behinderungen auf den allgemeinen Arbeitsmarkt durch geeignete Maßnahmen.

(3) ₁Die Werkstätten erhalten für die Leistungen nach Absatz 2 vom zuständigen Rehabilitationsträger angemessene Vergütungen, die den Grundsätzen der Wirtschaftlichkeit, Sparsamkeit und Leistungsfähigkeit entsprechen. ₂Die Vergütungen berücksichtigen

1. alle für die Erfüllung der Aufgaben und der fachlichen Anforderungen der Werkstatt notwendigen Kosten sowie
2. die mit der wirtschaftlichen Betätigung der Werkstatt in Zusammenhang stehenden Kosten, soweit diese unter Berücksichtigung der besonderen Verhältnisse in der Werkstatt und der dort beschäftigten Menschen mit Behinderungen nach Art und Umfang über die in einem Wirtschaftsunternehmen üblicherweise entstehenden Kosten hinausgehen.

₃Können die Kosten der Werkstatt nach Satz 2 Nummer 2 im Einzelfall nicht ermittelt werden, kann eine Vergütungspauschale für diese werkstattspezifischen Kosten der wirtschaftlichen Betätigung der Werkstatt vereinbart werden.

(4) ₁Bei der Ermittlung des Arbeitsergebnisses der Werkstatt nach § 12 Absatz 4 der Werkstättenverordnung werden die Auswirkungen der Vergütungen auf die Höhe des Arbeitsergebnisses dargestellt. ₂Dabei wird getrennt ausgewiesen, ob sich durch die Vergütung Verluste oder Gewinne ergeben. ₃Das Arbeitsergebnis der Werkstatt darf nicht zur Minderung der Vergütungen nach Absatz 3 verwendet werden.

§ 59 Arbeitsförderungsgeld

(1) ₁Die Werkstätten für behinderte Menschen erhalten von dem zuständigen Rehabilitationsträger zur Auszahlung an die im Arbeitsbereich beschäftigten Menschen mit Behinderungen zusätzlich zu den Vergütungen nach § 58 Absatz 3 ein Arbeitsförderungsgeld. ₂Das Arbeitsförderungsgeld beträgt monatlich 52 Euro für jeden im Arbeitsbereich beschäftigten Menschen mit Behinderungen, dessen Arbeitsentgelt zusammen mit dem Arbeitsförderungsgeld den Betrag von 351 Euro nicht übersteigt. ₃Ist das Arbeitsentgelt höher als 299 Euro, beträgt das Arbeitsförderungsgeld monatlich den Differenzbetrag zwischen dem Arbeitsentgelt und 351 Euro.

(2) Das Arbeitsförderungsgeld bleibt bei Sozialleistungen, deren Zahlung von anderen Einkommen abhängig ist, als Einkommen unberücksichtigt.

§ 60 Andere Leistungsanbieter

(1) Menschen mit Behinderungen, die Anspruch auf Leistungen nach den §§ 57 und 58 haben, können diese auch bei einem anderen Leistungsanbieter in Anspruch nehmen.

(2) Die Vorschriften für Werkstätten für behinderte Menschen gelten mit folgenden Maßgaben für andere Leistungsanbieter:

1. sie bedürfen nicht der förmlichen Anerkennung,
2. sie müssen nicht über eine Mindestplatzzahl und die für die Erbringung der Leistungen in Werkstätten erforderliche räumliche und sächliche Ausstattung verfügen,
3. sie können ihr Angebot auf Leistungen nach § 57 oder § 58 oder Teile solcher Leistungen beschränken,
4. sie sind nicht verpflichtet, Menschen mit Behinderungen Leistungen nach § 57 oder § 58 zu erbringen, wenn und solange die Leistungsvoraussetzungen vorliegen,
5. eine dem Werkstattrat vergleichbare Vertretung wird ab fünf Wahlberechtigten gewählt. Sie besteht bis zu 20 Wahlberechtigten aus einem Mitglied und
6. eine Frauenbeauftragte wird ab fünf wahlberechtigten Frauen gewählt, eine Stellvertreterin ab 20 wahlberechtigten Frauen.

(3) Eine Verpflichtung des Leistungsträgers, Leistungen durch andere Leistungsanbieter zu ermöglichen, besteht nicht.

(4) Für das Rechtsverhältnis zwischen dem anderen Leistungsanbieter und dem Menschen mit Behinderungen gilt § 221 entsprechend.

§ 61 Budget für Arbeit

(1) Menschen mit Behinderungen, die Anspruch auf Leistungen nach § 58 haben und denen von einem privaten oder öffentlichen Arbeitgeber ein sozialversicherungspflichtiges Arbeitsverhältnis mit einer tarifvertraglichen oder ortsüblichen Entlohnung angeboten wird, erhalten mit Abschluss dieses Arbeitsvertrages als Leistungen zur Teilhabe am Arbeitsleben ein Budget für Arbeit.

(2) ₁Das Budget für Arbeit umfasst einen Lohnkostenzuschuss an den Arbeitgeber zum Ausgleich der Leistungsminderung des Beschäftigten und die Aufwendungen für die wegen der Behinderung erforderliche Anleitung und Begleitung am Arbeitsplatz. ₂Der Lohnkostenzuschuss beträgt bis zu 75 Prozent des vom Arbeitgeber regelmäßig gezahlten Arbeitsentgelts, höchstens jedoch 40 Prozent der monatlichen Bezugsgröße nach § 18 Absatz 1 des Vierten Buches. ₃Dauer und Umfang der Leistungen bestimmen sich nach den Umständen des Einzelfalles. ₄Durch Landesrecht kann von dem Prozentsatz der Bezugsgröße nach Satz 2 zweiter Halbsatz nach oben abgewichen werden.

(3) Ein Lohnkostenzuschuss ist ausgeschlossen, wenn zu vermuten ist, dass der Arbeitgeber die Beendigung eines anderen Beschäftigungsverhältnisses veranlasst hat, um durch die ersatzweise Einstellung eines Menschen mit Behinderungen den Lohnkostenzuschuss zu erhalten.

(4) Die am Arbeitsplatz wegen der Behinderung erforderliche Anleitung und Begleitung kann von mehreren Leistungsberechtigten gemeinsam in Anspruch genommen werden.

(5) Eine Verpflichtung des Leistungsträgers, Leistungen zur Beschäftigung bei privaten oder öffentlichen Arbeitgebern zu ermöglichen, besteht nicht.

§ 62 Wahlrecht des Menschen mit Behinderungen

(1) Auf Wunsch des Menschen mit Behinderungen werden die Leistungen nach den §§ 57 und 58 von einer nach § 225 anerkannten Werkstatt für behinderte Menschen, von dieser zusammen mit einem oder mehreren anderen Leistungsanbietern oder von einem oder mehreren anderen Leistungsanbietern erbracht.

(2) Werden Teile einer Leistung im Verantwortungsbereich einer Werkstatt für behinderte Menschen oder eines anderen Leistungsanbieters erbracht, so bedarf die Leistungserbringung der Zustimmung des unmittelbar verantwortlichen Leistungsanbieters.

§ 63 Zuständigkeit nach den Leistungsgesetzen

(1) Die Leistungen im Eingangsverfahren und im Berufsbildungsbereich einer anerkannten Werkstatt für behinderte Menschen erbringen

1. die Bundesagentur für Arbeit, soweit nicht einer der in den Nummern 2 bis 4 genannten Träger zuständig ist,
2. die Träger der Unfallversicherung im Rahmen ihrer Zuständigkeit für durch Arbeitsunfälle

Verletzte und von Berufskrankheiten Betroffene,

3. die Träger der Rentenversicherung unter den Voraussetzungen der §§ 11 bis 13 des Sechsten Buches und

4. die Träger der Kriegsopferfürsorge unter den Voraussetzungen der §§ 26 und 26a des Bundesversorgungsgesetzes.

(2) Die Leistungen im Arbeitsbereich einer anerkannten Werkstatt für behinderte Menschen erbringen

1. die Träger der Unfallversicherung im Rahmen ihrer Zuständigkeit für durch Arbeitsunfälle Verletzte und von Berufskrankheiten Betroffene,

2. die Träger der Kriegsopferfürsorge unter den Voraussetzungen des § 27d Absatz 1 Nummer 3 des Bundesversorgungsgesetzes,

3. die Träger der öffentlichen Jugendhilfe unter den Voraussetzungen des § 35a des Achten Buches und

4. im Übrigen die Träger der Eingliederungshilfe unter den Voraussetzungen des § 99.

(3) ₁Absatz 1 gilt auch für die Leistungen zur beruflichen Bildung bei einem anderen Leistungsanbieter. ₂Absatz 2 gilt auch für die Leistungen zur Beschäftigung bei einem anderen Leistungsanbieter sowie die Leistung des Budgets für Arbeit.

Kapitel 11
Unterhaltssichernde und andere ergänzende Leistungen

§ 64 Ergänzende Leistungen

(1) Die Leistungen zur medizinischen Rehabilitation und zur Teilhabe am Arbeitsleben der in § 6 Absatz 1 Nummer 1 bis 5 genannten Rehabilitationsträger werden ergänzt durch

1. Krankengeld, Versorgungskrankengeld, Verletztengeld, Übergangsgeld, Ausbildungsgeld oder Unterhaltsbeihilfe,

2. Beiträge und Beitragszuschüsse
   a) zur Krankenversicherung nach Maßgabe des Fünften Buches, des Zweiten Gesetzes über die Krankenversicherung der Landwirte sowie des Künstlersozialversicherungsgesetzes,
   b) zur Unfallversicherung nach Maßgabe des Siebten Buches,
   c) zur Rentenversicherung nach Maßgabe des Sechsten Buches sowie des Künstlersozialversicherungsgesetzes,
   d) zur Bundesagentur für Arbeit nach Maßgabe des Dritten Buches,
   e) zur Pflegeversicherung nach Maßgabe des Elften Buches,

3. ärztlich verordneten Rehabilitationssport in Gruppen unter ärztlicher Betreuung und Überwachung, einschließlich Übungen für behinderte oder von Behinderung bedrohte Frauen und Mädchen, die der Stärkung des Selbstbewusstseins dienen,

4. ärztlich verordnetes Funktionstraining in Gruppen unter fachkundiger Anleitung und Überwachung,

5. Reisekosten sowie

6. Betriebs- oder Haushaltshilfe und Kinderbetreuungskosten.

(2) ₁Ist der Schutz von Menschen mit Behinderungen bei Krankheit oder Pflege während der Teilnahme an Leistungen zur Teilhabe am Arbeitsleben nicht anderweitig sichergestellt, können die Beiträge für eine freiwillige Krankenversicherung ohne Anspruch auf Krankengeld und zur Pflegeversicherung bei einem Träger der gesetzlichen Kranken- oder Pflegeversicherung oder, wenn dort im Einzelfall ein Schutz nicht gewährleistet ist, die Beiträge zu einem privaten Krankenversicherungsunternehmen erbracht werden. ₂Arbeitslose Teilnehmer an Leistungen zur medizinischen Rehabilitation können für die Dauer des Bezuges von Verletztengeld, Versorgungskrankengeld und Übergangsgeld einen Zuschuss zu ihrem Beitrag für eine private Versicherung gegen Krankheit oder für die Pflegeversicherung erhalten. ₃Der Zuschuss wird nach § 174 Absatz 2 des Dritten Buches berechnet.

§ 65 Leistungen zum Lebensunterhalt

(1) Im Zusammenhang mit Leistungen zur medizinischen Rehabilitation leisten

1. Krankengeld: die gesetzlichen Krankenkassen nach Maßgabe der §§ 44 und 46 bis 51 des Fünften Buches und des § 8 Absatz 2 in Verbindung mit den §§ 12 und 13 des Zweiten Gesetzes über die Krankenversicherung der Landwirte,
2. Verletztengeld: die Träger der Unfallversicherung nach Maßgabe der §§ 45 bis 48, 52 und 55 des Siebten Buches,
3. Übergangsgeld: die Träger der Rentenversicherung nach Maßgabe dieses Buches und der §§ 20 und 21 des Sechsten Buches,
4. Versorgungskrankengeld: die Träger der Kriegsopferversorgung nach Maßgabe der §§ 16 bis 16h und 18a des Bundesversorgungsgesetzes.

(2) Im Zusammenhang mit Leistungen zur Teilhabe am Arbeitsleben leisten Übergangsgeld

1. die Träger der Unfallversicherung nach Maßgabe dieses Buches und der §§ 49 bis 52 des Siebten Buches,
2. die Träger der Rentenversicherung nach Maßgabe dieses Buches und der §§ 20 und 21 des Sechsten Buches,
3. die Bundesagentur für Arbeit nach Maßgabe dieses Buches und der §§ 119 bis 121 des Dritten Buches,
4. die Träger der Kriegsopferfürsorge nach Maßgabe dieses Buches und des § 26a des Bundesversorgungsgesetzes.

(3) Menschen mit Behinderungen oder von Behinderung bedrohte Menschen haben Anspruch auf Übergangsgeld wie bei Leistungen zur Teilhabe am Arbeitsleben für den Zeitraum, in dem die berufliche Eignung abgeklärt oder eine Arbeitserprobung durchgeführt wird (§ 49 Absatz 4 Satz 2) und sie wegen der Teilnahme an diesen Maßnahmen kein oder ein geringeres Arbeitsentgelt oder Arbeitseinkommen erzielen.

(4) Der Anspruch auf Übergangsgeld ruht, solange die Leistungsempfängerin einen Anspruch auf Mutterschaftsgeld hat; § 52 Nummer 2 des Siebten Buches bleibt unberührt.

(5) Während der Ausführung von Leistungen zur erstmaligen beruflichen Ausbildung von Menschen mit Behinderungen, berufsvorbereitenden Bildungsmaßnahmen und Leistungen zur individuellen betrieblichen Qualifizierung im Rahmen Unterstützter Beschäftigung sowie im Eingangsverfahren und im Berufsbildungsbereich von anerkannten Werkstätten für behinderte Menschen und anderen Leistungsanbietern leisten

1. die Bundesagentur für Arbeit Ausbildungsgeld nach Maßgabe der §§ 122 bis 126 des Dritten Buches und
2. die Träger der Kriegsopferfürsorge Unterhaltsbeihilfe unter den Voraussetzungen der §§ 26 und 26a des Bundesversorgungsgesetzes.

(6) Die Träger der Kriegsopferfürsorge leisten in den Fällen des § 27d Absatz 1 Nummer 3 des Bundesversorgungsgesetzes ergänzende Hilfe zum Lebensunterhalt nach § 27a des Bundesversorgungsgesetzes.

(7) Das Krankengeld, das Versorgungskrankengeld, das Verletztengeld und das Übergangsgeld werden für Kalendertage gezahlt; wird die Leistung für einen ganzen Kalendermonat gezahlt, so wird dieser mit 30 Tagen angesetzt.

§ 66 Höhe und Berechnung des Übergangsgelds

(1) ₁Der Berechnung des Übergangsgelds werden 80 Prozent des erzielten regelmäßigen Arbeitsentgelts und Arbeitseinkommens, soweit es der Beitragsberechnung unterliegt (Regelentgelt), zugrunde gelegt, höchstens jedoch das in entsprechender Anwendung des § 67 berechnete Nettoarbeitsentgelt; als Obergrenze gilt die für den Rehabilitationsträger jeweils geltende Beitragsbemessungsgrenze. ₂Bei der Berechnung des Regelentgelts und des Nettoarbeitsentgelts werden die für die jeweilige Beitragsbemessung und Beitragstragung geltenden Besonderheiten des Übergangsbereichs nach § 20 Absatz 2 des Vierten Buches nicht berücksichtigt. ₃Das Übergangsgeld beträgt

1. 75 Prozent der Berechnungsgrundlage für Leistungsempfänger,
   a) die mindestens ein Kind im Sinne des § 32 Absatz 1, 3 bis 5 des Einkommensteuergesetzes haben,
   b) die ein Stiefkind (§ 56 Absatz 2 Nummer 1 des Ersten Buches) in ihren Haushalt aufgenommen haben oder

c) deren Ehegatten oder Lebenspartner, mit denen sie in häuslicher Gemeinschaft leben, eine Erwerbstätigkeit nicht ausüben können, weil sie die Leistungsempfänger pflegen oder selbst der Pflege bedürfen und keinen Anspruch auf Leistungen aus der Pflegeversicherung haben,
2. 68 Prozent der Berechnungsgrundlage für die übrigen Leistungsempfänger.

₄Leisten Träger der Kriegsopferfürsorge Übergangsgeld, beträgt das Übergangsgeld 80 Prozent der Berechnungsgrundlage, wenn die Leistungsempfänger eine der Voraussetzungen von Satz 3 Nummer 1 erfüllen, und im Übrigen 70 Prozent der Berechnungsgrundlage.

(2) ₁Das Nettoarbeitsentgelt nach Absatz 1 Satz 1 berechnet sich, indem der Anteil am Nettoarbeitsentgelt, der sich aus dem kalendertäglichen Hinzurechnungsbetrag nach § 67 Absatz 1 Satz 6 ergibt, mit dem Prozentsatz angesetzt wird, der sich aus dem Verhältnis des kalendertäglichen Regelentgeltbetrages nach § 67 Absatz 1 Satz 1 bis 5 zu dem sich aus diesem Regelentgeltbetrag ergebenden Nettoarbeitsentgelt ergibt. ₂Das kalendertägliche Übergangsgeld darf das kalendertägliche Nettoarbeitsentgelt, das sich aus dem Arbeitsentgelt nach § 67 Absatz 1 Satz 1 bis 5 ergibt, nicht übersteigen.

§ 67 Berechnung des Regelentgelts

(1) ₁Für die Berechnung des Regelentgelts wird das von den Leistungsempfängern im letzten vor Beginn der Leistung oder einer vorangegangenen Arbeitsunfähigkeit abgerechneten Entgeltabrechnungszeitraum, mindestens das während der letzten abgerechneten vier Wochen (Bemessungszeitraum) erzielte und um einmalig gezahltes Arbeitsentgelt verminderte Arbeitsentgelt durch die Zahl der Stunden geteilt, für die es gezahlt wurde. ₂Das Ergebnis wird mit der Zahl der sich aus dem Inhalt des Arbeitsverhältnisses ergebenden regelmäßigen wöchentlichen Arbeitsstunden vervielfacht und durch sieben geteilt. ₃Ist das Arbeitsentgelt nach Monaten bemessen oder ist eine Berechnung des Regelentgelts nach den Sätzen 1 und 2 nicht möglich, gilt der 30. Teil des in dem letzten vor Beginn der Leistung abgerechneten Kalendermonat erzielten und um einmalig gezahltes Arbeitsentgelt verminderten Arbeitsentgelts als Regelentgelt. ₄Wird mit einer Arbeitsleistung Arbeitsentgelt erzielt, das für Zeiten einer Freistellung vor oder nach dieser Arbeitsleistung fällig wird (Wertguthaben nach § 7b des Vierten Buches), ist für die Berechnung des Regelentgelts das im Bemessungszeitraum der Beitragsberechnung zugrunde liegende und um einmalig gezahltes Arbeitsentgelt verminderte Arbeitsentgelt maßgebend; Wertguthaben, die nicht nach einer Vereinbarung über flexible Arbeitszeitregelungen verwendet werden (§ 23b Absatz 2 des Vierten Buches), bleiben außer Betracht. ₅Bei der Anwendung des Satzes 1 gilt als regelmäßige wöchentliche Arbeitszeit die Arbeitszeit, die dem gezahlten Arbeitsentgelt entspricht. ₆Für die Berechnung des Regelentgelts wird der 360. Teil des einmalig gezahlten Arbeitsentgelts, das in den letzten zwölf Kalendermonaten vor Beginn der Leistung nach § 23a des Vierten Buches der Beitragsberechnung zugrunde gelegen hat, dem nach den Sätzen 1 bis 5 berechneten Arbeitsentgelt hinzugerechnet.

(2) Bei Teilarbeitslosigkeit ist für die Berechnung das Arbeitsentgelt maßgebend, das in der infolge der Teilarbeitslosigkeit nicht mehr ausgeübten Beschäftigung erzielt wurde.

(3) Für Leistungsempfänger, die Kurzarbeitergeld bezogen haben, wird das regelmäßige Arbeitsentgelt zugrunde gelegt, das zuletzt vor dem Arbeitsausfall erzielt wurde.

(4) Das Regelentgelt wird bis zur Höhe der für den Rehabilitationsträger jeweils geltenden Leistungs- oder Beitragsbemessungsgrenze berücksichtigt, in der Rentenversicherung bis zur Höhe des der Beitragsbemessung zugrunde liegenden Entgelts.

(5) Für Leistungsempfänger, die im Inland nicht einkommensteuerpflichtig sind, werden für die Feststellung des entgangenen Nettoarbeitsentgelts die Steuern berücksichtigt, die bei einer Steuerpflicht im Inland durch Abzug vom Arbeitsentgelt erhoben würden.

§ 68 Berechnungsgrundlage in Sonderfällen

(1) Für die Berechnung des Übergangsgeldes während des Bezuges von Leistungen zur Teil-

habe am Arbeitsleben werden 65 Prozent eines fiktiven Arbeitsentgelts zugrunde gelegt, wenn

1. die Berechnung nach den §§ 66 und 67 zu einem geringeren Betrag führt,
2. Arbeitsentgelt oder Arbeitseinkommen nicht erzielt worden ist oder
3. der letzte Tag des Bemessungszeitraums bei Beginn der Leistungen länger als drei Jahre zurückliegt.

(2) Für die Festsetzung des fiktiven Arbeitsentgelts ist der Leistungsempfänger der Qualifikationsgruppe zuzuordnen, die seiner beruflichen Qualifikation entspricht. Dafür gilt folgende Zuordnung:

1. für eine Hochschul- oder Fachhochschulausbildung (Qualifikationsgruppe 1) ein Arbeitsentgelt in Höhe von einem Dreihundertstel der Bezugsgröße,
2. für einen Fachschulabschluss, den Nachweis über eine abgeschlossene Qualifikation als Meisterin oder Meister oder einen Abschluss in einer vergleichbaren Einrichtung (Qualifikationsgruppe 2) ein Arbeitsentgelt in Höhe von einem Dreihundertsechzigstel der Bezugsgröße,
3. für eine abgeschlossene Ausbildung in einem Ausbildungsberuf (Qualifikationsgruppe 3) ein Arbeitsentgelt in Höhe von einem Vierhundertfünfzigstel der Bezugsgröße und
4. bei einer fehlenden Ausbildung (Qualifikationsgruppe 4) ein Arbeitsentgelt in Höhe von einem Sechshundertstel der Bezugsgröße.

Maßgebend ist die Bezugsgröße, die für den Wohnsitz oder für den gewöhnlichen Aufenthaltsort der Leistungsempfänger im letzten Kalendermonat vor dem Beginn der Leistung gilt.

§ 69 Kontinuität der Bemessungsgrundlage

Haben Leistungsempfänger Krankengeld, Verletztengeld, Versorgungskrankengeld oder Übergangsgeld bezogen und wird im Anschluss daran eine Leistung zur medizinischen Rehabilitation oder zur Teilhabe am Arbeitsleben ausgeführt, so wird bei der Berechnung der diese Leistungen ergänzenden Leistung zum Lebensunterhalt von dem bisher zugrunde gelegten Arbeitsentgelt ausgegangen; es gilt die für den Rehabilitationsträger jeweils geltende Beitragsbemessungsgrenze.

§ 70 Anpassung der Entgeltersatzleistungen

(1) Die Berechnungsgrundlage, die dem Krankengeld, dem Versorgungskrankengeld, dem Verletztengeld und dem Übergangsgeld zugrunde liegt, wird jeweils nach Ablauf eines Jahres ab dem Ende des Bemessungszeitraums an die Entwicklung der Bruttoarbeitsentgelte angepasst und zwar entsprechend der Veränderung der Bruttolöhne und -gehälter je Arbeitnehmer (§ 68 Absatz 2 Satz 1 des Sechsten Buches) vom vorvergangenen zum vergangenen Kalenderjahr.

(2) Der Anpassungsfaktor wird errechnet, indem die Bruttolöhne und -gehälter je Arbeitnehmer für das vergangene Kalenderjahr durch die entsprechenden Bruttolöhne und -gehälter für das vorvergangene Kalenderjahr geteilt werden; § 68 Absatz 7 und § 121 Absatz 1 des Sechsten Buches gelten entsprechend.

(3) Eine Anpassung nach Absatz 1 erfolgt, wenn der nach Absatz 2 berechnete Anpassungsfaktor den Wert 1,0000 überschreitet.

(4) Das Bundesministerium für Arbeit und Soziales gibt jeweils zum 30. Juni eines Kalenderjahres den Anpassungsfaktor, der für die folgenden zwölf Monate maßgebend ist, im Bundesanzeiger bekannt.

§ 71 Weiterzahlung der Leistungen

(1) ₁Sind nach Abschluss von Leistungen zur medizinischen Rehabilitation oder von Leistungen zur Teilhabe am Arbeitsleben weitere Leistungen zur Teilhabe am Arbeitsleben erforderlich, während derer dem Grunde nach Anspruch auf Übergangsgeld besteht, und können diese Leistungen aus Gründen, die die Leistungsempfänger nicht zu vertreten haben, nicht unmittelbar anschließend durchgeführt werden, werden das Verletztengeld, das Versorgungskrankengeld oder das Übergangsgeld für diese Zeit weitergezahlt. ₂Voraussetzung für die Weiterzahlung ist, dass

1. die Leistungsempfänger arbeitsunfähig sind und keinen Anspruch auf Krankengeld mehr haben oder

2. den Leistungsempfängern eine zumutbare Beschäftigung aus Gründen, die sie nicht zu vertreten haben, nicht vermittelt werden kann.

(2) ₁Leistungsempfänger haben die Verzögerung von Weiterzahlungen insbesondere dann zu vertreten, wenn sie zumutbare Angebote von Leistungen zur Teilhabe am Arbeitsleben nur deshalb ablehnen, weil die Leistungen in größerer Entfernung zu ihren Wohnorten angeboten werden. ₂Für die Beurteilung der Zumutbarkeit ist § 140 Absatz 4 des Dritten Buches entsprechend anzuwenden.

(3) Können Leistungsempfänger Leistungen zur Teilhabe am Arbeitsleben allein aus gesundheitlichen Gründen nicht mehr, aber voraussichtlich wieder in Anspruch nehmen, werden Übergangsgeld und Unterhaltsbeihilfe bis zum Ende dieser Leistungen, höchstens bis zu sechs Wochen weitergezahlt.

(4) ₁Sind die Leistungsempfänger im Anschluss an eine abgeschlossene Leistung zur Teilhabe am Arbeitsleben arbeitslos, werden Übergangsgeld und Unterhaltsbeihilfe während der Arbeitslosigkeit bis zu drei Monate weitergezahlt, wenn sie sich bei der Agentur für Arbeit arbeitslos gemeldet haben und einen Anspruch auf Arbeitslosengeld von mindestens drei Monaten nicht geltend machen können; die Anspruchsdauer von drei Monaten vermindert sich um die Anzahl von Tagen, für die Leistungsempfänger im Anschluss an eine abgeschlossene Leistung zur Teilhabe am Arbeitsleben einen Anspruch auf Arbeitslosengeld geltend machen können. ₂In diesem Fall beträgt das Übergangsgeld

1. 67 Prozent bei Leistungsempfängern, bei denen die Voraussetzungen des erhöhten Bemessungssatzes nach § 66 Absatz 1 Satz 2 Nummer 1 vorliegen und
2. 60 Prozent bei den übrigen Leistungsempfängern,

des sich aus § 66 Absatz 1 Satz 1 oder § 68 ergebenden Betrages.

(5) Ist im unmittelbaren Anschluss an Leistungen zur medizinischen Rehabilitation eine stufenweise Wiedereingliederung (§ 44) erforderlich, wird das Übergangsgeld bis zum Ende der Wiedereingliederung weitergezahlt.

§ 72 Einkommensanrechnung

(1) Auf das Übergangsgeld der Rehabilitationsträger nach § 6 Absatz 1 Nummer 2, 4 und 5 wird Folgendes angerechnet:

1. Erwerbseinkommen aus einer Beschäftigung oder einer während des Anspruchs auf Übergangsgeld ausgeübten Tätigkeit, das bei Beschäftigten um die gesetzlichen Abzüge und um einmalig gezahltes Arbeitsentgelt und bei sonstigen Leistungsempfängern um 20 Prozent zu vermindern ist,
2. Leistungen des Arbeitgebers zum Übergangsgeld, soweit sie zusammen mit dem Übergangsgeld das vor Beginn der Leistung erzielte, um die gesetzlichen Abzüge verminderte Arbeitsentgelt übersteigen,
3. Geldleistungen, die eine öffentlich-rechtliche Stelle im Zusammenhang mit einer Leistung zur medizinischen Rehabilitation oder einer Leistung zur Teilhabe am Arbeitsleben erbringt,
4. Renten wegen verminderter Erwerbsfähigkeit oder Verletztenrenten in Höhe des sich aus § 18a Absatz 3 Satz 1 Nummer 4 des Vierten Buches ergebenden Betrages, wenn sich die Minderung der Erwerbsfähigkeit auf die Höhe der Berechnungsgrundlage für das Übergangsgeld nicht ausgewirkt hat,
5. Renten wegen verminderter Erwerbsfähigkeit, die aus demselben Anlass wie die Leistungen zur Teilhabe erbracht werden, wenn durch die Anrechnung eine unbillige Doppelleistung vermieden wird,
6. Renten wegen Alters, die bei der Berechnung des Übergangsgeldes aus einem Teilarbeitsentgelt nicht berücksichtigt wurden,
7. Verletztengeld nach den Vorschriften des Siebten Buches und
8. vergleichbare Leistungen nach den Nummern 1 bis 7, die von einer Stelle außerhalb des Geltungsbereichs dieses Gesetzbuchs erbracht werden.

(2) Bei der Anrechnung von Verletztenrenten mit Kinderzulage und von Renten wegen verminderter Erwerbsfähigkeit mit Kinderzuschuss

auf das Übergangsgeld bleibt ein Betrag in Höhe des Kindergeldes nach § 66 des Einkommensteuergesetzes oder § 6 des Bundeskindergeldgesetzes außer Ansatz.

(3) Wird ein Anspruch auf Leistungen, um die das Übergangsgeld nach Absatz 1 Nummer 3 zu kürzen ist, nicht erfüllt, geht der Anspruch insoweit mit Zahlung des Übergangsgeldes auf den Rehabilitationsträger über; die §§ 104 und 115 des Zehnten Buches bleiben unberührt.

§ 73 Reisekosten

(1) Als Reisekosten werden die erforderlichen Fahr-, Verpflegungs- und Übernachtungskosten übernommen, die im Zusammenhang mit der Ausführung einer Leistung zur medizinischen Rehabilitation oder zur Teilhabe am Arbeitsleben stehen. Zu den Reisekosten gehören auch die Kosten

1. für besondere Beförderungsmittel, deren Inanspruchnahme wegen der Art oder Schwere der Behinderung erforderlich ist,
2. für eine wegen der Behinderung erforderliche Begleitperson einschließlich des für die Zeit der Begleitung entstehenden Verdienstausfalls,
3. für Kinder, deren Mitnahme an den Rehabilitationsort erforderlich ist, weil ihre anderweitige Betreuung nicht sichergestellt ist sowie
4. für den erforderlichen Gepäcktransport.

(2) $_1$Während der Ausführung von Leistungen zur Teilhabe am Arbeitsleben werden im Regelfall auch Reisekosten für zwei Familienheimfahrten je Monat übernommen. $_2$Anstelle der Kosten für die Familienheimfahrten können für Fahrten von Angehörigen vom Wohnort zum Aufenthaltsort der Leistungsempfänger und zurück Reisekosten übernommen werden.

(3) Reisekosten nach Absatz 2 werden auch im Zusammenhang mit Leistungen zur medizinischen Rehabilitation übernommen, wenn die Leistungen länger als acht Wochen erbracht werden.

(4) $_1$Fahrkosten werden in Höhe des Betrages zugrunde gelegt, der bei Benutzung eines regelmäßig verkehrenden öffentlichen Verkehrsmittels der niedrigsten Beförderungsklasse des zweckmäßigsten öffentlichen Verkehrsmittels zu zahlen ist, bei Benutzung sonstiger Verkehrsmittel in Höhe der Wegstreckenentschädigung nach § 5 Absatz 1 des Bundesreisekostengesetzes. $_2$Bei Fahrpreiserhöhungen, die nicht geringfügig sind, hat auf Antrag des Leistungsempfängers eine Anpassung der Fahrkostenentschädigung zu erfolgen, wenn die Maßnahme noch mindestens zwei weitere Monate andauert. $_3$Kosten für Pendelfahrten können nur bis zur Höhe des Betrages übernommen werden, der unter Berücksichtigung von Art und Schwere der Behinderung bei einer zumutbaren auswärtigen Unterbringung für Unterbringung und Verpflegung zu leisten wäre.

§ 74 Haushalts- oder Betriebshilfe und Kinderbetreuungskosten

(1) $_1$Haushaltshilfe wird geleistet, wenn

1. den Leistungsempfängern wegen der Ausführung einer Leistung zur medizinischen Rehabilitation oder einer Leistung zur Teilhabe am Arbeitsleben die Weiterführung des Haushalts nicht möglich ist,
2. eine andere im Haushalt lebende Person den Haushalt nicht weiterführen kann und
3. im Haushalt ein Kind lebt, das bei Beginn der Haushaltshilfe noch nicht zwölf Jahre alt ist oder wenn das Kind eine Behinderung hat und auf Hilfe angewiesen ist.

$_2$§ 38 Absatz 4 des Fünften Buches gilt entsprechend.

(2) Anstelle der Haushaltshilfe werden auf Antrag des Leistungsempfängers die Kosten für die Mitnahme oder für die anderweitige Unterbringung des Kindes bis zur Höhe der Kosten der sonst zu erbringenden Haushaltshilfe übernommen, wenn die Unterbringung und Betreuung des Kindes in dieser Weise sichergestellt ist.

(3) $_1$Kosten für die Kinderbetreuung des Leistungsempfängers werden bis zu einem Betrag von 160 Euro je Kind und Monat übernommen, wenn die Kosten durch die Ausführung einer Leistung zur medizinischen Rehabilitation oder zur Teilhabe am Arbeitsleben unvermeidbar sind. $_2$Es werden neben den Leistungen zur Kinderbetreuung keine Leistungen nach den Absätzen 1 und 2 erbracht. $_3$Der in Satz 1 ge-

nannte Betrag erhöht sich entsprechend der Veränderung der Bezugsgröße nach § 18 Absatz 1 des Vierten Buches; § 160 Absatz 3 Satz 2 bis 5 gilt entsprechend.

(4) Abweichend von den Absätzen 1 bis 3 erbringen die landwirtschaftliche Alterskasse und die landwirtschaftliche Krankenkasse Betriebs- und Haushaltshilfe nach den §§ 10 und 36 des Gesetzes über die Alterssicherung der Landwirte und nach den §§ 9 und 10 des Zweiten Gesetzes über die Krankenversicherung der Landwirte, die landwirtschaftliche Berufsgenossenschaft für die bei ihr versicherten landwirtschaftlichen Unternehmer und im Unternehmen mitarbeitenden Ehegatten nach den §§ 54 und 55 des Siebten Buches.

Kapitel 12
Leistungen zur Teilhabe an Bildung

§ 75 Leistungen zur Teilhabe an Bildung

(1) Zur Teilhabe an Bildung werden unterstützende Leistungen erbracht, die erforderlich sind, damit Menschen mit Behinderungen Bildungsangebote gleichberechtigt wahrnehmen können.

(2) ₁Die Leistungen umfassen insbesondere

1. Hilfen zur Schulbildung, insbesondere im Rahmen der Schulpflicht einschließlich der Vorbereitung hierzu,
2. Hilfen zur schulischen Berufsausbildung,
3. Hilfen zur Hochschulbildung und
4. Hilfen zur schulischen und hochschulischen beruflichen Weiterbildung.

₂Die Rehabilitationsträger nach § 6 Absatz 1 Nummer 3 erbringen ihre Leistungen unter den Voraussetzungen und im Umfang der Bestimmungen des Siebten Buches als Leistungen zur Teilhabe am Arbeitsleben oder zur Teilhabe am Leben in der Gemeinschaft.

Kapitel 13
Soziale Teilhabe

§ 76 Leistungen zur Sozialen Teilhabe

(1) ₁Leistungen zur Sozialen Teilhabe werden erbracht, um eine gleichberechtigte Teilhabe am Leben in der Gemeinschaft zu ermöglichen oder zu erleichtern, soweit sie nicht nach den Kapiteln 9 bis 12 erbracht werden. ₂Hierzu gehört, Leistungsberechtigte zu einer möglichst selbstbestimmten und eigenverantwortlichen Lebensführung im eigenen Wohnraum sowie in ihrem Sozialraum zu befähigen oder sie hierbei zu unterstützen. ₃Maßgeblich sind die Ermittlungen und Feststellungen nach den Kapiteln 3 und 4.

(2) Leistungen zur Sozialen Teilhabe sind insbesondere

1. Leistungen für Wohnraum,
2. Assistenzleistungen,
3. heilpädagogische Leistungen,
4. Leistungen zur Betreuung in einer Pflegefamilie,
5. Leistungen zum Erwerb und Erhalt praktischer Kenntnisse und Fähigkeiten,
6. Leistungen zur Förderung der Verständigung,
7. Leistungen zur Mobilität und
8. Hilfsmittel.

§ 77 Leistungen für Wohnraum

(1) ₁Leistungen für Wohnraum werden erbracht, um Leistungsberechtigten zu Wohnraum zu verhelfen, der zur Führung eines möglichst selbstbestimmten, eigenverantwortlichen Lebens geeignet ist. ₂Die Leistungen umfassen Leistungen für die Beschaffung, den Umbau, die Ausstattung und die Erhaltung von Wohnraum, der den besonderen Bedürfnissen von Menschen mit Behinderungen entspricht.

(2) Aufwendungen für Wohnraum oberhalb der Angemessenheitsgrenze nach § 42a des Zwölften Buches sind zu erstatten, soweit wegen des Umfangs von Assistenzleistungen ein gesteigerter Wohnraumbedarf besteht.

§ 78 Assistenzleistungen

(1) ₁Zur selbstbestimmten und eigenständigen Bewältigung des Alltags einschließlich der Tagesstrukturierung werden Leistungen für Assistenz erbracht. ₂Sie umfassen insbesondere Leistungen für die allgemeinen Erledigungen des Alltags wie die Haushaltsführung, die Gestaltung sozialer Beziehungen, die persönliche Lebensplanung, die Teilhabe am gemeinschaft-

lichen und kulturellen Leben, die Freizeitgestaltung einschließlich sportlicher Aktivitäten sowie die Sicherstellung der Wirksamkeit der ärztlichen und ärztlich verordneten Leistungen. ₃Sie beinhalten die Verständigung mit der Umwelt in diesen Bereichen.

(2) ₁Die Leistungsberechtigten entscheiden auf der Grundlage des Teilhabeplans nach § 19 über die konkrete Gestaltung der Leistungen hinsichtlich Ablauf, Ort und Zeitpunkt der Inanspruchnahme. ₂Die Leistungen umfassen

1. die vollständige und teilweise Übernahme von Handlungen zur Alltagsbewältigung sowie die Begleitung der Leistungsberechtigten und
2. die Befähigung der Leistungsberechtigten zu einer eigenständigen Alltagsbewältigung.

₃Die Leistungen nach Nummer 2 werden von Fachkräften als qualifizierte Assistenz erbracht. ₄Sie umfassen insbesondere die Anleitungen und Übungen in den Bereichen nach Absatz 1 Satz 2.

(3) Die Leistungen für Assistenz nach Absatz 1 umfassen auch Leistungen an Mütter und Väter mit Behinderungen bei der Versorgung und Betreuung ihrer Kinder.

(4) Sind mit der Assistenz nach Absatz 1 notwendige Fahrkosten oder weitere Aufwendungen des Assistenzgebers, die nach den Besonderheiten des Einzelfalles notwendig sind, verbunden, werden diese als ergänzende Leistungen erbracht.

(5) ₁Leistungsberechtigten Personen, die ein Ehrenamt ausüben, sind angemessene Aufwendungen für eine notwendige Unterstützung zu erstatten, soweit die Unterstützung nicht zumutbar unentgeltlich erbracht werden kann. ₂Die notwendige Unterstützung soll hierbei vorrangig im Rahmen familiärer, freundschaftlicher, nachbarschaftlicher oder ähnlich persönlicher Beziehungen erbracht werden.

(6) Leistungen zur Erreichbarkeit einer Ansprechperson unabhängig von einer konkreten Inanspruchnahme werden erbracht, soweit dies nach den Besonderheiten des Einzelfalles erforderlich ist.

§ 79 Heilpädagogische Leistungen

(1) ₁Heilpädagogische Leistungen werden an noch nicht eingeschulte Kinder erbracht, wenn nach fachlicher Erkenntnis zu erwarten ist, dass hierdurch

1. eine drohende Behinderung abgewendet oder der fortschreitende Verlauf einer Behinderung verlangsamt wird oder
2. die Folgen einer Behinderung beseitigt oder gemildert werden können.

₂Heilpädagogische Leistungen werden immer an schwerstbehinderte und schwerstmehrfachbehinderte Kinder, die noch nicht eingeschult sind, erbracht.

(2) Heilpädagogische Leistungen umfassen alle Maßnahmen, die zur Entwicklung des Kindes und zur Entfaltung seiner Persönlichkeit beitragen, einschließlich der jeweils erforderlichen nichtärztlichen therapeutischen, psychologischen, sonderpädagogischen, psychosozialen Leistungen und der Beratung der Erziehungsberechtigten, soweit die Leistungen nicht von § 46 Absatz 1 erfasst sind.

(3) ₁In Verbindung mit Leistungen zur Früherkennung und Frühförderung nach § 46 Absatz 3 werden heilpädagogische Leistungen als Komplexleistung erbracht. ₂Die Vorschriften der Verordnung zur Früherkennung und Frühförderung behinderter und von Behinderung bedrohter Kinder finden Anwendung. ₃In Verbindung mit schulvorbereitenden Maßnahmen der Schulträger werden die Leistungen ebenfalls als Komplexleistung erbracht.

§ 80 Leistungen zur Betreuung in einer Pflegefamilie

₁Leistungen zur Betreuung in einer Pflegefamilie werden erbracht, um Leistungsberechtigten die Betreuung in einer anderen Familie als der Herkunftsfamilie durch eine geeignete Pflegeperson zu ermöglichen. ₂Bei minderjährigen Leistungsberechtigten bedarf die Pflegeperson der Erlaubnis nach § 44 des Achten Buches. ₃Bei volljährigen Leistungsberechtigten gilt § 44 des Achten Buches entsprechend. ₄Die Regelungen über Verträge mit Leistungserbringern bleiben unberührt.

§ 81 Leistungen zum Erwerb und Erhalt praktischer Kenntnisse und Fähigkeiten

₁Leistungen zum Erwerb und Erhalt praktischer Kenntnisse und Fähigkeiten werden erbracht, um Leistungsberechtigten die für sie erreichbare Teilhabe am Leben in der Gemeinschaft zu ermöglichen. ₂Die Leistungen sind insbesondere darauf gerichtet, die Leistungsberechtigten in Fördergruppen und Schulungen oder ähnlichen Maßnahmen zur Vornahme lebenspraktischer Handlungen einschließlich hauswirtschaftlicher Tätigkeiten zu befähigen, sie auf die Teilhabe am Arbeitsleben vorzubereiten, ihre Sprache und Kommunikation zu verbessern und sie zu befähigen, sich ohne fremde Hilfe sicher im Verkehr zu bewegen. ₃Die Leistungen umfassen auch die blindentechnische Grundausbildung.

§ 82 Leistungen zur Förderung der Verständigung

₁Leistungen zur Förderung der Verständigung werden erbracht, um Leistungsberechtigten mit Hör- und Sprachbehinderungen die Verständigung mit der Umwelt aus besonderem Anlass zu ermöglichen oder zu erleichtern. ₂Die Leistungen umfassen insbesondere Hilfen durch Gebärdensprachdolmetscher und andere geeignete Kommunikationshilfen. ₃§ 17 Absatz 2 des Ersten Buches bleibt unberührt.

§ 83 Leistungen zur Mobilität

(1) Leistungen zur Mobilität umfassen

1. Leistungen zur Beförderung, insbesondere durch einen Beförderungsdienst, und
2. Leistungen für ein Kraftfahrzeug.

(2) ₁Leistungen nach Absatz 1 erhalten Leistungsberechtigte nach § 2, denen die Nutzung öffentlicher Verkehrsmittel auf Grund der Art und Schwere ihrer Behinderung nicht zumutbar ist. ₂Leistungen nach Absatz 1 Nummer 2 werden nur erbracht, wenn die Leistungsberechtigten das Kraftfahrzeug führen können oder gewährleistet ist, dass ein Dritter das Kraftfahrzeug für sie führt und Leistungen nach Absatz 1 Nummer 1 nicht zumutbar oder wirtschaftlich sind.

(3) ₁Die Leistungen nach Absatz 1 Nummer 2 umfassen Leistungen

1. zur Beschaffung eines Kraftfahrzeugs,
2. für die erforderliche Zusatzausstattung,
3. zur Erlangung der Fahrerlaubnis,
4. zur Instandhaltung und
5. für die mit dem Betrieb des Kraftfahrzeugs verbundenen Kosten.

₂Die Bemessung der Leistungen orientiert sich an der Kraftfahrzeughilfe-Verordnung.

(4) Sind die Leistungsberechtigten minderjährig, umfassen die Leistungen nach Absatz 1 Nummer 2 den wegen der Behinderung erforderlichen Mehraufwand bei der Beschaffung des Kraftfahrzeugs sowie Leistungen nach Absatz 3 Nummer 2.

§ 84 Hilfsmittel

(1) ₁Die Leistungen umfassen Hilfsmittel, die erforderlich sind, um eine durch die Behinderung bestehende Einschränkung einer gleichberechtigten Teilhabe am Leben in der Gemeinschaft auszugleichen. ₂Hierzu gehören insbesondere barrierefreie Computer.

(2) Die Leistungen umfassen auch eine notwendige Unterweisung im Gebrauch der Hilfsmittel sowie deren notwendige Instandhaltung oder Änderung.

(3) Soweit es im Einzelfall erforderlich ist, werden Leistungen für eine Doppelausstattung erbracht.

Kapitel 14
Beteiligung der Verbände und Träger

§ 85 Klagerecht der Verbände

₁Werden Menschen mit Behinderungen in ihren Rechten nach diesem Buch verletzt, können an ihrer Stelle und mit ihrem Einverständnis Verbände klagen, die nach ihrer Satzung Menschen mit Behinderungen auf Bundes- oder Landesebene vertreten und nicht selbst am Prozess beteiligt sind. ₂In diesem Fall müssen alle Verfahrensvoraussetzungen wie bei einem Rechtsschutzersuchen durch den Menschen mit Behinderungen selbst vorliegen.

§ 86 Beirat für die Teilhabe von Menschen mit Behinderungen

(1) ₁Beim Bundesministerium für Arbeit und Soziales wird ein Beirat für die Teilhabe von Men-

schen mit Behinderungen gebildet, der das Bundesministerium für Arbeit und Soziales in Fragen der Teilhabe von Menschen mit Behinderungen berät und bei Aufgaben der Koordinierung unterstützt. ₂Zu den Aufgaben des Beirats gehören insbesondere auch

1. die Unterstützung bei der Förderung von Rehabilitationseinrichtungen und die Mitwirkung bei der Vergabe der Mittel des Ausgleichsfonds sowie
2. die Anregung und Koordinierung von Maßnahmen zur Evaluierung der in diesem Buch getroffenen Regelungen im Rahmen der Rehabilitationsforschung und als forschungsbegleitender Ausschuss die Unterstützung des Bundesministeriums bei der Festlegung von Fragestellungen und Kriterien.

₃Das Bundesministerium für Arbeit und Soziales trifft Entscheidungen über die Vergabe der Mittel des Ausgleichsfonds nur auf Grund von Vorschlägen des Beirats.

(2) ₁Der Beirat besteht aus 49 Mitgliedern. ₂Von diesen beruft das Bundesministerium für Arbeit und Soziales

1. zwei Mitglieder auf Vorschlag der Gruppenvertreter der Arbeitnehmer im Verwaltungsrat der Bundesagentur für Arbeit,
2. zwei Mitglieder auf Vorschlag der Gruppenvertreter der Arbeitgeber im Verwaltungsrat der Bundesagentur für Arbeit,
3. sechs Mitglieder auf Vorschlag der Behindertenverbände, die nach der Zusammensetzung ihrer Mitglieder dazu berufen sind, Menschen mit Behinderungen auf Bundesebene zu vertreten,
4. 16 Mitglieder auf Vorschlag der Länder,
5. drei Mitglieder auf Vorschlag der Bundesvereinigung der kommunalen Spitzenverbände,
6. ein Mitglied auf Vorschlag der Bundesarbeitsgemeinschaft der Integrationsämter und Hauptfürsorgestellen,
7. ein Mitglied auf Vorschlag des Vorstands der Bundesagentur für Arbeit,
8. zwei Mitglieder auf Vorschlag des Spitzenverbandes Bund der Krankenkassen,
9. ein Mitglied auf Vorschlag der Spitzenvereinigungen der Träger der gesetzlichen Unfallversicherung,
10. drei Mitglieder auf Vorschlag der Deutschen Rentenversicherung Bund,
11. ein Mitglied auf Vorschlag der Bundesarbeitsgemeinschaft der überörtlichen Träger der Sozialhilfe,
12. ein Mitglied auf Vorschlag der Bundesarbeitsgemeinschaft der Freien Wohlfahrtspflege,
13. ein Mitglied auf Vorschlag der Bundesarbeitsgemeinschaft für Unterstützte Beschäftigung,
14. fünf Mitglieder auf Vorschlag der Arbeitsgemeinschaften der Einrichtungen der medizinischen Rehabilitation, der Berufsförderungswerke, der Berufsbildungswerke, der Werkstätten für behinderte Menschen und der Inklusionsbetriebe,
15. ein Mitglied auf Vorschlag der für die Wahrnehmung der Interessen der ambulanten und stationären Rehabilitationseinrichtungen auf Bundesebene maßgeblichen Spitzenverbände,
16. zwei Mitglieder auf Vorschlag der Kassenärztlichen Bundesvereinigung und der Bundesärztekammer und
17. ein Mitglied auf Vorschlag der Bundesarbeitsgemeinschaft für Rehabilitation.

₃Für jedes Mitglied ist ein stellvertretendes Mitglied zu berufen.

§ 87 Verfahren des Beirats

₁Der Beirat für die Teilhabe von Menschen mit Behinderungen wählt aus den ihm angehörenden Mitgliedern von Seiten der Arbeitnehmer, Arbeitgeber und Organisationen behinderter Menschen jeweils für die Dauer eines Jahres eine Vorsitzende oder einen Vorsitzenden und eine Stellvertreterin oder einen Stellvertreter. ₂Im Übrigen gilt § 189 entsprechend.

§ 88 Berichte über die Lage von Menschen mit Behinderungen und die Entwicklung ihrer Teilhabe

(1) ₁Die Bundesregierung berichtet den gesetzgebenden Körperschaften des Bundes einmal in

der Legislaturperiode, mindestens jedoch alle vier Jahre, über die Lebenslagen der Menschen mit Behinderungen und der von Behinderung bedrohten Menschen sowie über die Entwicklung ihrer Teilhabe am Arbeitsleben und am Leben in der Gesellschaft. ₂Die Berichterstattung zu den Lebenslagen umfasst Querschnittsthemen wie Gender Mainstreaming, Migration, Alter, Barrierefreiheit, Diskriminierung, Assistenzbedarf und Armut. ₃Gegenstand des Berichts sind auch Forschungsergebnisse über Wirtschaftlichkeit und Wirksamkeit staatlicher Maßnahmen und der Leistungen der Rehabilitationsträger für die Zielgruppen des Berichts.

(2) Die Verbände der Menschen mit Behinderungen werden an der Weiterentwicklung des Berichtskonzeptes beteiligt.

§ 89 Verordnungsermächtigung

Das Bundesministerium für Arbeit und Soziales kann durch Rechtsverordnung mit Zustimmung des Bundesrates weitere Vorschriften über die Geschäftsführung und das Verfahren des Beirats nach § 87 erlassen.

Teil 2
Besondere Leistungen zur selbstbestimmten Lebensführung für Menschen mit Behinderungen (Eingliederungshilferecht)

Kapitel 1
Allgemeine Vorschriften

§ 90 Aufgabe der Eingliederungshilfe

(1) ₁Aufgabe der Eingliederungshilfe ist es, Leistungsberechtigten eine individuelle Lebensführung zu ermöglichen, die der Würde des Menschen entspricht, und die volle, wirksame und gleichberechtigte Teilhabe am Leben in der Gesellschaft zu fördern. ₂Die Leistung soll sie befähigen, ihre Lebensplanung und -führung möglichst selbstbestimmt und eigenverantwortlich wahrnehmen zu können.

(2) Besondere Aufgabe der medizinischen Rehabilitation ist es, eine Beeinträchtigung nach § 99 Absatz 1 abzuwenden, zu beseitigen, zu mindern, auszugleichen, eine Verschlimmerung zu verhüten oder die Leistungsberechtigten soweit wie möglich unabhängig von Pflege zu machen.

(3) Besondere Aufgabe der Teilhabe am Arbeitsleben ist es, die Aufnahme, Ausübung und Sicherung einer der Eignung und Neigung der Leistungsberechtigten entsprechenden Beschäftigung sowie die Weiterentwicklung ihrer Leistungsfähigkeit und Persönlichkeit zu fördern.

(4) Besondere Aufgabe der Teilhabe an Bildung ist es, Leistungsberechtigten eine ihren Fähigkeiten und Leistungen entsprechende Schulbildung und schulische und hochschulische Aus- und Weiterbildung für einen Beruf zur Förderung ihrer Teilhabe am Leben in der Gesellschaft zu ermöglichen.

(5) Besondere Aufgabe der Sozialen Teilhabe ist es, die gleichberechtigte Teilhabe am Leben in der Gemeinschaft zu ermöglichen oder zu erleichtern.

§ 91 Nachrang der Eingliederungshilfe

(1) Eingliederungshilfe erhält, wer die erforderliche Leistung nicht von anderen oder von Trägern anderer Sozialleistungen erhält.

(2) ₁Verpflichtungen anderer, insbesondere der Träger anderer Sozialleistungen, bleiben unbe-

rührt. ₂Leistungen anderer dürfen nicht deshalb versagt werden, weil dieser Teil entsprechende Leistungen vorsieht; dies gilt insbesondere bei einer gesetzlichen Verpflichtung der Träger anderer Sozialleistungen oder anderer Stellen, in ihrem Verantwortungsbereich die Verwirklichung der Rechte für Menschen mit Behinderungen zu gewährleisten oder zu fördern.

(3) Das Verhältnis der Leistungen der Pflegeversicherung und der Leistungen der Eingliederungshilfe bestimmt sich nach § 13 Absatz 3 des Elften Buches.

§ 92 Beitrag

Zu den Leistungen der Eingliederungshilfe ist nach Maßgabe des Kapitels 9 ein Beitrag aufzubringen.

§ 93 Verhältnis zu anderen Rechtsbereichen

(1) Die Vorschriften über die Leistungen zur Sicherung des Lebensunterhalts nach dem Zweiten Buch sowie über die Hilfe zum Lebensunterhalt und die Grundsicherung im Alter und bei Erwerbsminderung nach dem Zwölften Buch bleiben unberührt.

(2) Die Vorschriften über die Hilfe zur Überwindung besonderer sozialer Schwierigkeiten nach dem Achten Kapitel des Zwölften Buches, über die Altenhilfe nach § 71 des Zwölften Buches und über die Blindenhilfe nach § 72 des Zwölften Buches bleiben unberührt.

(3) Die Hilfen zur Gesundheit nach dem Zwölften Buch gehen den Leistungen der Eingliederungshilfe vor, wenn sie zur Beseitigung einer Beeinträchtigung mit drohender erheblicher Teilhabeeinschränkung nach § 99 geeignet sind.

§ 94 Aufgaben der Länder

(1) Die Länder bestimmen die für die Durchführung dieses Teils zuständigen Träger der Eingliederungshilfe.

(2) ₁Bei der Bestimmung durch Landesrecht ist sicherzustellen, dass die Träger der Eingliederungshilfe nach ihrer Leistungsfähigkeit zur Erfüllung dieser Aufgaben geeignet sind. ₂Sind in einem Land mehrere Träger der Eingliederungshilfe bestimmt worden, unterstützen die obersten Landessozialbehörden die Träger bei der Durchführung der Aufgaben nach diesem Teil.

₃Dabei sollen sie insbesondere den Erfahrungsaustausch zwischen den Trägern sowie die Entwicklung und Durchführung von Instrumenten zur zielgerichteten Erbringung und Überprüfung von Leistungen und der Qualitätssicherung einschließlich der Wirksamkeit der Leistungen fördern.

(3) Die Länder haben auf flächendeckende, bedarfsdeckende, am Sozialraum orientierte und inklusiv ausgerichtete Angebote von Leistungsanbietern hinzuwirken und unterstützen die Träger der Eingliederungshilfe bei der Umsetzung ihres Sicherstellungsauftrages.

(4) ₁Zur Förderung und Weiterentwicklung der Strukturen der Eingliederungshilfe bildet jedes Land eine Arbeitsgemeinschaft. ₂Die Arbeitsgemeinschaften bestehen aus Vertretern des für die Eingliederungshilfe zuständigen Ministeriums, der Träger der Eingliederungshilfe, der Leistungserbringer sowie aus Vertretern der Verbände für Menschen mit Behinderungen. ₃Die Landesregierungen werden ermächtigt, durch Rechtsverordnung das Nähere über die Zusammensetzung und das Verfahren zu bestimmen.

(5) ₁Die Länder treffen sich regelmäßig unter Beteiligung des Bundes sowie der Träger der Eingliederungshilfe zur Evidenzbeobachtung und zu einem Erfahrungsaustausch. ₂Die Verbände der Leistungserbringer sowie die Verbände für Menschen mit Behinderungen können hinzugezogen werden. ₃Gegenstand der Evidenzbeobachtung und des Erfahrungsaustausches sind insbesondere

1. die Wirkung und Qualifizierung der Steuerungsinstrumente,

2. die Wirkungen der Regelungen zum leistungsberechtigten Personenkreis nach § 99 sowie der neuen Leistungen und Leistungsstrukturen,

3. die Umsetzung des Wunsch- und Wahlrechtes nach § 104 Absatz 1 und 2,

4. die Wirkung der Koordinierung der Leistungen und der trägerübergreifenden Verfahren zur Bedarfsermittlung und -feststellung und

5. die Auswirkungen des Beitrags.

₄Die Erkenntnisse sollen zur Weiterentwicklung der Eingliederungshilfe zusammengeführt werden.

§ 95 Sicherstellungsauftrag

₁Die Träger der Eingliederungshilfe haben im Rahmen ihrer Leistungsverpflichtung eine personenzentrierte Leistung für Leistungsberechtigte unabhängig vom Ort der Leistungserbringung sicherzustellen (Sicherstellungsauftrag), soweit dieser Teil nichts Abweichendes bestimmt. ₂Sie schließen hierzu Vereinbarungen mit den Leistungsanbietern nach den Vorschriften des Kapitels 8 ab. ₃Im Rahmen der Strukturplanung sind die Erkenntnisse aus der Gesamtplanung nach Kapitel 7 zu berücksichtigen.

§ 96 Zusammenarbeit

(1) Die Träger der Eingliederungshilfe arbeiten mit Leistungsanbietern und anderen Stellen, deren Aufgabe die Lebenssituation von Menschen mit Behinderungen betrifft, zusammen.

(2) Die Stellung der Kirchen und Religionsgesellschaften des öffentlichen Rechts sowie der Verbände der Freien Wohlfahrtspflege als Träger eigener sozialer Aufgaben und ihre Tätigkeit zur Erfüllung dieser Aufgaben werden durch diesen Teil nicht berührt.

(3) Ist die Beratung und Sicherung der gleichmäßigen, gemeinsamen oder ergänzenden Erbringung von Leistungen geboten, sollen zu diesem Zweck Arbeitsgemeinschaften gebildet werden.

(4) ₁Sozialdaten dürfen im Rahmen der Zusammenarbeit nur erhoben, verarbeitet oder genutzt werden, soweit dies zur Erfüllung von Aufgaben nach diesem Teil erforderlich ist oder durch Rechtsvorschriften des Sozialgesetzbuches angeordnet oder erlaubt ist. ₂Die Leistungsberechtigten sind über die Erhebung, Verarbeitung und Nutzung ihrer Daten zu informieren. ₃Sie sind auf ihr Recht hinzuweisen, der Erhebung, Verarbeitung oder Nutzung ihrer Daten widersprechen zu können.

§ 97 Fachkräfte

₁Bei der Durchführung der Aufgaben dieses Teils beschäftigen die Träger der Eingliederungshilfe eine dem Bedarf entsprechende Anzahl an Fachkräften aus unterschiedlichen Fachdisziplinen. ₂Diese sollen

1. eine ihren Aufgaben entsprechende Ausbildung erhalten haben und insbesondere über umfassende Kenntnisse
    a) des Sozial- und Verwaltungsrechts,
    b) über den leistungsberechtigten Personenkreis nach § 99 oder
    c) von Teilhabebedarfen und Teilhabebarrieren

verfügen,

2. umfassende Kenntnisse über den regionalen Sozialraum und seine Möglichkeiten zur Durchführung von Leistungen der Eingliederungshilfe haben sowie

3. die Fähigkeit zur Kommunikation mit allen Beteiligten haben.

₃Soweit Mitarbeiter der Leistungsträger nicht oder nur zum Teil die Voraussetzungen erfüllen, ist ihnen Gelegenheit zur Fortbildung und zum Austausch mit Menschen mit Behinderungen zu geben. ₄Die fachliche Fortbildung der Fachkräfte, die insbesondere die Durchführung der Aufgaben nach den §§ 106 und 117 umfasst, ist zu gewährleisten.

§ 98 Örtliche Zuständigkeit

(1) ₁Für die Eingliederungshilfe örtlich zuständig ist der Träger der Eingliederungshilfe, in dessen Bereich die leistungsberechtigte Person ihren gewöhnlichen Aufenthalt zum Zeitpunkt der ersten Antragstellung nach § 108 Absatz 1 hat oder in den zwei Monaten vor den Leistungen einer Betreuung über Tag und Nacht zuletzt gehabt hatte. ₂Bedarf es nach § 108 Absatz 2 keines Antrags, ist der Beginn des Verfahrens nach Kapitel 7 maßgeblich. ₃Diese Zuständigkeit bleibt bis zur Beendigung des Leistungsbezuges bestehen. ₄Sie ist neu festzustellen, wenn für einen zusammenhängenden Zeitraum von mindestens sechs Monaten keine Leistungen bezogen wurden. ₅Eine Unterbrechung des Leistungsbezuges wegen stationärer Krankenhausbehandlung oder medizinischer Rehabilitation gilt nicht als Beendigung des Leistungsbezuges.

(2) ₁Steht innerhalb von vier Wochen nicht fest, ob und wo der gewöhnliche Aufenthalt begründet worden ist, oder ist ein gewöhnlicher Aufenthalt nicht vorhanden oder nicht zu ermitteln, hat der für den tatsächlichen Aufenthalt zuständige Träger der Eingliederungshilfe über die Leistung unverzüglich zu entscheiden und sie vorläufig zu erbringen. ₂Steht der gewöhnli-

che Aufenthalt in den Fällen des Satzes 1 fest, wird der Träger der Eingliederungshilfe nach Absatz 1 örtlich zuständig und hat dem nach Satz 1 leistenden Träger die Kosten zu erstatten. ³Ist ein gewöhnlicher Aufenthalt im Bundesgebiet nicht vorhanden oder nicht zu ermitteln, ist der Träger der Eingliederungshilfe örtlich zuständig, in dessen Bereich sich die leistungsberechtigte Person tatsächlich aufhält.

(3) Werden für ein Kind vom Zeitpunkt der Geburt an Leistungen nach diesem Teil des Buches über Tag und Nacht beantragt, tritt an die Stelle seines gewöhnlichen Aufenthalts der gewöhnliche Aufenthalt der Mutter.

(4) ₁Als gewöhnlicher Aufenthalt im Sinne dieser Vorschrift gilt nicht der stationäre Aufenthalt oder der auf richterlich angeordneter Freiheitsentziehung beruhende Aufenthalt in einer Vollzugsanstalt. ₂In diesen Fällen ist der Träger der Eingliederungshilfe örtlich zuständig, in dessen Bereich die leistungsberechtigte Person ihren gewöhnlichen Aufenthalt in den letzten zwei Monaten vor der Aufnahme zuletzt hatte.

Kapitel 2
Grundsätze der Leistungen

§ 99 Leistungsberechtigter Personenkreis

Leistungen der Eingliederungshilfe erhalten Personen nach § 53 Absatz 1 und 2 des Zwölften Buches und den §§ 1 bis 3 der Eingliederungshilfe-Verordnung in der am 31. Dezember 2019 geltenden Fassung.

§ 100 Eingliederungshilfe für Ausländer

(1) ₁Ausländer, die sich im Inland tatsächlich aufhalten, können Leistungen nach diesem Teil erhalten, soweit dies im Einzelfall gerechtfertigt ist. ₂Die Einschränkung auf Ermessensleistungen nach Satz 1 gilt nicht für Ausländer, die im Besitz einer Niederlassungserlaubnis oder eines befristeten Aufenthaltstitels sind und sich voraussichtlich dauerhaft im Bundesgebiet aufhalten. ₃Andere Rechtsvorschriften, nach denen Leistungen der Eingliederungshilfe zu erbringen sind, bleiben unberührt.

(2) Leistungsberechtigte nach § 1 des Asylbewerberleistungsgesetzes erhalten keine Leistungen der Eingliederungshilfe.

(3) Ausländer, die eingereist sind, um Leistungen nach diesem Teil zu erlangen, haben keinen Anspruch auf Leistungen der Eingliederungshilfe.

§ 101 Eingliederungshilfe für Deutsche im Ausland

(1) ₁Deutsche, die ihren gewöhnlichen Aufenthalt im Ausland haben, erhalten keine Leistungen der Eingliederungshilfe. ₂Hiervon kann im Einzelfall nur abgewichen werden, soweit dies wegen einer außergewöhnlichen Notlage unabweisbar ist und zugleich nachgewiesen wird, dass eine Rückkehr in das Inland aus folgenden Gründen nicht möglich ist:

1. Pflege und Erziehung eines Kindes, das aus rechtlichen Gründen im Ausland bleiben muss,
2. längerfristige stationäre Betreuung in einer Einrichtung oder Schwere der Pflegebedürftigkeit oder
3. hoheitliche Gewalt.

(2) Leistungen der Eingliederungshilfe werden nicht erbracht, soweit sie von dem hierzu verpflichteten Aufenthaltsland von anderen erbracht werden oder zu erwarten sind.

(3) Art und Maß der Leistungserbringung sowie der Einsatz des Einkommens und Vermögens richten sich nach den besonderen Verhältnissen im Aufenthaltsland.

(4) ₁Für die Leistung zuständig ist der Träger der Eingliederungshilfe, in dessen Bereich die antragstellende Person geboren ist. ₂Liegt der Geburtsort im Ausland oder ist er nicht zu ermitteln, wird der örtlich zuständige Träger von einer Schiedsstelle bestimmt.

(5) Die Träger der Eingliederungshilfe arbeiten mit den deutschen Dienststellen im Ausland zusammen.

§ 102 Leistungen der Eingliederungshilfe

(1) Die Leistungen der Eingliederungshilfe umfassen

1. Leistungen zur medizinischen Rehabilitation,
2. Leistungen zur Teilhabe am Arbeitsleben,
3. Leistungen zur Teilhabe an Bildung und
4. Leistungen zur Sozialen Teilhabe.

(2) Leistungen nach Absatz 1 Nummer 1 bis 3 gehen den Leistungen nach Absatz 1 Nummer 4 vor.

§ 103 Regelung für Menschen mit Behinderungen und Pflegebedarf

(1) ₁Werden Leistungen der Eingliederungshilfe in Einrichtungen oder Räumlichkeiten im Sinne des § 43a des Elften Buches in Verbindung mit § 71 Absatz 4 des Elften Buches erbracht, umfasst die Leistung auch die Pflegeleistungen in diesen Einrichtungen oder Räumlichkeiten. ₂Stellt der Leistungserbringer fest, dass der Mensch mit Behinderungen so pflegebedürftig ist, dass die Pflege in diesen Einrichtungen oder Räumlichkeiten nicht sichergestellt werden kann, vereinbaren der Träger der Eingliederungshilfe und die zuständige Pflegekasse mit dem Leistungserbringer, dass die Leistung bei einem anderen Leistungserbringer erbracht wird; dabei ist angemessenen Wünschen des Menschen mit Behinderungen Rechnung zu tragen. ₃Die Entscheidung zur Vorbereitung der Vereinbarung nach Satz 2 erfolgt nach den Regelungen zur Gesamtplanung nach Kapitel 7.

(2) ₁Werden Leistungen der Eingliederungshilfe außerhalb von Einrichtungen oder Räumlichkeiten im Sinne des § 43a des Elften Buches in Verbindung mit § 71 Absatz 4 des Elften Buches erbracht, umfasst die Leistung auch die Leistungen der häuslichen Pflege nach den §§ 64a bis 64f, 64i und 66 des Zwölften Buches, solange die Teilhabeziele nach Maßgabe des Gesamtplanes (§ 121) erreicht werden können, es sei denn der Leistungsberechtigte hat vor Vollendung des für die Regelaltersrente im Sinne des Sechsten Buches erforderlichen Lebensjahres keine Leistungen der Eingliederungshilfe erhalten. ₂Satz 1 gilt entsprechend in Fällen, in denen der Leistungsberechtigte vorübergehend Leistungen nach den §§ 64g und 64h des Zwölften Buches in Anspruch nimmt. ₃Die Länder können durch Landesrecht bestimmen, dass der für die Leistungen der häuslichen Pflege zuständige Träger der Sozialhilfe die Kosten der vom Träger der Eingliederungshilfe erbrachten Leistungen der häuslichen Pflege zu erstatten hat.

§ 104 Leistungen nach der Besonderheit des Einzelfalles

(1) ₁Die Leistungen der Eingliederungshilfe bestimmen sich nach der Besonderheit des Einzelfalles, insbesondere nach der Art des Bedarfes, den persönlichen Verhältnissen, dem Sozialraum und den eigenen Kräften und Mitteln; dabei ist auch die Wohnform zu würdigen. ₂Sie werden so lange geleistet, wie die Teilhabeziele nach Maßgabe des Gesamtplanes (§ 121) erreichbar sind.

(2) ₁Wünschen der Leistungsberechtigten, die sich auf die Gestaltung der Leistung richten, ist zu entsprechen, soweit sie angemessen sind. ₂Die Wünsche der Leistungsberechtigten gelten nicht als angemessen,

1. wenn und soweit die Höhe der Kosten der gewünschten Leistung die Höhe der Kosten für eine vergleichbare Leistung von Leistungserbringern, mit denen eine Vereinbarung nach Kapitel 8 besteht, unverhältnismäßig übersteigt und

2. wenn der Bedarf nach der Besonderheit des Einzelfalles durch die vergleichbare Leistung gedeckt werden kann.

(3) ₁Bei der Entscheidung nach Absatz 2 ist zunächst die Zumutbarkeit einer von den Wünschen des Leistungsberechtigten abweichenden Leistung zu prüfen. ₂Dabei sind die persönlichen, familiären und örtlichen Umstände einschließlich der gewünschten Wohnform angemessen zu berücksichtigen. ₃Kommt danach ein Wohnen außerhalb von besonderen Wohnformen in Betracht, ist dieser Wohnform der Vorzug zu geben, wenn dies von der leistungsberechtigten Person gewünscht wird. ₄Soweit die leistungsberechtigte Person dies wünscht, sind in diesem Fall die im Zusammenhang mit dem Wohnen stehenden Assistenzleistungen nach § 113 Absatz 2 Nummer 2 im Bereich der Gestaltung sozialer Beziehungen und der persönlichen Lebensplanung nicht gemeinsam zu erbringen nach § 116 Absatz 2 Nummer 1. ₅Bei Unzumutbarkeit einer abweichenden Leistungsgestaltung ist ein Kostenvergleich nicht vorzunehmen.

(4) Auf Wunsch der Leistungsberechtigten sollen die Leistungen der Eingliederungshilfe von einem Leistungsanbieter erbracht werden, der die Betreuung durch Geistliche ihres Bekenntnisses ermöglicht.

(5) Leistungen der Eingliederungshilfe für Leistungsberechtigte mit gewöhnlichem Aufenthalt

in Deutschland können auch im Ausland erbracht werden, wenn dies im Interesse der Aufgabe der Eingliederungshilfe geboten ist, die Dauer der Leistungen durch den Auslandsaufenthalt nicht wesentlich verlängert wird und keine unvertretbaren Mehraufwendungen entstehen.

§ 105 Leistungsformen

(1) Die Leistungen der Eingliederungshilfe werden als Sach-, Geld- oder Dienstleistung erbracht.

(2) Zur Dienstleistung gehören insbesondere die Beratung und Unterstützung in Angelegenheiten der Leistungen der Eingliederungshilfe sowie in sonstigen sozialen Angelegenheiten.

(3) ₁Leistungen zur Sozialen Teilhabe können mit Zustimmung der Leistungsberechtigten auch in Form einer pauschalen Geldleistung erbracht werden, soweit es dieser Teil vorsieht. ₂Die Träger der Eingliederungshilfe regeln das Nähere zur Höhe und Ausgestaltung der Pauschalen.

(4) ₁Die Leistungen der Eingliederungshilfe werden auf Antrag auch als Teil eines Persönlichen Budgets ausgeführt. ₂Die Vorschrift zum Persönlichen Budget nach § 29 ist insoweit anzuwenden.

§ 106 Beratung und Unterstützung

(1) ₁Zur Erfüllung der Aufgaben dieses Teils werden die Leistungsberechtigten, auf ihren Wunsch auch im Beisein einer Person ihres Vertrauens, vom Träger der Eingliederungshilfe beraten und, soweit erforderlich, unterstützt. ₂Die Beratung erfolgt in einer für den Leistungsberechtigten wahrnehmbaren Form.

(2) Die Beratung umfasst insbesondere

1. die persönliche Situation des Leistungsberechtigten, den Bedarf, die eigenen Kräfte und Mittel sowie die mögliche Stärkung der Selbsthilfe zur Teilhabe am Leben in der Gemeinschaft einschließlich eines gesellschaftlichen Engagements,
2. die Leistungen der Eingliederungshilfe einschließlich des Zugangs zum Leistungssystem,
3. die Leistungen anderer Leistungsträger,
4. die Verwaltungsabläufe,
5. Hinweise auf Leistungsanbieter und andere Hilfemöglichkeiten im Sozialraum und auf Möglichkeiten zur Leistungserbringung,
6. Hinweise auf andere Beratungsangebote im Sozialraum,
7. eine gebotene Budgetberatung.

(3) Die Unterstützung umfasst insbesondere

1. Hilfe bei der Antragstellung,
2. Hilfe bei der Klärung weiterer zuständiger Leistungsträger,
3. das Hinwirken auf zeitnahe Entscheidungen und Leistungen der anderen Leistungsträger,
4. Hilfe bei der Erfüllung von Mitwirkungspflichten,
5. Hilfe bei der Inanspruchnahme von Leistungen,
6. die Vorbereitung von Möglichkeiten der Teilhabe am Leben in der Gemeinschaft einschließlich des gesellschaftlichen Engagements,
7. die Vorbereitung von Kontakten und Begleitung zu Leistungsanbietern und anderen Hilfemöglichkeiten,
8. Hilfe bei der Entscheidung über Leistungserbringer sowie bei der Aushandlung und dem Abschluss von Verträgen mit Leistungserbringern sowie
9. Hilfe bei der Erfüllung von Verpflichtungen aus der Zielvereinbarung und dem Bewilligungsbescheid.

(4) Die Leistungsberechtigten sind hinzuweisen auf die ergänzende unabhängige Teilhabeberatung nach § 32, auf die Beratung und Unterstützung von Verbänden der Freien Wohlfahrtspflege sowie von Angehörigen der rechtsberatenden Berufe und von sonstigen Stellen.

§ 107 Übertragung, Verpfändung oder Pfändung, Auswahlermessen

(1) Der Anspruch auf Leistungen der Eingliederungshilfe kann nicht übertragen, verpfändet oder gepfändet werden.

(2) Über Art und Maß der Leistungserbringung ist nach pflichtgemäßem Ermessen zu entscheiden, soweit das Ermessen nicht ausgeschlossen ist.

§ 108 Antragserfordernis

(1) ₁Die Leistungen der Eingliederungshilfe nach diesem Teil werden auf Antrag erbracht. ₂Die Leistungen werden frühestens ab dem Ersten des Monats der Antragstellung erbracht, wenn zu diesem Zeitpunkt die Voraussetzungen bereits vorlagen.

(2) Eines Antrages bedarf es nicht für Leistungen, deren Bedarf in dem Verfahren nach Kapitel 7 ermittelt worden ist.

Kapitel 3
Medizinische Rehabilitation

§ 109 Leistungen zur medizinischen Rehabilitation

(1) Leistungen zur medizinischen Rehabilitation sind insbesondere die in § 42 Absatz 2 und 3 und § 64 Absatz 1 Nummer 3 bis 6 genannten Leistungen.

(2) Die Leistungen zur medizinischen Rehabilitation entsprechen den Rehabilitationsleistungen der gesetzlichen Krankenversicherung.

§ 110 Leistungserbringung

(1) Leistungsberechtigte haben entsprechend den Bestimmungen der gesetzlichen Krankenversicherung die freie Wahl unter den Ärzten und Zahnärzten sowie unter den Krankenhäusern und Vorsorge- und Rehabilitationseinrichtungen.

(2) ₁Bei der Erbringung von Leistungen zur medizinischen Rehabilitation sind die Regelungen, die für die gesetzlichen Krankenkassen nach dem Vierten Kapitel des Fünften Buches gelten, mit Ausnahme des Dritten Titels des Zweiten Abschnitts anzuwenden. ₂Ärzte, Psychotherapeuten im Sinne des § 28 Absatz 3 Satz 1 des Fünften Buches und Zahnärzte haben für ihre Leistungen Anspruch auf die Vergütung, welche die Ortskrankenkasse, in deren Bereich der Arzt, Psychotherapeut oder der Zahnarzt niedergelassen ist, für ihre Mitglieder zahlt.

(3) ₁Die Verpflichtungen, die sich für die Leistungserbringer aus den §§ 294, 294a, 295, 300 bis 302 des Fünften Buches ergeben, gelten auch für die Abrechnung von Leistungen zur medizinischen Rehabilitation mit dem Träger der Eingliederungshilfe. ₂Die Vereinbarungen nach § 303 Absatz 1 sowie § 304 des Fünften Buches gelten für den Träger der Eingliederungshilfe entsprechend.

Kapitel 4
Teilhabe am Arbeitsleben

§ 111 Leistungen zur Beschäftigung

(1) Leistungen zur Beschäftigung umfassen

1. Leistungen im Arbeitsbereich anerkannter Werkstätten für behinderte Menschen nach den §§ 58 und 62,
2. Leistungen bei anderen Leistungsanbietern nach den §§ 60 und 62 sowie
3. Leistungen bei privaten und öffentlichen Arbeitgebern nach § 61.

(2) ₁Leistungen nach Absatz 1 umfassen auch Gegenstände und Hilfsmittel, die wegen der gesundheitlichen Beeinträchtigung zur Aufnahme oder Fortsetzung der Beschäftigung erforderlich sind. ₂Voraussetzung für eine Hilfsmittelversorgung ist, dass der Leistungsberechtigte das Hilfsmittel bedienen kann. ₃Die Versorgung mit Hilfsmitteln schließt eine notwendige Unterweisung im Gebrauch und eine notwendige Instandhaltung oder Änderung ein. ₄Die Ersatzbeschaffung des Hilfsmittels erfolgt, wenn sie infolge der körperlichen Entwicklung des Leistungsberechtigten notwendig ist oder wenn das Hilfsmittel aus anderen Gründen ungeeignet oder unbrauchbar geworden ist.

(3) Zu den Leistungen nach Absatz 1 Nummer 1 und 2 gehört auch das Arbeitsförderungsgeld nach § 59.

Kapitel 5
Teilhabe an Bildung

§ 112 Leistungen zur Teilhabe an Bildung

(1) ₁Leistungen zur Teilhabe an Bildung umfassen

1. Hilfen zu einer Schulbildung, insbesondere im Rahmen der allgemeinen Schulpflicht und zum Besuch weiterführender Schulen einschließlich der Vorbereitung hierzu; die Bestimmungen über die Ermöglichung der Schulbildung im Rahmen der allgemeinen Schulpflicht bleiben unberührt, und

2. Hilfen zur schulischen oder hochschulischen Ausbildung oder Weiterbildung für einen Beruf.

₂Die Hilfen nach Satz 1 Nummer 1 schließen Leistungen zur Unterstützung schulischer Ganztagsangebote in der offenen Form ein, die im Einklang mit dem Bildungs- und Erziehungsauftrag der Schule stehen und unter deren Aufsicht und Verantwortung ausgeführt werden, an den stundenplanmäßigen Unterricht anknüpfen und in der Regel in den Räumlichkeiten der Schule oder in deren Umfeld durchgeführt werden. ₃Hilfen nach Satz 1 Nummer 1 umfassen auch heilpädagogische und sonstige Maßnahmen, wenn die Maßnahmen erforderlich und geeignet sind, der leistungsberechtigten Person den Schulbesuch zu ermöglichen oder zu erleichtern. ₄Hilfen zu einer schulischen oder hochschulischen Ausbildung nach Satz 1 Nummer 2 können erneut erbracht werden, wenn dies aus behinderungsbedingten Gründen erforderlich ist. ₅Hilfen nach Satz 1 umfassen auch Gegenstände und Hilfsmittel, die wegen der gesundheitlichen Beeinträchtigung zur Teilhabe an Bildung erforderlich sind. ₆Voraussetzung für eine Hilfsmittelversorgung ist, dass die leistungsberechtigte Person das Hilfsmittel bedienen kann. ₇Die Versorgung mit Hilfsmitteln schließt eine notwendige Unterweisung im Gebrauch und eine notwendige Instandhaltung oder Änderung ein. ₈Die Ersatzbeschaffung des Hilfsmittels erfolgt, wenn sie infolge der körperlichen Entwicklung der leistungsberechtigten Person notwendig ist oder wenn das Hilfsmittel aus anderen Gründen ungeeignet oder unbrauchbar geworden ist.

(2) ₁Hilfen nach Absatz 1 Satz 1 Nummer 2 werden erbracht für eine schulische oder hochschulische berufliche Weiterbildung, die

1. in einem zeitlichen Zusammenhang an eine duale, schulische oder hochschulische Berufsausbildung anschließt,

2. in dieselbe fachliche Richtung weiterführt und

3. es dem Leistungsberechtigten ermöglicht, das von ihm angestrebte Berufsziel zu erreichen.

₂Hilfen für ein Masterstudium werden abweichend von Satz 1 Nummer 2 auch erbracht, wenn das Masterstudium auf ein zuvor abgeschlossenes Bachelorstudium aufbaut und dieses interdisziplinär ergänzt, ohne in dieselbe Fachrichtung weiterzuführen. ₃Aus behinderungsbedingten oder aus anderen, nicht von der leistungsberechtigten Person beeinflussbaren gewichtigen Gründen kann von Satz 1 Nummer 1 abgewichen werden.

(3) Hilfen nach Absatz 1 Satz 1 Nummer 2 schließen folgende Hilfen ein:

1. Hilfen zur Teilnahme an Fernunterricht,

2. Hilfen zur Ableistung eines Praktikums, das für den Schul- oder Hochschulbesuch oder für die Berufszulassung erforderlich ist, und

3. Hilfen zur Teilnahme an Maßnahmen zur Vorbereitung auf die schulische oder hochschulische Ausbildung oder Weiterbildung für einen Beruf.

(4) ₁Die in der Schule oder Hochschule wegen der Behinderung erforderliche Anleitung und Begleitung können an mehrere Leistungsberechtigte gemeinsam erbracht werden, soweit dies nach § 104 für die Leistungsberechtigten zumutbar ist und mit Leistungserbringern entsprechende Vereinbarungen bestehen. ₂Die Leistungen nach Satz 1 sind auf Wunsch der Leistungsberechtigten gemeinsam zu erbringen.

Kapitel 6
Soziale Teilhabe

§ 113 Leistungen zur Sozialen Teilhabe

(1) ₁Leistungen zur Sozialen Teilhabe werden erbracht, um eine gleichberechtigte Teilhabe am Leben in der Gemeinschaft zu ermöglichen oder zu erleichtern, soweit sie nicht nach den Kapiteln 3 bis 5 erbracht werden. ₂Hierzu gehört, Leistungsberechtigte zu einer möglichst selbstbestimmten und eigenverantwortlichen Lebensführung im eigenen Wohnraum sowie in ihrem Sozialraum zu befähigen oder sie hierbei zu unterstützen. ₃Maßgeblich sind die Ermittlungen und Feststellungen nach Kapitel 7.

(2) Leistungen zur Sozialen Teilhabe sind insbesondere

1. Leistungen für Wohnraum,
2. Assistenzleistungen,
3. heilpädagogische Leistungen,
4. Leistungen zur Betreuung in einer Pflegefamilie,
5. Leistungen zum Erwerb und Erhalt praktischer Kenntnisse und Fähigkeiten,
6. Leistungen zur Förderung der Verständigung,
7. Leistungen zur Mobilität,
8. Hilfsmittel,
9. Besuchsbeihilfen.

(3) Die Leistungen nach Absatz 2 Nummer 1 bis 8 bestimmen sich nach den §§ 77 bis 84, soweit sich aus diesem Teil nichts Abweichendes ergibt.

(4) Zur Ermöglichung der gemeinschaftlichen Mittagsverpflegung in der Verantwortung einer Werkstatt für behinderte Menschen, einem anderen Leistungsanbieter oder dem Leistungserbringer vergleichbarer anderer tagesstrukturierender Maßnahmen werden die erforderliche sächliche Ausstattung, die personelle Ausstattung und die erforderlichen betriebsnotwendigen Anlagen des Leistungserbringers übernommen.

§ 114 Leistungen zur Mobilität

Bei den Leistungen zur Mobilität nach § 113 Absatz 2 Nummer 7 gilt § 83 mit der Maßgabe, dass

1. die Leistungsberechtigten zusätzlich zu den in § 83 Absatz 2 genannten Voraussetzungen zur Teilhabe am Leben in der Gemeinschaft ständig auf die Nutzung eines Kraftfahrzeugs angewiesen sind und
2. abweichend von § 83 Absatz 3 Satz 2 die Vorschriften der §§ 6 und 8 der Kraftfahrzeughilfe-Verordnung nicht maßgeblich sind.

§ 115 Besuchsbeihilfen

Werden Leistungen für einen oder mehrere Anbieter über Tag und Nacht erbracht, können den Leistungsberechtigten oder ihren Angehörigen zum gegenseitigen Besuch Beihilfen geleistet werden, soweit es im Einzelfall erforderlich ist.

§ 116 Pauschale Geldleistung, gemeinsame Inanspruchnahme

(1) ₁Die Leistungen

1. zur Assistenz zur Übernahme von Handlungen zur Alltagsbewältigung sowie Begleitung der Leistungsberechtigten (§ 113 Absatz 2 Nummer 2 in Verbindung mit § 78 Absatz 2 Nummer 1 und Absatz 5),
2. zur Förderung der Verständigung (§ 113 Absatz 2 Nummer 6) und
3. zur Beförderung im Rahmen der Leistungen zur Mobilität (§ 113 Absatz 2 Nummer 7 in Verbindung mit § 83 Absatz 1 Nummer 1)

können mit Zustimmung der Leistungsberechtigten als pauschale Geldleistungen nach § 105 Absatz 3 erbracht werden. ₂Die zuständigen Träger der Eingliederungshilfe regeln das Nähere zur Höhe und Ausgestaltung der pauschalen Geldleistungen sowie zur Leistungserbringung.

(2) ₁Die Leistungen

1. zur Assistenz (§ 113 Absatz 2 Nummer 2),
2. zur Heilpädagogik (§ 113 Absatz 2 Nummer 3),
3. zum Erwerb und Erhalt praktischer Fähigkeiten und Kenntnisse (§ 113 Absatz 2 Nummer 5),
4. zur Förderung der Verständigung (§ 113 Absatz 2 Nummer 6),
5. zur Beförderung im Rahmen der Leistungen zur Mobilität (§ 113 Absatz 2 Nummer 7 in Verbindung mit § 83 Absatz 1 Nummer 1) und
6. zur Erreichbarkeit einer Ansprechperson unabhängig von einer konkreten Inanspruchnahme (§ 113 Absatz 2 Nummer 2 in Verbindung mit § 78 Absatz 6)

können an mehrere Leistungsberechtigte gemeinsam erbracht werden, soweit dies nach § 104 für die Leistungsberechtigten zumutbar ist und mit Leistungserbringern entsprechende Vereinbarungen bestehen. ₂Maßgeblich sind die Ermittlungen und Feststellungen im Rahmen der Gesamtplanung nach Kapitel 7.

(3) Die Leistungen nach Absatz 2 sind auf Wunsch der Leistungsberechtigten gemeinsam zu erbringen, soweit die Teilhabeziele erreicht werden können.

Kapitel 7
Gesamtplanung

§ 117 Gesamtplanverfahren

(1) Das Gesamtplanverfahren ist nach folgenden Maßstäben durchzuführen:

1. Beteiligung des Leistungsberechtigten in allen Verfahrensschritten, beginnend mit der Beratung,
2. Dokumentation der Wünsche des Leistungsberechtigten zu Ziel und Art der Leistungen,
3. Beachtung der Kriterien
   a) transparent,
   b) trägerübergreifend,
   c) interdisziplinär,
   d) konsensorientiert,
   e) individuell,
   f) lebensweltbezogen,
   g) sozialraumorientiert und
   h) zielorientiert,
4. Ermittlung des individuellen Bedarfes,
5. Durchführung einer Gesamtplankonferenz,
6. Abstimmung der Leistungen nach Inhalt, Umfang und Dauer in einer Gesamtplankonferenz unter Beteiligung betroffener Leistungsträger.

(2) Am Gesamtplanverfahren wird auf Verlangen des Leistungsberechtigten eine Person seines Vertrauens beteiligt.

(3) ₁Bestehen im Einzelfall Anhaltspunkte für eine Pflegebedürftigkeit nach dem Elften Buch, wird die zuständige Pflegekasse mit Zustimmung des Leistungsberechtigten vom Träger der Eingliederungshilfe informiert und muss am Gesamtplanverfahren beratend teilnehmen, soweit dies für den Träger der Eingliederungshilfe zur Feststellung der Leistungen nach den Kapiteln 3 bis 6 erforderlich ist. ₂Bestehen im Einzelfall Anhaltspunkte, dass Leistungen der Hilfe zur Pflege nach dem Siebten Kapitel des Zwölften Buches erforderlich sind, so soll der Träger dieser Leistungen mit Zustimmung der Leistungsberechtigten informiert und am Gesamtplanverfahren beteiligt werden, soweit dies zur Feststellung der Leistungen nach den Kapiteln 3 bis 6 erforderlich ist.

(4) Bestehen im Einzelfall Anhaltspunkte für einen Bedarf an notwendigem Lebensunterhalt, ist der Träger dieser Leistungen mit Zustimmung des Leistungsberechtigten zu informieren und am Gesamtplanverfahren zu beteiligen, soweit dies zur Feststellung der Leistungen nach den Kapiteln 3 bis 6 erforderlich ist.

(5) § 22 Absatz 5 ist entsprechend anzuwenden, auch wenn ein Teilhabeplan nicht zu erstellen ist.

§ 118 Instrumente der Bedarfsermittlung

(1) ₁Der Träger der Eingliederungshilfe hat die Leistungen nach den Kapiteln 3 bis 6 unter Berücksichtigung der Wünsche des Leistungsberechtigten festzustellen. ₂Die Ermittlung des individuellen Bedarfes des Leistungsberechtigten muss durch ein Instrument erfolgen, das sich an der Internationalen Klassifikation der Funktionsfähigkeit, Behinderung und Gesundheit orientiert. ₃Das Instrument hat die Beschreibung einer nicht nur vorübergehenden Beeinträchtigung der Aktivität und Teilhabe in den folgenden Lebensbereichen vorzusehen:

1. Lernen und Wissensanwendung,
2. Allgemeine Aufgaben und Anforderungen,
3. Kommunikation,
4. Mobilität,
5. Selbstversorgung,
6. häusliches Leben,
7. interpersonelle Interaktionen und Beziehungen,
8. bedeutende Lebensbereiche und
9. Gemeinschafts-, soziales und staatsbürgerliches Leben.

(2) Die Landesregierungen werden ermächtigt, durch Rechtsverordnung das Nähere über das Instrument zur Bedarfsermittlung zu bestimmen.

§ 119 Gesamtplankonferenz

(1) ₁Mit Zustimmung des Leistungsberechtigten kann der Träger der Eingliederungshilfe eine Gesamtplankonferenz durchführen, um die Leistungen für den Leistungsberechtigten nach den Kapiteln 3 bis 6 sicherzustellen. ₂Die Leistungsberechtigten und die beteiligten Rehabilitationsträger können dem nach § 15 verant-

wortlichen Träger der Eingliederungshilfe die Durchführung einer Gesamtplankonferenz vorschlagen. ₃Den Vorschlag auf Durchführung einer Gesamtplankonferenz kann der Träger der Eingliederungshilfe ablehnen, wenn der maßgebliche Sachverhalt schriftlich ermittelt werden kann oder der Aufwand zur Durchführung nicht in einem angemessenen Verhältnis zum Umfang der beantragten Leistung steht.

(2) ₁In einer Gesamtplankonferenz beraten der Träger der Eingliederungshilfe, der Leistungsberechtigte und beteiligte Leistungsträger gemeinsam auf der Grundlage des Ergebnisses der Bedarfsermittlung nach § 118 insbesondere über

1. die Stellungnahmen der beteiligten Leistungsträger und die gutachterliche Stellungnahme des Leistungserbringers bei Beendigung der Leistungen zur beruflichen Bildung nach § 57,
2. die Wünsche der Leistungsberechtigten nach § 104 Absatz 2 bis 4,
3. den Beratungs- und Unterstützungsbedarf nach § 106,
4. die Erbringung der Leistungen.

₂Soweit die Beratung über die Erbringung der Leistungen nach Nummer 4 den Lebensunterhalt betrifft, umfasst sie den Anteil des Regelsatzes nach § 27a Absatz 3 des Zwölften Buches, der den Leistungsberechtigten als Barmittel verbleibt.

(3) ₁Ist der Träger der Eingliederungshilfe Leistungsverantwortlicher nach § 15, soll er die Gesamtplankonferenz mit einer Teilhabeplankonferenz nach § 20 verbinden. ₂Ist der Träger der Eingliederungshilfe nicht Leistungsverantwortlicher nach § 15, soll er nach § 19 Absatz 5 den Leistungsberechtigten und den Rehabilitationsträgern anbieten, mit deren Einvernehmen das Verfahren anstelle des leistenden Rehabilitationsträgers durchzuführen.

(4) ₁Beantragt eine leistungsberechtigte Mutter oder ein leistungsberechtigter Vater Leistungen zur Deckung von Bedarfen bei der Versorgung und Betreuung eines eigenen Kindes oder mehrerer eigener Kinder, so ist eine Gesamtplankonferenz mit Zustimmung des Leistungsberechtigten durchzuführen. ₂Bestehen Anhaltspunkte dafür, dass diese Bedarfe durch Leistungen anderer Leistungsträger, durch das familiäre, freundschaftliche und nachbarschaftliche Umfeld oder ehrenamtlich gedeckt werden können, so informiert der Träger der Eingliederungshilfe mit Zustimmung der Leistungsberechtigten die als zuständig angesehenen Leistungsträger, die ehrenamtlich tätigen Stellen und Personen oder die jeweiligen Personen aus dem persönlichen Umfeld und beteiligt sie an der Gesamtplankonferenz.

§ 120 Feststellung der Leistungen

(1) Nach Abschluss der Gesamtplankonferenz stellen der Träger der Eingliederungshilfe und die beteiligten Leistungsträger ihre Leistungen nach den für sie geltenden Leistungsgesetzen innerhalb der Fristen nach den §§ 14 und 15 fest.

(2) ₁Der Träger der Eingliederungshilfe erlässt auf Grundlage des Gesamtplanes nach § 121 den Verwaltungsakt über die festgestellte Leistung nach den Kapiteln 3 bis 6. ₂Der Verwaltungsakt enthält mindestens die bewilligten Leistungen und die jeweiligen Leistungsvoraussetzungen. ₃Die Feststellungen über die Leistungen sind für den Erlass des Verwaltungsaktes bindend. ₄Ist eine Gesamtplankonferenz durchgeführt worden, sind deren Ergebnisse der Erstellung des Gesamtplanes zugrunde zu legen. ₅Ist der Träger der Eingliederungshilfe Leistungsverantwortlicher nach § 15, sind die Feststellungen über die Leistungen für die Entscheidung nach § 15 Absatz 3 bindend.

(3) Wenn nach den Vorschriften zur Koordinierung der Leistungen nach Teil 1 Kapitel 4 ein anderer Rehabilitationsträger die Leistungsverantwortung trägt, bilden die im Rahmen der Gesamtplanung festgestellten Leistungen nach den Kapiteln 3 bis 6 die für den Teilhabeplan erforderlichen Feststellungen nach § 15 Absatz 2.

(4) In einem Eilfall erbringt der Träger der Eingliederungshilfe Leistungen der Eingliederungshilfe nach den Kapiteln 3 bis 6 vor Beginn der Gesamtplankonferenz vorläufig; der Umfang der vorläufigen Gesamtleistung bestimmt sich nach pflichtgemäßem Ermessen.

§ 121 Gesamtplan

(1) Der Träger der Eingliederungshilfe stellt unverzüglich nach der Feststellung der Leistungen einen Gesamtplan insbesondere zur Durchführung der einzelnen Leistungen oder einer Einzelleistung auf.

(2) ₁Der Gesamtplan dient der Steuerung, Wirkungskontrolle und Dokumentation des Teilhabeprozesses. ₂Er bedarf der Schriftform und soll regelmäßig, spätestens nach zwei Jahren, überprüft und fortgeschrieben werden.

(3) Bei der Aufstellung des Gesamtplanes wirkt der Träger der Eingliederungshilfe zusammen mit

1. dem Leistungsberechtigten,
2. einer Person seines Vertrauens und
3. dem im Einzelfall Beteiligten, insbesondere mit
   a) dem behandelnden Arzt,
   b) dem Gesundheitsamt,
   c) dem Landesarzt,
   d) dem Jugendamt und
   e) den Dienststellen der Bundesagentur für Arbeit.

(4) Der Gesamtplan enthält neben den Inhalten nach § 19 mindestens

1. die im Rahmen der Gesamtplanung eingesetzten Verfahren und Instrumente sowie die Maßstäbe und Kriterien der Wirkungskontrolle einschließlich des Überprüfungszeitpunkts,
2. die Aktivitäten der Leistungsberechtigten,
3. die Feststellungen über die verfügbaren und aktivierbaren Selbsthilferessourcen des Leistungsberechtigten sowie über Art, Inhalt, Umfang und Dauer der zu erbringenden Leistungen,
4. die Berücksichtigung des Wunsch- und Wahlrechts nach § 8 im Hinblick auf eine pauschale Geldleistung,
5. die Erkenntnisse aus vorliegenden sozialmedizinischen Gutachten und
6. das Ergebnis über die Beratung des Anteils des Regelsatzes nach § 27a Absatz 3 des Zwölften Buches, der den Leistungsberechtigten als Barmittel verbleibt.

(5) Der Träger der Eingliederungshilfe stellt der leistungsberechtigten Person den Gesamtplan zur Verfügung.

§ 122 Teilhabezielvereinbarung

₁Der Träger der Eingliederungshilfe kann mit dem Leistungsberechtigten eine Teilhabezielvereinbarung zur Umsetzung der Mindestinhalte des Gesamtplanes oder von Teilen der Mindestinhalte des Gesamtplanes abschließen. ₂Die Vereinbarung wird für die Dauer des Bewilligungszeitraumes der Leistungen der Eingliederungshilfe abgeschlossen, soweit sich aus ihr nichts Abweichendes ergibt. ₃Bestehen Anhaltspunkte dafür, dass die Vereinbarungsziele nicht oder nicht mehr erreicht werden, hat der Träger der Eingliederungshilfe die Teilhabezielvereinbarung anzupassen. ₄Die Kriterien nach § 117 Absatz 1 Nummer 3 gelten entsprechend.

Kapitel 8
Vertragsrecht

§ 123 Allgemeine Grundsätze

(1) ₁Der Träger der Eingliederungshilfe darf Leistungen der Eingliederungshilfe mit Ausnahme der Leistungen nach § 113 Absatz 2 Nummer 2 in Verbindung mit § 78 Absatz 5 und § 116 Absatz 1 durch Dritte (Leistungserbringer) nur bewilligen, soweit eine schriftliche Vereinbarung zwischen dem Träger des Leistungserbringers und dem für den Ort der Leistungserbringung zuständigen Träger der Eingliederungshilfe besteht. ₂Die Vereinbarung kann auch zwischen dem Träger der Eingliederungshilfe und dem Verband, dem der Leistungserbringer angehört, geschlossen werden, soweit der Verband eine entsprechende Vollmacht nachweist.

(2) ₁Die Vereinbarungen sind für alle übrigen Träger der Eingliederungshilfe bindend. ₂Die Vereinbarungen müssen den Grundsätzen der Wirtschaftlichkeit, Sparsamkeit und Leistungsfähigkeit entsprechen und dürfen das Maß des Notwendigen nicht überschreiten. ₃Sie sind vor Beginn der jeweiligen Wirtschaftsperiode für einen zukünftigen Zeitraum abzuschließen (Vereinbarungszeitraum); nachträgliche Ausgleiche sind nicht zulässig. ₄Die Ergebnisse der

Vereinbarungen sind den Leistungsberechtigten in einer wahrnehmbaren Form zugänglich zu machen.

(3) Private und öffentliche Arbeitgeber gemäß § 61 sind keine Leistungserbringer im Sinne dieses Kapitels.

(4) ₁Besteht eine schriftliche Vereinbarung, so ist der Leistungserbringer, soweit er kein anderer Leistungsanbieter im Sinne des § 60 ist, im Rahmen des vereinbarten Leistungsangebotes verpflichtet, Leistungsberechtigte aufzunehmen und Leistungen der Eingliederungshilfe unter Beachtung der Inhalte des Gesamtplanes nach § 121 zu erbringen. ₂Die Verpflichtung zur Leistungserbringung besteht auch in den Fällen des § 116 Absatz 2.

(5) ₁Der Träger der Eingliederungshilfe darf die Leistungen durch Leistungserbringer, mit denen keine schriftliche Vereinbarung besteht, nur erbringen, soweit

1. dies nach der Besonderheit des Einzelfalles geboten ist,
2. der Leistungserbringer ein schriftliches Leistungsangebot vorlegt, das für den Inhalt einer Vereinbarung nach § 125 gilt,
3. der Leistungserbringer sich schriftlich verpflichtet, die Grundsätze der Wirtschaftlichkeit und Qualität der Leistungserbringung zu beachten,
4. der Leistungserbringer sich schriftlich verpflichtet, bei der Erbringung von Leistungen die Inhalte des Gesamtplanes nach § 121 zu beachten,
5. die Vergütung für die Erbringung der Leistungen nicht höher ist als die Vergütung, die der Träger der Eingliederungshilfe mit anderen Leistungserbringern für vergleichbare Leistungen vereinbart hat.

₂Die allgemeinen Grundsätze der Absätze 1 bis 3 und 5 sowie die Vorschriften zur Geeignetheit des Leistungserbringers (§ 124), zum Inhalt der Vergütung (§ 125), zur Verbindlichkeit der vereinbarten Vergütung (§ 127), zur Wirtschaftlichkeits- und Qualitätsprüfung (§ 128), zur Kürzung der Vergütung (§ 129) und zur außerordentlichen Kündigung der Vereinbarung (§ 130) gelten entsprechend.

(6) Der Leistungserbringer hat gegen den Träger der Eingliederungshilfe einen Anspruch auf Vergütung der gegenüber dem Leistungsberechtigten erbrachten Leistungen der Eingliederungshilfe.

§ 124 Geeignete Leistungserbringer

(1) ₁Sind geeignete Leistungserbringer vorhanden, soll der Träger der Eingliederungshilfe zur Erfüllung seiner Aufgaben eigene Angebote nicht neu schaffen. ₂Geeignet ist ein externer Leistungserbringer, der unter Sicherstellung der Grundsätze des § 104 die Leistungen wirtschaftlich und sparsam erbringen kann. ₃Die durch den Leistungserbringer geforderte Vergütung ist wirtschaftlich angemessen, wenn sie im Vergleich mit der Vergütung vergleichbarer Leistungserbringer im unteren Drittel liegt (externer Vergleich). ₄Liegt die geforderte Vergütung oberhalb des unteren Drittels, kann sie wirtschaftlich angemessen sein, sofern sie nachvollziehbar auf einem höheren Aufwand des Leistungserbringers beruht und wirtschaftlicher Betriebsführung entspricht. ₅In den externen Vergleich sind die im Einzugsbereich tätigen Leistungserbringer einzubeziehen. ₆Die Bezahlung tariflich vereinbarter Vergütungen sowie entsprechender Vergütungen nach kirchlichen Arbeitsrechtsregelungen kann dabei nicht als unwirtschaftlich abgelehnt werden, soweit die Vergütung aus diesem Grunde oberhalb des unteren Drittels liegt.

(2) ₁Geeignete Leistungserbringer haben zur Erbringung der Leistungen der Eingliederungshilfe eine dem Leistungsangebot entsprechende Anzahl an Fach- und anderem Betreuungspersonal zu beschäftigen. ₂Sie müssen über die Fähigkeit zur Kommunikation mit den Leistungsberechtigten in einer für die Leistungsberechtigten wahrnehmbaren Form verfügen und nach ihrer Persönlichkeit geeignet sein. ₃Geeignete Leistungserbringer dürfen nur solche Personen beschäftigen oder ehrenamtlichen Personen, die in Wahrnehmung ihrer Aufgaben Kontakt mit Leistungsberechtigten haben, mit Aufgaben betrauen, die nicht rechtskräftig wegen einer Straftat nach den §§ 171, 174 bis 174c, 176 bis 180a, 181a, 182 bis 184g, 184i, 184j, 201a Absatz 3, §§ 225, 232 bis 233a, 234, 235

oder 236 des Strafgesetzbuchs verurteilt worden sind. ₄Die Leistungserbringer sollen sich von Fach- und anderem Betreuungspersonal, die in Wahrnehmung ihrer Aufgaben Kontakt mit Leistungsberechtigten haben, vor deren Einstellung und Aufnahme einer dauerhaften ehrenamtlichen Tätigkeit und in regelmäßigen Abständen ein Führungszeugnis nach § 30a Absatz 1 des Bundeszentralregistergesetzes vorlegen lassen. ₅Nimmt der Leistungserbringer Einsicht in ein Führungszeugnis nach § 30a Absatz 1 des Bundeszentralregistergesetzes, so speichert er nur den Umstand der Einsichtnahme, das Datum des Führungszeugnisses und die Information, ob die das Führungszeugnis betreffende Person wegen einer in Satz 3 genannten Straftat rechtskräftig verurteilt worden ist. ₆Der Leistungserbringer darf diese Daten nur verändern und nutzen, soweit dies zur Prüfung der Eignung einer Person erforderlich ist. ₇Die Daten sind vor dem Zugriff Unbefugter zu schützen. ₈Sie sind unverzüglich zu löschen, wenn im Anschluss an die Einsichtnahme keine Tätigkeit für den Leistungserbringer wahrgenommen wird. ₉Sie sind spätestens drei Monate nach der letztmaligen Ausübung einer Tätigkeit für den Leistungserbringer zu löschen. ₁₀Das Fachpersonal muss zusätzlich über eine abgeschlossene berufsspezifische Ausbildung und dem Leistungsangebot entsprechende Zusatzqualifikationen verfügen.

(3) Sind mehrere Leistungserbringer im gleichen Maße geeignet, so hat der Träger der Eingliederungshilfe Vereinbarungen vorrangig mit Leistungserbringern abzuschließen, deren Vergütung bei vergleichbarem Inhalt, Umfang und Qualität der Leistung nicht höher ist als die anderer Leistungserbringer.

§ 125 Inhalt der schriftlichen Vereinbarung

(1) In der schriftlichen Vereinbarung zwischen dem Träger der Eingliederungshilfe und dem Leistungserbringer sind zu regeln:

1. Inhalt, Umfang und Qualität einschließlich der Wirksamkeit der Leistungen der Eingliederungshilfe (Leistungsvereinbarung) und
2. die Vergütung der Leistungen der Eingliederungshilfe (Vergütungsvereinbarung).

(2) ₁In die Leistungsvereinbarung sind als wesentliche Leistungsmerkmale mindestens aufzunehmen:

1. der zu betreuende Personenkreis,
2. die erforderliche sächliche Ausstattung,
3. Art, Umfang, Ziel und Qualität der Leistungen der Eingliederungshilfe,
4. die Festlegung der personellen Ausstattung,
5. die Qualifikation des Personals sowie
6. soweit erforderlich, die betriebsnotwendigen Anlagen des Leistungserbringers.

₂Soweit die Erbringung von Leistungen nach § 116 Absatz 2 zu vereinbaren ist, sind darüber hinaus die für die Leistungserbringung erforderlichen Strukturen zu berücksichtigen.

(3) ₁Mit der Vergütungsvereinbarung werden unter Berücksichtigung der Leistungsmerkmale nach Absatz 2 Leistungspauschalen für die zu erbringenden Leistungen unter Beachtung der Grundsätze nach § 123 Absatz 2 festgelegt. ₂Förderungen aus öffentlichen Mitteln sind anzurechnen. ₃Die Leistungspauschalen sind nach Gruppen von Leistungsberechtigten mit vergleichbarem Bedarf oder Stundensätzen sowie für die gemeinsame Inanspruchnahme durch mehrere Leistungsberechtigte (§ 116 Absatz 2) zu kalkulieren. ₄Abweichend von Satz 1 können andere geeignete Verfahren zur Vergütung und Abrechnung der Fachleistung unter Beteiligung der Interessenvertretungen der Menschen mit Behinderungen vereinbart werden.

(4) ₁Die Vergütungsvereinbarung mit Werkstätten für behinderte Menschen und anderen Leistungsanbietern berücksichtigen zusätzlich die mit der wirtschaftlichen Betätigung in Zusammenhang stehenden Kosten, soweit diese Kosten unter Berücksichtigung der besonderen Verhältnisse beim Leistungserbringer und der dort beschäftigten Menschen mit Behinderungen nach Art und Umfang über die in einem Wirtschaftsunternehmen üblicherweise entstehenden Kosten hinausgehen. ₂Können die Kosten im Einzelfall nicht ermittelt werden, kann hierfür eine Vergütungspauschale vereinbart werden. ₃Das Arbeitsergebnis des Leistungserbringers darf nicht dazu verwendet werden, die Vergütung des Trägers der Eingliederungshilfe zu mindern.

§ 126 Verfahren und Inkrafttreten der Vereinbarung

(1) ₁Der Leistungserbringer oder der Träger der Eingliederungshilfe hat die jeweils andere Partei schriftlich zu Verhandlungen über den Abschluss einer Vereinbarung gemäß § 125 aufzufordern. ₂Bei einer Aufforderung zum Abschluss einer Folgevereinbarung sind die Verhandlungsgegenstände zu benennen. ₃Die Aufforderung durch den Leistungsträger kann an einen unbestimmten Kreis von Leistungserbringern gerichtet werden. ₄Auf Verlangen einer Partei sind geeignete Nachweise zu den Verhandlungsgegenständen vorzulegen.

(2) ₁Kommt es nicht innerhalb von drei Monaten, nachdem eine Partei zu Verhandlungen aufgefordert wurde, zu einer schriftlichen Vereinbarung, so kann jede Partei hinsichtlich der strittigen Punkte die Schiedsstelle nach § 133 anrufen. ₂Die Schiedsstelle hat unverzüglich über die strittigen Punkte zu entscheiden. ₃Gegen die Entscheidung der Schiedsstelle ist der Rechtsweg zu den Sozialgerichten gegeben, ohne dass es eines Vorverfahrens bedarf. ₄Die Klage ist gegen den Verhandlungspartner und nicht gegen die Schiedsstelle zu richten.

(3) ₁Vereinbarungen und Schiedsstellenentscheidungen treten zu dem darin bestimmten Zeitpunkt in Kraft. ₂Wird ein Zeitpunkt nicht bestimmt, wird die Vereinbarung mit dem Tag ihres Abschlusses wirksam. ₃Festsetzungen der Schiedsstelle werden, soweit keine Festlegung erfolgt ist, rückwirkend mit dem Tag wirksam, an dem der Antrag bei der Schiedsstelle eingegangen ist. ₄Soweit in den Fällen des Satzes 3 während des Schiedsstellenverfahrens der Antrag geändert wurde, ist auf den Tag abzustellen, an dem der geänderte Antrag bei der Schiedsstelle eingegangen ist. ₅Ein jeweils vor diesem Zeitpunkt zurückwirkendes Vereinbaren oder Festsetzen von Vergütungen ist in den Fällen der Sätze 1 bis 4 nicht zulässig.

§ 127 Verbindlichkeit der vereinbarten Vergütung

(1) ₁Mit der Zahlung der vereinbarten Vergütung gelten alle während des Vereinbarungszeitraumes entstandenen Ansprüche des Leistungserbringers auf Vergütung der Leistung der Eingliederungshilfe als abgegolten. ₂Die im Einzelfall zu zahlende Vergütung bestimmt sich auf der Grundlage der jeweiligen Vereinbarung nach dem Betrag, der dem Leistungsberechtigten vom zuständigen Träger der Eingliederungshilfe bewilligt worden ist. ₃Sind Leistungspauschalen nach Gruppen von Leistungsberechtigten kalkuliert (§ 125 Absatz 3 Satz 3), richtet sich die zu zahlende Vergütung nach der Gruppe, die dem Leistungsberechtigten vom zuständigen Träger der Eingliederungshilfe bewilligt wurde.

(2) Einer Erhöhung der Vergütung auf Grund von Investitionsmaßnahmen, die während des laufenden Vereinbarungszeitraumes getätigt werden, muss der Träger der Eingliederungshilfe zustimmen, soweit er der Maßnahme zuvor dem Grunde und der Höhe nach zugestimmt hat.

(3) ₁Bei unvorhergesehenen wesentlichen Änderungen der Annahmen, die der Vergütungsvereinbarung oder der Entscheidung der Schiedsstelle über die Vergütung zugrunde lagen, ist die Vergütung auf Verlangen einer Vertragspartei für den laufenden Vereinbarungszeitraum neu zu verhandeln. ₂Für eine Neuverhandlung gelten die Vorschriften zum Verfahren und Inkrafttreten (§ 126) entsprechend.

(4) Nach Ablauf des Vereinbarungszeitraumes gilt die vereinbarte oder durch die Schiedsstelle festgesetzte Vergütung bis zum Inkrafttreten einer neuen Vergütungsvereinbarung weiter.

§ 128 Wirtschaftlichkeits- und Qualitätsprüfung

(1) ₁Soweit tatsächliche Anhaltspunkte dafür bestehen, dass ein Leistungserbringer seine vertraglichen oder gesetzlichen Pflichten nicht erfüllt, prüft der Träger der Eingliederungshilfe oder ein von diesem beauftragter Dritter die Wirtschaftlichkeit und Qualität einschließlich der Wirksamkeit der vereinbarten Leistungen des Leistungserbringers. ₂Die Leistungserbringer sind verpflichtet, dem Träger der Eingliederungshilfe auf Verlangen die für die Prüfung erforderlichen Unterlagen vorzulegen und Auskünfte zu erteilen. ₃Zur Vermeidung von Doppelprüfungen arbeiten die Träger der Eingliederungshilfe mit den Trägern der Sozialhilfe, mit

den für die Heimaufsicht zuständigen Behörden sowie mit dem Medizinischen Dienst der Krankenversicherung zusammen. ₄Der Träger der Eingliederungshilfe ist berechtigt und auf Anforderung verpflichtet, den für die Heimaufsicht zuständigen Behörden die Daten über den Leistungserbringer sowie die Ergebnisse der Prüfungen mitzuteilen, soweit sie für die Zwecke der Prüfung durch den Empfänger erforderlich sind. ₅Personenbezogene Daten sind vor der Datenübermittlung zu anonymisieren. ₆Abweichend von Satz 5 dürfen personenbezogene Daten in nicht anonymisierter Form an die für die Heimaufsicht zuständigen Behörden übermittelt werden, soweit sie zu deren Aufgabenerfüllung erforderlich sind. ₇Durch Landesrecht kann von der Einschränkung in Satz 1 erster Halbsatz abgewichen werden.

(2) Die Prüfung nach Absatz 1 kann ohne vorherige Ankündigung erfolgen und erstreckt sich auf Inhalt, Umfang, Wirtschaftlichkeit und Qualität einschließlich der Wirksamkeit der erbrachten Leistungen.

(3) ₁Der Träger der Eingliederungshilfe hat den Leistungserbringer über das Ergebnis der Prüfung schriftlich zu unterrichten. ₂Das Ergebnis der Prüfung ist dem Leistungsberechtigten in einer wahrnehmbaren Form zugänglich zu machen.

§ 129 Kürzung der Vergütung

(1) ₁Hält ein Leistungserbringer seine gesetzlichen oder vertraglichen Verpflichtungen ganz oder teilweise nicht ein, ist die vereinbarte Vergütung für die Dauer der Pflichtverletzung entsprechend zu kürzen. ₂Über die Höhe des Kürzungsbetrags ist zwischen den Vertragsparteien Einvernehmen herzustellen. ₃Kommt eine Einigung nicht zustande, entscheidet auf Antrag einer Vertragspartei die Schiedsstelle. ₄Für das Verfahren bei Entscheidungen durch die Schiedsstelle gilt § 126 Absatz 2 und 3 entsprechend.

(2) Der Kürzungsbetrag ist an den Träger der Eingliederungshilfe bis zu der Höhe zurückzuzahlen, in der die Leistung vom Träger der Eingliederungshilfe erbracht worden ist und im Übrigen an die Leistungsberechtigten zurückzuzahlen.

(3) ₁Der Kürzungsbetrag kann nicht über die Vergütungen refinanziert werden. ₂Darüber hinaus besteht hinsichtlich des Kürzungsbetrags kein Anspruch auf Nachverhandlung gemäß § 127 Absatz 3.

§ 130 Außerordentliche Kündigung der Vereinbarungen

₁Der Träger der Eingliederungshilfe kann die Vereinbarungen mit einem Leistungserbringer fristlos kündigen, wenn ihm ein Festhalten an den Vereinbarungen auf Grund einer groben Verletzung einer gesetzlichen oder vertraglichen Verpflichtung durch den Leistungserbringer nicht mehr zumutbar ist. ₂Eine grobe Pflichtverletzung liegt insbesondere dann vor, wenn

1. Leistungsberechtigte infolge der Pflichtverletzung zu Schaden kommen,
2. gravierende Mängel bei der Leistungserbringung vorhanden sind,
3. dem Leistungserbringer nach heimrechtlichen Vorschriften die Betriebserlaubnis entzogen ist,
4. dem Leistungserbringer der Betrieb untersagt wird oder
5. der Leistungserbringer gegenüber dem Leistungsträger nicht erbrachte Leistungen abrechnet.

₃Die Kündigung bedarf der Schriftform. ₄§ 59 des Zehnten Buches gilt entsprechend.

§ 131 Rahmenverträge zur Erbringung von Leistungen

(1) ₁Die Träger der Eingliederungshilfe schließen auf Landesebene mit den Vereinigungen der Leistungserbringer gemeinsam und einheitlich Rahmenverträge zu den schriftlichen Vereinbarungen nach § 125 ab. ₂Die Rahmenverträge bestimmen

1. die nähere Abgrenzung der den Vergütungspauschalen und -beträgen nach § 125 Absatz 1 zugrunde zu legenden Kostenarten und -bestandteile sowie die Zusammensetzung der Investitionsbeträge nach § 125 Absatz 2,
2. den Inhalt und die Kriterien für die Ermittlung und Zusammensetzung der Leistungspau-

schalen, die Merkmale für die Bildung von Gruppen mit vergleichbarem Bedarf nach § 125 Absatz 3 Satz 3 sowie die Zahl der zu bildenden Gruppen,
3. die Höhe der Leistungspauschale nach § 125 Absatz 3 Satz 1,
4. die Zuordnung der Kostenarten und -bestandteile nach § 125 Absatz 4 Satz 1,
5. die Festlegung von Personalrichtwerten oder anderen Methoden zur Festlegung der personellen Ausstattung,
6. die Grundsätze und Maßstäbe für die Wirtschaftlichkeit und Qualität einschließlich der Wirksamkeit der Leistungen sowie Inhalt und Verfahren zur Durchführung von Wirtschaftlichkeits- und Qualitätsprüfungen und
7. das Verfahren zum Abschluss von Vereinbarungen.

₃Für Leistungserbringer, die einer Kirche oder Religionsgemeinschaft des öffentlichen Rechts oder einem sonstigen freigemeinnützigen Träger zuzuordnen sind, können die Rahmenverträge auch von der Kirche oder Religionsgemeinschaft oder von dem Wohlfahrtsverband abgeschlossen werden, dem der Leistungserbringer angehört. ₄In den Rahmenverträgen sollen die Merkmale und Besonderheiten der jeweiligen Leistungen berücksichtigt werden.

(2) Die durch Landesrecht bestimmten maßgeblichen Interessenvertretungen der Menschen mit Behinderungen wirken bei der Erarbeitung und Beschlussfassung der Rahmenverträge mit.

(3) Die Vereinigungen der Träger der Eingliederungshilfe und die Vereinigungen der Leistungserbringer vereinbaren gemeinsam und einheitlich Empfehlungen auf Bundesebene zum Inhalt der Rahmenverträge.

(4) Kommt es nicht innerhalb von sechs Monaten nach schriftlicher Aufforderung durch die Landesregierung zu einem Rahmenvertrag, so kann die Landesregierung die Inhalte durch Rechtsverordnung regeln.

§ 132 Abweichende Zielvereinbarungen

(1) Leistungsträger und Träger der Leistungserbringer können Zielvereinbarungen zur Erprobung neuer und zur Weiterentwicklung der bestehenden Leistungs- und Finanzierungsstrukturen abschließen.

(2) Die individuellen Leistungsansprüche der Leistungsberechtigten bleiben unberührt.

(3) Absatz 1 gilt nicht, soweit auch Leistungen nach dem Siebten Kapitel des Zwölften Buches gewährt werden.

§ 133 Schiedsstelle

(1) Für jedes Land oder für Teile eines Landes wird eine Schiedsstelle gebildet.

(2) Die Schiedsstelle besteht aus Vertretern der Leistungserbringer und Vertretern der Träger der Eingliederungshilfe in gleicher Zahl sowie einem unparteiischen Vorsitzenden.

(3) ₁Die Vertreter der Leistungserbringer und deren Stellvertreter werden von den Vereinigungen der Leistungserbringer bestellt. Bei der Bestellung ist die Trägervielfalt zu beachten. ₂Die Vertreter der Träger der Eingliederungshilfe und deren Stellvertreter werden von diesen bestellt. ₃Der Vorsitzende und sein Stellvertreter werden von den beteiligten Organisationen gemeinsam bestellt. ₄Kommt eine Einigung nicht zustande, werden sie durch Los bestimmt. ₅Soweit die beteiligten Organisationen der Leistungserbringer oder die Träger der Eingliederungshilfe keinen Vertreter bestellen oder im Verfahren nach Satz 3 keine Kandidaten für das Amt des Vorsitzenden und des Stellvertreters benennen, bestellt die zuständige Landesbehörde auf Antrag eines der Beteiligten die Vertreter und benennt die Kandidaten für die Position des Vorsitzenden und seines Stellvertreters.

(4) ₁Die Mitglieder der Schiedsstelle führen ihr Amt als Ehrenamt. ₂Sie sind an Weisungen nicht gebunden. ₃Jedes Mitglied hat eine Stimme. ₄Die Entscheidungen werden mit der Mehrheit der Mitglieder getroffen. ₅Ergibt sich keine Mehrheit, entscheidet die Stimme des Vorsitzenden.

(5) Die Landesregierungen werden ermächtigt, durch Rechtsverordnung das Nähere zu bestimmen über
1. die Zahl der Schiedsstellen,
2. die Zahl der Mitglieder und deren Bestellung,
3. die Amtsdauer und Amtsführung,

4. die Erstattung der baren Auslagen und die Entschädigung für den Zeitaufwand der Mitglieder der Schiedsstelle,
5. die Geschäftsführung,
6. das Verfahren,
7. die Erhebung und die Höhe der Gebühren,
8. die Verteilung der Kosten,
9. die Rechtsaufsicht sowie
10. die Beteiligung der Interessenvertretungen der Menschen mit Behinderungen.

§ 134 Sonderregelung zum Inhalt der Vereinbarungen zur Erbringung von Leistungen für minderjährige Leistungsberechtigte und in Sonderfällen

(1) In der schriftlichen Vereinbarung zur Erbringung von Leistungen für minderjährige Leistungsberechtigte zwischen dem Träger der Eingliederungshilfe und dem Leistungserbringer sind zu regeln:
1. Inhalt, Umfang und Qualität einschließlich der Wirksamkeit der Leistungen (Leistungsvereinbarung) sowie
2. die Vergütung der Leistung (Vergütungsvereinbarung).

(2) In die Leistungsvereinbarung sind als wesentliche Leistungsmerkmale insbesondere aufzunehmen:
1. die betriebsnotwendigen Anlagen des Leistungserbringers,
2. der zu betreuende Personenkreis,
3. Art, Ziel und Qualität der Leistung,
4. die Festlegung der personellen Ausstattung,
5. die Qualifikation des Personals sowie
6. die erforderliche sächliche Ausstattung.

(3) ₁Die Vergütungsvereinbarung besteht mindestens aus
1. der Grundpauschale für Unterkunft und Verpflegung,
2. der Maßnahmepauschale sowie
3. einem Betrag für betriebsnotwendige Anlagen einschließlich ihrer Ausstattung (Investitionsbetrag).

₂Förderungen aus öffentlichen Mitteln sind anzurechnen. ₃Die Maßnahmepauschale ist nach Gruppen für Leistungsberechtigte mit vergleichbarem Bedarf zu kalkulieren.

(4) Die Absätze 1 bis 3 finden auch Anwendung, wenn volljährige Leistungsberechtigte Leistungen zur Schulbildung nach § 112 Absatz 1 Nummer 1 sowie Leistungen zur schulischen Ausbildung für einen Beruf nach § 112 Absatz 1 Nummer 2 erhalten, soweit diese Leistungen in besonderen Ausbildungsstätten über Tag und Nacht für Menschen mit Behinderungen erbracht werden.

Kapitel 9
Einkommen und Vermögen

§ 135 Begriff des Einkommens

(1) Maßgeblich für die Ermittlung des Beitrages nach § 136 ist die Summe der Einkünfte des Vorvorjahres nach § 2 Absatz 2 des Einkommensteuergesetzes sowie bei Renteneinkünften die Bruttorente des Vorvorjahres.

(2) Wenn zum Zeitpunkt der Leistungsgewährung eine erhebliche Abweichung zu den Einkünften des Vorvorjahres besteht, sind die voraussichtlichen Jahreseinkünfte des laufenden Jahres im Sinne des Absatzes 1 zu ermitteln und zugrunde zu legen.

§ 136 Beitrag aus Einkommen zu den Aufwendungen

(1) Bei den Leistungen nach diesem Teil ist ein Beitrag zu den Aufwendungen aufzubringen, wenn das Einkommen im Sinne des § 135 der antragstellenden Person sowie bei minderjährigen Personen der Eltern oder des Elternteils im Haushalt lebenden Eltern oder des Elternteils die Beträge nach Absatz 2 übersteigt.

(2) Ein Beitrag zu den Aufwendungen ist aufzubringen, wenn das Einkommen im Sinne des § 135 überwiegend

1. aus einer sozialversicherungspflichtigen Beschäftigung oder selbständigen Tätigkeit erzielt wird und 85 Prozent der jährlichen Bezugsgröße nach § 18 Absatz 1 des Vierten Buches übersteigt oder

2. aus einer nicht sozialversicherungspflichtigen Beschäftigung erzielt wird und 75 Pro-

zent der jährlichen Bezugsgröße nach § 18 Absatz 1 des Vierten Buches übersteigt oder

3. aus Renteneinkünften erzielt wird und 60 Prozent der jährlichen Bezugsgröße nach § 18 Absatz 1 des Vierten Buches übersteigt.

(3) Die Beträge nach Absatz 2 erhöhen sich für den nicht getrennt lebenden Ehegatten oder Lebenspartner, den Partner einer eheähnlichen oder lebenspartnerschaftsähnlichen Gemeinschaft um 15 Prozent sowie für jedes unterhaltsberechtigte Kind im Haushalt um 10 Prozent der jährlichen Bezugsgröße nach § 18 Absatz 1 des Vierten Buches.

(4) ₁Übersteigt das Einkommen im Sinne des § 135 einer in Absatz 3 erster Halbsatz genannten Person den Betrag, der sich nach Absatz 2 ergibt, findet Absatz 3 keine Anwendung. ₂In diesem Fall erhöhen sich für jedes unterhaltsberechtigte Kind die Beträge nach Absatz 2 um 5 Prozent der jährlichen Bezugsgröße nach § 18 Absatz 1 des Vierten Buches.

(5) ₁Ist der Leistungsberechtigte minderjährig und lebt im Haushalt der Eltern, erhöht sich der Betrag nach Absatz 2 um 75 Prozent der jährlichen Bezugsgröße nach § 18 Absatz 1 des Vierten Buches für jeden Leistungsberechtigten. ₂Die Absätze 3 und 4 sind nicht anzuwenden.

§ 137 Höhe des Beitrages zu den Aufwendungen

(1) Die antragstellende Person im Sinne des § 136 Absatz 1 hat aus dem Einkommen im Sinne des § 135 einen Beitrag zu den Aufwendungen nach Maßgabe der Absätze 2 und 3 aufzubringen.

(2) ₁Wenn das Einkommen die Beträge nach § 136 Absatz 2 übersteigt, ist ein monatlicher Beitrag in Höhe von 2 Prozent des den Betrag nach § 136 Absatz 2 bis 4 übersteigenden Betrages als monatlicher Beitrag aufzubringen. ₂Der nach Satz 1 als monatlicher Beitrag aufzubringende Betrag ist auf volle 10 Euro abzurunden.

(3) Der Beitrag ist von der zu erbringenden Leistung abzuziehen.

(4) ₁Ist ein Beitrag von anderen Personen aufzubringen als dem Leistungsberechtigten und ist die Durchführung der Maßnahme der Eingliederungshilfeleistung ohne Entrichtung des Beitrages gefährdet, so kann im Einzelfall die erforderliche Leistung ohne Abzug nach Absatz 3 erbracht werden. ₂Im Umfang des Beitrages sind die Aufwendungen zu ersetzen.

§ 138 Besondere Höhe des Beitrages zu den Aufwendungen

(1) Ein Beitrag ist nicht aufzubringen bei

1. heilpädagogischen Leistungen nach § 113 Absatz 2 Nummer 3,

2. Leistungen zur medizinischen Rehabilitation nach § 109,

3. Leistungen zur Teilhabe am Arbeitsleben nach § 111 Absatz 1,

4. Leistungen zur Teilhabe an Bildung nach § 112 Absatz 1 Nummer 1,

5. Leistungen zur schulischen oder hochschulischen Ausbildung oder Weiterbildung für einen Beruf nach § 112 Absatz 1 Nummer 2, soweit diese Leistungen in besonderen Ausbildungsstätten über Tag und Nacht für Menschen mit Behinderungen erbracht werden,

6. Leistungen zum Erwerb und Erhalt praktischer Kenntnisse und Fähigkeiten nach § 113 Absatz 2 Nummer 5, soweit diese der Vorbereitung auf die Teilhabe am Arbeitsleben nach § 111 Absatz 1 dienen,

7. Leistungen nach § 113 Absatz 1, die noch nicht eingeschulten leistungsberechtigten Personen die für sie erreichbare Teilnahme am Leben in der Gemeinschaft ermöglichen sollen,

8. gleichzeitiger Gewährung von Leistungen zum Lebensunterhalt nach dem Zweiten oder Zwölften Buch oder nach § 27a des Bundesversorgungsgesetzes.

(2) Wenn ein Beitrag nach § 137 aufzubringen ist, ist für weitere Leistungen im gleichen Zeitraum oder weitere Leistungen an minderjährige Kinder im gleichen Haushalt nach diesem Teil kein weiterer Beitrag aufzubringen.

(3) Bei einmaligen Leistungen zur Beschaffung von Bedarfsgegenständen, deren Gebrauch für mindestens ein Jahr bestimmt ist, ist höchstens das Vierfache des monatlichen Beitrages einmalig aufzubringen.

(4) ₁Wenn eine volljährige nachfragende Person Leistungen bedarf, ist von den Eltern oder dem Elternteil ein Beitrag in Höhe von monatlich 32,08 Euro aufzubringen. ₂§ 94 Absatz 2 Satz 3 und Absatz 3 des Zwölften Buches gilt entsprechend.

§ 139 Begriff des Vermögens

₁Zum Vermögen im Sinne dieses Teils gehört das gesamte verwertbare Vermögen. ₂Die Leistungen nach diesem Teil dürfen nicht abhängig gemacht werden vom Einsatz oder von der Verwertung des Vermögens im Sinne des § 90 Absatz 2 Nummer 1 bis 8 des Zwölften Buches und eines Barvermögens oder sonstiger Geldwerte bis zu einem Betrag von 150 Prozent der jährlichen Bezugsgröße nach § 18 Absatz 1 des Vierten Buches.

§ 140 Einsatz des Vermögens

(1) Die antragstellende Person sowie bei minderjährigen Personen die im Haushalt lebenden Eltern oder ein Elternteil haben vor der Inanspruchnahme von Leistungen nach diesem Teil die erforderlichen Mittel aus ihrem Vermögen aufzubringen.

(2) ₁Soweit für den Bedarf der nachfragenden Person Vermögen einzusetzen ist, jedoch der sofortige Verbrauch oder die sofortige Verwertung des Vermögens nicht möglich ist oder für die, die es einzusetzen hat, eine Härte bedeuten würde, soll die beantragte Leistung als Darlehen geleistet werden. ₂Die Leistungserbringung kann davon abhängig gemacht werden, dass der Anspruch auf Rückzahlung dinglich oder in anderer Weise gesichert wird.

(3) Die in § 138 Absatz 1 genannten Leistungen sind ohne Berücksichtigung von vorhandenem Vermögen zu erbringen.

§ 141 Übergang von Ansprüchen

(1) Hat eine Person im Sinne von § 136 Absatz 1 oder der nicht getrennt lebende Ehegatte oder Lebenspartner die antragstellende Person einen Anspruch gegen einen anderen, der kein Leistungsträger im Sinne des § 12 des Ersten Buches, kann der Träger der Eingliederungshilfe durch schriftliche Anzeige an den anderen bewirken, dass dieser Anspruch bis zur Höhe seiner Aufwendungen auf ihn übergeht.

(2) ₁Der Übergang des Anspruches darf nur insoweit bewirkt werden, als bei rechtzeitiger Leistung des anderen entweder die Leistung nicht erbracht worden wäre oder ein Beitrag aufzubringen wäre. ₂Der Übergang ist nicht dadurch ausgeschlossen, dass der Anspruch nicht übertragen, verpfändet oder gepfändet werden kann.

(3) ₁Die schriftliche Anzeige bewirkt den Übergang des Anspruches für die Zeit, für die der leistungsberechtigten Person die Leistung ohne Unterbrechung erbracht wird. ₂Als Unterbrechung gilt ein Zeitraum von mehr als zwei Monaten.

(4) ₁Widerspruch und Anfechtungsklage gegen den Verwaltungsakt, der den Übergang des Anspruches bewirkt, haben keine aufschiebende Wirkung. ₂Die §§ 115 und 116 des Zehnten Buches gehen der Regelung des Absatzes 1 vor.

§ 142 Sonderregelungen für minderjährige Leistungsberechtigte und in Sonderfällen

(1) Minderjährigen Leistungsberechtigten und ihren Eltern oder einem Elternteil ist bei Leistungen im Sinne des § 138 Absatz 1 Nummer 1, 2, 4, 5 und 7 die Aufbringung der Mittel für die Kosten des Lebensunterhalts aus den für den häuslichen Lebensunterhalt ersparten Aufwendungen zuzumuten, soweit Leistungen über Tag und Nacht erbracht werden.

(2) Sind Leistungen von einem oder mehreren Anbietern über Tag und Nacht oder über Tag oder für ärztliche oder ärztlich verordnete Maßnahmen erforderlich, sind die Leistungen, die der Vereinbarung nach § 134 Absatz 3 zugrunde liegen, durch den Träger der Eingliederungshilfe auch dann in vollem Umfang zu erbringen, wenn den minderjährigen Leistungsberechtigten und ihren Eltern oder einem Elternteil die Aufbringung der Mittel nach Absatz 1 zu einem Teil zuzumuten ist.

(3) ₁Bei Leistungen, denen Vereinbarungen nach § 134 Absatz 4 zugrunde liegen, geht der Anspruch einer volljährigen Person auf Unterhalt gegenüber ihren Eltern wegen Leistungen nach dem Dritten Kapitel des Zwölften Buches nur in Höhe von bis zu 24,68 Euro monatlich über. ₂§ 94 Absatz 2 Satz 3 und Absatz 3 des Zwölften Buches gilt entsprechend.

Kapitel 10
Statistik

§ 143 Bundesstatistik

Zur Beurteilung der Auswirkungen dieses Teils und zu seiner Fortentwicklung werden Erhebungen über

1. die Leistungsberechtigten und
2. die Ausgaben und Einnahmen der Träger der Eingliederungshilfe

als Bundesstatistik durchgeführt.

§ 144 Erhebungsmerkmale

(1) Erhebungsmerkmale bei den Erhebungen nach § 143 Nummer 1 sind für jeden Leistungsberechtigten

1. Geschlecht, Geburtsmonat und -jahr, Staatsangehörigkeit, Bundesland, Wohngemeinde und Gemeindeteil, Kennnummer des Trägers, mit anderen Leistungsberechtigten zusammenlebend, erbrachte Leistungsarten im Laufe und am Ende des Berichtsjahres,
2. die Höhe der Bedarfe für jede erbrachte Leistungsart, die Höhe des aufgebrachten Beitrags nach § 92, die Art des angerechneten Einkommens, Beginn und Ende der Leistungserbringung nach Monat und Jahr, die für mehrere Leistungsberechtigte erbrachte Leistung, die Leistung als pauschalierte Geldleistung, die Leistung durch ein Persönliches Budget sowie
3. gleichzeitiger Bezug von Leistungen nach dem Zweiten, Elften oder Zwölften Buch.

(2) Merkmale bei den Erhebungen nach Absatz 1 Nummer 1 und 2 nach der Art der Leistung sind insbesondere:

1. Leistung zur medizinischen Rehabilitation,
2. Leistung zur Beschäftigung im Arbeitsbereich anerkannter Werkstätten für behinderte Menschen,
3. Leistung zur Beschäftigung bei anderen Leistungsanbietern,
4. Leistung zur Beschäftigung bei privaten und öffentlichen Arbeitgebern,
5. Leistung zur Teilhabe an Bildung,
6. Leistung für Wohnraum,
7. Assistenzleistung nach § 113 Absatz 2 Nummer 2 in Verbindung mit § 78 Absatz 2 Nummer 1,
8. Assistenzleistung nach § 113 Absatz 2 Nummer 2 in Verbindung mit § 78 Absatz 2 Nummer 2,
9. heilpädagogische Leistung,
10. Leistung zum Erwerb praktischer Kenntnisse und Fähigkeiten,
11. Leistung zur Förderung der Verständigung,
12. Leistung für ein Kraftfahrzeug,
13. Leistung zur Beförderung insbesondere durch einen Beförderungsdienst,
14. Hilfsmittel im Rahmen der Sozialen Teilhabe und
15. Besuchsbeihilfen.

(3) Erhebungsmerkmale nach § 143 Nummer 2 sind das Bundesland, die Ausgaben gesamt nach der Art der Leistungen die Einnahmen gesamt und nach Einnahmearten sowie die Höhe der aufgebrachten Beiträge gesamt.

§ 145 Hilfsmerkmale

(1) Hilfsmerkmale sind

1. Name und Anschrift des Auskunftspflichtigen,
2. Name, Telefonnummer und E-Mail-Adresse der für eventuelle Rückfragen zur Verfügung stehenden Person,
3. für die Erhebung nach § 143 Nummer 1 die Kennnummer des Leistungsberechtigten.

(2) ₁Die Kennnummern nach Absatz 1 Nummer 3 dienen der Prüfung der Richtigkeit der Statistik und der Fortschreibung der jeweils letzten Bestandserhebung. ₂Sie enthalten keine Angaben über persönliche und sachliche Verhältnisse des Leistungsberechtigten und sind zum frühestmöglichen Zeitpunkt, spätestens nach Abschluss der wiederkehrenden Bestandserhebung, zu löschen.

§ 146 Periodizität und Berichtszeitraum

Die Erhebungen erfolgen jährlich für das abgelaufene Kalenderjahr.

§ 147 Auskunftspflicht

(1) ₁Für die Erhebungen besteht Auskunftspflicht. ₂Die Angaben nach § 145 Absatz 1

Nummer 2 und die Angaben zum Gemeindeteil nach § 144 Absatz 1 Nummer 1 sind freiwillig.

(2) Auskunftspflichtig sind die Träger der Eingliederungshilfe.

§ 148 Übermittlung, Veröffentlichung

(1) Die in sich schlüssigen und nach einheitlichen Standards formatierten Einzeldatensätze sind von den Auskunftspflichtigen elektronisch bis zum Ablauf von 40 Arbeitstagen nach Ende des jeweiligen Berichtszeitraums an das jeweilige statistische Landesamt zu übermitteln.

(2) ₁An die fachlich zuständigen obersten Bundes- oder Landesbehörden dürfen für die Verwendung gegenüber den gesetzgebenden Körperschaften und für Zwecke der Planung, jedoch nicht für die Regelung von Einzelfällen, vom Statistischen Bundesamt und von den statistischen Ämtern der Länder Tabellen mit statistischen Ergebnissen übermittelt werden, auch soweit Tabellenfelder nur einen einzigen Fall ausweisen. ₂Tabellen, die nur einen einzigen Fall ausweisen, dürfen nur dann übermittelt werden, wenn sie nicht differenzierter als auf Regierungsbezirksebene, bei Stadtstaaten auf Bezirksebene, aufbereitet sind.

(3) ₁Die statistischen Ämter der Länder stellen dem Statistischen Bundesamt für Zusatzaufbereitungen des Bundes jährlich unverzüglich nach Aufbereitung der Bestandserhebung und der Erhebung im Laufe des Berichtsjahres die Einzelangaben aus der Erhebung zur Verfügung. ₂Angaben zu den Hilfsmerkmalen nach § 145 dürfen nicht übermittelt werden.

(4) Die Ergebnisse der Bundesstatistik nach diesem Kapitel dürfen auf die einzelnen Gemeinden bezogen veröffentlicht werden.

Kapitel 11
Übergangs- und Schlussbestimmungen

§ 149 Übergangsregelung für ambulant Betreute

Für Personen, die Leistungen der Eingliederungshilfe für behinderte Menschen erhalten, deren Betreuung am 26. Juni 1996 durch von ihnen beschäftigte Personen oder ambulante Dienste sichergestellt wurde, gilt § 3a des Bundessozialhilfegesetzes in der am 26. Juni 1996 geltenden Fassung.

§ 150 Übergangsregelung zum Einsatz des Einkommens

Abweichend von Kapitel 9 sind bei der Festsetzung von Leistungen für Leistungsberechtigte, die am 31. Dezember 2019 Leistungen nach dem Sechsten Kapitel des Zwölften Buches in der Fassung vom 31. Dezember 2019 erhalten haben und von denen ein Einsatz des Einkommens über der Einkommensgrenze gemäß § 87 des Zwölften Buches in der Fassung vom 31. Dezember 2019 gefordert wurde, die am 31. Dezember 2019 geltenden Einkommensgrenzen nach dem Elften Kapitel des Zwölften Buches in der Fassung vom 31. Dezember 2019 zugrunde zu legen, solange der nach Kapitel 9 aufzubringende Beitrag höher ist als der Einkommenseinsatz nach dem am 31. Dezember 2019 geltenden Recht.